Niederländisch für Dummies – Schummelseite

Hilfreiche Fragen

- **Sprechen Sie Deutsch?** Spreekt u Duits? (*ßpreekt ü dèüjtß*)
- **Können Sie mir helfen?** Kunt u mij helpen? (*könnt ü mäij häll-pèn*)
- **Wo sind die Toiletten?** Waar is het toilet? (*waar iss èt twa-lätt*)
- **Wie viel kostet das?** Hoeveel kost dat? (*hu-veel kosst datt*)
- **Wo finde ich ...?** Waar vind ik ...? (*waar vinnt ick*)
- **Wann öffnen Sie?** Hoe laat gaat u open? (*hu laat chaat ü oo-pèn*)
- **Wann schließen Sie?** Hoe laat gaat u dicht? (*hu laat chaat ü dicht*)
- **Können Sie etwas langsamer sprechen?** Kunt u wat langzamer praten? (*könnt ü watt lang-saa-mèr praa-tèn*)
- **Können Sie das wiederholen?** Kunt u dat herhalen? (*könnt ü datt härr-haa-lèn*)

Das niederländische Alphabet

A *aah*	J *jeej*	S *äss*
B *beej*	K *kaah*	T *teej*
C *ßeej*	L *äll*	U *ü*
D *deej*	M *ämm*	V *veej*
E *eej*	N *änn*	W *weej*
F *äff*	O *ooh*	X *ickß*
G *cheej*	P *peej*	Y *äij*
H *haah*	Q *kü*	Z *sätt*
I *ie*	R *ärr*	

Die wichtigsten Redewendungen

- Hallo! **Hallo**! (*hall-loo*)
- Hi! **Hoi!** (*heu*)/**Hi!** (*hei*)
- Guten Morgen! **Goedemorgen!** (*chu-dè-morr-chèn*)
- Guten Tag! **Goede dag!** (*chu-dè dach*)
- Guten Abend! **Goedenavond!** (*chu-dè-naa-vonnt*)
- Auf Wiedersehen!/Tschüss! **Tot ziens!** (*tott sienß*) **/ Dag!** (*dach*)
- Bitte sehr! **Alstublieft** (*all-ßtü-blieft*)
- Bitte? **Alsjeblieft?** (*all-schè-blieft*)
- Danke! (gesiezt)/(geduzt) **Dank u!** (*dank ü*)/ **Dankjewel!** (*dank-jè-wäll*)
- Verzeihung! **Neem me niet kwalijk** (*neem mè niet kwaa-lèk*) / **Sorry!** (*ßorr-rie*)
- Entschuldigung, wo ist ...? **Pardon, waar is ...?** (*parr-donn waar iss ...*)
- Danke! **Bedankt!** (*bè-dankt*)

Um Hilfe bitten

- **Help!** (*hällp*) Hilfe!
- **Bel 112!** (*käll een een twee*) Ruf die 112 an!
- **Politie!** (*poo-lie-zie*) Polizei!
- **Brandweer!** (*brannt-weer*) Feuerwehr!
- **Haal een dokter!** (*haal èn dock-tèr*) Hol einen Arzt!
- **Ik ben ziek!** (*ick bänn sieck*) Ich bin krank!
- **Iemand heeft mijn ... gestolen!** (*ie-mannt heeft mäijn ... chè-ßtoo-lèn*) Jemand hat mein ... gestohlen!
- **Waar is het ziekenhuis?** (*waar iss èt sie-kèn-hèüjß*) Wo ist das Krankenhaus?

Niederländisch für Dummies – Schummelseite

Tage und Monate

Die Tage, **de dagen** (*dè daa-chèn*):

- **Sonntag** zondag (*sonn-dach*)
- **Montag** maandag (*maan-dach*)
- **Dienstag** dinsdag (*dinnß–dach*)
- **Mittwoch** woensdag (*wunnß-dach*)
- **Donnerstag** donderdag (*donn-dèr-dach*)
- **Freitag** vrijdag (*vräij-dach*)
- **Samstag** zaterdag (*saa-tèr-dach*)

Die Monate, **de maanden** (*dè maan-dèn*):

- **Januar** januari (*ja-nü-waa-rie*)
- **Februar** februari (*fee-brü-waa-rie*)
- **März** maart (*maart*)
- **April** april (*a-prill*)
- **Mai** mei (*mäij*)
- **Juni** juni (*jü-nie*)
- **Juli** juli (*jü-lie*)
- **August** augustus (*au-chöss-töss*)
- **September** september (*ßäpp-tämm-bèr*)
- **Oktober** oktober (*ock-too-bèr*)
- **November** november (*noo-vämm-bèr*)
- **Dezember** december (*dee-ßämm-bèr*)

Die Grundzahlen

0 **nul** (*nöll*)
1 **een** (*een*)
2 **twee** (*twee*)
3 **drie** (*drie*)
4 **vier** (*vier*)
5 **vijf** (*väijf*)
6 **zes** (*säss*)
7 **zeven** (*see-vèn*)
8 **acht** (*acht*)
9 **negen** (*nee-chèn*)
10 **tien** (*tien*)
11 **elf** (*ällf*)
12 **twaalf** (*twaalf*)
13 **dertien** (*därr-tien*)
14 **veertien** (*veer-tien*)
15 **vijftien** (*väijf-tien*)
16 **zestien** (*säss-tien*)
17 **zeventien** (*see-vèn-tien*)
18 **achttien** (*acht-tien*)
19 **negentien** (*nee-chèn-tien*)
20 **twintig** (*twinn-tèch*)
21 **eenentwintig** (*een-èn-twinn-tèch*)
22 **tweeëntwintig** (*twee-jèn-twinn-tèch*)
23 **drieëntwintig** (*drie- jèn-twinn-tech*)
24 **vierentwintig** (*vier- èn-twinn-tèch*)
25 **vijfentwintig** (*väijf- èn-twinn-tèch*)
30 **dertig** (*därr-tèch*)
40 **veertig** (*veer-tèch*)
50 **vijftig** (*väijf-tèch*)
60 **zestig** (*säss-tèch*)
70 **zeventig** (*see-vèn-tèch*)
80 **tachtig** (*tach-tèch*)
90 **negentig** (*nee-chèn-tèch*)
100 **honderd** (*honn-dèrt*)
200 **tweehonderd** (*twee-honn-dèrt*)
300 **driehonderd** (*drie-honn-dèrt*)
400 **vierhonderd** (*vier-honn-dèrt*)
500 **vijfhonderd** (*väijf-honn-dèrt*)
1000 **duizend** (*dèüj-sènt*)

Niederländisch für Dummies

Margreet Kwakernaak

Niederländisch für Dummies

Übersetzung aus dem Englischen von Katrin Konst

Fachkorrektur von Randy Eisinger

WILEY-VCH

WILEY-VCH Verlag GmbH & Co. KGaA

Bibliografische Information der Deutschen Nationalbibliothek
Die Deutsche Nationalbibliothek verzeichnet diese Publikation in der Deutschen Nationalbibliografie; detaillierte bibliografische Daten sind im Internet über http://dnb.d-nb.de abrufbar.

1. Auflage 2011
1. Nachdruck 2015

Printed in Germany

Gedruckt auf säurefreiem Papier

Coverfoto: © Corbis Images
Korrektur: Frauke Wilkens, München
Satz: Mitterweger und Partner, Plankstadt
Druck und Bindung: CPI, Ebner & Spiegel, Ulm

ISBN: 978-3-527-70520-7

Über die Autorin

Margreet Kwakernaak ist Dozentin für Niederländisch und Leiterin der Sprachenschule *Suitcase talen* in der niederländischen Stadt Almere. Sie hat Kursmaterial für Niederländisch als Erst- und Zweitsprache sowie Sprachkurse für Deutsch, Englisch und Spanisch entwickelt. Durch ihre langjährige Zusammenarbeit mit Studierenden aller Altersgruppen und Nationalitäten hat sie einen umfangreichen Erfahrungsschatz aufgebaut, der es ihr ermöglicht, auf die besonderen Bedürfnisse von Studierenden einzugehen und ihnen Sicherheit im Schreiben und Sprechen einer Fremdsprache zu geben.

Cartoons im Überblick

Seite 29

Seite 81

Seite 211

Seite 311

Seite 335

Inhaltsverzeichnis

Über die Autorin 7

Einleitung 21

Über dieses Buch 21
Wie dieses Buch aufgebaut ist 22
Törichte Annahmen über den Leser 23
Wie das Buch aufgebaut ist 23
Teil I: Los geht's 23
Teil II: Niederländisch für jeden Tag 23
Teil III: Niederländisch für unterwegs 24
Teil IV: Der Top-Ten-Teil 24
Teil V: Anhänge 24
Symbole, die in diesem Buch verwendet werden 24
Wie es weitergeht 25

Teil I
Los geht's 27

Kapitel 1
Ein bisschen Niederländisch können Sie schon 29

Was Sie schon wissen 29
Nahe Verwandte 29
Verwandte Wörter 29
Dunglish 30
Eine Unterhaltung 31
Etwas erwidern können 32
Ein paar Ausspracheregeln 34
Die Umschrift in diesem Buch 34
Das ABC 34
Aussprache der Vokale 35
Der Vokal a 35
Offene und geschlossene Silben 36
Der Vokal e 37
Der Vokal i 37
Der Vokal o 38
Der Vokal u 38
Der Vokal oe 39
Der Vokal eu 39

Die Aussprache der niederländischen Diphthonge 39
Die Aussprache der Diphthonge ei und ij 39
Die Diphthonge ou und au 40
Der Diphthong ui 40
Aussprache der Konsonanten 41
Die Aussprache des niederländischen »g« 42
Aussprache und Betonung 43
Fragen und Ausrufe 44

Kapitel 2
Grammatik: Einige Grundregeln 45

Die Bestandteile eines Satzes 45
Die Verwendung der bestimmten Artikel »de« und »het« 46
Die Verwendung des unbestimmten Artikels »een« 47
Das Adjektiv vor de- und het-Wörtern 49
Welche Präposition verwendet man wofür? 50
Präpositionen, die den Ort andeuten: »aan«, »binnen«, »buiten«, »in«, »langs«, »op«, »over«, »tegen«, »tot« und »tussen« 50
Präpositionen der Zeit: »aan«, »in«, »na«, »sinds«, »tot«, voor« 51
Feste Verbindungen: Verben, die an eine Präposition gebunden sind 52
Die Zeiten: Präsens, Perfekt und Vergangenheit 53
Der Gebrauch des Präsens 54
Ein Trick für alle Fälle: Der Gebrauch des Perfekts 55
Der Gebrauch des Imperfekts 57
Die Verwendung des Futurs 59
Fünf einfache Satzkonstruktionen 60
Konstruktion 1: In einem Aussagesatz steht das Verb an zweiter Stelle 61
Konstruktion 2: Nach einer Zeitangabe folgt zuerst das Verb 61
Konstruktion 3: Nach einer Ortsangabe folgt zuerst das Verb 62
Konstruktion 4: Nach »misschien«, »soms« und »toch« folgt zuerst das Verb 62
Konstruktion 5: In Fragen steht das Verb am Anfang 62

Kapitel 3
Zahlenzauber: Alle Arten des Zählens 65

1, 2, 3 – die Grundzahlen 65
Über tausend 67
Rechnen 68
Der Umgang mit Bruchzahlen, Prozenten und Längenmaßen 69
Die Ordnungszahlen 70
Zum Gebrauch der Ordnungszahlen 71
Auf die Uhr sehen: »klokkijken« 73
Die Uhrzeit angeben 73
Die Einteilung der Uhr 73
Am Morgen oder am Abend? 74

Tage, Monate und Jahreszeiten 75
Alles wird kleingeschrieben 75
Wie man sich an das niederländische Klima gewöhnt 76

Teil II
Niederländisch für jeden Tag 79

Kapitel 4
Hallo, hoe gaat het? Begrüßung und Vorstellung 81

Formelle oder informelle Anrede – duzen oder siezen 81
Hallo! Begrüßungen 82
Die Wie-Frage: Wie geht es Ihnen/dir? 84
Die richtige Reaktion 85
Sich selbst vorstellen 88
Jemand anders vorstellen 88
Einander offiziell vorstellen 89
Sich verabschieden 90
Sich über Städte, Länder und Sprachen unterhalten 91
Erzählen, woher man kommt 91
Das Verb »zijn« 92
Fragen, woher jemand kommt 93
Das Verb »komen« 94
Wissenswertes über Nationalitäten 94
Die Verwendung dieser Wörter in einem Satz 95
Sich über Sprachen unterhalten 96

Kapitel 5
Sich besser kennenlernen 99

Ihr Gegenüber zu einem Gespräch ermuntern 99
Von sich selbst erzählen 100
Von der Arbeit erzählen 100
Telefonnummern austauschen 102
Über die Familie erzählen 104
Die Verneinung: »niet« und »geen« 107
Über das Wetter reden 108
Wie ist das Wetter? 109
Über die Temperaturen sprechen 110

Kapitel 6
Zusammen essen gehen 113

Guten Appetit! 113
Ist es Zeit fürs Essen? 114

Den Tisch decken 115
Mehr von etwas: Der Plural 115
Einige wichtige Verben am Tisch 118
Trinken: Das Verb »drinken« 118
Essen: Das Verb »eten« 118
Im Restaurant 119
Die Wahl des Restaurants 119
Wo man etwas zu Mittag essen kann 120
Einen Tisch reservieren 122
Ins Restaurant kommen und Platz nehmen 123
Bekommen, was man möchte: Das Verb »willen« 125
Die Bestellung höflicher machen: Das Wörtchen »graag« 125
Was steht auf der Karte? 126
Gibt es ein Frühstück oder nicht – das ist hier die Frage 126
Mittagessen im Vorübergehen 127
Vorspeisen 127
Hauptspeisen 128
Nachspeisen 129
Getränke 129
Etwas Außergewöhnliches bestellen 131
Mit Standardfragen umgehen 132
Die Rechnung bitte 132
Ihr eigenes Restaurant zu Hause: Essen zum Mitnehmen 134
Das Verb für Essen zum Mitnehmen: »meenemen« – trennbare Verben 134
Lebensmittel einkaufen 135
Wo bekomme ich was? 135
Finden, wonach man sucht 136
Bezahlen und Wechselgeld bekommen 137
Nach dem Bezahlen: »Bonnetje erbij?« 138
Lebensmittel auf einem Markt einkaufen 138
Der Umgang mit der Frage »Mag het ietsje meer zijn?« 139

Kapitel 7
Einkaufen bis zum Umfallen 143

Die besten Geschäfte finden 143
Das Verb zum Thema Einkaufen: »kopen« 144
Im und ums Geschäft 145
Höflich um Hilfe bitten 146
Sich nur mal umschauen 146
Sich helfen lassen 147
Kleidung kaufen 147
Größen und Farben 148
Die richtige Größe kennen 149
Hinweisen: »deze«, »die«, »dit«, »dat« 151
Das Richtige finden und es anprobieren 152

Besser, am besten – vergleichen 154
Sich nach dem Preis erkundigen 156
»de«- und »het«-Wörter durch ein Pronomen ersetzen 157
Auf dem Markt einkaufen 158

Kapitel 8
Erholung steht an erster Stelle 161

Die Wochentage 161
Genauer sagen, wann 162
Das Stadtleben: Unendlich viele Angebote 163
Was wollen wir machen? 163
Das Verb zum Thema Ausgehen: »uitgaan« 163
Das Verb »stappen« verwenden 164
Ins Kino gehen 164
Eintrittskarten kaufen 165
Sich auf Festivals und Konzerten vergnügen 167
Zu einem Konzert gehen 168
Ein Museum besuchen 169
Seine Meinung sagen 169
Ihre Meinung ist gefragt 169
Jemandem seine Meinung zu etwas sagen 170
Zu einer Party gehen 172
Ein Geburtstagsfest 173
Die Alternativen zur Geburtstagsparty 173
Eingeladen werden 174
Eine Einladung ablehnen 174
Eine Einladung annehmen 175
Sich über eine Party unterhalten 175
Raus aus der Stadt 176
Über Interessen und Hobbys sprechen 176
»Verzamelen« (sammeln) 176
Jemandem von Ihrem Hobby erzählen 176
Reflexive Verben: »zich ontspannen« 177
Der Stadt entfliehen 178
Einen Spaziergang machen 179
Fahrrad fahren: »fietsen« 179
Einen Freizeitpark besuchen 179
An den Strand gehen 180
Das Meer beobachten 181
Sport, Sport und nochmals Sport 182
Die beliebteste Sportart: »voetbal« 182
Schlittschuh laufen: »schaatsen« 183
Auf dem Boot: »varen en zeilen« 183
Golf spielen: »golfen« 184

Das Verb zum Thema Spielen: »spelen« 184
Sportarten, die aus dem Englischen kommen 184

Kapitel 9
Wenn Sie arbeiten müssen 187

Telefonieren 187
Ein Telefongespräch annehmen 188
Jemanden anrufen 189
Jemanden auf etwas hinweisen 189
Sich mit jemandem verbinden lassen 190
Niemand zu erreichen – wie immer 190
Einen Termin vereinbaren 190
Zwei besondere Verben: »kunnen« und »zullen« 193
Eine Nachricht hinterlassen 195
Den Namen buchstabieren: Das niederländische Alphabet am Telefon 197
Schicken Sie am besten eine E-Mail 198
Im Büro 201
Der Schreibtisch und seine Utensilien 201
Klein ist schön: Der Diminutiv 202
Der Umgang mit Geschäftspartnern 204
Etwas tun: Das Verb »doen« 205
»Maken«: Das Verb zum Thema Machen 205
Begrüßung und Abschied 206
Der Umgang mit Kollegen 206

Teil III
Niederländisch für unterwegs 209

Kapitel 10
Geld, Banken und Postämter 211

Geld wechseln 211
Von PINs and Chips 213
Zahlung mit PIN und Chipkarte wohin man schaut 215
Wissen, wovon die Rede ist: »die«, »dat«, »wat« 215
In der Bank 217
Internet-Banking 218
Überweisungen und automatische Abbuchungen 218
Im Postamt 218

Kapitel 11
Nach dem Weg fragen 223

Nach Norden, Süden, Westen oder Osten gehen 223
Wenn man etwas nicht finden kann 224
Wie weit ist es? 225
Nach »hier« und »daar« gehen 226
Fragen, wie man dorthin kommt 226
Den Ort oder die Lage beschreiben 227
Die Präposition »naar« 227
Den Weg finden: »rechts«, »links«, »rechtdoor« 230
Links und rechts 230
Auf der Autobahn 231
Wenn es etwas zu überqueren gilt 231
Alles schön der Reihe nach: »eerst«, »dan«, »daarna« 232
In Bewegung kommen 234
Mit dem Auto, Zug, Bus oder Flugzeug: »gaan« 234

Kapitel 12
Im Hotel 239

Ein Hotel suchen 239
Ein Zimmer reservieren 240
Mitteilen, wann man ankommt und wie lange man bleiben wird 240
Was für ein Zimmer möchten Sie? 241
Nach dem Preis fragen 241
Die Reservierung abschließen 242
Im Hotel einchecken 245
Wie lange bleiben Sie? 245
Die Anmeldung ausfüllen 245
Possessivpronomen: »mijn«, »jouw« und der Rest 246
Ausstattung und Extras 248
Im Hotel 249
Die Rechnung bezahlen und auschecken 251
Nach der Rechnung fragen 252
Nach zusätzlichen Leistungen fragen 252
Trennbare Verben im Perfekt und Imperfekt 252
Abreise 253

Kapitel 13
Transport 257

Am Flughafen 257
Das Ticket erhalten 257
Beim Check-in 258
Durch die Passkontrolle gehen 260
Durch den Zoll gehen 261

Unterwegs mit dem Auto 262
Ein Auto mieten 262
Ausschilderungen und Straßenkarten verstehen 266
Verben in der Vergangenheitsform: Beispiele für unregelmäßige Verbformen 273
Zur Arbeit kommen 276
Mopeds und Scooter 277
Am Bahnhof 279
Fahrkarten kaufen 280
Fahrpläne lesen 284
Informationen einholen 285
Mit dem Bus, der Straßenbahn, der U-Bahn oder dem Taxi fahren 285
Mit dem Bus fahren 286
Ein Taxi nehmen 288

Kapitel 14
Notfälle erfolgreich meistern **289**

Bei Notfällen oder einem Unfall um Hilfe bitten 289
Um Hilfe rufen 289
Ein Problem schildern 290
In der eigenen Sprache um Hilfe bitten 290
Der Umgang mit Problemen auf der Autobahn 290
Mit dem Arzt sprechen 291
Beschreiben, was einem fehlt 292
Besondere Umstände nennen 294
Das Partizip Perfekt von Verben, die mit ont-, be-, ge-, her-, ver- und er- beginnen 295
Untersucht werden 296
Die Diagnose verstehen 297
Eine Behandlung 300
Beim Zahnarzt 301
Den Befund verstehen 301
Die weitere Vorgehensweise des Zahnarztes verstehen 302
Mit der Polizei sprechen 302
Beschreiben, was gestohlen wurde 303
Auf Fragen der Polizei antworten 303
Ihre Rechte im Ausland 304

Teil IV
Der Top-Ten-Teil 309

Kapitel 15
Zehn Tipps, wie man sein Niederländisch schnell verbessert 311

Auf der Straße und im Supermarkt lernt man Niederländisch 311
Etwas im Wörterbuch nachschlagen 311
Ein eigenes Wörterbuch anlegen 312
Die Verben im Taschenformat 312
Die CD dieses Buches benutzen 312
Radio und Fernsehen 313
Die Niederländisch-Stunde 313
Sich etwas erklären lassen 314
Gratis-Zeitschriften lesen 314
Im Internet surfen 315

Kapitel 16
Fünf Dinge, über die man nicht spricht 317

Schöner Wagen, wie viel hat er gekostet? 317
Bringen Sie mir einen Kaffee 317
Ich habe die ganze Nacht kein Auge zugetan 317
Wie viel verdienst du? 318
Niederländer sind geizig 318

Kapitel 17
Zehn beliebte niederländische Redewendungen 319

We bellen hè? 319
Ik ga het niet redden 319
Niet te geloven 319
Tjonge jonge 320
Mij niet gezien 320
Echt niet! 320
Maakt niet uit 320
Niet verkeerd 320
Wat leuk! 321
Ik ga ervoor 321

Kapitel 18
Zehn Feiertage, die man kennen sollte 323

Oudejaarsavond en nieuwjaarsdag 323
Carnaval 323

Pasen 324
Koninginnedag 324
Dodenherdenking en Bevrijdingsdag 325
Hemelvaartsdag 325
Pinksteren 325
Sint-Maarten 325
Sinterklaas 326
Kerstmis 326

Kapitel 19
Zehn Redewendungen, mit denen Sie noch professioneller wirken 329

Komt het gelegen? 329
Stoor ik? 329
Je hebt gelijk! 329
Afgesproken 330
Ik hoor het graag 330
Klopt dat? 330
Wat is er aan de hand? 330
Daar word ik niet blij van 330
Daar zitten wij niet op te wachten 331
Dat is koffiedik kijken 331

Teil V
Anhänge 333

Anhang A
Niederländische Verben 335

Regelmäßige Verben (zum Beispiel werken – arbeiten) 335
- Trennbare Verben (wie afhalen – abholen) 335
- Reflexive Verben (wie zich vergissen – sich irren) 336

Unregelmäßige Verben 336

Anhang B
Miniwörterbuch 349

Niederländisch – Deutsch 349
Deutsch – Niederländisch 357

Anhang C
Über die CD 365

Stichwortverzeichnis 367

Einleitung

In einer globalisierten Welt, in der Flexibilität und Mobilität ständig an Bedeutung gewinnen, werden Fremdsprachenkenntnisse immer wichtiger. Studenten absolvieren ihr Studium zum Teil im Ausland, und in der Wirtschaft geht es oft nicht nur um die geschäftliche Kommunikation auf Englisch, sondern auch um Sprachkenntnisse, die bei Reisen und Kontakten vor Ort gefragt sind. Gerade in den Niederlanden, wo ein Großteil der geschäftlichen Kommunikation auf Englisch abgewickelt wird, kann man mit ein wenig Niederländisch im persönlichen Umgang die Herzen der Einwohner dieses Landes gewinnen. Gefällt Ihnen nicht auch die Vorstellung, sich mit den Nachbarn, Kollegen oder zukünftigen Bekannten auf Niederländisch unterhalten zu können?

Was auch immer Sie dazu bewogen haben mag, Niederländisch zu lernen, *Niederländisch für Dummies* kann Sie bei diesem Vorhabens unterstützen. Erfahrene Sprachdozenten haben in der Reihe ... *für Dummies* ihr Wissen gebündelt und ein Buch herausgebracht, das Ihnen helfen wird, sich auf Niederländisch auszudrücken. Sie finden hier nicht nur die gängigen Redewendungen zur Begrüßung oder zum Bestellen im Restaurant, sondern auch Beispiele für Telefonate und den Kontakt per E-Mail. Ein paar Grundbegriffe der Grammatik versorgen Sie mit den nötigen Bausteinen, um Ihre zukünftige Kommunikation aufzubauen. *Niederländisch für Dummies* verwendet ein einfaches System der Lautumschrift, die Sie hinter den niederländischen Wörtern finden. Ergänzend dazu bietet die beiliegende CD Gespräche und Dialoge, die die Aussprache, Betonung und Satzmelodie im Niederländischen für Sie erlebbar machen.

Über dieses Buch

Dieses Buch ist mehr als eine reine Aneinanderreihung praktischer Sätze und Ausdrücke. Wenn Sie sich zum Ziel gesetzt haben, mit den wichtigsten Ausdrücken und Redewendungen in den Niederlanden über die Runden zu kommen, kann dieses Buch sehr nützlich sein. Es kann Ihnen aber auch ein guter Begleiter für Ihre mündliche und schriftliche Kommunikation bei einem längeren Aufenthalt vor Ort sein. Sie bestimmen selbst, in welchem Tempo Sie vorgehen und in welcher Reihenfolge. Sie können das Buch von Anfang bis Ende durchlesen oder einzelne Kapitel aufschlagen, je nach Ihren Interessen.

Wenn Sie noch gar keine Vorkenntnisse haben, empfiehlt es sich, zunächst die Kapitel des ersten Teils durchzulesen, bevor Sie selbst anfangen zu sprechen. Im ersten Teil werden die Grundregeln der Aussprache erläutert, die Ihnen die Arbeit mit den weiteren Teilen dieses Buches erheblich erleichtert.

Wie dieses Buch aufgebaut ist

Um den Umgang mit diesem Buch zu vereinfachen, haben wir das Buch nach folgenden Konventionen strukturiert:

Niederländische Wörter sind **fett gedruckt**, um sie besser kenntlich zu machen.

Die Aussprache ist *kursiv* gedruckt, betonte Silben sind <u>*unterstrichen*</u>; dahinter befindet sich die Übersetzung.

Die Konjugation der Verben (eine Übersicht der gebeugten Formen des Verbs) finden Sie in Tabellen nach folgendem Muster: zunächst die Formen im Singular (Einzahl), also die ich-, du- und Sie-Form (Höflichkeitsform), dann die er/sie/es-Form. Es folgen die Formen des Plurals (Mehrzahl) mit der wir-, ihr- und sie-Form. Die Aussprache steht immer in einer Spalte dahinter. Sehen Sie sich das einmal am Beispiel des Verbs **werken** (arbeiten) an:

Konjugation	Aussprache
ik werk	*ik werk*
jij werkt	*jeij werkt*
hij/zij/het werkt	*heij/seij/hèt werkt*
u werkt	*ü werkt*
wij werken	*weij wer-kèn*
jullie werken	*jül-lie wer-kèn*
zij werken	*seij wer-kèn*

Die Abschnitte **Ein Gespräch:** Wir haben Dialogbeispiele in dieses Buch aufgenommen. Die Dialoge tragen die Überschrift »Ein Gespräch« und sind in gedruckter Form mit Lautumschrift und Übersetzung hier im Buch sowie zum Großteil in gesprochener Form auf der beiliegenden CD zu finden.

Wortschatz: Beim Erlernen einer neuen Sprache ist es wichtig, neue Wörter noch einmal gesondert zu notieren, um sie sich besser einprägen zu können. In einem Kasten unter der Überschrift »Wortschatz« haben wir daher alle neuen Wörter aus dem Gespräch inklusive Übersetzung noch einmal für Sie zusammengefasst. Bei Substantiven wird auch der entsprechende Artikel genannt, das macht es Ihnen leichter, sich das Geschlecht des entsprechenden Wortes zu merken.

Wie Sie wissen, gibt es in jeder Sprache eigene Ausdrucksweisen und Metaphern. Denken Sie deshalb bitte daran, dass die Übersetzung nicht immer wörtlich sein kann. Wir möchten Ihnen vor allem die Bedeutung des Gesagten vermitteln und nicht unbedingt eine Wort-für-Wort-Übersetzung. Wenn man zum Beispiel den Ausdruck **koffie zetten** wörtlich übersetzen würde, hieße dies »Kaffee setzen«, gemeint ist aber »Kaffee kochen«. Im Buch finden Sie immer die Übersetzung, die der Bedeutung am nächsten kommt.

Törichte Annahmen über den Leser

Um ein Lehrbuch schreiben zu können, muss man sich eine bestimmte Zielgruppe vorstellen. Für wen schreibt man ein Buch, das sich *Niederländisch für Dummies* nennt? Vielleicht erkennen Sie sich in den folgenden Überlegungen wieder.

Sie können noch gar kein Niederländisch oder nur ein paar einzelne Wörter. Obwohl Sie einige Wörter beim Lesen eines niederländischen Textes verstehen können, ist es Ihnen nicht möglich, damit selbstständig Sätze zu bilden.

Sie suchen nicht unbedingt ein Buch, mit dem Sie fließend Niederländisch lernen werden, sondern eher eine praktische Anleitung, sodass Sie sich mit einigen Sätzen und Redewendungen in unterschiedlichen Situationen auf Niederländisch verständlich machen können.

Sie möchten umgangssprachliches Niederländisch lernen und dies auch in alltäglichen Situationen in den Niederlanden – wo Sie sich jetzt oder demnächst befinden – anwenden. Sie möchten nicht nur selbst entscheiden, welche Themenbereiche des Buches für Sie relevant sind, sondern auch wann und wie Sie sich damit beschäftigen.

Sie möchten Niederländisch lernen und Spaß dabei haben.

Wenn Sie sich in diesen vier Punkten wiederfinden können, haben Sie das richtige Buch gewählt.

Wie das Buch aufgebaut ist

Das Buch umfasst fünf Teile. Jeder Teil ist in Kapitel untergliedert. Im Folgenden finden Sie nähere Erläuterungen, welche Themenbereiche in den einzelnen Teilen behandelt werden.

Teil I: Los geht's

Diesen Teil sollten Sie nicht auslassen, er bildet sozusagen das Fundament des Buches. Leider sind gerade die Grundlagen oft weniger spannend als der Rest und deshalb möchten Sie vielleicht lieber mit etwas Handfestem wie den Begrüßungsfloskeln anfangen. Das können Sie machen wie Sie wollen und wenn Sie merken, dass Sie doch erst ein paar Grundregeln brauchen, kehren Sie einfach zum Anfang zurück. Im ersten Teil werden Ihnen Wörter begegnen, die Sie möglicherweise schon kennen. Das Gleiche gilt für das Alphabet, die Ausspracheregeln oder einige Grundbegriffe der Grammatik. Der erste Teil vermittelt Ihnen die Struktur der Verben, Zeitformen und Sätze. Außerdem erfahren Sie alles über Zahlen, die Uhrzeit, Wochentage und Jahreszeiten.

Teil II: Niederländisch für jeden Tag

In diesem Teil fangen Sie an, Neues zu lernen und anzuwenden. Hier liegt der Schwerpunkt weniger auf der Erklärung der Grammatik, sondern auf der sprachlichen Bewältigung alltäglicher Situationen. Das können Gespräche sein sowie die Themen Essen und Trinken oder Einkaufen, Freizeit und Arbeit.

Teil III: Niederländisch für unterwegs

Dieser Teil vermittelt Ihnen das nötige sprachliche Rüstzeug für einen Bankbesuch oder den Aufenthalt in einem Hotel sowie für Situationen, die sich bei Reisen mit dem Flugzeug, der Bahn, dem Auto oder Taxi ergeben können. Zusätzlich werden Notfälle aller Art behandelt.

Teil IV: Der Top-Ten-Teil

Wenn Sie knappe, leicht verständliche Informationen über Land und Leute suchen, sind Sie hier richtig. Dieser Teil enthält zehn Tipps, wie man schnell Niederländisch lernt, aber auch fünf Dinge, die Sie niemals sagen sollten, die zehn beliebtesten niederländischen Redewendungen, zehn niederländische Ferien- und Feiertage sowie zehn Ausdrücke, durch die Ihr Niederländisch professionell klingt.

Teil V: Anhänge

Im letzten Teil des Buches finden Sie wichtige Informationen, die Sie ab und zu nachschlagen sollten. Dazu gehört eine Übersicht mit der Konjugation regelmäßiger und unregelmäßiger Verben, aber auch ein Miniwörterbuch Niederländisch – Deutsch und Deutsch – Niederländisch. Falls Ihnen einmal etwas unbekannt vorkommt oder Ihnen die niederländische Entsprechung eines deutschen Begriffs nicht einfällt, kann das Miniwörterbuch eine wertvolle Hilfe sein. Die im Buch verwendeten Wörter sind darin alphabetisch geordnet erfasst. Im letzten Anhang gibt es eine Übersicht aller Gespräche, die für die CD aufgenommen wurden.

Symbole, die in diesem Buch verwendet werden

Wenn Sie mit dem Buch arbeiten, werden Sie auf verschiedene Informations- und Lerninhalte stoßen. Damit Sie sie schneller und leichter unterscheiden können, haben wir ihnen unterschiedliche Symbole zugeordnet, die sich immer am linken Rand befinden.

Dieses Symbol kennzeichnet einen Tipp, der Ihnen das Lernen erleichtern soll.

Hier gibt es eine kurze Zusammenfassung, die einen grammatikalischen Begriff erläutert.

Wenn Sie Informationen über Land und Leute suchen, werden Sie hier fündig.

Die zum Buch gehörende CD gibt Ihnen die Möglichkeit, Muttersprachler im Gespräch zu hören. Damit können Sie Ihr Hörverständnis trainieren. Die Gespräche im Buch, die mit diesem Symbol versehen sind, befinden sich auf der CD.

Wie es weitergeht

Wenn man eine Sprache erlernen will, muss man einfach irgendwo anfangen. Trauen Sie sich! Sie könnten zum Beispiel damit beginnen, im Buch zu blättern, und wenn Sie auf etwas Interessantes stoßen, lesen Sie dort weiter. Sie könnten sich aber auch erst die Dialoge auf der CD anhören. Egal womit Sie beginnen, die Hauptsache ist die Freude am Lernen und vielleicht bitten Sie schon bald einen Niederländer, der Sie auf Deutsch oder Englisch anspricht: **Wilt u Nederlands praten, ik leer Nederlands?** (*willt ü nee-dèr-lands pra-tèn, ik leer nee-dèr-lands,* Würden Sie Niederländisch sprechen, ich lerne Niederländisch?)

Teil I

Los geht's

In diesem Teil ...

Irgendwo muss man beim Erlernen einer Sprache anfangen und wahrscheinlich befinden Sie sich schon mittendrin. Dieser Teil ist eine Art Rettungsring, an den Sie sich klammern können, wenn Sie sich dem Ertrinken nahe fühlen. Hier finden Sie unter anderem das Alphabet, Beispiele für die Aussprache und einige Grundbegriffe der Grammatik. Vielleicht ist es gar keine schlechte Idee, sich zunächst einmal diesen Rettungsring genauer anzusehen, bevor Sie sich mit den übrigen Kapiteln dieses Buches beschäftigen.

Ein bisschen Niederländisch können Sie schon

1

In diesem Kapitel

- Was Sie schon auf Niederländisch verstehen
- Eine Unterhaltung
- Das Alphabet aufsagen
- Aussprache der Vokale
- Aussprache der niederländischen Doppellaute
- Das »ch« und das »g«
- Aussprache und Betonung
- Fragen und Intonation

Die beste Methode, eine Sprache zu erlernen, ist immer noch, einfach damit anzufangen. In diesem Kapitel sind Sie gleich mittendrin und es wird schnell deutlich werden, was Sie vielleicht schon alles wissen und auf Niederländisch sagen können. Außerdem gibt es ein paar hilfreiche Tipps zur Aussprache und Hinweise auf häufig verwendete Redewendungen.

Was Sie schon wissen

Niederländisch gehört zur Gruppe der westgermanischen Sprachen, zu denen auch Deutsch und Englisch gezählt werden. Viele Wörter sind im Deutschen und Niederländischen gleich oder zumindest ähnlich. Hinzu kommen einige Wörter und Begriffe, die Sie aus dem Englischen kennen oder die international benutzt werden.

Nahe Verwandte

Die aufgeführten Wörter sind auf Niederländisch, Deutsch und Englisch gleich und sie haben auch die gleiche Bedeutung. Unterschiede gibt es lediglich in der Aussprache und Schreibweise. Im Deutschen werden die Substantive großgeschrieben, im Niederländischen und Englischen jedoch nicht.

Verwandte Wörter

Immer mehr Wörter und Ausdrücke, die ursprünglich aus dem Englischen kommen, werden inzwischen im täglichen Sprachgebrauch in den Niederlanden verwendet. Dabei schrecken die Niederländer nicht vor kleinen Anpassungen in der Schreibweise zurück. Auch wenn diese

Niederländisch	Aussprache	Deutsch	Englisch
de arm	*dè arrm*	der Arm	the arm
de bank	*dè bangk*	die Bank	the bank
fantastisch	*fann-tass-tieß*	fantastisch	fantastic
het glas	*hätt chlass*	das Glas	the glass
de hand	*dè hannt*	die Hand	the hand
de sport	*dè ßporrt*	der Sport	the sport
de tunnel	*dè tönn-nèl*	der Tunnel	the tunnel
de wind	*dè winnt*	der Wind	the wind

Einflüsse nicht von allen gleichermaßen begrüßt werden, kann sich doch niemand dieser Entwicklung ganz entziehen.

Vor allem dort, wo neue Produkte und Erfindungen einen Markt suchen, und in den Bereichen des täglichen Lebens wie zum Beispiel im Sport oder den Medien werden diese Einflüsse zunehmend sichtbar. So gibt es, ähnlich wie im Deutschen, zum Beispiel keinen ursprünglich niederländischen Begriff für **de digitale tv** (*dè die-chie-taa-lè tee-vee*, digitales Fernsehen) oder **de megastore** (*dè mee-chaa-ßtoor*, der Megastore).

Weitere häufig verwendete Begriffe mit kleinen Anpassungen sind:

- **de supermarkt** (*dè ßü-pèr-markt*)
- **de fitnessclub** (*dè fitt-nèß-clöpp*)

Dunglish

Niederländer, die international orientiert sind, verwenden oft zahlreiche englische Begriffe und Redewendungen. Besonders häufig geschieht das in den Bereichen Sport, in der IT-Branche und im internationalen Handelsverkehr. Die übernommenen Begriffe und Verben werden nach den Regeln der niederländischen Rechtschreibung und Grammatik gebeugt, was zu einem Gemisch aus Niederländisch und Englisch führt: dem Dunglish. So könnten Sie zum Beispiel hören, wie jemand sagt: **Ik ga dat even checken.** (*ik chaa datt ee-vèn tschäck-kèn*, Ich werde das mal eben kontrollieren.) oder: **Ik hoop dat hij niet te lang speecht.** (*ik hoop datt häij niet tè lang ßpietscht*, Ich hoffe, dass seine Rede nicht zu lang ist.) oder: **Bij een IQ-test scoorde zij heel hoog.** (*bäij èn ie-kü-tässt skoor-dè säij heel hooch*, Bei einem Intelligenztest erreichte sie ein sehr hohes Resultat.) Niederländer finden es oft schwierig, diese Wörter korrekt zu schreiben!

Einige Verben aus dem Sport:

- **fitnessen** (*fitt-nè-ßèn*) ins Fitnesscenter gehen
- **finishen** (*finn-niss-schèn*) abschließen, enden
- **trainen** (*tree-nèn*) trainieren (gehen)

Einige Begriffe aus der Computerwelt:

- ✔ **deleten** (*die-lie-tèn*) löschen
- ✔ **downloaden** (*daun-loo-dèn*) herunterladen
- ✔ **inloggen** (*inn-loch-chèn*) sich einloggen
- ✔ **printen** (*prinn-tèn*) drucken

Englisch wird in der Wirtschaft viel verwendet:

- ✔ **managen** (*männ-nè-dschèn*) managen, organisieren
- ✔ **marketen** (*marr-kè-tèn*) etwas vermarkten
- ✔ **pushen** (*pu-schèn*) etwas oder jemanden fördern

Mehr über die Konjugation von Fremdwörtern finden Sie in Kapitel 8.

Eine Unterhaltung

Sie müssen nicht glauben, dass die im Folgenden wiedergegebene Unterhaltung Ihnen einen Eindruck davon vermittelt, worüber sich zwei junge Niederländer normalerweise unterhalten. Sie zeigt aber, wie viele Begriffe aus dem Englischen mitunter in einem Gespräch verwendet werden. Ein ähnliches Gespräch könnten Sie auf der Straße hören:

Marcel: **Hi, hoe is 't? Hoe is je nieuwe job?**

hei hu iss èt. hu iss jè niju-wè dschopp

Hallo, wie geht's? Was macht dein neuer Job?

Jacco: **Prima! Ik ben HR manager bij Lease Consult en leasing is een spannende business.**

prie-maa. ick bänn haa-err männ-nè-dschèr bäij ließ konn-ßöllt änn lie-ßing iss èn spann-nèn-dè biss-niss

Bestens! Ich bin Personalleiter bei Lease Consult und Leasing ist ein interessantes Geschäft.

Marcel: **Echt waar? Lease Consult is een Major Account van ons!**

ächt waar? ließ konn-ßöllt iss èn mee-dschèr è-kaunt vann onß

Tatsächlich? Lease Consult ist einer unserer Hauptkunden!

Jacco: **Ik kom je dus nog wel eens tegen in de Board Room.**

ick komm jè döss noch wäll èns tee-chèn inn dè boort rum.

Wir werden uns also wahrscheinlich mal im Besprechungsraum sehen.

Marcel: **Wie weet!**

wie weet

Wer weiß!

Jacco: **En ben jij weer happy?**

änn bänn jäij weer häp-pie

Und, geht's dir wieder gut?

Marcel: **Ja, maar Renate zit in een dip. Fulltime werken met een kid is nogal heavy en ze wil graag parttime werken.**

jaa maar rè-naa-tè sitt inn èn dipp. ful-teim wärr-kèn mätt èn kitt iss noch-all häv-vie änn sè will chraach parr-teim wärr-kèn

Ja, aber Renate ist ein bisschen depri. Eine volle Stelle und dazu ein Kind ist schon stressig und sie würde gern in Teilzeit arbeiten.

Jacco: **Ik begrijp het. Is parttime werken een optie?**

ick bè-chräijp èt. iss parr-teim wärr-kèn èn opp-ßie

Verstehe. Und ist Teilzeit machbar?

Marcel: **Op dit moment niet. Ze zitten midden in een reorganisatie.**

opp ditt moo-männt niet. sè sitt-tèn midd-dèn inn èn ree-or-chaa-nie-saa-zie

Im Moment nicht. Die Firma ist mitten in einer Umstrukturierung.

Natürlich kommen neue Begriffe und Redewendungen nicht nur aus dem englischsprachigen Raum. Wörter aus den verschiedenen Sprachen haben inzwischen Eingang ins **Van Dale Groot woordenboek van de Nederlandse taal** (Das große Wörterbuch der niederländischen Sprache des Verlags Van Dale) gefunden.

Fast 330.000 Surinamer leben seit der Unabhängigkeit ihres Landes in den Niederlanden und mehr als 150 Begriffe ihrer Sprache wurden in das genannte Wörterbuch aufgenommen. Einige witzige sind: **het okseltruitje** (*hätt ock-ßèl-trèüj-tjè*, ein ärmelloses T-shirt), wörtlich übersetzt ein »Achselpullover«, und **de handknie** (*dè hannt-knie*, der Ellenbogen), wörtlich übersetzt »das Knie von der Hand«.

Aber nicht nur Wörter aus Surinam sind in den niederländischen Sprachgebrauch eingeflossen. Wie im Deutschen wurde der Begriff **de tsunami** (*dè tßu-naa-mie*, Flutwelle nach Seebeben) aus dem Japanischen entlehnt, aus dem Französischen **de asperges** (*dè ass-pärr-zschèß*, Spargel), **het horloge** (*hätt horr-loo-zschè*, Armbanduhr) und einige Begriffe aus der deutschen Sprache werden Ihnen ebenfalls begegnen, beispielsweise **het heimwee** (*hätt häijm-wee*), **überhaupt** (*ü-bèr-haupt*) oder **röntgenen** (*rönnt-gè-nèn*).

Etwas erwidern können

Wer eine Sprache erlernt und dann mit dieser Sprache im täglichen Leben konfrontiert wird, muss meistens feststellen, dass er zwar schon viel verstehen, jedoch noch wenig erwidern kann. Wenn Menschen merken, dass man sie versteht, fangen sie an zu erzählen und erwarten entsprechende Reaktionen. Aber genau das ist oft das Problem! Einige positive oder negative Reaktionen können in so einer schwierigen Lage schon äußerst hilfreich sein. Merken Sie sich einen positiven Ausdruck wie: **prima** (*prie-maa*, prima, wunderbar); eine neutrale Reaktion, die Sie in fast allen Situationen benutzen können, ohne jemanden zu beleidigen, ist: **interessant** (*inn-tè-rè-ßannt*, interessant), und haben Sie auch etwas parat, falls Ihnen jemand einmal etwas weniger Erfreuliches erzählt: **wat jammer** (*watt jamm-mèr*, wie schade). Hier ein paar Beispiele für Erwiderungen und Reaktionen und wie man sie richtig einsetzt:

✔ **Wat vind je van dit restaurant? – Prima!** (*watt vinnt jè vann ditt räss-too-rannt. prie-maa*, Wie findest du dieses Restaurant? – Wunderbar!)

✔ **Heb je zin om dit weekend mee te gaan zeilen? – Fantastisch!** (*häpp jè sinn omm ditt wie-kännt mee tè chaan säij-lèn. fann-tass-tieß*, Hast du Lust, dieses Wochenende zum Segeln mitzukommen? – Sehr gern!)

✔ **Zullen we even pauzeren? – Oké.** (*söll-lèn wè ee-vèn pau-see-rèn. oo-kee*, Sollen wir eine kurze Pause machen? – Okay.)

✔ **Dit zijn foto's van Amsterdam twintig jaar geleden. – Wat interessant!** (*ditt säijn foo-tooß vann amm-ßtèr-damm twinn-tèch jaar chè-lee-dèn. watt inn-tè-rè-ßannt*, Das sind Fotos von Amsterdam vor zwanzig Jahren. – Wie interessant!)

✔ **Het concert is afgelast. – Wat jammer!** (*hätt konn-ßärrt iss aff-gè-lasst. watt jamm-mèr*, Das Konzert ist abgesagt. – Wie schade!)

✔ **Mijn auto is stuk. – Wat een pech!** (*mäijn oo-too iss ßtöck. watt èn päch*, Mein Auto ist kaputt. – Was für ein Pech!)

Falls jemand Sie um etwas bittet, können Sie mit folgenden Erwiderungen positiv darauf reagieren:

✔ **Help je me even? – Natuurlijk.** (*hällp jè mè ee-vèn. na-tüür-lèk*, Kannst du mir kurz helfen? – Natürlich.)

✔ **Kunt u mij om 11 uur bellen? – Geen probleem.** (*könnt ü mäij omm elf üür bäll-lèn. cheen proo-bleem*, Können Sie mich um 11 Uhr anrufen? – Kein Problem.)

Benötigen Sie eine negative Antwort, können Sie diese Formulierungen problemlos verwenden:

✔ **Bent u morgen op kantoor? – Nee, het spijt me** (*bännt ü morr-chèn opp kann-toor. nee hätt ßpäijt mè*, Sind Sie morgen im Büro? – Nein, tut mir leid.)

✔ **Gaan jullie met ons mee? – Misschien de volgende keer.** (*chaan jöl-lie mätt onß mee. miss-ßchien dè voll-chèn-dè keer*, Kommt ihr mit uns mit? – Vielleicht nächstes Mal.)

Zu den entsprechenden Anlässen können Sie Folgendes wünschen:

✔ **Fijne avond.** (*fäij-nè aa-vonnt*, Schönen Abend noch.)

✔ **Goed weekend.** (*chutt wie-kännt*, Schönes Wochenende.)

✔ **Goede reis.** (*chu-dè räijß*, Gute Reise.)

✔ **Veel plezier.** (*veel plè-sier*, Viel Spaß.)

✔ **Beterschap.** (*bee-tèr-ßchapp*, Gute Besserung.)

✔ **Sterkte.** (*stärrk-tè*, Viel Kraft./Alles Gute.)

Wenn Alkohol in Gesellschaft getrunken wird, können Sie Ihr Glas erheben:

- **Proost!** (*proost*, Zum Wohl!)

Wenn Ihr Niederländisch-Wortschatz größer geworden ist und Sie Freunde gefunden haben, können Unterhaltungen auch persönlicher werden. In Kapitel 17 finden Sie ein paar Reaktionen für vertrauliche oder amüsante Gespräche.

Ein paar Ausspracheregeln

Wer eine neue Sprache erlernt, muss sich meistens zunächst überwinden, ungewohnte Wörter und Klänge selbst auszusprechen. Versuchen Sie es einfach und lassen Sie sich nicht verunsichern. Am Anfang werden Sie wahrscheinlich schon viel mehr verstehen können, als Sie selbst sagen können. Das sollte Sie keineswegs entmutigen! Es ist ganz normal, dass der passive Wortschatz für jemanden, der aus dem deutschen Sprachraum kommt, viel größer ist als sein aktiver Wortschatz. Bei jedem Gespräch, das Sie hören, und jedem Text, den Sie lesen, erweitern Sie automatisch auch Ihren aktiven Wortschatz. Sie werden Redewendungen und Ausdrücke, die Sie mehrmals gehört haben, schließlich auch selbst benutzen, denken Sie zum Beispiel an Begrüßungs- und Abschiedsformeln.

Auf der Straße oder beim Einkaufen hören Sie ganz nebenbei viele Wörter oder Redewendungen. Achten Sie darauf, wie man sie ausspricht, und versuchen Sie, diese Aussprache nachzuahmen. In dieser Phase des Lernprozesses empfiehlt es sich, einige Grundbegriffe der Aussprache zu kennen. Die folgenden Abschnitte erläutern die Buchstaben des Alphabets ebenso wie deren Aussprache.

Die Umschrift in diesem Buch

In diesem Buch wird zu jedem Wort oder Satz die Aussprache kursiv in Klammern gesetzt wiedergegeben. Dabei wurde eine Umschrift gewählt, die versucht, mit deutschen Klangverbindungen der niederländischen Aussprache nahezukommen. Das ist jedoch nicht immer vollständig möglich. Betrachten Sie die Lautumschrift deshalb als Stütze und orientieren Sie sich vor allem am gesprochenen Wort, das heißt an den Aufnahmen der Audio-CD, und an dem, was Sie in Ihrer Umgebung hören. Bei allen mehrsilbigen Wörtern sind die Silben durch Bindestriche getrennt, wie in **goedemorgen** (*chu-dè-morr-chèn,* Guten Morgen). Die unterstrichenen Silben geben die Betonung innerhalb des Wortes an. Weitere Erläuterungen zu diesem Thema finden Sie im Abschnitt »Aussprache und Betonung« weiter hinten in diesem Kapitel.

Das ABC

Das niederländische Alphabet hat die gleiche Anzahl Buchstaben wie das deutsche, also 26. Trotzdem weicht deren Aussprache in einigen Fällen stark ab.

Auf Track 1 der CD hören Sie den Klang der niederländischen Buchstaben.

Das niederländische Alphabet:

A	*aah*	**N**	*änn*
B	*beej*	**O**	*ooh*
C	*ßeej*	**P**	*peej*
D	*deej*	**Q**	*kü*
E	*eej*	**R**	*ärr*
F	*äff*	**S**	*äss*
G	*cheej*	**T**	*teej*
H	*haah*	**U**	*ü*
I	*ie*	**V**	*veej*
J	*jeej*	**W**	*weej*
K	*kaah*	**X**	*ickß*
L	*äll*	**Y**	*äij*
M	*ämm*	**Z**	*sätt*

Aussprache der Vokale

Im Niederländischen kann die Aussprache der Vokale sehr variieren und es gibt auch ein paar Doppellaute, die für deutsche Ohren vielleicht zunächst ungewöhnlich klingen. Wir versuchen, mit der phonetischen Lautumschrift eine Annäherung an den Klang zu geben, aber das Hören von niederländischen Sprechern wird diese Vorstellung erst abrunden.

Die Vokale **a, e, i, o** und **u** können sowohl lang als auch kurz ausgesprochen werden. Zum Glück gibt es dazu einige Regeln, die besagen:

- ✔ Ein Vokal ist kurz, wenn ihm ein oder mehrere Konsonanten am Ende einer Silbe oder eines Wortes folgen, wie zum Beispiel in **de dag** (*dè dach*, der Tag), **het geld** (*hätt chällt*, das Geld), **ik** (*ick*, ich), **kort** (*korrt*, kurz), **de munt** *(dè mönnt,* die Münze).
- ✔ Ein doppelter Vokal ist lang, wie zum Beispiel in **gaan** (*chaan*, gehen) **geen** (*cheen*, kein), ook (*ook*, auch) und **het uur** (*hätt üür*, die Stunde).
- ✔ Ein Vokal ist lang, wenn er der letzte Buchstabe in einer Silbe ist, wie zum Beispiel in **dragen** (*draa-chèn*, tragen), **eten** (*ee-tèn*, essen), **roken** (*roo-kèn*, rauchen), **juni** (*jü-nie*, Juni).

Der Vokal a

Das a klingt kurz in geschlossenen Silben; das bedeutet, dem Vokal folgen ein oder mehrere Konsonanten am Ende einer Silbe oder eines Wortes:

- ✔ **de bal** (*dè ball*, der Ball)
- ✔ **de dag** (*dè dach*, der Tag)
- ✔ **het gras** (*hätt chrass*, das Gras)

Ein einfaches **a** in einer offenen Silbe, also am Ende einer Silbe oder eines Wortes, wird lang ausgesprochen:

- **dragen** (*draa-chèn*, tragen)
- **de dagen** (*dè daa-chèn*, die Tage)
- **de kranen** (*dè kraa-nèn*, die Wasserhähne)

Ein **aa** (doppeltes a) in einer geschlossenen Silbe beziehungsweise in einem einsilbigen Wort wird immer lang gezogen ausgesprochen. Üben Sie die Aussprache dieser Wörter:

- **gaan** (*chaan*, gehen)
- **staan** (*staan*, stehen)
- **de laan** (*dè laan*, die Allee)

Offene und geschlossene Silben

Wörter kann man in Silben zerlegen. Diese Silbentrennung ist ganz wichtig, wenn man Wörter richtig schreiben und aussprechen will. Die richtige Silbentrennung und die Unterscheidung **offener Silben** von **geschlossenen Silben** kann das Lernen daher beschleunigen.

Eine Silbe ist ein Teil eines Wortes und Sie können sie auch hören, indem Sie beim Sprechen der Wörter in die Hände klatschen und so das Wort zerteilen. Jedes Klatschen ist eine Silbe. Sie können aber auch ins Wörterbuch schauen, auch dort wird die Silbentrennung zu jedem Wort angegeben. Um eine offene Silbe von einer geschlossenen Silbe unterscheiden zu können, sollten Sie sich die Einteilung in *Vokale* und *Konsonanten* noch einmal bewusst machen.

- *Vokale* sind Laute, die den zentralen Klang in einem Wort bilden: **a**, **e**, **i**, **o** und **u**. Die anderen Laute in einer Sprache werden *Konsonanten* genannt.
- Die Konsonanten sind: **b, c, d, f, g, h, j, k, l, m, n, p, q, r, s, t, v, w, x** und **z**.
- Silben, die auf einen oder mehrere Konsonanten enden, nennt man *geschlossene Silben*.

  So sind zum Beispiel die beiden Silben des Wortes **paspoort** (*pass-poort*, Reisepass) geschlossene Silben.
- Silben, die auf einen Vokal enden, bezeichnet man als *offene Silben*, wie die erste Silbe in dem Wort **water** (*waa-tèr*, Wasser) oder die erste Silbe in dem Wort **euro** (*öh-roo*, Euro).

Die Unterscheidung von offenen und geschlossenen Silben ist der Schlüssel zur Aussprache und richtigen Schreibweise der niederländischen Wörter: Ein Vokal in einer offenen Silbe wird lang ausgesprochen. Wenn einzelne Vokale in einer geschlossenen Silbe auftreten, werden sie kurz ausgesprochen. Auch beim Schreiben der Wörter werden Sie durch Anwendung dieser Regel wissen, wann man Vokale oder Konsonanten verdoppeln muss.

Der Vokal e

Wenn dem **e** ein oder mehrere Konsonanten am Ende eines Wortes folgen, wird es kurz ausgesprochen:

- ✔ **gek** (*chäck*, verrückt)
- ✔ **het geld** (*hätt chälld*, das Geld)

Wenn das **e** am Ende einer Silbe steht, wird es als lang gezogener Vokal ausgesprochen:

- ✔ **eten** (*ee-tèn*, essen)
- ✔ **beter** (*bee-tèr*, besser)

Beachten Sie, dass ein **e,** das in einer unbetonten Silbe zum Beispiel am Ende eines Wortes steht, wie im deutschen Wort *Bäcker* klingt. In der Umschrift wird der Klang mit *è* wiedergegeben.

Egal ob es nun in einer offenen oder in einer geschlossenen Silbe steht, **ee** (doppeltes e) wird immer lang ausgesprochen. Versuchen Sie es, indem Sie die folgenden Wörter aussprechen:

- ✔ **geen** (*cheen*, kein)
- ✔ **geel** (*cheel*, gelb)
- ✔ **de neef** (*dè neef*, Cousin)

Der Vokal i

Wenn dem **i** ein oder mehrere Konsonanten am Ende eines Wortes oder einer Silbe folgen, wird es kurz ausgesprochen:

- ✔ **ik** (*ick*, ich)
- ✔ **het ding** (*hätt ding*, das Ding)
- ✔ **dicht** (*dicht*, geschlossen/zu, Aussprache des ch wie in lachen)

Wenn der Buchstabe **i** am Ende einer Silbe oder eines Wortes steht, steht es für ein langes i. Es handelt sich hierbei oft um Fremd- oder Lehnwörter:

- ✔ **juni** (*jü-nie*, Juni)
- ✔ **de activiteit** (*dè ack-tie-vie-täijt*, die Aktivität)

Wie das **e** kann das i in einer unbetonten Silbe auch wie ein sogenannter Schwa-Laut ausgesprochen werden. Es handelt sich meistens um die Endung *-ig*.

- ✔ **prettig (prätt-tèg, angenehm)**
- ✔ **twintig (twinn-tèg, zwanzig)**

Die vier Vokale **a**, **e**, **u**, **o werden** manchmal verdoppelt (**aa**, **ee**, **uu**, **oo**), um die lange Version eines Vokals schriftlich wiederzugeben. Beim langen **i** geschieht dies durch die Schreibweise **ie**.

- **drie** (*drie,* drei)
- **het bier** (*hätt bier,* das Bier)
- **de fiets** (*dè fietß,* das Fahrrad)

Der Vokal o

Wenn dem **o** ein oder mehrere Konsonanten am Ende einer Silbe folgen, wird es kurz ausgesprochen. Probieren Sie einmal, folgende Wörter auszusprechen:

- **op** (*opp,* auf)
- **kort** (*korrt,* kurz)
- **de pot** (*dè pott,* der Topf)

Wenn das **o** am Ende einer Silbe oder eines Wortes steht, wird es als langer Vokal ausgesprochen.

- **boven** (*boo-vèn,* oben)
- **roken** (*roo-kèn,* rauchen)
- **het document** (*hätt doo-kü-männt,* das Dokument)

Ein **oo** ist immer ein langer Vokal wie zum Beispiel in den nächsten Wörtern:

- **ook** (*ook,* auch)
- **mooi** (*mooij,* schön)
- **de persoon** (*dè pèr-ßoon,* die Person)

Der Vokal u

Wenn dem **u** ein oder mehrere Konsonanten am Ende einer Silbe oder eines Wortes folgen, wird es kurz ausgesprochen. Denken Sie auch daran, dass ein **u** im Niederländischen wie ein **ü** im Deutschen ausgesprochen wird. Versuchen Sie es einmal mit folgenden Beispielen:

- **dun** (*dönn,* dünn)
- **de hulp** (*dè höllp,* die Hilfe)
- **de club** (*dè klöpp,* der Club)

Wenn sich das **u** in einer Silbe befindet, die auf diesen Vokal endet, klingt das **u** lang gezogen. Üben Sie die Aussprache anhand folgender Wörter:

- **u** (*ü,* Sie)
- **de studie** (*dè stü-die,* das Studium)
- **juni** (*jü-nie,* Juni)

Ein **uu** steht immer für ein langes u:

- ✔ **het uur** (*hätt üür,* die Stunde)
- ✔ **het excuus** (*hätt äckß-küß,* die Entschuldigung)
- ✔ **het kostuum** (*hätt koss-tüm,* das Kostüm)

Der Vokal oe

Der Vokal **oe** klingt wie im Deutschen der Vokal u:

- ✔ **hoe** (*hu,* wie)
- ✔ **het boek** (*hätt buk,* das Buch)
- ✔ **genoeg** (*gè-nuch,* genug)
- ✔ **de broer** (*dè bruur,* der Bruder)

Der Vokal eu

Der Vokal **eu** ist ein weiterer niederländischer Laut, der in seiner Schreibweise zwar auch im Deutschen vorkommt, in der Aussprache jedoch stark abweicht. Der Klang wird lang gezogen und ist dem ö im deutschen Wort Klöße sehr ähnlich:

- ✔ **de keuken** (*dè köh-kèn,* die Küche)
- ✔ **de neus** (*dè nöhß,* die Nase)
- ✔ **de sleutel** (*dè ßlöh-tèl,* der Schlüssel)

Die Aussprache der niederländischen Diphthonge

Diphthonge sind Doppellaute, also Kombinationen aus zwei Vokalen in einer Silbe. Im Niederländischen gibt es eine ganze Reihe davon. Je nachdem, aus welcher Ausgangssprache der Sprecher kommt, wird es für ihn vertraut klingende oder eher ungewöhnlich klingende Doppellaute geben, deren Aussprache einige Übung erfordert. Achten Sie auf die Aussprache der Niederländer und versuchen Sie, diese nachzuahmen.

Die Aussprache der Diphthonge ei und ij

Der Diphthong **ei** ist ein Laut, der weder im Deutschen noch in irgendeiner anderen großen europäischen Sprache vorkommt. Im Gegensatz zum Deutschen beginnt dieser Laut nicht mit einem **a** (wie in *Apfel*), sondern eher mit einem ä (wie in *Äste*), beispielsweise:

- ✔ **het ei** (*hätt äij,* das Ei)
- ✔ **mei** (*mäij,* Mai)
- ✔ **klein** (*kläijn,* klein)

Der gleiche Klang wird mit der Buchstabenkombination **ij** schriftlich wiedergegeben, sofern er in einer betonten Silbe vorkommt. Klanglich sind **ei** und **ij** dann nicht zu unterscheiden.

- **mij** (*mäij*, mir/mich)
- **mijn** (*mäijn*, mein)
- **het ijs** (*hätt äijß*, Eis)

Wenn das **ij** in einer unbetonten Silbe vorkommt – meist handelt es sich um die Endung *-lijk* –, wird es wie ein flüchtiges e ausgesprochen, vergleichbar mit dem vorher erwähnten e im deutschen Wort *Bäcker*.

- **heerlijk** (*heer-lèk*, herrlich)
- **makkelijk** (*mack-kè-lèk*, einfach)
- **moeilijk** (*muij-lèk*, schwierig)

Die Diphthonge ou und au

Die Buchstabenkombinationen **ou** und **au** geben in unterschiedlicher Schreibweise den gleichen Laut wieder und sind für Deutsche einfach auszusprechen, da sie ebenso wie das deutsche *au* im Wort *Frau* ausgesprochen werden.

- **gauw** (*chau*, bald)
- **blauw** (*blau*, blau)
- **lauw** (*lau*, lauwarm)
- **oud** (*aut*, alt)
- **bouwen** (*bau-wèn*, bauen)
- **trouwen** (*trau-wèn*, heiraten)

Der Diphthong ui

Ein anderer Diphthong, der im Niederländischen vorkommt und der für Deutsche etwas schwieriger auszusprechen ist, da er in der deutschen Sprache nicht existiert, ist **ui**. Er ähnelt dem Klang im Wort F**eui**lleton. Der Mund ist zu Beginn des Lautes halb geöffnet und macht dann eine schließende Bewegung. Die Lippen bewegen sich dabei mit einer leichten Spannung aufeinander zu, sodass der Laut sich bei der Aussprache von der Mitte der Mundhöhle nach vorn verschiebt.

- **buiten** (*bèüj-tèn*, draußen)
- **vuil** (*vèüjl*, schmutzig)
- **juist** (*jèüjßt*, richtig)

Hören Sie sich die Beispiele auf der CD an. Das kann Ihnen helfen, den Laut zu imitieren, und falls Ihnen dann eines Tages die niederländische Fußballlegende Johan Cruijff über den Weg läuft, bitten Sie ihn doch, anhand seines Namens den Laut **ui** zu demonstrieren: **Johan Cruijff** (*joo-hann krèüjf*).

Wenn Sie es schließlich geschafft haben, diesen Laut auszusprechen, können Sie sich damit belohnen, einen Hamburger met **ui** (*èüj*, Zwiebel) oder eine **uiensoep** (*èüj-jè-ßupp*, Zwiebelsuppe) im Restaurant zu bestellen.

Buchstabe	Deutsche Entsprechung	Umschrift	Beispiel	Aussprache
a	wie ein a in Fach	a	dag	dach
aa	aa wie in Haar	aa	gaan	chaan
e	e wie in bitte	è	de	dè
e	e wie in Bett	ä	bed	bätt
ee	wie in See	ee	bleek	bleek
i	wie das e in bitte	è	prettig	prätt-tèg
i	i wie in in	i	in	in
ie	i wie in nicht	ie	drie	drie
o	o wie in Post	o	pot	pott
oo	oo wie in Moos	oo	ook	ook
u u, uu	ü wie in Tüll oder ö wie in können ü wie in für	ö ü/üü	vlug nu, muur	vlöch nü, müür
eu	ö wie in pompös	öh	keuken	köh-ken
oe	u wie in Kuh	u/uu	hoe, broer	hu, bruur
ei/ij	äi-Klang mit -j am Ende	äij	klein wij	kläijn wäij
ou/au	au wie in Frau	au	koud, blauw	kaut, blau
ui	keine deutsche Entsprechung, vgl. Feuilleton	èüj	buiten	bèüj-tèn

Tabelle 1.1: Aussprache einiger Vokale und Diphthonge

Aussprache der Konsonanten

Die Konsonanten werden bis auf wenige Ausnahmen, wie zum Beispiel das **g** oder Kombinationen wie das **sch,** nahezu gleich ausgesprochen. Mit ein paar Hilfestellungen und phonetischen Vergleichen werden Sie diese Unterschiede jedoch bald meistern.

Es gibt im niederländischen Sprachgebiet große Unterschiede bei der Aussprache des Buchstabens **r**. In den nördlichen Provinzen und in Belgien wird oft ein sogenanntes rollendes r gesprochen, wie man es bei Italienern hören kann. Andere wiederum sprechen ein im Rachen geformtes r, wie es auch im Französischen vorkommt, und noch andere verwenden ein amerikanisches r. Viele Leute vermischen die Aussprachemöglichkeiten und beginnen ein Wort mit dem rollenden r und beenden es mit dem kehligen r.

Buchstabe	Deutsche Entsprechung	Umschrift	Beispiel	Aussprache
b c f h j k l m n p q t w x	wie im Deutschen			
ch, g	werden wie ein raues »ch« im deutschen Wort Nacht ausgesprochen	ch g	lachen goed, dag	lach-chen chutt, dach
d	d wie im Deutschen, am Ende eines Wortes wie ein t	d t	dik bed	dik bätt
g	stimmhaftes sch wie in Loge, nur in französischen Wörtern ebenfalls dsch in Fremdwörtern	zsch dsch	horloge manager	horr-loo-zschè männ-nè-dschèr
r	r rollend oder in der Kehle gebildet	r	rijst	räijßt
s	stimmlos wie im deutschen Wort Bus	ß/ss	samen bus	ßaa-mèn böss
sch	s-ch wird getrennt gesprochen	ßch	schaal	ßchaal
-sch	-sch am Ende eines Wortes wird wie ein scharfes S ausgesprochen	ß	fantastisch	fan-tass-tieß
sj	wie das deutsche sch Die stimmhafte Variante, wie g in Loge	sch zsch	meisje aubergine	mäij-sche oo-bèr-zschie-nè
sp st	wie in Norddeutschland spitz, Steine	ßp ßt	spelen stoten	ßpe-lèn ßtoo-tèn
tj	wie in Tschechien	tsch	kwartje	kwarr-tschè
v	zwischen f und w, stimmhaft ausgesprochen wie im deutschen Vater	v	vader	vaa-dèr
y	kommt nur in Fremdwörtern vor, an Position eines Vokals wie ein i aussprechen, an der Position eines Konsonanten wie ein j.	i ie j	gymnastiek psychologie yoghurt	chim-nass-tiek pßie-choo-loo-chie joch-chörrt
z	ist stimmhaft wie im deutschen Nase	s	zand	sant

Tabelle 1.2: Aussprache der niederländischen Konsonanten

Die Aussprache des niederländischen »g«

Nun kommen wir zu dem für deutsche Muttersprachler ungewöhnlichsten niederländischen Klang: der Buchstabe **g**. Der Laut wird im Rachen am Zäpfchen gebildet und ähnelt noch am meisten dem ch in deutschen Wörtern wie lachen oder Nacht.

- ✔ **gaan** (*chaan*, gehen)
- ✔ **geen** (*cheen*, kein)
- ✔ **graag** (*chraach*, gern)

Haben Sie keine Angst, dass Sie durch die Aussprache des niederländischen **g** Ihre Stimme verlieren oder Halsschmerzen bekommen. Versuchen Sie, den Laut so hart und rau wie möglich zu artikulieren, Ihre niederländischen Gesprächspartner werden es zu schätzen wissen und ihrerseits ein **goed gedaan!** (*chutt chè-daan*, Gut gemacht!) aus ihrem Rachen aufsteigen lassen. Nur in den südlichen Provinzen der Niederlande, also in Brabant und Limburg, wird das **g** weich ausgesprochen, wie das **ch** im deutschen Wort ich. **G** ist ein häufig vorkommender Buchstabe im Niederländischen und um die Verwirrung komplett zu machen, hat die Kombination **ch** fast den gleichen Klang:

- ✔ **slecht** (*ßlächt*, schlecht)
- ✔ **wachten** (*wach-tèn*, warten)
- ✔ **voorzichtig** (*voor-sich-tèch*, vorsichtig)

Aussprache und Betonung

Im Niederländischen ist die richtige Betonung an der richtigen Stelle eine ernst zu nehmende Angelegenheit. Glücklicherweise sind die Regeln dafür nicht allzu schwierig.

Generell lässt sich sagen, dass die Betonung meistens auf der ersten Silbe eines Wortes liegt. Einige Wörter folgen dieser Regel jedoch nicht, wie viele Fremdwörter oder Lehnwörter (meistens aus dem Englischen oder Französischen), bei denen die Betonung auf eine andere Silbe fällt.

Versuchen Sie die Aussprache folgender Wörter und konzentrieren Sie sich dabei auf die richtige Betonung. Die unterstrichenen Silben sollten Sie mit mehr Nachdruck artikulieren als die übrigen.

- ✔ **de vader** (*dè vaa-dèr*, der Vater)
- ✔ **bouwen** (*bau-wèn*, bauen)
- ✔ **heerlijk** (*heer-lèk*, herrlich)

Schauen Sie sich nun einige aus dem Französischen entlehnte Wörter an, die von der oben beschriebenen Betonung abweichen:

- ✔ **de activiteit** (*dè ack-tie-vie-täijt*, die Aktivität)
- ✔ **de persoon** (*dè pèr-ßoon*, die Person)
- ✔ **actief** (*ack-tief*, aktiv)

Eine andere Ausnahme zur »Erste-Silbe-Regel« bilden die immer unbetonten Vorsilben: **be-**, **ge-**, **her-**, **er-**, **ont-** und **ver-**. Wörter, die mit diesen Präfixen beginnen, werden auf der zweiten Silbe betont:

- ✔ **bestellen** (*bè-ställ-lèn*, bestellen)
- ✔ **gelukkig** (*chè-löck-kèch*, glücklich)
- ✔ **herinneren** (*härr-inn-nèr-rèn*, erinnern)

- **ervaren** (*ärr-vaa-rèn,* erfahren/empfinden)
- **ontmoeten** (*onnt-mu-tèn,* treffen)
- **vergeten** (*vèr-chee-tèn,* vergessen)

Fragen und Ausrufe

Fragen können mit einem Verb oder Fragewort beginnen, zum Beispiel **wie** (*wie,* wer), **wat** (*watt,* was), **waar** (*waar,* wo), **hoe** (*hu,* wie) oder **wanneer**(*wann-neer,* wann). Aber auch ohne diese Wörter zu kennen, können Sie am Klang hören, ob es sich um eine Frage handelt: Am Ende eines Fragesatzes wird die Stimme angehoben. In dem Satz **Ga je naar huis?** (*chaa jè naar hèüjß,* Gehst du nach Hause?) wird die Stimme zum letzten Wort hin gehoben. Das Gleiche, nur etwas früher, passiert in dem Satz **Hoe heet ze?** (*hu heet sè,* Wie heißt sie?).

Sätze, die mit einem Ausrufezeichen enden, funktionieren genauso, wenngleich die Tonlage etwas abweicht. In dem Satz **Ik ga naar huis** (*ick chaa naar hèüjß,* Ich gehe nach Hause) senkt sich die Stimme beim letzten Wort, aber in dem Ausruf **Ik ga naar huis!** (*ick chaa naar hèüjß!,* Ich gehe nach Hause!) werden alle Wörter in einem höheren Ton ausgesprochen und dieser Ton wird im letzten Wort gesteigert. In dem Satz **Ze heet Cilla** (*sè heet ßill-laa,* Sie heißt Cilla) wird der Ton im letzten Wort abgesenkt. **Ze heet Cilla!** (*sè heet ßill-laa*!, Sie heißt Cilla!) klingt völlig anders: Der Klang des ganzen Satzes ist höher und steigert sich im letzten Wort.

Grammatik: Einige Grundregeln

2

In diesem Kapitel

- Die Verwendung von **de** oder **het**
- Die Bestandteile eines Satzes
- Verben im Präsens
- Einfache Sätze bilden
- Fragesätze formulieren
- Zum Gebrauch der Zeitformen

Eine Fremdsprache kann man mit ganz unterschiedlichen Methoden erlernen. Die meisten Menschen verwenden dabei gleichzeitig unterschiedliche Herangehensweisen. Erinnern Sie sich noch, wie Sie Ihre Muttersprache erlernt haben? Wahrscheinlich nicht, denn Sie waren damals noch ein Kind. Sie haben einfach Ihrer Mutter zugehört und irgendwann haben Sie angefangen, ihre Laute und die Ihrer Umgebung nachzuahmen. Daraus hat sich eine Sprache ergeben, bei der aus den losen Verbindungen von Wörtern allmählich durch Wiederholung und Korrektur grammatikalisch geordnete Sätze entstanden. So konnten Sie eine Sprache ohne die Verwendung einer Grammatik durch bloße Nachahmung erlernen.

Da Sie jedoch kein Kleinkind mehr sind, ist die Erläuterung einiger Grundbegriffe der niederländischen Grammatik für Sie bestimmt hilfreich. Viele Erwachsene erlernen eine Fremdsprache schneller, wenn sie die Struktur der Sprache kennen. Fast automatisch erinnert man sich dann an die Grammatikbegriffe, die man in der Schule gelernt hat, und begreift somit den Aufbau der eigenen Muttersprache.

Falls Sie bereits andere Fremdsprachen beherrschen, werden die Ihnen beim Erlernen einer neuen Sprache immer wieder zugutekommen. Ob Sie sich gleich mit einigen Grundbegriffen der niederländischen Grammatik beschäftigen möchten oder lieber erst später, bleibt Ihnen überlassen: Dieses Buch bietet alle Möglichkeiten eines Selbstlernkurses, bei dem Sie Ihr ganz eigenes Tempo und Ihre Herangehensweise selbst bestimmen.

Die Bestandteile eines Satzes

Um einen einfachen Satz zu bilden, benötigen Sie verschiedene Bausteine. Substantive, Adjektive, Präpositionen und Verben sind die wichtigsten Bestandteile eines Satzes.

Die Verwendung der bestimmten Artikel »de« und »het«

Im Englischen gibt es nur einen bestimmten Artikel. Im Deutschen jedoch drei: der, die und das. Die niederländische Sprache kann man sozusagen als die goldene Mitte bezeichnen, da sie zwei bestimmte Artikel verwendet, **de** und **het**:

- ✔ **de fiets** das Fahrrad
- ✔ **de man** der Mann
- ✔ **de vrouw** die Frau
- ✔ **het huis** das Haus
- ✔ **het meisje** das Mädchen

Die richtige Verwendung von **de** und **het** bereitet vielen, die Niederländisch lernen, Kopfzerbrechen. Lassen Sie sich Zeit. Als deutscher Muttersprachler haben Sie außerdem schon einen großen Vorsprung gegenüber anderen Lernenden, zum Beispiel Engländern: Die Einteilung der niederländischen Substantive in männlich, weiblich und sächlich stimmt größtenteils mit der Einteilung im Deutschen überein.

Es gibt allerdings einige Ausnahmen und die sollten Sie sich merken. In der obigen Liste sehen Sie schon eine: **de fiets** (das Fahrrad). Das Gleiche gilt für **de auto** (das Auto) und **de boot** (das Boot). Es empfiehlt sich, bei jedem neuen Substantiv, das Sie lernen, den Artikel gleich mitzuschreiben beziehungsweise gleich mitzulernen. Das ist ein guter Anfang und den Rest lernen Sie durch Zuhören und Lesen.

Im Singular (Einzahl) lautet der bestimmte Artikel für die männlichen und weiblichen Substantive **de**. Im Plural (Mehrzahl) erhalten alle Substantive den Artikel **de:**

- ✔ **de man** (*dè mann,* der Mann)

  de mannen (*dè <u>mann</u>-nèn,* die Männer)
- ✔ **de vrouw** (*dè vrau,* die Frau)

  de vrouwen (*dè <u>vrau</u>-wèn,* die Frauen)
- ✔ **de fiets** (*dè fietß,* das Fahrrad)

  de fietsen (*dè <u>fie</u>-zen,* die Fahrräder)
- ✔ **de trein** (*dè träijn,* der Zug)

  de treinen (*dè <u>träij</u>-nèn,* die Züge)

Der bestimmte Artikel für die sächlichen Substantive lautet im Singular **het**. Im Plural erhalten auch diese Substantive den Artikel **de. Het**-Wörter sind im Niederländischen, übrigens genau wie im Deutschen, immer die Verkleinerungsformen. Im Niederländischen sind das die Endungen -**tje** oder -**je,** im Deutschen -*chen* oder–*lein*.

Vergleichen Sie **het tafeltje** (das Tisch*lein*) und **het pakje** (das Päck*chen*). Bestimmt wird Ihnen bald auffallen, dass die Niederländer die Verkleinerungsform nicht nur gern, sondern auch häufig verwenden, und dass man dies nicht immer wörtlich ins Deutsche übersetzen sollte. Für die durchaus gängige Bezeichnung **autootje** empfiehlt sich eher die Umschreibung »kleines Auto« und für das legendäre **kopje koffie** einfach die Übersetzung »Tasse Kaffee«.

✔ **het meisje** (*hätt mäij-schè,* das Mädchen)

de meisjes (*dè.mäij-schèß,* die Mädchen)

✔ **het doekje** (*hätt duk-kjè,* das Tüchlein)

de doekjes (*dè duk-kjèß,* die Tüchlein)

Die Verwendung des unbestimmten Artikels »een«

Der Gebrauch des unbestimmten Artikels **een** sollte Ihnen keine Schwierigkeiten bereiten, da er – anders als in der deutschen Sprache – für alle Geschlechter gleich ist. Einen unbestimmten Artikel im Plural kennt das Niederländische ebenso wenig wie das Deutsche.

✔ **een man** (*èn mann,* ein Mann)

✔ **een vrouw** (*èn vrau,* eine Frau)

✔ **een fiets** (*èn fietß,* ein Fahrrad)

✔ **een traan** (*èn traan,* eine Träne)

✔ **een jongetje** (*èn jong-ngè-tjè,* ein kleiner Junge)

✔ **een meisje** (*èn mäij-schè,* ein Mädchen)

Und noch etwas sollten Sie wissen: Der unbestimmte Artikel **een** wird nicht nur unabhängig vom Geschlecht für alle Substantive verwendet, er ist innerhalb des Satzes, zum Beispiel nach Präpositionen, auch unveränderlich. Vergleichen Sie: **Ze leest een boek.** (Sie liest ein Buch.) **Ze leest een zin uit een boek.** (Sie liest einen Satz aus einem Buch.)

Beachten Sie den Unterschied bei der Aussprache des unbestimmten Artikels **een** (*èn,* ein, einer, eine) und dem Numerale (Zahlwort) **één** (*een,* eins).

Für diejenigen, denen Regeln besser bei der Unterscheidung von **de** und **het** helfen, gibt es ein paar zusätzliche Informationen:

de-Wörter sind:

✔ **alle Pluralformen:**

- **de mannen** (*dè mann-nèn,* die Männer)
- **de bomen** (*dè boo-mèn,* die Bäume)
- **de landen** (*dè lann-dèn,* die Länder)

- **Berufe:**
  - **de dokter** (*dè dock-tèr,* der Doktor)
  - **de bakker** (*dè back-kèr,* der Bäcker)
  - **de slager** (*dè ßlaa-chèr,* der Fleischer)
- **Gemüse:**
  - **de ui** (*dè èüj,* die Zwiebel)
  - **de asperge** (*dè ass-pärr-zschè,* der Spargel)
  - **de sla** (*dè ßlaa,* der Blattsalat)
- **Bäume:**
  - **de eik** (*dè äijk,* die Eiche)
  - **de wilg** (*dè willch,* die Weide)
  - **de den** (*dè dänn,* die Tanne)
- **Pflanzen:**
  - **de roos** (*dè rooß,* die Rose)
  - **de klimop** (*dè klimm-opp,* der Efeu)
  - **de tulp** (*dè töllp,* die Tulpe)
- **Berge:**
  - **de Sint-Pietersberg** (*dè ßint-pie-tèrß-bärrch*)
  - **de Vaalserberg** (*dè vaal-ßèr-bärrch,* der höchste »Berg« der Niederlande mit 322 Metern)
- **Flüsse:**
  - **de Rijn** (*dè räijn,* der Rhein)
  - **de Maas** (*dè maaß,* die Maas)
  - **de Amstel** (*dè ams-ßtèl,* die Amstel)

  het-Wörter sind:
- **Diminutive (Verkleinerungswort):**
  - **het jongetje** (*hätt jong-ngè-tjè,* der kleine Junge)
  - **het meisje** (*hätt mäij-schè,* das Mädchen)
  - **het stadje** (*hätt statt-tschè,* das Städtchen)

✔ **Zweisilbige Substantive, beginnend mit be-:**

- **het begin** (*hätt bè-chinn,* der Anfang)
- **het behoud** (*hätt bè-haut,* die Erhaltung/Wahrung)
- **het beleid** (*hätt bè-läijt,* die Strategie/Politik)

✔ **Zweisilbige Substantive, beginnend mit ge-:**

- **het gezin** (*hätt chè-sinn,* die Familie)
- **het gevoel** (*hätt chè-vul,* das Gefühl)
- **het geluid** (*hätt chè-lèüjt,* das Geräusch)

✔ **Zweisilbige Substantive, beginnend mit ver-:**

- **het verkeer** (*hätt vèr-keer,* der Verkehr)
- **het vervoer** (*hätt vèr-vuur,* der Transport)
- **het vertrek** (*hätt vèr-träck,* die Abfahrt)

✔ **Zweisilbige Substantive, beginnend mit ont-:**

- **het ontbijt** (*hätt onnt-bäijt,* das Frühstück)
- **het ontslag** (*hätt onnt-ßlach,* die Kündigung)
- **het ontwerp** (*hätt onnt-wärrp,* der Entwurf)

Das Adjektiv vor de- und het-Wörtern

Wörter wie **mooi** (schön), **groot** (groß) und **klein** (klein) sind Adjektive. Sie geben Ihnen zusätzliche Informationen über den Charakter oder das Aussehen eines Objekts, einer Idee oder einer Person. Deshalb tritt das Adjektiv, wie im Deutschen, meistens zusammen mit einem Substantiv auf. Es wird im Niederländischen ausschließlich mit **-e** dekliniert (gebeugt) oder es bleibt unverändert. Das hängt davon ab, ob das dazugehörige Substantiv ein **de**- oder ein **het**-Wort ist und ob es mit einem bestimmten oder mit einem unbestimmten Artikel verbunden ist. Wenn einem **het**-Wort der unbestimmte Artikel **een** oder gar kein Artikel vorangestellt ist, wird das Adjektiv nicht dekliniert. In allen anderen Fällen wird es mit **-e** dekliniert.

Hier einige Beispiele für Substantive mit bestimmtem Artikel:

✔ **de mooie man** (*dè mooij-jè mann,* der schöne Mann)

✔ **de mooie mannen** (*dè mooij-jè mann-nen,* die schönen Männer)

✔ **de mooie vrouw** (*dè mooij-jè vrau,* die schöne Frau)

✔ **de mooie vrouwen** (*dè mooij-jè vrau-wèn,* die schönen Frauen)

✔ **het mooie jongetje** (*hätt mooij-jè jong-ngè-tjè,* der schöne Junge)

- **de mooie jongetjes** (*dè mooij-jè jong-ngè-tjèß*, die schönen Jungen)

Und zwei Beispiele für **de**-Wörter mit unbestimmtem Artikel **een**:

- een **mooie** man (*èn mooij-jè mann*, ein schöner Mann)
- een **mooie** vrouw (*èn mooij-jè vrau*, eine schöne Frau)

Aber beachten Sie das wegfallende **-e** beim unbestimmten **het**-Wort:

- een **mooi** jongetje (*èn mooij jong-ngè-tjè*, ein schöner Junge)

Welche Präposition verwendet man wofür?

Präpositionen sind kleine Wörter von großer Bedeutung. Sie geben darüber Auskunft, ob etwas **in het bed**, **op het bed**, **onder het bed** oder **bij het bed** ist. Am häufigsten werden Präpositionen verwendet, die etwas über den Ort und die Zeit aussagen.

Niederländisch Lernende klagen oft darüber, wie schwierig es ist, die richtige Präposition (Verhältniswort) zu verwenden. Dennoch muss man sagen, dass viele Präpositionen den deutschen Präpositionen ähneln und auf die gleiche Weise eingesetzt werden. Etwas komplizierter wird es nur, wenn niederländische Verben feste Präpositionen haben und diese von ihren deutschen Entsprechungen abweichen. Mit der Zeit werden Sie sich diese besonderen Fälle, die sogenannten festen Verbindungen aber merken. Zunächst ist es wichtig, die Bedeutung der am häufigsten auftretenden Präpositionen zu lernen.

Präpositionen, die den Ort andeuten: »aan«, »binnen«, »buiten«, »in«, »langs«, »op«, »over«, »tegen«, »tot« und »tussen«

Einige Beispiele für Präpositionen, die den Ort andeuten, sind:

- **aan** (*aan*, an)

  Het schilderij hangt aan de muur. (*èt ßchill-dè-räij hangt aan dè müür*, Das Bild hängt an der Mauer.)

- **binnen** (*binn-nèn*, in/innen)

  Hij zit binnen. (*häij sitt binn-nèn*, Er sitzt drinnen.)

- **buiten** (*bèüj-tèn*, draußen/außerhalb)

  Buiten het centrum zijn geen winkels. (*bèüj-tèn èt ßänn-trömm säijn cheen wing-kèls*, Außerhalb des Zentrums gibt es keine Geschäfte.)

- **in** (*in*, in)

  Zij wonen in Amsterdam. (*säij woo-nèn in amm-ßtèr-damm*, Sie wohnen in Amsterdam.)

- **langs** (*langs*, entlang)

  Wij wandelen langs de grachten. (*wäij wann-dè-lèn langß dè chrach-tèn*, Wir spazieren entlang der Grachten.)

- **op** (*opp*, auf)

  De vaas staat op de kast. (*dè vaaß ßtaat opp dè kasst*, Die Vase steht auf dem Schrank.)

- **over** (*oo-vèr*, über)

  Hij klimt over de muur. (*häij klimmt oo-vèr dè müür*, Er klettert über die Mauer.)

- **tegen** (*tee-chèn*, gegen)

  Hij loopt tegen de muur. (*häij loopt tee-chèn dè müür*, Er läuft gegen die Wand.)

- **tot** (*tott*, bis)

  Ik geef je een lift tot Amsterdam. (*ick cheef jè èn lifft tott amm-ßtèr-damm*, Ich nehme dich mit bis nach Amsterdam.)

- **tussen** (*töss-ßèn*, zwischen)

  Den Haag ligt tussen Amsterdam en Rotterdam. (*dänn-haach licht töss-ßèn amm-ßter-damm änn rott-tèr-damm*, Den Haag liegt zwischen Amsterdam und Rotterdam.)

Präpositionen der Zeit: »aan«, »in«, »na«, »sinds«, »tot«, voor«

Mit folgenden Präpositionen werden Zeitangaben ausgedrückt. Einige geben auch, abhängig vom Zusammenhang, eine Ortsbestimmung an:

- **aan** (*aan*, an)

  Aan het eind van het jaar is het erg druk (*aan èt äijnt vann èt jaar iss èt ärrch dröck*, Am Jahresende gibt es viel zu tun.)

- **in** (*in*, in)

  Ik ben geboren in 1980. (*ick bänn chè-boo-rèn inn nee-chèn-tien-tach-tèch*, Ich bin 1980 geboren.)

- **na** (*naa*, nach)

  Ik zal dat doen na het weekend. (*ick sall datt dun naa èt wie-kännt*, Ich werde das nach dem Wochenende machen.)

- **sinds** (*ßintß*, seit)

  Sinds september ben ik in Nederland. (*ßintß ßäpp-tämm-bèr bänn ick inn nee-dèr-lannt*, Seit September bin ich in den Niederlanden.)

- **tot** (*tott*, bis)

  Ik kan tot 10 uur blijven. (*ick kann tott tien üür bläij-vèn*, Ich kann bis 10 Uhr bleiben.)

- **voor** (*voor*, vor)

  Wil je deze brief posten voor 5 uur? (*will jè dee-sè brief poss-tèn voor väijf üür*, Würdest du bitte diesen Brief vor 17 Uhr abschicken?)

Feste Verbindungen: Verben, die an eine Präposition gebunden sind

Genau wie im Deutschen gibt es auch im Niederländischen zahlreiche feste Verbindungen von Verben und Präpositionen. Einige davon finden Sie hier:

- bellen **naar** (*bäll-lèn naar,* jemanden anrufen)

  Naar wie is hij aan het bellen? (*naar wie iss häij aan èt bäll-lèn,* Wen ruft er an?)

- denken **aan** (*däng-kèn aan,* an etwas oder jemanden denken)

  Ik denk vaak aan mijn moeder. (*ick dängk vaak aan mäijn mu-dèr,* Ich denke oft an meine Mutter.)

- **dromen over** (*droo-mèn oo-vèr,* von etwas oder jemandem träumen)

  Ik droom vaak **over je.** (*ick droom vaak oo-vèr jè,* Ich träume oft von dir.)

- **geven aan** (*chee-vèn aan,* jemandem etwas geben)

  Cilla geeft de kopieën aan Hans. (*ßill-laa cheeft dè koo-pie-jèn aan hannß,* Cilla gibt Hans die Kopien.)

- **houden van** (*hau-wèn vann,* etwas oder jemanden lieben/mögen)

  Ik houd van wijn. (*ick hau vann wäijn,* Ich mag Wein.)

  Zij houdt van hem. (*säij haut vann hämm,* Sie liebt ihn.)

- **kijken** naar (*käij-kèn naar,* etwas oder jemanden anschauen)

  Rob kijkt naar Cilla. (*ropp käijkt naar ßill-laa,* Rob schaut Cilla an.)

- luisteren **naar** (*lèüj-ßtè-rèn naar,* anhören, auf jemanden hören)

  Kees luistert niet naar Cilla. (*keeß lèüj-ßtèrt niet naar ßill-laa,* Kees hört nicht auf Cilla.)

- **praten met** (*praa-tèn mätt,* sich mit jemandem unterhalten)

  Cilla praat met Hans. (*ßill-laa praat mätt hannß,* Cilla unterhält sich mit Hans.)

- **praten over** (*praa-tèn oo-vèr,* über etwas oder jemanden sprechen)

  Hans praat altijd over het werk. (*hannß praat all-täijt oo-vèr èt wärrk,* Hans spricht immer über die Arbeit.)

- **vragen aan** (*vraa-chèn aan,* jemanden fragen)

  Hans vraagt dat aan Cilla. (*hannß vraacht datt aan ßill-laa,* Hans fragt es Cilla.)

- **wachten op** (*wach-tèn op,* auf etwas oder jemanden warten)

  Rob wacht op Cilla. (*ropp wacht opp ßill-laa,* Rob wartet auf Cilla.)

Die Zeiten: Präsens, Perfekt und Vergangenheit

Wenn man über den Gebrauch der Verben spricht, kommt man nicht umhin, auch den Begriff - *Zeitform* zu erwähnen. 99 Prozent der Sätze enthalten ein oder mehrere Verben und diese stehen in einer bestimmten Zeit: dem Präsens, dem Perfekt, dem Plusquamperfekt oder dem Imperfekt.

Zunächst einmal sollten Sie wissen, wie Sie die Zeitformen der Verben bilden und ob Sie das Präsens, das Perfekt oder die Vergangenheit benutzen wollen. In diesem Kapitel finden Sie einen Überblick zu beiden Themen: die Zeitformen und wie man sie einsetzt.

Ein wenig Theorie, ein paar Begriffe und einfache Übungen sollen Sie vorbereiten, bevor wir später tiefer in die Materie eintauchen. Die Grundform eines Verbs nennt man *Infinitiv*. Genau wie im Deutschen, endet im Niederländischen die Infinitivform eines Verbs auf **-en**: **werken**, **horen**, **spelen**; in wenigen Ausnahmefällen nur auf **-n**: **gaan, zien.**

Ein Verb in einem Satz gibt Auskunft über eine Handlung beziehungsweise eine Situation. Die Person, die diese Handlung oder Situation bewirkt, nennt man das *Subjekt* eines Satzes. Das Verb bezieht sich auf das Subjekt, zum Beispiel in dem sehr kurzen Satz **ik werk** (*ick wärrk*, ich arbeite) ist die Form des Verbs anders als in dem Satz **wij werken** (*wäij wärr-kèn*, wir arbeiten). Im ersten Satz sehen Sie **werk**, im zweiten **werken.**

Wenn der Infinitiv eines Verbs auf **-en** endet, ist es ganz einfach, die Ich-Form zu finden; Sie müssen nur das **-en** weglassen und schon haben Sie den Stamm: **werk** (wie in **ik werk**). Für die zweite und dritte Person Präsens, also **jij**, **hij**, **zij**, **het** und **u** (die Höflichkeitsform), fügen Sie dem Stamm einfach ein **-t** hinzu. Für die Pluralformen **wij**, **jullie** und **zij** wird wieder der Infinitiv verwendet.

ik werk	*ick wärrk*	ich arbeite
jij werk-t	*jäij wärrkt*	du arbeitest
hij/zij/het werk-t	*häij/säij/hätt wärrkt*	er/sie/es arbeitet
u werk-t	*ü wärrkt*	Sie arbeiten
wij werk-en	*wäij wärr-kèn*	wir arbeiten
jullie werk-en	*jöll-lie wärr-kèn*	ihr arbeitet
zij werk-en	*säij wärr-kèn*	sie arbeiten

Bei einigen Verben müssen Sie die Schreibweise bei der Konjugation des Verbs anpassen und einen langen Vokal im Infinitiv beim Schreiben des Wortstamms verdoppeln. Keine Angst, beim Sprechen wird Ihnen das keine Probleme bereiten. Ein Beispiel für so ein Verb ist **slapen**:

ik slaap	*ick ßlaap*	ich schlafe
jij slaap-t	*jäij ßlaapt*	du schläfst
hij/zij/het slaap-t	*häij/säij/hätt ßlaapt*	er/sie/es schläft
u slaap-t	*ü ßlaapt*	Sie schlafen

wij slap-en	*wäij ßlaa-pèn*	wir schlafen
jullie slap-en	*jöll-lie ßlaa-pèn*	ihr schlaft
zij slap-en	*säij ßlaa-pèn*	sie schlafen

Warum müssen wir den Vokal **a** in den ersten drei Formen verdoppeln? Das hat etwas mit dem Klangwert des Wortes zu tun, und der sollte in allen Konjugationsformen des Verbs erhalten bleiben. Wenn Sie **ik slap, jij slapt, hij slapt** schreiben würden, müssten Sie entsprechend den Ausspracheregeln ein kurzes **a** sprechen; ein Niederländer würde dann allerdings nicht verstehen, was gemeint ist.

Unregelmäßige Verben haben – wie der Name schon sagt – Unregelmäßigkeiten, entweder im Präsens oder in den anderen Zeitformen. Die am häufigsten verwendeten unregelmäßigen Verben sind: **willen** (*will-lèn,* wollen), **kunnen** (*könn-nèn,* können), **zullen** (*söll-lèn,* sollen/werden), **mogen** (*moo-chèn,* dürfen), **hebben** (*häbb-bèn,* haben) und **zijn** (*säijn,* sein). Sie finden die abweichende Konjugation dieser Verben in einer Übersicht im Anhang dieses Buches.

Falls Sie mit diesen theoretischen Erklärungen nichts anfangen oder einfach nicht alles auf einmal behalten können – keine Panik. Überspringen Sie die Theorie einfach, es gibt viele Wege, eine Sprache zu erlernen. Sie können sehr erfolgreich lernen durch Zuhören, Nachahmen, Lesen oder auswendig lernen. Sie können sich auch einfach die Verben, die Sie brauchen, in den Übersichten im Anhang am Ende des Buches zusammensuchen. Außerdem werden Ihnen Hunderte von Sätzen im Laufe des Buches und in den Beispielen auf der Audio-CD begegnen, die bereits konjugierte Verben enthalten.

Der Gebrauch des Präsens

Wenn Sie die Präsensformen kennen, können Sie schon eine ganze Menge sagen. Das Präsens wird als Zeitform benutzt, um etwas zu beschreiben, was gerade geschieht, wie Sie im Beispielsatz sehen:

- ✔ **Ik kijk televisie** (*ick käijk tee-lè-vie-sie,* Ich sehe fern.)

Sie können das Präsens auch verwenden, um etwas zu beschreiben, was manchmal, regelmäßig oder immer geschieht, wie die folgenden Beispiele zeigen:

- ✔ **'s Avonds kijk ik televisie.** (*ßaa-vonntß käijk ick tee-lè-vie-sie,* Abends sehe ich fern.)
- ✔ **Na het werk ga ik naar de supermarkt.** (*naa èt wärrk chaa ick naar dè sü-pèr-marrkt,* Nach der Arbeit gehe ich in den Supermarkt.)

Sehr oft wird das Präsens auch benutzt, um etwas zum Ausdruck zu bringen, das noch geschehen wird. Sie könnten zum Beispiel folgendes Gespräch zwischen Kollegen hören:

- ✔ **Morgen werk ik thuis.** (*morr-chèn wärrk ick tèüjß,* Morgen arbeite ich zu Hause.)
- ✔ **Ik bel je morgen.** (*ick bäll jè morr-chèn,* Ich rufe dich morgen an.)

Ein Trick für alle Fälle: Der Gebrauch des Perfekts

Im Niederländischen gibt es ebenso wie im Deutschen mehrere Möglichkeiten, eine Handlung in der Vergangenheit zu beschreiben. Es gibt das Perfekt (ich habe gearbeitet) oder das Imperfekt (ich arbeitete). Und ebenso wie die Deutschen neigen die Niederländer dazu, in der Umgangssprache das Perfekt häufiger zu benutzen als das Imperfekt. Wenn Sie sich also noch nicht sicher fühlen im Umgang mit den Imperfektformen der unregelmäßigen Verben (die müssen Sie auswendig lernen), machen Sie es einfach wie die Niederländer: Benutzen Sie das Perfekt.

Das Perfekt (vollendete Gegenwart) wird mit dem Präsens der beiden Hilfsverben **hebben** (haben) oder **zijn** (sein) plus Partizip gebildet. Das Partizip der regelmäßigen Verben bilden Sie mit der Vorsilbe **ge-** plus dem **Stamm** des Verbs und der Endung **-t** oder **-d**. Schauen Sie sich dazu einmal folgende Beispiele an:

- ✔ **Ik heb gestudeerd.** (*ick häpp chè-stü-deert*, Ich habe studiert.)
- ✔ **Ik heb naar muziek geluisterd.** (*ick häpp naar mü-siek chè-lèüj-stèrt*, Ich habe mir Musik angehört.)
- ✔ **Heb je hem gezien?** (*häpp jè hämm chè-sien*, Hast du ihn gesehen?)

Zijn verwendet man bei Verben der Fortbewegung, wenn sie im Zusammenhang mit einem Ziel oder einer Richtung benutzt werden, wie zum Beispiel **vliegen** (fliegen), **aankomen** (ankommen) oder **gaan** (gehen):

- ✔ **Wij zijn naar Brussel gevlogen.** (*wäij säijn naar bröss-sèl chè-vloo-chèn*, Wir sind nach Brüssel geflogen.)
- ✔ **Tom is nog niet aangekomen.** (*tomm iss noch niet aan-chè-koo-mèn*, Tom ist noch nicht angekommen.)
- ✔ **Wij zijn naar Amsterdam gefietst.** (*wäij säijn naar amm-ßter-damm chè-fietßt*, Wir sind mit dem Fahrrad nach Amsterdam gefahren.)

Beachten Sie jedoch den Unterschied: **Wij hebben vandaag veel gefietst.** (*wäij häbb-bèn vann-daach veel chè-fietßt.*, Wir sind heute viel mit dem Fahrrad herumgefahren.)

In diesem Satz geht es *nicht* darum, von A nach B zu fahren, also ein bestimmtes Ziel zu erreichen, sondern um die Handlung des Fahrradfahrens und deshalb müssen Sie das Hilfsverb **hebben** verwenden.

Zijn verwendet man außerdem immer bei folgenden Verben:

- ✔ **zijn** (sein), **worden** (werden), **gebeuren** (passieren), **blijven** (bleiben) und **beginnen** (anfangen)

Hebben verwendet man bei fast allen anderen Verben.

Nachdem Sie erfahren haben, wann Sie das Hilfsverb **hebben** und wann Sie **zijn** wählen sollten, müssen Sie nun nur noch wissen, wann Sie dem Partizip die Endung **-d** oder die Endung **-t** hinzufügen sollen.

Niederländische Verben werden in drei Gruppen unterteilt:

- regelmäßige (schwache) Verben,
- starke Verben und
- unregelmäßige Verben.

Zu den unregelmäßigen Verben gehören natürlich ausgerechnet die Verben, die am häufigsten benutzt werden, beispielsweise **hebben** (haben) und **zijn** (sein).

In der Übersicht der Verben im Anhang dieses Buches finden Sie einige regelmäßige, starke und unregelmäßige Verben.

Das Partizip der regelmäßigen (schwachen) Verben

Wie weiter vorn in diesem Kapitel beschrieben, wird das Partizip der regelmäßigen Verben nach einem Schema gebildet, bei dem der Wortstamm zwischen der Vorsilbe **-ge** und der Endung **-d** oder der Endung **-t** steht. Der Stamm eines Verbs ist immer auch die Ich-Form.

Schema Partizip: **ge-** + Stamm + **-d**/**-t**

Verb: **bellen** (anrufen)

- Partizip: **ge-bel-d**
- Perfektform: **ik heb gebeld**

Verb: **werken** (arbeiten)

- Partizip: **ge-werk-t**
- Perfektform: **ik heb gewerkt**

In Kapitel 8 erfahren Sie, warum einige Verben das Partizip auf -**d** und andere auf -**t** bilden.

Wenn Kinder anfangen zu sprechen, machen sie bei der Bildung des Partizips teilweise die gleichen Fehler, die später Sprachschülern ebenfalls unterlaufen. **Ik heb gedrinkt** ist die falsche Form für »Ich habe getrunken«. Richtig muss es lauten: **Ik heb gedronken. Gedronken** ist wie in der deutschen Sprache »getrunken« eines der vielen unregelmäßigen Partizipien und es gibt keine andere Möglichkeit, als diese Verbformen auswendig zu lernen. Glücklicherweise fangen sie fast alle mit **ge-** an und haben die Endung **-en.** Im Wortstamm kommt es jedoch häufig zu einem Vokalwechsel; man nennt das Ablaut. Wenn Sie diese unregelmäßigen Verben ein paar Mal gehört und geschrieben haben, werden Sie sich das merken. Probieren Sie die folgenden Verben und deren Partizipform aus:

Verb: **vliegen** (fliegen)

- Partizip: **gevlogen**
- Perfektform: **ik heb gevlogen**

Verb: **nemen** (nehmen)

✔ Partizip: **genomen**

✔ Perfektform: **ik heb genomen**

In Kapitel 8 erfahren Sie mehr über den Einsatz des Perfekts.

Der Gebrauch des Imperfekts

Obwohl die Niederländer das Perfekt dem Imperfekt vorziehen, gibt es natürlich Situationen, die den Einsatz des Imperfekts erfordern. Zunächst wollen wir die Bildung dieser Vergangenheitsform bei den regelmäßigen Verben besprechen.

Bildung des Imperfekts bei regelmäßigen Verben

Im Singular wird bei regelmäßigen Verben dem Wortstamm die Endung -**de** oder die Endung -**te** hinzugefügt, während im Plural dem Wortstamm ein -**den** oder ein -**ten** zugefügt wird:

✔ Imperfekt Singular: Stamm + -**de**/-**te**

✔ Imperfekt Plural: Stamm + -**den**/-**ten**

Konjugation	Aussprache
bellen (anrufen/telefonieren)	
ik bel-de	*ick bäll-dè*
jij bel-de	*jäij bäll-dè*
hij/zij/het bel-de	*häij/säij/hätt bäll-dè*
u beld-e	*ü bäll-dè*
wij bel-den	*wäij bäll-dèn*
jullie bel-den	*jöll-lie bäll-dèn*
zij bel-den	*säij bäll-dèn*

Tabelle 2.1: Das Imperfekt regelmäßiger Verben, Stamm + -de

Konjugation	Aussprache
werken (arbeiten)	
ik werk-te	*ick wärrk-tè*
jij werk-te	*jäij wärrk-tè*
hij/zij/het werk-te	*häij/säij/hätt wärrk-tè*
u werk-te	*ü wärrk-tè*
wij werk-ten	*wäij wärrk-tèn*
jullie werk-ten	*jöll-lie wärrk-tèn*
zij werk-ten	*säij wärrk-tèn*

Tabelle 2.2: Das Imperfekt regelmäßiger Verben, Stamm + -te

Unregelmäßige Verben haben unvorhersehbare Wechsel des Stammvokals, durch häufiges Hören und Lesen werden Sie sich diese Verben jedoch merken.

Konjugation	Aussprache
beginnen (anfangen)	
ik begon	*ik bè-chonn*
jij begon	*jäij bè-chonn*
hij/zij/u begon	*häij/säij/ü bè-chonn*
wij begonnen	*wäij bè-chon-nèn*
jullie begonnen	*jöl-lie bè-chon-nèn*
zij begonnen	*säij bè-chon-nèn*

Tabelle 2.3: Das Imperfekt unregelmäßiger Verben

Eine dritte Gruppe von Verben ist völlig unregelmäßig und folgt keinen Regeln mehr. Die Verben **hebben** und **zijn** gehören zu dieser Gruppe.

Konjugation	Aussprache
zijn (sein)	
ik was	*ick wass*
jij was	*jäij wass*
hij/zij/het was	*häij/säij/hätt wass*
u was	*ü wass*
wij waren	*wäij waa-rèn*
julie waren	*jöll-lie waa-rèn*
zij waren	*säij waa-rèn*
hebben (haben)	
ik had	*ick hatt*
jij had	*jäij hatt*
hij/zij/het had	*häij/säij/hätt hatt*
u had	*ü hatt*
wij hadden	*wäij hadd-dèn*
jullie hadden	*jöll-lie hadd-dèn*
zij hadden	*säij hadd-dèn*

Tabelle 2.4: Das Imperfekt der unregelmäßigen Verben **zijn** *und* **hebben**

Der Gebrauch des Imperfekts

Das Perfekt wird zwar im Niederländischen häufiger verwendet als das Imperfekt, dennoch benötigen Sie das Imperfekt, um eine Handlung oder einen Zustand in der Vergangenheit zu beschreiben. Im Niederländischen gibt es drei Fälle, in denen man das Imperfekt einsetzt:

✔ Bei der Beschreibung eines Zustands oder einer Situation:

  Het regende in Brussel. (*èt ree-chèn-dè inn bröss-ßèl,* Es regnete in Brüssel.)

  Het vliegtuig had vertraging. (*èt vliech-tèüjch hatt vèr-traa-ching,* Das Flugzeug hatte Verspätung.)

✔ Beim Erzählen einer Geschichte:

  Toen ik in Brussel woonde, dronk ik altijd Belgisch bier. (*tun ick inn bröss-ßèl woon-dè, drongk ick all-täijt bäll-chieß bier,* Als ich in Brüssel wohnte, trank ich immer belgisches Bier.)

  De vliegtuigen hadden vroeger altijd vertraging. (*dè vliech-tèüj-chèn hadd-dèn vru-chèr all-täijt vèr-traa-ching,* Die Flugzeuge hatten früher immer Verspätung.)

✔ Bei der Beschreibung aufeinanderfolgender Ereignisse:

  Ik nam het vliegtuig in Amsterdam. Wij landden om 9.00 uur in Brussel. Ik nam een taxi en om 10.30 uur begon de vergadering. (*ick namm èt vliech-tèüjch inn amm-ßtèr-damm. wäij lann-dèn omm nee-chèn üür in bröss-ßèl. ick namm èn tack-kßie änn om hallf ällf bè-chonn dè vèr-chaa-dè-ring,* Ich nahm in Amsterdam das Flugzeug. Wir landeten um 9.00 Uhr in Brüssel. Ich nahm ein Taxi und um 10.30 Uhr fing die Sitzung an.)

Mehr über das Imperfekt finden Sie in Kapitel 15.

Die Verwendung des Futurs

Da es keine eigene Verbform für das Futur gibt, verwenden die Niederländer im Allgemeinen das Präsens, um über etwas, das in der Zukunft geschieht, zu sprechen. Vielleicht haben Sie gehört, wie Ihre Kollegen sagen:

✔ **Morgen werk ik thuis.** (*morr-chèn wärrk ick tèüjß,* Morgen arbeite ich zu Hause.)

✔ **Ik bel je morgen.** (*ick bäll jè morr-chèn,* Ich rufe dich morgen an.)

Wenn Niederländer etwas versprechen oder zusagen, verwenden sie das Hilfsverb **zullen** (*söll-lèn,* werden/sollen). Sie könnten sie sagen hören:

✔ **Ik zal vanavond koken.** (*ick sall vann-aa-vonnt koo-kèn,* Ich werde heute Abend kochen.)

✔ **Ik zal de boodschappen doen.** (*ick sall dè boot-ßchapp-pèn-dun,* Ich werde einkaufen gehen.)

✔ **We zullen eens kijken.** (*wè söll-lèn ènß käij-kèn,* Wir werden mal schauen.)

Tabelle 2.5 zeigt den Gebrauch von **zullen**.

Konjugation	Aussprache
zullen	
ik zal	*ick sall*
jij zult/zal	*jäij sölllt/sall*
hij/zij /het zal	*häij/säij/hätt sall*
u zult/zal	*ü söllt/sall*
wij zullen	*wäij söll-lèn*
jullie zullen	*jöll-lie söll-lèn*
zij zullen	*säij söll-lèn*

Tabelle 2.5: Die Verwendung des Verbs **zullen**

Wenn Niederländer etwas ankündigen, das so gut wie sicher ist, verwenden sie das Verb **gaan** (*chaan*, gehen), mit dem sich auch Handlungen in der Zukunft ausdrücken lassen. Sie können sich auf sie verlassen, wenn sie sagen:

- **Ik ga vanavond koken.** (*ick chaa vann-aa-vonnt koo-kèn*, Ich koche heute Abend.)
- **Ik ga boodschappen doen.** (*ick chaa boot-ßchap-pèn-dun*, Ich gehe einkaufen.)
- **Wij gaan morgen tennissen.** (*wäij chaan morr-chèn tänn-niss-ßèn*, Wir gehen morgen Tennis spielen.)

Konjugation	Aussprache
gaan	
ik ga	*ick chaa*
jij gaat	*jäij chaat*
hij/zij/het gaat	*häij/säij/hätt chaat*
u gaat	*ü chaat*
wij gaan	*wäij chaan*
jullie gaan	*jöll-lie chaan*
zij gaan	*säij chaan*

Tabelle 2.6: Die Verwendung des Verbs **gaan**

Fünf einfache Satzkonstruktionen

Wortfolge und Satzkonstruktion sind im Niederländischen im Großen und Ganzen dieselben wie im Deutschen. Es gibt einfache und zusammengesetzte Sätze, die durch Konjunktionen (Bindewörter) wie zum Beispiel **en** (*änn*, und), **maar** (*maar*, aber) oder **omdat** (*omm-datt*, weil) miteinander verbunden werden. Die in diesem Buch verwendeten Beispiele beschränken sich vorwiegend auf einfache Satzkonstruktionen, weshalb sich die Theorie zu diesem Thema auch in Grenzen halten wird.

Konstruktion 1: In einem Aussagesatz steht das Verb an zweiter Stelle

Die normale Wortfolge ist: zuerst das Subjekt, dann das Verb und dann der Rest. Mit anderen Worten: Das Verb steht an zweiter Stelle. Sehen Sie sich die Beispiele in der Tabelle 2.7 an.

Subjekt	Verb	der Rest
Ik	**kom**	**uit Duitsland**
ick	komm	*èüjt dèüjts-lannt*
Ich	komme	aus Deutschland
Ik	**werk**	**bij een bank**
ick	wärrk	*bäij èn bangk*
Ich	arbeite	in einer Bank

Tabelle 2.7: In einem einfachen Satz steht das Verb an zweiter Stelle.

Konstruktion 2: Nach einer Zeitangabe folgt zuerst das Verb

In Sätzen, die mit einer Zeitangabe anfangen, folgt als Erstes das Verb, das heißt also vor dem Subjekt. Man nennt das **Inversion** (Umkehrung).

Zeitangabe	Verb	der Rest
Morgen	**gaat**	**mijn partner naar Rotterdam**
morr-chèn	*chaat*	*mäijn parrt-nèr naar rott-tèr-damm*
Morgen	geht	mein Partner nach Rotterdam
Nu	**werk**	**ik bij een bank**
nü	*wärrk*	*ik bäij èn bangk*
Jetzt	arbeite	ich in einer Bank
Na het eten	**drink**	**ik koffie**
naa èt ee-tèn	*dringk*	*ick koff-fie*
Nach dem Essen	trinke	ich Kaffee

Tabelle 2.8: Nach einer Zeitangabe kommt zuerst das Verb.

Morgen, **nu**, **na het eten** und **soms** sind Zeitangaben. Andere Zeitindikatoren sind:

- ✔ **'s ochtends** (*ßoch-tèntß*, morgens)
- ✔ **'s middags** (*ßmidd-dachß*, nachmittags)
- ✔ **'s avonds** (*ßaa-vonntß*, abends)
- ✔ **maandagmorgen** (*maan-dach-morr-chèn*, Montagmorgen)
- ✔ **na het eten** (*naa èt ee-tèn*, nach dem Essen)
- ✔ **na** (*naa*, nach)

Konstruktion 3: Nach einer Ortsangabe folgt zuerst das Verb

Sätze, die mit einer Ortsangabe beginnen, erfordern ebenfalls die Umkehrung. Nach einer Ortsangabe kommt zuerst das Verb.

Ortsangabe	Verb	der Rest
In Amsterdam *inn amm-ßtèr-damm* In Amsterdam	**wonen** *woo-nèn* wohnen	**veel mensen** *veel männ-ßèn* viele Leute
Ergens *ärr-chènß* Irgendwo	**moet** *mutt* muss	**het liggen.** *èt lich-chen* es liegen
Op de fiets *opp dè fietß* Auf dem Fahrrad	**zie** *sie* sieht	**je veel** *jè veel* man viel

Tabelle 2.9: Nach einer Ortsangabe kommt zuerst das Verb.

Andere Ortsangaben sind:

- **daar** (*daar,* dort)
- **hier** (*hier,* hier)
- **nergens** (*närr-chènß,* nirgendwo)
- **thuis** (*tèüjß,* zu Hause)

Konstruktion 4: Nach »misschien«, »soms« und »toch« folgt zuerst das Verb

Auch einige andere Wörter können – wenn sie am Satzanfang stehen – die Umkehrung erfordern. Die wichtigsten sind **misschien** (*miss-ßchien,* vielleicht), **soms** (*ßommß,* manchmal) und **toch** (*toch,* doch). Nach **misschien, soms** und **toch** kommt zuerst das Verb:

- **Misschien ga ik naar Den Haag.** (*miss-ßchien chaa ick naar dänn-haach,* Vielleicht gehe ich nach Den Haag.)
- **Soms drink ik bier.** (*ßommß dringk ick bier,* Manchmal trinke ich Bier.)
- **Toch zal ik aan je denken.** (*toch sall ick aan jè däng-kèn,* Und doch werde ich an dich denken.)

Konstruktion 5: In Fragen steht das Verb am Anfang

Fragen können – genau wie im Deutschen – anstelle eines Frageworts mit einem Verb beginnen. Das erfordert eine Umkehrung, das Verb steht also an erster Stelle.

Verb	Subjekt	der Rest
Ga	**je**	**naar huis?**
chaa	*jè*	*naar hèüjß*
Gehst	du	nach Hause?
Woon	**je**	**in Amsterdam?**
woon	*jè*	*inn amm-ßtèr-damm*
Wohnst	du	in Amsterdam?
Spreek	**je**	**Nederlands?**
ßpreek	*jè*	*nee-dèr-lanntß*
Sprichst	du	Niederländisch?

Tabelle 2.10: In Fragen ohne Fragewort steht das Verb an erster Stelle.

Fragen können natürlich auch mit einem Fragewort beginnen. Fragewörter sind: **wie** (*wie*, wer), **wat** (*watt*, was), **waar** (*waar*, wo), **waarom** (*waa-romm*, warum), **hoe** (*hu*, wie) und **wanneer** (*wann-neer*, wann). Schauen Sie sich einmal folgende Sätze an und beachten Sie, dass die Sätze mit einem Fragewort beginnen, dem erst das Verb und dann der Rest folgen. In Fragen, die mit einem Fragewort beginnen, folgt zuerst das Verb.

- ✔ **Wie gaat naar Amsterdam?** (*wie chaat naar amm-ßtèr-damm*, Wer geht nach Amsterdam?)
- ✔ **Wat ga je doen?** (*watt chaa jè dunn*, Was wirst du machen?)
- ✔ **Waar woon je?** (*waar woon jè*, Wo wohnst du?)
- ✔ **Waarom ben je in Nederland?** (*waa-romm bänn jè inn nee-dèr-lannt*, Warum bist du in den Niederlanden?)
- ✔ **Hoe ga je naar huis?** (*hu chaa jè naar hèüjß*, Wie gehst du nach Hause?)
- ✔ **Wanneer gaan we tennissen?** (*wann-neer chaan wè tänn-niss-ßèn*, Wann gehen wir Tennis spielen?)

Zahlenzauber: Alle Arten des Zählens

3

In diesem Kapitel

- Die Grundzahlen beherrschen
- Wo und wann man Ordnungszahlen verwendet
- Zeitangaben
- Tage, Monate, Jahreszeiten

Bei der Uhrzeit, dem Geld, der Angabe des Alters oder bei geschäftlichen Dingen – man braucht immer Zahlen. In diesem Kapitel finden Sie die Vokabeln und Ausdrücke, um sich mit den Zahlen zurechtzufinden. Außerdem erfahren Sie alles über die Angabe der Uhrzeit, die Aufzählung der Monate und die Jahreszeiten.

1, 2, 3 – die Grundzahlen

Als deutscher Muttersprachler werden Ihnen die Zahlen auf Niederländisch kaum Probleme bereiten, vieles wird Ihnen bekannt vorkommen, sei es durch Ähnlichkeiten mit dem Deutschen oder auch mit dem Englischen. Während die Aussprache mehr Gemeinsamkeiten mit dem Englischen aufweist, ist der Aufbau der Zahlen (vor allem auch nach 20) analog zur deutschen Sprache. Hier die Zahlen bis 20, vergleichen Sie:

- ✔ 0 **nul** (*nöll*)
- ✔ 1 **een** (*een*)
- ✔ 2 **twee** (*twee*)
- ✔ 3 **drie** (*drie*)
- ✔ 4 **vier** (*vier*)
- ✔ 5 **vijf** (*väijf*)
- ✔ 6 **zes** (*säss*)
- ✔ 7 **zeven** (*see-vèn*)
- ✔ 8 **acht** (*acht*)
- ✔ 9 **negen** (*nee-chèn*)
- ✔ 10 **tien** (*tien*)
- ✔ 11 **elf** (*ällf*)
- ✔ 12 **twaalf** (*twaalf*)

- **13 dertien** *(därr-tien)*
- **14 veertien** *(veer-tien)*
- **15 vijftien** *(väijf-tien)*
- **16 zestien** *(säss-tien)*
- **17 zeventien** *(see-vèn-tien)*
- **18 achttien** *(ach-tien)*
- **19 negentien** *(nee-chèn-tien)*
- **20 twintig** *(twinn-tèch)*

Auch nach 20 wird nach dem gleichen System wie im Deutschen weitergezählt:

- **21 eenentwintig** (*een-èn-twinn-tèch*)
- **22 tweeëntwintig** (*twee-jèn-twinn-tèch*)
- **23 drieëntwintig** (*drie-jèn-twinn-tèch*)
- **24 vierentwintig** (*vier-èn-twinn-tèch*)
- **25 vijfentwintig** (*väijf-èn-twinn-tèch*)
- **26 zesentwintig** (*säss-èn-twinn-tèch*)
- **27 zevenentwintig** (*see-vèn-èn-twinn-tèch*)
- **28 achtentwintig** (*ach-tèn-twinn-tèch*)
- **29 negenentwintig** (*nee-chèn-èn-twinn-tèch*)
- **30 dertig** (*därr-tèch*)
- **31 eenendertig** (*een-èn-därr-tèch*)

In Zehnerschritten geht es weiter, auch hier gibt es nichts Ungewöhnliches, bis Sie zu 80 kommen. Beachten Sie das **t** vor dem **achtig**, hier weicht das Niederländische vom Deutschen ab:

- **40 veertig** (*veer-tèch*)
- **44 vierenveertig** (*vier-èn-veer-tèch*)
- **50 vijftig** (*väijf-tèch*)
- **55 vijfenvijftig** (*väijf-èn-väijf-tèch*)
- **60 zestig** (*säss-tèch*)
- **66 zesenzestig** (*säss-èn-säss-tèch*)
- **77 zevenenzeventig** (*see-vèn-èn-see-vèn-tèch*)
- **80 tachtig** (*tach-tèch*)

- ✔ **88 achtentachtig** (*ach-tèn-tach-tèch*)
- ✔ **90 negentig** (*nee-chèn-tèch*)
- ✔ **99 negenennegentig** (*nee-chèn-èn-nee-chèn-tèch*)

Und auch die Hunderterschritte werden Sie nicht überraschen – sie sind genauso aufgebaut wie im Deutschen:

- ✔ **100 honderd** (*honn-dèrt*)
- ✔ **200 tweehonderd** (*twee-honn-dèrt*)
- ✔ **300 driehonderd** (*drie-honn-dèrt*)
- ✔ **400 vierhonderd** (*vier-honn-dèrt*)
- ✔ **500 vijfhonderd** (*väijf-honn-dèrt*)
- ✔ **1000 duizend** (*dèüj-sènt*)

Über tausend

In der deutschen Sprache ist es gebräuchlicher, nach tausend von tausendeinhundert, tausendzweihundert und so weiter zu sprechen. Nur bei den Jahreszahlen sagt man im Deutschen zwölfhundert, dreizehnhundert und so weiter. Im Niederländischen ist das anders: Nach tausend beginnt man wieder mit **elf** (11), **twaalf** (12), **dertien** (13), **veertien** (14), **vijftien** (15), **zestien** (16), **zeventien** (17), **achttien** (18), **negentien** (19) und fügt dann **-honderd** hinzu:

- ✔ **1100 elfhonderd** (*ällf-honn-dèrt*)
- ✔ **1200 twaalfhonderd** (*twaalf-honn-dèrt*)
- ✔ **1300 dertienhonderd** (*därr-tien-honn-dèrt*)
- ✔ **1400 veertienhonderd** (*veer-tien-honn-dèrt*)
- ✔ **1500 vijftienhonderd** (*väijf-tien-honn-dèrt*)
- ✔ **1600 zestienhonderd** (*säss-tien-honn-dèrt*)
- ✔ **1700 zeventienhonderd** (*see-vèn-tien-honn-dèrt*)
- ✔ **1800 achttienhonderd** (*ach-tien-honn-dèrt*)
- ✔ **1900 negentienhonderd** (*nee-chèn-tien-honn-dèrt*)

Nach **elfhonderd** (1100), **twaalfhonderd** (1200), **dertienhonderd** (1300) etc. fügen Sie noch den Rest hinzu, wie Sie in folgenden Beispielen sehen:

- ✔ **1101 elfhonderdeen** (*ällf-honn-dèrt-een*)
- ✔ **1210 twaalfhonderdtien** (*twaalf-honn-dèrt-tien*)

Sobald Sie diese Zahlen gemeistert haben, machen Sie mit den Tausendern weiter. Die Struktur ist dabei wieder die gleiche wie im Deutschen:

- ✔ **2000 tweeduizend** (*twee-dèüj-sènt*)
- ✔ **3000 drieduizend** (*drie-dèüj-sènt*)
- ✔ **4000 vierduizend** (*vier-dèüj-sènt*)
- ✔ **5000 vijfduizend** (*väijf-dèüj-sènt*)
- ✔ **6000 zesduizend** (*säss-dèüj-sènt*)
- ✔ **7000 zevenduizend** (*see-vèn-dèüj-sènt*)
- ✔ **8000 achtduizend** (*acht-dèüj-sènt*)
- ✔ **9000 negenduizend** (*nee-chèn-dèüj-sènt*)
- ✔ **10.000 tienduizend** (*tien-dèüj-sènt*)

Nach **tweeduizend** (2000) bevorzugen die meisten Niederländer das System, nach dem auch von **duizend** (1000) bis **tweeduizend** (2000) gezählt wird. Das bedeutet, sie beginnen mit **eenentwintighonderd** (2100), **tweeëntwintighonderd** (2200), **drieëntwintighonderd** (2300) und so weiter. Falls notwendig, fügen sie dann den Rest auf die herkömmliche Weise hinzu, wie Sie an folgenden Beispielen erkennen:

- ✔ **2101 eenentwintighonderdeen** (*een-èn-twinn-tèch-honn-dèrt-een*)
- ✔ **2444 vierentwintighonderdvierenveertig** (*vier-èn-twinn-tèch-honn-dèrt-vier-èn-veer-tèch*)

Manche Niederländer ziehen es vor, die Zahlen über 2000 so auszusprechen:

- ✔ **2101 tweeduizendhonderdeen** (*twee-dèüj-sènt-honn-dèrt-een*)
- ✔ **2444 tweeduizendvierhonderdvierenveertig** (*twee-dèüj-sènt-vier-honn-dèrt-vier-èn-veer-tèch*)

Rechnen

Möchten Sie Ihren Kindern gern auf Niederländisch Rechnen beibringen? Hier kommen die Grundregeln für **optellen** (*opp-täll-lèn*, addieren):

- ✔ 4 + 4 = 8 **vier plus vier is acht** (*vier plöss vier iss acht*)
- ✔ 8 + 8 = 16 **acht plus acht is zestien** (*acht plöss acht iss säss-tien*)

Da Sie jetzt wissen, wie man addiert, möchten Sie vielleicht auch erfahren, wie man auf Niederländisch **aftrekken** (*aff-träck-kèn*, subtrahieren) kann:

- ✔ 8 - 4 = 4 **acht min vier is vier** (*acht minn vier iss vier*)
- ✔ 24 - 8 = 16 **vierentwintig min acht is zestien** (*vier-èn-twin-tèch minn acht iß säss-tien*)

Vermenigvuldigen (*vèr-mee-nich-völl-di-chèn*, multiplizieren) geht so:

- ✔ 2 × 2 = 4 **twee maal twee is vier** (*twee maal twee iß vier*)
- ✔ 4 × 16 = 64 **vier maal zestien is vierenzestig** (*vier maal säss-tien iss vier-èn-säss-tèch*)

  Vielleicht möchten Sie auch noch lernen, auf Niederländisch zu **delen** (*dee-lèn*, teilen):

- ✔ 4 : 2 = 2 **vier gedeeld door twee is twee** (*vier chè-deelt door twee iss twee*)
- ✔ 16 : 4 = 4 **zestien gedeeld door vier is vier** (*säss-tien chè-deelt door vier iss vier*)

Der Umgang mit Bruchzahlen, Prozenten und Längenmaßen

Im Alltag werden Sie mit unterschiedlichen Herausforderungen konfrontiert, sei es bei der Arbeit oder zu Hause. Sie werden nicht nur die Grund- und Ordnungszahlen brauchen, Sie werden sich auch mit Bruchzahlen auskennen müssen. Hier einige der am häufigsten auftretenden Bruchzahlen:

- ✔ ½ **een half** (*èn hallf*)
- ✔ 1½ **anderhalf** (*ann-dèr-hallf*)
- ✔ ¼ **een kwart** (*èn kwarrt*)
- ✔ ¾ **driekwart** (*drie-kwarrt*)

Sobald Sie Zahlen und Nummern mit Kollegen oder Freunden austauschen, werden Sie auch wissen wollen, wie Sie Prozentzahlen auf Niederländisch ausdrücken. Das ist überhaupt nicht schwierig und funktioniert wie im Deutschen:

- ✔ 2,6 % **twee komma zes procent** (*twee komm-maa säss proo-ßännt*)
- ✔ 3,8 % **drie komma acht procent** (*drie komm-maa acht proo-ßännt*)
- ✔ 50 % **vijftig procent** (*väijf-tèch proo-ßännt*)
- ✔ 100 % **honderd procent** (*honn-dèrt proo-ßännt*)

Wenn Sie gerade mit Ihrem Umzug und der Einrichtung beschäftigt sind, könnten Sie folgende Angaben brauchen:

- ✔ 1,67 m **een meter zevenenzestig** (*een mee-tèr see-vèn-èn-säss-tèch*)
- ✔ 3,5 m **drieëneenhalve meter** (*drie-änn-èn-hall-vè mee-tèr*)

Die durchschnittliche Größe eines niederländischen Hauses beträgt:

- ✔ 125 Quadratmeter **honderdvijfentwintig vierkante meter** (*honn-dèrt-väijf-èn-twinn-tèch vier-kann-tè mee-tèr*)

Entfernungen werden in **kilometers** (*kie-loo-mee-tèrß*) gemessen. Wenn man allerdings **kilometer** in Verbindung mit einer Zahl benutzt, verwendet man immer den Singular:

- **twee kilometer** (*twee kie-loo-mee-tèr,* zwei Kilometer)
- **duizend kilometer** (*dèüj-sènt kie-loo-mee-tèr,* tausend Kilometer)
- **Hoeveel kilometer is het van Amsterdam naar Den Haag?** (*hu-veel kie-loo-mee-tèr iss èt vann amm-ßtèr-damm naar dänn-haach,* Wie viel Kilometer ist es von Amsterdam nach Den Haag?)
- **Van Amsterdam naar Den Haag is het 59 kilometer.** (*vann amm-ßtèr-damm naar dänn-haach iss èt nee-chèn-èn-väijf-tèch kie-loo-mee-tèr,* Von Amsterdam nach Den Haag sind es 59 Kilometer.)

In Kombination mit einem Wort wie **veel** (*veel,* viel) wird jedoch der Plural benutzt: **we hebben veel kilometers gereden** (*wè häbb-bèn veel kie-loo-mee-tèrß chè-ree-dèn,* Wir sind viele Kilometer gefahren).

Die Ordnungszahlen

Ordnungszahlen schaffen eine Rangfolge: erster, zweiter, dritter und so weiter. Die ersten drei Ordnungszahlen sind die am häufigsten verwendeten, weit weniger eingesetzt werden im Niederländischen die höheren Zahlen wie zum Beispiel **twintigste, tachtigste** (zwanzigste, achtzigste). Das liegt allein schon daran, dass im Niederländischen ein Datum mit Grundzahlen und nicht – wie im Deutschen – mit Ordnungszahlen angegeben wird. Vergleichen Sie: **Vandaag is het drie december.** (*vann-daach iss èt drie dee-ßämm-bèr,* Heute ist der dritte Dezember.) Dazu aber später mehr, zunächst bleiben wir bei den Ordnungszahlen. Bei der Schreibweise der Ordnungszahl kann man zwischen der Abkürzung **1e** oder **1ste** beziehungsweise **2e** oder **2de** wählen.

- 1e **eerste** (*eer-ßtè*)
- 2e **tweede** (*twee-dè*)
- 3e **derde** (*därr-dè*)
- 4e **vierde** (*vier-dè*)
- 5e **vijfde** (*väijf-dè*)
- 6e **zesde** (*säss-dè*)
- 7e **zevende** (*see-vèn-dè*)
- 8e **achtste** (*ach-ztè*)
- 9e **negende** (*nee-chèn-dè*)
- 10e **tiende** (*tien-dè*)

Zum Gebrauch der Ordnungszahlen

In allen Sprachen werden Ordnungszahlen benutzt, wenn es zum Beispiel in einer Diskussion um die Aufzählung von Argumenten geht. In so einem Fall wird Ihnen das Wort **ten** (zum) vorangestellt. Folgende Aufzählung könnte nützlich sein:

- ✔ **ten eerste:** (*tänn eer-ßtè*) zum Ersten/erstens
- ✔ **ten tweede:** (*tänn twee-dè*) zum Zweiten/zweitens
- ✔ **ten derde:** (*tänn därr-dè*) zum Dritten/drittens

So könnte jemand, der sehr verärgert ist, diese Aufzählung benutzen:

Ten eerste heb ik dat niet gezegd, ten tweede is het niet waar en ten derde wil ik er niet over praten! (*tänn eer-ßtè häpp ick datt niet chè-sächt tänn twee-dè iss èt niet waar änn tänn därr-dè will ick ärr niet oo-vèr praa-tèn,* Erstens habe ich das nicht gesagt, zweitens ist es nicht wahr und drittens möchte ich nicht darüber sprechen!)

Der Ausdruck **eerst** (*eerßt,* zuerst) ist natürlich keine richtige Ordnungszahl, er wird aber oft benutzt, um etwas eine Reihenfolge zu geben. Ihm folgen meist die Begriffe **dan** (*dann,* dann) und **daarna** (*daar-naa,* danach). Schauen Sie sich einmal folgendes Beispiel an, bei dem der Chef mit seiner Sekretärin das Programm für den Vormittag bespricht:

Eerst ga ik mijn e-mail checken. Dan heb ik een bespreking met Raymond van Dieren. Daarna wil ik even wat dingen voor de vergadering van morgen doorpraten. (*eerßt chaa ik mäijn ie-meel tschäck-kèn. dann häpp ick èn bè-spree-king mätt ree-monnt vann die-rèn. daar-naa will ik ee-vèn watt ding-èn voor dè vèr-chaa-dè-ring vann morr-chèn door-praa-tèn;* Zuerst lese ich meine E-Mails. Dann habe ich eine Besprechung mit Raymond van Dieren. Danach möchte ich eine paar Dinge für die morgige Sitzung besprechen.)

Ordnungszahlen können auch zusammen mit dem Wort **keer** (*keer,* Mal) auftreten:

- ✔ **de eerste keer** (*dè eer-ßtè keer,* das erste Mal)
- ✔ **de vierde keer** (*dè vier-dè keer,* das vierte Mal)

Eine Reihe von Ordnungszahlen wird mit folgendem Ausdruck beendet:

- ✔ **de laatste keer** (*dè laa-ztè keer,* das letzte Mal)

Schauen Sie sich dazu diese Beispiele an:

- ✔ **Ik gebruik deze creditcard voor de eerste keer.** (*ick chè-brèüjk dee-sè krä-ditt-karrt voor dè eer-ßtè keer,* Ich benutze diese Kreditkarte zum ersten Mal.)
- ✔ **Uitgeverij Wiley organiseert voor de vierde keer een auteursborrel.** (*èüjt-chee-vè-räij wei-lie orr-chaa-nie-seert voor dè vier-dè keer èn oo-töhrß-borr-rèl,* Der Wiley-Verlag organisiert zum vierten Mal einen Empfang für die Autoren.)
- ✔ **Het North Sea Jazzfestival is voor de laatste keer in Den Haag.** (*hätt nort-ßie dschäß-fäss-tie-vall iss voor dè laa-ztè keer inn dänn-haach,* Das North Sea Jazzfestival findet zum letzten Mal in Den Haag statt.)

Ordnungszahlen sind immer dann wichtig, wenn etwas in eine Reihenfolge gebracht werden soll, wie zum Beispiel im Sport oder auch bei Wegbeschreibungen.

- **Hij behaalde de eerste plaats.** (*häij bè-haal-dè dè eer-ßtè plaatß,* Er schaffte es auf den ersten Platz.)
- **Hij finishte als derde.** (*häij finn-nisch-tè alls därr-dè,* Er wurde Dritter.)
- **Het is de tweede straat rechts.** (*hätt iss dè twee-dè ßtraat rächtß,* Es ist die zweite Straße rechts.)

Man verwendet Ordnungszahlen auch, wenn Tage, Wochen, Monate oder Jahre aufgezählt werden sollen, in denen man etwas gemacht hat:

- **Dit is mijn eerste dag in Amsterdam.** (*ditt iss mäijn eer-ßtè dach inn amm-ßtèr-damm,* Das ist mein erster Tag in Amsterdam.)
- **Dit is mijn tweede week in Nederland.** (*ditt iss mäijn twee-dè week inn nee-dèr-lannt,* Das ist meine zweite Woche in den Niederlanden.)
- **Dit is mijn derde maand in dit appartement.** (*dit iß mäijn där-dè maant in dit a-par-tè-mänt,* Das ist mein dritter Monat in dieser Wohnung.)
- **Dit is mijn vierde jaar bij Lease Consult.** (*ditt iss mäijn vier-dè jaar bäij ließ konn-ßöllt,* Das ist mein viertes Jahr bei Lease Consult.)

Geburtstage und Altersangaben auf Niederländisch

Anders als im Deutschen verwenden Niederländer oft die Ordnungszahlen, wenn sie über ein bestimmtes Alter sprechen:

- **Op mijn achttiende heb ik een Citroen CX gekocht.** (*opp mäijn ach-tien-dè häpp ick èn ßie-troo-änn ßee-ickß chè-kocht,* Mit 18 habe ich mir einen Citroen CX gekauft.)
- **Op zijn achtenveertigste werd hij ontslagen.** (*opp säijn acht-èn-veer-tèch-stè wärrt häij onnt-ßlaa-chèn,* Mit 48 wurde er entlassen.)

Wenn ein Freund Sie zu seiner Geburtstagsfeier einladen möchte, könnte er sagen: **Kom je zaterdag? Ik vier mijn dertigste verjaardag.** (*komm jè saa-tèr-dach ick vier mäijn därr-tèch-stè vèr-jaar-dach,* Kommst du am Samstag? Ich feier meinen 30. Geburtstag.)

Wenn nach dem Alter gefragt wird, verwendet man eine Grundzahl:

- **Mijn dochter is dertien.** (*mäijn doch-tèr iss därr-tien,* Meine Tochter ist dreizehn.)
- **Ik ben achtendertig.** (*ick bänn acht-èn-därr-tèch,* Ich bin 38 Jahre alt.)

Auf die Uhr sehen: »klokkijken«

Sind Sie noch nicht lange in den Niederlanden? Jeder wird verstehen, was Sie meinen, wenn Sie bei der Angabe der Uhrzeit das digitale System benutzen. Aber genau wie im Deutschen gibt es auch im Niederländischen ein umgangssprachliches System für die Uhrzeit.

Die Uhrzeit angeben

Zuerst das digitale System. Was ist damit gemeint? Sie kennen es, denn es ist international. In den Niederlanden wird es vor allem für offizielle Zeitansagen oder auf Bahnhöfen verwendet. Sie könnten zum Beispiel sagen:

- ✔ **Het is veertien uur.** (*hätt iss veer-tien üür,* Es ist vierzehn Uhr.)
- ✔ **Het is veertien uur vijftien.** (*hätt iss veer-tien üür väijf-tien,* Es ist vierzehn Uhr fünfzehn.)
- ✔ **Het is veertien uur dertig.** (*hätt iss veer-tien üür därr-tèch,* Es ist vierzehn Uhr dreißig.)
- ✔ **Het is veertien uur vijfenveertig.** (*hätt iss veer-tien üür väijf-èn-veer-tèch,* Es ist vierzehn Uhr fünfundvierzig.)
- ✔ **Het is vijftien uur.** (*hätt iss väijf-tien üür,* Es ist fünfzehn Uhr.)

Die Einteilung der Uhr

In der Umgangssprache wird ein System verwendet, das die Uhr viertelt und sich dabei auf die ganze beziehungsweise die halbe Stunde bezieht. Im Deutschen gibt es das gleiche System. Man kann sich mit Freunden »Viertel nach acht« verabreden, der Film beginnt »zehn vor halb neun« oder man wartet auf jemanden bis »Viertel vor neun« und geht dann »fünf vor neun« hinein. Genauso sagen Sie das auf Niederländisch. Schauen Sie sich einmal die Uhr an und folgende Beispiele:

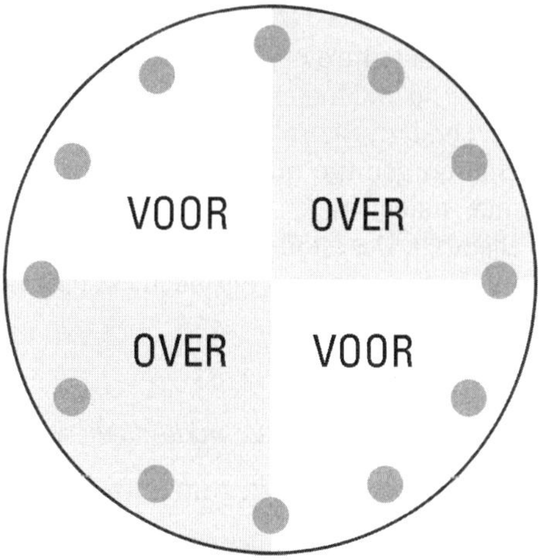

Abbildung 3.1: Einteilung der Uhr

Einmal das erste Viertel nach der vollen Stunde:

- ✔ **Het is twee uur.** (*hätt iss twee üür,* Es ist zwei Uhr.)
- ✔ **Het is vijf over twee.** (*hätt iss väijf oo-vèr twee,* Es ist fünf nach zwei.)
- ✔ **Het is tien over twee.** (*hätt iss tien oo-vèr twee,* Es ist zehn nach zwei.)
- ✔ **Het is kwart over twee.** (*hätt iss kwarrt oo-vèr twee,* Es ist Viertel nach zwei.)

Nun kommt das zweite Viertel; man schaut nach vorn und orientiert sich an der vollen halben Stunde:

- ✔ **Het is tien voor half drie.** (*hätt iss tien voor hallf drie,* Es ist zehn vor halb drei.)
- ✔ **Het is vijf voor half drie.** (*hätt iss väijf voor hallf drie,* Es ist fünf vor halb drei.)
- ✔ **Het is half drie.** (*hätt iss hallf drie,* Es ist halb drei.)

Dann kommt man zum dritten Viertel. Man orientiert sich wieder an der halben Stunde und schaut darauf zurück:

- ✔ **Het is vijf over half drie.** (*hätt iss väijf oo-vèr hallf drie,* Es ist fünf nach halb drei.)
- ✔ **Het is tien over half drie.** (*hätt iss tien oo-vèr hallf drie,* Es ist zehn nach halb drei.)

Schließlich befindet man sich im letzten Viertel und schaut nach vorn auf die kommende volle Stunde:

- ✔ **Het is kwart voor drie.** (*hätt iss kwarrt voor drie,* Es ist viertel vor drei.)
- ✔ **Het is tien voor drie.** (*hätt iss tien voor drie,* Es ist zehn vor drei.)
- ✔ **Het is vijf voor drie.** (*hätt iss väijf voor drie,* Es ist fünf vor drei.)
- ✔ **Het is drie uur.** (*hätt iss drie üür,* Es ist drei Uhr.)

Am Morgen oder am Abend?

Stellen Sie sich vor, Sie haben gerade Ihre neuen Nachbarn kennengelernt und wurden von ihnen zum Kaffee eingeladen. Da sie im Moment sehr beschäftig sind, werden Sie nicht umgehend (also gleich) eingeladen, sondern Sie sollen am nächsten Tag zu Besuch kommen. Die Nachbarin sagt: »Kommen Sie morgen um neun auf eine Tasse Kaffee vorbei!« Da Sie nicht sicher sind, wann Sie kommen sollen, fragen Sie: **'s ochtends of 's avonds?** (*ßoch-tèntß of ßaa-vonntß,* Morgens oder abends?). Das ist übrigens keine ungewöhnliche Frage, zumal Niederländer morgens und abends Kaffee trinken. Hier noch ein paar Ausdrucksweisen, die angeben, welcher Teil des Tages gemeint ist:

- ✔ 7 bis 12 Uhr: **'s ochtends** (*ßoch-tèntß,* morgens)
- ✔ 12 bis 14 Uhr: **tussen de middag** (*töss-ßèn dè midd-dach,* am Mittag)
- ✔ 12.30 bis 13.30 Uhr: **lunchtijd** (*lönnsch-täijt,* zum Mittagessen)
- ✔ 14 bis 16 Uhr: **'s middags** (*ßmidd-dachß,* nachmittags)
- ✔ 16 bis 18 Uhr: **in de namiddag** (*inn dè naa-midd-dach,* am späten Nachmittag)

Pünktlichkeit und der richtige Zeitpunkt

Die Nachbarn haben Sie morgens zum Kaffee eingeladen, um 9.30 Uhr. Wann sollten Sie da sein? Genau pünktlich, zwischen 9.30 und 9.40 Uhr. Und wann sollten Sie wieder nach Hause gehen? Nach zwei Tassen Kaffee.

Ihre Nachbarn haben Sie und Ihren Partner abends zum Kaffee eingeladen, um 20.30 Uhr. Wann sollten Sie da sein? Zwischen 20.30 Uhr und 20.40 Uhr. Und wann sollten Sie wieder nach Hause gehen? Das hängt von der Situation und der Stimmung aller Beteiligten ab. Sie sollten aufbrechen, wenn Ihre Nachbarn langsam unruhig werden oder jemand sich müde fühlt. Was könnten Sie beim Weggehen sagen? **Bedankt, het was gezellig.** (*bè-dangkt èt wass chè-säll-lèch*, Danke, es war sehr gemütlich/nett.) Sollten Sie die Nachbarn zu sich nach Hause einladen? Das können Sie tun, wenn Sie es gern möchten und wenn Sie glauben, dass die Nachbarn gern kommen würden. Viele Niederländer pflegen ihre Nachbarschaftskontakte am liebsten mit einem Plausch über den Gartenzaun (jeder auf seinem eigenen Grundstück), von Balkon zu Balkon, im Aufzug oder wenn man sich im Supermarkt zufällig über den Weg läuft.

Tage, Monate und Jahreszeiten

Sie werden die Tage und Monate kennen, bevor Sie sie aktiv als Vokabeln gelernt haben. Denn sie begegnen einem überall: auf dem Fahrschein, in der Zeitung, im Fernsehen, in E-Mails. Und auch die Monate und Jahreszeiten werden Ihnen aus dem Deutschen bekannt vorkommen.

Alles wird kleingeschrieben

Im Niederländischen werden die Wochentage kleingeschrieben:

- ✔ **maandag** (*maan-dach*, Montag)
- ✔ **dinsdag** (*dinnß-dach*, Dienstag)
- ✔ **woensdag** (*wunß-dach*, Mittwoch)
- ✔ **donderdag** (*donn-dèr-dach*, Donnerstag)
- ✔ **vrijdag** (*vräij-dach*, Freitag)
- ✔ **zaterdag** (*saa-tèr-dach*, Samstag)
- ✔ **zondag** (*sonn-dach*, Sonntag)

Die Kleinschreibung gilt ebenfalls für die Monate:

- ✔ **januari** (*ja-nü-aa-rie*, Januar)
- ✔ **februari** (*fee-brü-aa-rie*, Februar)
- ✔ **maart** (*maart*, März)

- **april** (*app-pril,* April)
- **mei** (*mäij,* Mai)
- **juni** (*jü-nie,* Juni)
- **juli** (*jü-lie,* Juli)
- **augustus** (*au-chöss-töss,* August)
- **september** (*säpp-tämm-bèr,* September)
- **oktober** (*ock-too-bèr,* Oktober)
- **november** (*noo-vämm-bèr,* November)
- **december** (*dee-ßämm-bèr,* Dezember)

Wie man sich an das niederländische Klima gewöhnt

Am besten lässt sich das Wetter in den Niederlanden ertragen, wenn man es als Inspirationsquelle für den täglichen Small Talk einsetzt. Vielleicht sind Sie sogar dankbar für den raschen Wechsel des Wetters, immerhin gibt es dann etwas, worüber man immer reden kann. Und für diejenigen, die Abwechslung lieben, eröffnen sich ungeahnte Möglichkeiten, ihre Garderobe zu erweitern: Immerhin erfordert jede Jahreszeit ein angemessenes Outfit. Jetzt erst einmal der Zeitraum und der Name für die jeweilige Jahreszeit:

- 21 maart – 21 juni: **de lente** (*dè länn-tè,* der Frühling)
- 21 juni – 21 september: **de zomer** (*dè soo-mèr,* der Sommer)
- 21 september – 21 december: **de herfst** (*dè härrfßt,* der Herbst)
- 21 december – 21 maart: **de winter** (*dè winn-tèr,* der Winter)

Die Jahreszeiten

Da die Niederlande an die Nordsee grenzen, herrscht dort Seeklima. Das bedeutet: gemäßigtes Klima im Sommer und Winter. Der Frühling beginnt im März, aber es gibt ein Sprichwort: **maart roert zijn staart** (*maart ruurt sönn ßtaart,* Der März ist wechselhaft/launisch). Meist ist dieser Monat noch kühl, abgesehen von ein paar sonnigen Tagen. Der Mai hingegen hat schon durchschnittlich 200 Sonnenstunden. Die Luft ist dann immer noch sehr klar, aber die ersten bräunenden Sonnenstrahlen werden Sie sehr schnell auf der Haut fühlen. Machen Sie es doch wie die Niederländer. Freuen Sie sich auf die **meivakantie** (*mäij-va-kann-zie,* Maiferien), die immer häufiger dafür genutzt werden, das Zelt oder den Wohnwagen zum ersten Mal wieder herauszuholen. Aber Vorsicht: Am 13. Mai kommen die **IJsheiligen** (*äijß-häij-lich-chèn,* Eisheiligen) und in der Nacht kann es noch mal Frost geben.

Juni, Juli und August weisen jeder für sich durchschnittlich 190 Sonnenstunden auf. Die Temperaturen schwanken dann zwischen 15 und 33 Grad Celsius. An den meisten Tagen im Sommer liegen die Temperaturen jedoch um die 20 Grad, manchmal auch 25 Grad und an extrem warmen Tagen auch einmal um die 30 Grad und mehr. Eine Periode von fünf aufeinanderfolgenden Tagen mit über 30 Grad Celsius wird **een hittegolf** (*èn hitt-tè-chollf,* eine Hitzewelle) genannt.

Wie dem auch sei: Man kann sich nie sicher sein. Durch die steigenden Temperaturen bilden sich schnell Quellwolken. Wenn Sie übers Wochenende wegfahren, sollten Sie nie ohne eine Regenjacke und etwas Warmes zum Überziehen unterwegs sein. Die Niederschlagswerte im Juni, Juli und August übertreffen meistens die der anderen Monate im Jahr. Die Niederländer haben verschiedene Namen für die unterschiedlichen Regenarten. Es kann **stortregenen** (*storrt-ree-chè-nèn*), **hozen** (*hoo-sèn*), **plenzen** (*plänn-sèn*) oder **gieten** (*chie-tèn*) – alle diese Wörter beschreiben, dass es gießt oder in Strömen regnet –, etwas vulgär ausgedrückt: **zeiken** (*säij-kèn*, es pisst). Oder es kann einfach nur **motregenen** (*mott-ree-chè-nèn*), **druilen** (*drèüj-lèn*) oder **miezeren** (*mie-sè-rèn*), was alles so viel wie Nieselregen bedeutet.

Onweer (*onn-weer*, Unwetter) gibt es immer in Zeiten sehr warmen Wetters. Dann kann es zu gefährlichem **bliksem** (*blick-ßèm*, Blitz) und **donder** (*donn-dèr*, Donner) kommen, aber vor allem zu **harde wind** (*harr-dè winnt*, Sturm): mit **windkracht** (*winnt-kracht*, Windstärke) 6 bis 9.

Wie sind die niederländischen Winter? Nicht wirklich kalt. Von Dezember bis Februar sind Temperaturen zwischen null und zehn Grad Celsius normal, nachts mitunter auch unter null Grad. Manchmal regnet es und während dieser drei Monate gibt es etwa 38 Tage ohne **zonneschijn** (*sonn-nè-ßchäijn*, Sonnenschein).

Ein niederländischer Winter sollte ungefähr tien **ijsdagen** (*tien äijs-daa-chèn*, zehn Eistage) haben: Das sind Perioden mit 24 Stunden **vorst** (*vorrst*, Frost). In den vergangenen Jahren waren diese Frostperioden jedoch nur sehr kurz. Die meisten Kinder, die seit Ende der 1990er-Jahre geboren wurden, haben noch nie eine Natureisbahn gesehen, geschweige denn, dass sie darauf Schlittschuh gelaufen wären. Sie kennen hohen **sneeuw** (*sneejuh*, Schnee) nur vom **wintersport** (*winn-tèr-ßporrt*, Wintersport) in Österreich, Frankreich oder der Schweiz.

Die Niederländer jammern furchtbar gern über das Wetter. Vor allem ältere Menschen haben sich des Themas angenommen und so kommt es auch öfter vor, dass sie ihren Tag mit einer Bemerkung über das Wetter beginnen. Wenn Sie einen über 60-Jährigen fragen: »Und, wie geht's?«, könnte seine Antwort sein: »Es ist kühl heute.«

Junge Menschen sprechen viel weniger über das Wetter. Wenn sie genug vom kühlen und nassen Wetter haben, verlassen sie das Land zwei oder drei Mal im Jahr, um sich an einem warmen Strand aufzuwärmen und Sonne zu tanken. Ein Trend unter jungen Menschen um die dreißig, die in der Baubranche arbeiten, war es, nach Spanien auszuwandern, um dort Häuser und Apartments für Senioren aus den Niederlanden zu bauen, die dem trüben Winter entfliehen möchten. Die Krise in der spanischen Baubranche hat diesem Trend eine Ende gesetzt.

Ausdrucksweisen, die vom Wetter abgeleitet wurden

Da das Wetter wesentlicher Bestandteil unseres Lebens ist, haben sich die Niederländer bei einer Reihe von Redensarten vom Wetter inspirieren lassen, wie folgende Beispiele zeigen:

✔ **De mist in gaan** (*dè misst inn chaan*). Wörtlich übersetzt bedeutet das »in den Nebel gehen«. Gemeint ist damit, dass etwas total schiefgeht.

✔ **Van de regen in de drup komen** (*vann dè ree-chèn inn dè dröpp koo-mèn*). Diesen Ausdruck kennen wir im Deutschen, wenn etwas Unangenehmes noch schlimmer wird: vom Regen in die Traufe kommen.

- **Niet over één nacht ijs gaan** (*niet oo-vèr een nacht äijß chaan*). Wörtlich übersetzt steht hier, dass man nicht über die dünne Schicht Eis gehen sollte, die sich nach einer Nacht gebildet hat. Im Deutschen könnte man sagen, man soll nichts übers Knie brechen.
- **Ondergesneeuwd raken** (*onn-dèr-chè-sneejuht raa-kèn*). Wörtlich übersetzt »zugeschneit werden« ist nicht gerade wahrscheinlich für die Niederlande, aber es bedeutet, dass man/etwas mit Schnee zugeschüttet wird und somit verloren geht.
- **In de wolken zijn** (*inn dè woll-kèn säijn*). Dies heißt wörtlich übersetzt »in den Wolken sein«. Man ist dann sehr glücklich und schwebt (im Deutschen) auf Wolke sieben.

Eislaufen auf Kanälen und Seen

Die Niederländer mögen gern in der Natur Eislaufen, auch wenn es ihnen selten vergönnt ist: Nach drei Tagen Frost mit Temperaturen von minus fünf Grad zieht es Kinder und Erwachsene nach der Schule und nach der Arbeit oder am Wochenende raus aufs Eis. Vereine und Klubs organisieren dann bis zu 60 Kilometer lange Touren über zugefrorene Kanäle und Seen im Nordwesten des Landes. Bei diesen seltenen Gelegenheiten tummeln sich an einem sonnigen Wochenende im Januar oder Februar Tausende Familien und Freunde auf den zugefrorenen Gewässern.

Die bekannteste Tour **de Elfstedentocht** (*dè ällf-ßtee-dèn-tocht*) in der nördlichen Provinz Friesland ist ein Eislaufmarathon, der durch elf friesische Städte führt. Seit 1909 war das Eis nur fünfzehn Mal dick genug, um diese »Tour der Touren« zu organisieren. 16.000 Teilnehmer starteten zum letzten Mal 1997 in der Dunkelheit des frühen Morgens, um die 220 Kilometer lange Strecke zu absolvieren. Jeder, der bei dieser Tour am Ende eines langen Tages das Ziel erreicht und eines der heiß begehrten »Elf-Städte-Kreuzchen« in Empfang nehmen kann, bleibt in seiner Familie für immer ein Held. Im Jahre 1986 nahm zur großen Überraschung vieler auch der Kronprinz der Niederlande, Willem-Alexander, an dieser Tour teil und erhielt das »Kreuzchen«. Jedes Jahr wächst bei den Eisläufern und in den Medien mit jedem frostigen Wintertag der Wunsch nach einer neuen Elf-Städte-Tour, der sich so selten erfüllt.

Teil II

Niederländisch für jeden Tag

In diesem Teil ...

In diesem Teil lernen Sie Redewendungen kennen, die Sie im Alltag brauchen. Sie erfahren, wie man im Restaurant etwas bestellt, die gewünschten Lebensmittel im Supermarkt findet oder einfach shoppen geht. Außerdem gibt es Beispiele dafür, wie man sich über Freizeitaktivitäten unterhält oder bei der Arbeit mit Kollegen und Vorgesetzten kommuniziert. Einige Grammatikbegriffe erläutern wir natürlich ebenfalls.

Hallo, hoe gaat het? Begrüßung und Vorstellung

4

In diesem Kapitel

- Sich duzen oder siezen
- Sich selbst vorstellen
- Andere vorstellen
- Über andere Städte, Länder und Sprachen sprechen
- Jemanden fragen, woher er kommt
- Etwas über andere Nationalitäten erfahren

Mit anderen Leuten zusammenkommen und sie kennenlernen kann sehr anstrengend werden, vor allem wenn man deren Sprache nicht versteht. Dieses Kapitel wird Ihnen helfen, wenn Sie Niederländer kennenlernen und Sie sich zum ersten Mal mit ihnen unterhalten wollen.

Formelle oder informelle Anrede – duzen oder siezen

Im Niederländischen gibt es – ebenso wie im Deutschen – zwei Umgangsformen, mit denen man eine andere Person anspricht. Das höfliche und formelle **u** (*ü*, Sie) und das informelle **jij** (*jäij*) oder **je** (*jè*, du). Es hängt immer von der Person und den Umständen ab, welche der beiden Formen man benutzt. Dieses Kapitel hilft Ihnen herauszufinden, wann Sie das informelle **jij** oder **je** einsetzen können, oder kurz gesagt: wen Sie wann duzen können.

Von jungen Menschen, die in einem Supermarkt oder einem preiswerten Restaurant arbeiten, werden Sie wahrscheinlich automatisch mit **jij** oder **je** (du) angesprochen werden. Unabhängig davon sollten Sie erst einmal **u** (Sie) zu allen älteren Personen, Amtspersonen oder Ihrem neuen Vorgesetzten sagen.

Wenn man sich dann im Laufe der Zeit etwas besser kennengelernt hat, kann die ältere Person von beiden beziehungsweise die weibliche Person vorschlagen: **Laten we »je« zeggen, ik heet Petra.** (*laa-tèn wè jè säch-chèn, ick heet pee-traa,* Lass uns »Du« sagen, ich heiße Petra.) Falls die andere Person in Ihrem Alter ist und Sie mit **je** anspricht, können Sie das Gleiche tun. Falls er oder sie ein Vorgesetzter oder älter als Sie ist, Sie sich jedoch vertraut fühlen, könnten Sie fragen: **Mag ik »je« zeggen?** (*Mach ick jè säch-chèn?*, Darf ich »Du« sagen?)

Falls Sie jünger als zwanzig sind, könnten Sie am höflichen **u** in Kombination mit dem Vornamen der vorgesetzten oder älteren Person festhalten. Vor allem ältere Leute mögen es, so angesprochen zu werden. Und wenn sie es lieber haben, mit **je** und ihrem Vornamen von Ihnen angesprochen zu werden, dann werden sie es Ihnen sicher sagen.

Wenn Sie zunächst einmal das sichere und formelle **u** für jeden verwenden, der älter als dreißig beziehungsweise ein Vorgesetzter von Ihnen ist, wird man Sie für eine sehr höfliche Person halten. Unter Kollegen ist es in den Niederlanden üblich, sich zu duzen. Wenn Sie also von Ihrem Chef oder den Kollegen gleich mit »**je**« begrüßt werden, können Sie es getrost erwidern.

Hallo! Begrüßungen

Welche Begrüßung Sie verwenden, hängt von der Tageszeit, der Situation und der Person, die Sie begrüßen möchten, ab. Die gängigsten Floskeln sind, in der Reihenfolge von formell bis sehr informell:

- ✔ **goedemorgen** (*chu-dè-morr-chèn,* Guten Morgen)

  (Diese Begrüßung können Sie von morgens an bis zum Mittag benutzen.)

- ✔ **goedemiddag** (*chu-dè-midd-dach,* Guten Tag/Nachmittag)

  (Benutzen Sie diese Begrüßung zwischen 12 und 18 Uhr.)

- ✔ **goedenavond** (*chu-dè-naa-vonnt,* Guten Abend)

  (Benutzen Sie diese Begrüßung von 18 bis 22 Uhr.)

- ✔ **dag** (*dach*)

  (neutral: Guten Tag)

- ✔ **hallo** (*hall-loo*)

  (informell)

- ✔ **hoi** (*heu*)

  (sehr informell und vergleichbar mit »Hi«)

Sehr formell sind Sie, wenn Sie **dag** in Kombination mit dem Nachnamen der Person, die Sie grüßen, verwenden: **Dag mevrouw Harskamp** (*dach mè-vrau harrß-kammp,* Tag Frau Harskamp).

Etwas weniger formell ist **hallo** in Kombination mit dem Nachnamen der Person: **Hallo mevrouw Harskamp** (*hall-loo mè-vrau harrß-kammp,* Hallo Frau Harskamp). Korrekt und doch etwas ungezwungener ist **dag** in Kombination mit dem Vornamen der Person: **Dag Petra** (*dach pee-traa,* Tag Petra). Noch informeller ist **hallo** und der Vorname der Person: **Hallo Petra** (*hall-loo pee-traa,* Hallo Petra). Wenn Sie ohnehin einen informellen Kontakt mit der Person pflegen, genügt auch ein **hallo** oder **hoi** (*heu,* Hi).

Personalpronomen und Präpositionen

Die Personalpronomen *ich, du, er/sie, wir* und *sie* verändern sich, abhängig davon, welche Funktion sie in einem Satz haben. Das ist im Niederländischen nicht anders als im Deutschen.

Wenn die Personalpronomen die Funktion des Subjekts in einem Satz haben, treten sie in der Form **ik** (*ick*, ich), **jij** (*jäij*, du) oder in der unbetonten Form **je** auf, als **hij** (*häij*, er), **zij** (*säij*, sie im Singular) oder unbetont als **ze** (*sè*, sie), **wij** (*wäij*, wir) oder in der unbetonten Form als **we** (*wè*, wir), **jullie** (*jöll-lie*, ihr), **zij** (*säij*, sie im Plural) oder als das unbetonte **ze** (*sè*, sie im Plural). Sie brauchen diese Pronomen, um Sätze zu bilden wie: **Ik werk in Rotterdam** (*ick wärrk inn rott-tèr-damm*, Ich arbeite in Rotterdam) und **Zij werkt in Den Haag** (*säij wärrkt inn dänn-haach*, Sie arbeitet in Den Haag).

Personalpronomen verändern ihre Form, sobald ihnen andere Funktionen als die des Subjekts in einem Satz zukommen. Das geschieht zum Beispiel, wenn dem Pronomen eine Präposition vorangeht. Nach einer Präposition haben Pronomen besondere Formen.

Präpositionen sind Wörter wie **met** (*mätt*, mit), **naar** (*naar*, nach, Bewegung irgendwo hin), **op** (*opp*, auf), **naast** (*naaßt*, neben), **voor** (*voor*, vor oder für) und **na** (*naa*, nach, Reihenfolge: eins *nach* dem anderen). Mehr Informationen zu den Präpositionen finden Sie in Kapitel 2.

Subjektform	Präposition	Pronomen nach einer Präposition
ik	**met** (mit)	**mij/me** (mir)
jij/je	**naar** (nach)	**jou/je** (dir)
hij	**op** (auf)	**hem** (ihm)
zij/ze	**naast** (neben)	**haar** (ihr)
u	**voor** (für/vor)	**u** (Sie)
wij	**over** (über)	**ons** (uns)
jullie	**in** (in)	**jullie** (euch)
zij/ze	**tot** (bis zu)	**hen** (ihnen)

Hier ein paar Beispiele für Präpositionen, denen ein Pronomen folgt. In dem Satz **Met mij gaat het goed en met jou?** (*mätt mäij chaat èt chutt änn mätt jau?*, Mir geht es gut, und dir?) werden Sie feststellen, dass das Pronomen **mij** verwendet wurde und nicht die Subjektform **ik** (ick). Das Gleiche geschieht in **Ik kijk naar jou** (*ick käijk naar jau*, Ich schaue zu dir): Anstelle von **jij** wird das Wort **jou** verwendet. Hier noch einige Beispiele für Präpositionen, denen ein Pronomen folgt:

- ✔ **Zij** oder **ze** verändert sich in **haar: Hij zit naast haar** (*häij sitt naaßt haar*, Er sitzt neben ihr).
- ✔ **U** hingegen verändert sich nicht durch eine Präposition. In dem Satz: **Dit is voor u** (*ditt iss voor ü*, Das ist für Sie. (Höflichkeitsform im Singular/Plural)) hat **u** die gleiche Form wie in dem Satz: **U bent laat** (*ü bännt laat*, Sie sind spät), in dem **u** das Subjekt ist und keiner Präposition folgt.

- In **Zij praten over ons** (*säij praa-tèn oo-vèr onnß,* Sie sprechen über uns) können Sie sehen, dass **ons** eine spezielle Form von **wij** ist.
- **Jullie** ist ebenfalls unveränderlich. Es behält immer dieselbe Form, wie Sie in dem folgenden Beispiel sehen können: **Wij geloven in jullie.** (*wäij chè-loo-vèn inn jöll-lie,* Wir glauben an euch.)
- **De rechter sprak tot hen** (*dè räch-tèr ßprack tott hänn,* Der Richter sprach zu ihnen) zeigt, dass anstelle von **zij** oder **ze** das Wort **hen** nach einer Präposition verwendet wird. Viele Niederländer benutzen in der Umgangssprache **hun** anstelle von **hen.**

Die Wie-Frage: Wie geht es Ihnen/dir?

Sie sind auf einer Geburtstagsfeier und werden einer älteren Person vorgestellt. Die Gastgeberin macht Sie bekannt und nennt Ihren Namen. Manch älterer Niederländer könnte dann etwas zu Ihnen sagen wie: **Dag meneer Plooij, hoe maakt u het?** (*dach mè-neer plooij, hu maakt ü èt,* Guten Tag Herr Plooij, wie geht es Ihnen?)

Die meisten jüngeren Leute werden wahrscheinlich nur **Hallo** zu Ihnen sagen. Sie werden dann Ihren Namen wiederholen und sagen: **Hallo, ik ben Jacco** (*hall-lo ick bänn jaa-koo*). Die Frage **Hoe maakt u het?** (*hu maakt ü èt,* Wie geht es Ihnen?) ist in dieser Generation ein wenig aus der Mode gekommen. Etwas anderes ist es natürlich, wenn Sie Leute, die Sie schon einmal getroffen haben, nach ihrem Befinden fragen. Sie werden einen guten Eindruck hinterlassen, wenn Sie nicht nur interessiert zuhören, sondern beim nächsten Mal auch noch wissen, was man Ihnen erzählt hat. Hier finden Sie einige Beispiele, wie man sich nach dem Befinden erkundigt, in der Reihenfolge formell bis informell:

- **Hoe maakt u het?** (*hu maakt ü èt,* Wie geht es Ihnen?, sehr formell und ein bisschen altmodisch)
- **Hoe gaat het met u?** (*hu chaat èt mätt ü,* Wie geht es Ihnen?, formell und weniger altmodisch)
- **Hoe gaat het ermee?** (*hu chaat èt ärr-mee,* Wie stehen die Dinge?)
- **Hoe gaat het met jou?** (*hu chaat èt mätt jou,* Wie geht's dir?)
- **Hoe gaat het?** (*hu chaat èt,* Wie geht's?)

Zur Begrüßung und zum Zusammentreffen gehört natürlich auch körperlicher Kontakt. Händeschütteln ist dabei die gängigste Form. In den Niederlanden küsst man, genau wie in Deutschland, nur Freunde oder Familienmitglieder. Was jedoch anders ist, ist die Tatsache, dass drei Mal auf die Wange beziehungsweise knapp daneben in die Luft geküsst wird (rechts, links, rechts). Wenn sich befreundete Frauen treffen, küssen sie sich ebenfalls so, Männer ziehen es vor, sich die Hand zu geben und dem anderen dabei freundschaftlich auf die Schulter zu klopfen. Ein Mann, der eine gute Freundin trifft, wird sie ebenfalls zur Begrüßung küssen, jedoch niemals seine weibliche Vorgesetzte.

Bei den meisten informellen Gelegenheiten kommen die Niederländer jedoch ganz ohne Berührungen und Händeschütteln aus, sie sagen einfach nur: **Hallo.** Das Händeschütteln geschieht eher in mehr formellen Situationen – wenn man sich zum ersten Mal trifft oder zu besonderen Anlässen, etwa bei Geburtstagen oder wann immer es etwas zu beglückwünschen gibt.

Um den Nachbarn zu begrüßen, reicht es, wenn man sagt: **dag** (*dach*), **hallo** (*hall-loo*) oder **hoi** (*heu*). Beim täglichen Umgang mit den Kollegen gibt man sich auch nicht die Hand. Im Büro grüßt man sich, indem man: **goedemorgen** (*chu-dè-morr-chèn*, Guten Morgen) oder **goedemiddag** (*chu-dè-midd-dach*, Guten Tag, nachmittags) sagt. Bei Geschäftspartnern geht es jedoch nicht ohne das Händeschütteln. Man gibt sich die Hand, wenn man ankommt, wenn man ein Geschäft zum Abschluss gebracht hat oder wenn man sich verabschiedet. Unter dem Einfluss anderer Kulturen werden von niederländischen Jugendlichen mitunter auch international bekannte Begrüßungsrituale übernommen, wie zum Beispiel der Gruß in der Rapperszene.

Die richtige Reaktion

Die Frage nach dem Befinden gehört zu den Begrüßungsformeln. Im geschäftlichen Umgang wird in den Niederlanden zwar darauf geantwortet, aber niemand erwartet eine ehrliche Antwort. Die Reaktion ist stets: **prima** (*prie-maa*, bestens). Im privaten Umgang ist diese Frage schon eher ernst gemeint und kann mit folgenden Abstufungen beantwortet werden:

- ✔ **Uitstekend.** (*èüjt-ßtee-kènt*, Hervorragend.)
- ✔ **Prima.** (*prie-maa*, Bestens.)
- ✔ **Goed, dank je.** (*chutt, dangk jè*, Danke, gut.)

Unter wirklich guten Freunden könnten Sie auch einmal sagen:

- ✔ **Het gaat wel.** (*èt chaat wäll*, Es geht so.)
- ✔ **Niet zo goed.** (*niet so chutt*, Nicht so gut.)

Ein guter Freund würde Sie im Laufe der Unterhaltung dann wahrscheinlich nach Einzelheiten fragen. Er würde dann mehr über die Umstände wissen wollen, warum es **Het gaat wel** oder **Niet zo goed** ist.

In formellen Situationen erwidert man, nachdem man eine Antwort gegeben hat: **En met u?** (*änn mätt ü*, Und Ihnen?) Ältere Leute werden Ihnen für diese Nachfrage dankbar sein, vor allem wenn Sie auch die Zeit haben, sich die Antwort anzuhören. Bei informellen Zusammentreffen können Sie auf die Frage **Hoe gaat het?** (*hu chaat èt*, Wie geht's?) am besten antworten: **Met mij prima en met jou?** (*mätt mäij prie-maa änn mätt jau*, Bei mir bestens und bei dir?)

Track 2: Im Gespräch

Im folgenden Dialog hören Sie ein paar Sätze, die ältere Leute in einer eher förmlichen Situation benutzen würden:

Chris Vreugdenhil: **Goedenavond mevrouw De Hoogh.**

chu-dè-naa-vonnt mè-vrau dè hooch

Guten Abend Frau De Hoogh.

Margriet de Hoogh: **Goedenavond meneer Vreugdenhil, hoe gaat het met u?**

chu-dè-naa-vonnt mè-neer Vröhch-dèn-hill, hu chaat èt matt ü

Guten Abend Herr Vreugdenhil, wie geht es Ihnen?

Chris Vreugdenhil: **Prima, dank u. En met u?**

prie-maa dangk ü. änn mätt ü

Danke, bestens. Und Ihnen?

Margriet de Hoogh: **Ook goed, dank u.**

ook chutt dangk ü

Auch gut, danke.

Track 3: Im Gespräch

Jacco und Marcel sind ehemalige Kollegen. Sie treffen sich zufälligerweise im Supermarkt.

Jacco: **Hallo Marcel!**

hall-loo marr-ßäll

Hallo Marcel!

Marcel: **Jacco, hallo, hoe gaat het?**

jaa-koo hall-lo hu chaat èt

Hallo, wie geht's?

Jacco: **Met mij prima en met jou?**

mätt mäij prie-maa änn mätt jau

Bestens und dir?

Marcel: **Wat doe je tegenwoordig?**

watt du jè tee-chèn-woor-dèch

Was machst du momentan?

Jacco: **Ik werk bij Lease Consult op personeelszaken. En jij?**

ick wärrk bäij ließ conn-ßöllt opp pärr-ßoo-neelß-saa-kèn. änn jäij

Ich arbeite bei Lease Consult in der Personalabteilung. Und du?

Marcel: **Ik werk als accountant bij Biz Accountants. Woon je nog steeds in Amsterdam-Noord?**

ick wärrk allß è-kaun-tènt bäij biss è-kaun-tèntß. woon jè noch ßteetß inn amm-ßtèr-damm-noort

Ich arbeite als Buchprüfer bei Biz Accountants. Wohnst du immer noch in Amsterdam-Nord?

Marcel: **Nee, ik woon nu in Lelystad. Maar ik moet nu snel weg, mijn vrouw en kinderen staan buiten te wachten. Ik bel je.**

nee ick woon nü inn lee-lie-statt. maar ick mutt nü ßnäll wäch mäijn vrau änn kinn-dè-rèn ßtaan bèüj-tèn tè wach-tèn. ick bäll jè.

Nein, ich wohne jetzt in Lelystad. Ich muss jetzt aber los, meine Frau und die Kinder warten draußen. Ich ruf dich an!

Jacco: **Oké, hoi!**

oo-kee, heu

Okay, tschüss!

Marcel: **Hoi!**

heu

Tschüss!

Kleiner Wortschatz

Niederländisch	Aussprache	Deutsch
met mij prima	*mätt mäij prie-maa*	Bei mir bestens
tegenwoordig	*tee-chèn-woor-dèch*	momentan, zurzeit
Personeelszaken	*pärr-ßoo-neelß-saa-kèn*	Personalabteilung
de accountant	*dè è-kaun-tènt*	Buchhalter/Rechtsprüfer
snel	*ßnäll*	schnell

Sich selbst vorstellen

Manchmal muss man sich selbst vorstellen. Viele tun das, indem sie bei formellen Situationen einfach ihren Nachnamen nennen. Niederländer stellen sich selbst grundsätzlich mit Vor- und Zunamen vor und sagen:

- ✔ **Hallo, ik ben Jessica de Rover.** (*hall-loo ick bänn jäss-ßie-kaa dè roo-vèr,* Hallo, ich bin Jessica de Rover.)

Oder:

- ✔ **Ik zal me even voorstellen, ik ben Jacco Plooij.** (*ick sall mè ee-vèn voor-ßtäll-lèn ick bänn jaa-koo plooij,* Darf ich mich kurz vorstellen, ich bin Jacco Plooij.)

Track 4: Im Gespräch

Jacco Plooij nimmt an einem Treffen mit neuen Kollegen teil, die er noch nicht kennt. Er sucht nach einem Platz.

Jacco Plooij: **Goedemorgen, zit hier iemand?**

chu-dè-morr-chèn sitt hier ie-mannt

Guten Morgen, sitzt hier schon jemand?

Cilla Vermeent: **Nee hoor, ga je gang.**

nee hoor chaa jè chang

Nein, setz dich ruhig.

Jacco Plooij: **Dank je, ik ben Jacco Plooij van personeelszaken.**

dangk jè ick bänn jaa-koo plooij vann pärr-ßoo-neelß-saa-kèn

Danke, ich bin Jacco Plooij von der Personalabteilung.

Cilla Vermeent: **Hallo, ik ben Cilla Vermeent, secretaresse van Hans van der Jagt.**

hall-loo ick bänn ßill-laa värr-meent dè ßee-krè-taa-räss-ßè vann hannß vann därr jacht

Hallo, ich bin Cilla Vermeent, die Sekretärin von Hans van der Jagt.

Jemand anders vorstellen

Wenn Sie in den Niederlanden leben, möchten Sie vielleicht auch einmal Menschen miteinander bekannt machen. Das ist einfach. Sie stellen jemanden vor, indem Sie mit **Dit is ...** (Das ist ...) beginnen und dann den Namen der betreffenden Person nennen. Sie können das erweitern, indem Sie **Dit is Cilla Vermeent, de secretaresse van Hans van der Jagt** (*ditt iss ßill-laa värr-meent dè ßee-krè-taa-räss-ßè vann hannß vann därr jacht,* Das ist Cilla Vermeent, die Sekretärin von Hans van der Jagt) oder **Dit is mijn collega Jessica de Rover** (*ditt iss mäijn koo-lee-chaa jäss-ßie-kaa dè roo-vér,* Das ist meine Kollegin Jessica de Rover) sagen.

Sollten Sie selbst jemandem vorgestellt werden, können Sie darauf mit dem Satz **Prettig met u kennis te maken.** (*prätt-tèch mätt ü känn-niss tè maa-kèn,* Angenehm, Sie kennenzulernen.) reagieren. Unter jüngeren Menschen beziehungsweise bei einem ungezwungenen Beisammensein genügt es jedoch, einfach **hallo** zu sagen, während man sich die Hand gibt, und den eigenen Namen zu nennen. Sie können sich dann noch nach dem anderen erkundigen, indem Sie ihn **Bent u een collega van Jacco Plooij?** (*bännt ü èn koo-lee-chaa vann jaa-koo plooij*) oder bei einem privaten Treffen **Bent u een kennis van Jacco Plooij?** (*bännt ü èn känn-niss vann jaa-koo plooij,* Sind Sie ein Bekannter von Jacco Plooij?) fragen. Wenn man sich bekannt machen will, wird häufig auch die Frage **Bent u hier voor het eerst?** (*bännt ü hier voor èt eerßt,* Sind Sie zum ersten Mal hier?) gestellt.

Einander offiziell vorstellen

Für Zusammenkünfte, bei denen es sehr förmlich zugeht, eignen sich folgenden Sätze, wenn man jemanden vorstellen möchte:

- ✔ **Mag ik u voorstellen: Jessica de Rover.** (*mach ick ü voor-ßtäll-lèn jäss-ßie-kaa dè roo-vèr,* Darf ich vorstellen: Jessica de Rover.)
- ✔ **Prettig met u kennis te maken.** (*prätt-tèch mätt ü känn-niss tè maa-kèn,* Angenehm, Sie kennenzulernen.)
- ✔ **Insgelijks.** (*innß-chè-läijkß,* Gleichfalls.)

Track 5: Im Gespräch

Raymond van Dieren, ein junger Geschäftsführer, trifft bei einem förmlichen Anlass Hans van der Jagt, einen älteren Geschäftsführer. Die beiden kennen sich recht gut. Hans van der Jagt stellt Raymond van Dieren seine Frau vor.

Raymond van Dieren: **Goedenavond Hans.**

chu-dè-naa-vonnt hannß

Guten Abend, Hans.

Hans van der Jagt: **Goedenavond Raymond, hoe gaat het! Mag ik je mijn vrouw Rita voorstellen?**

chu-dè-naa-vonnt ree-monnt hu chaat èt. mach ick jè mäijn vrau rie-taa voor-ßtäll-lèn

Guten Abend Raymond, wie geht's dir? Darf ich dir meine Frau Rita vorstellen?

Raymond van Dieren: **Goedenavond mevrouw Van der Jagt, ik ben Raymond van Dieren van Biz Accountants. Prettig met u kennis te maken!**

chu-dè-naa-vonnt mè-vrau vann därr jacht, ick bänn ree-monnt vann die-rèn vann biss èk-kaun-tèntß, prätt-tèch mätt ü känn-niss tè maa-kèn

Guten Abend Frau Van der Jagt, ich bin Raymond van Dieren von Biz Accountants. Es freut mich, Sie kennenzulernen!

Rita van der Jagt: **Insgelijks. Hans heeft mij al veel over u verteld. Woont u nog steeds in Amsterdam-Noord?**

innß-chè-läijkß. hannß heeft mäij all veel oo-vèr ü vèr-tällt. woont ü noch ßteetß inn amm-ßtèr-damm-noort

Ganz meinerseits. Hans hat mir schon viel von Ihnen erzählt. Wohnen Sie noch in Amsterdam-Nord?

Raymond van Dieren: **Nee, ik woon nu op Java-eiland.**

nee ick woon nü opp jaa-vaa-äij-lannt

Nein, ich wohne jetzt im Viertel der Java-Insel.

Sich verabschieden

Wenn es Zeit ist zu gehen, können Sie sowohl formell als auch informell einfach **Tot ziens** (*tott sienß*) oder **Dag!** (*dach*) oder (sehr informell) **Doei** (*duij*) oder **Doeg** (*duuch*) sagen. Wenn es ein ungezwungenes Zusammensein mit Freunden war, sagen Sie: **Het was gezellig.** (*èt wass chè-säll-lèch,* Es war nett/gesellig.) Wenn Leute über ihre Pläne oder Arbeitsvorhaben erzählt haben, wünschen Sie ihnen beim Weggehen vielleicht: **Veel succes!** (*veel ßü-kßäss,* Viel Erfolg!)

Im Geschäftsleben erwähnen Sie beim Weggehen immer noch einmal die Dinge, die erledigt werden sollten, wie zum Beispiel: **Ik stuur u zo spoedig mogelijk het voorstel.** (*ick stüür ü soo ßpu-dèch moo-chè-lèk èt voor-ßtäll,* Ich schicke Ihnen so schnell wie möglich den Vorschlag.) oder: **Ik wacht uw verslag af.** (*ick wacht üu vèr-ßlach aff,* Ich warte auf Ihren Bericht.)

Track 6: Im Gespräch

Cilla Vermeent und Gerda Jongsma haben sich bei Mike Johnsons Party in Laren kennengelernt. Nach der Party verabschieden Sie sich von einander.

Gerda: **Het is al laat, ik moet naar huis. Het was leuk om je te leren kennen.**

hätt iss all laat ick mutt naar hèüjß. èt wass löhk omm jè tè lee-rèn känn-nèn

Es ist spät, ich muss nach Hause. Es war schön, dich kennenzulernen.

Cilla: **Ja, het was gezellig. Veel succes met je plannen.**

jaa èt wass chè-säll-lèch. veel sü-kßäss mätt jè plann-nèn

Ja, es war nett. Viel Erfolg für dein Vorhaben!

Gerda: **Bedankt en tot ziens.**

bè-dangkt änn tott sienß

Danke und auf Wiedersehen.

Sich über Städte, Länder und Sprachen unterhalten

Sich vorstellen ist schon mal ein guter Anfang, aber wie fängt man eine Unterhaltung an? Hier erfahren Sie, wie man sagt, woher man kommt, sich danach erkundigt, woher der andere kommt, und welche Sprachen er spricht.

Erzählen, woher man kommt

Alles, was Sie dafür brauchen, sind die Worte:

✔ **Ik kom uit ...** (*ick komm èüjt*, Ich komme aus ...)

Wenn man das sagt, denkt man meistens an den Wohnort, an dem man aufgewachsen ist. Wenn Leute meinen, es wäre wichtig, auch zu erwähnen, wo sie geboren wurden, sagen sie: **Ik kom uit Amsterdam, maar ik ben geboren op Curaçao.** (*ick komm èüjt amm-ßtèr-damm maar ick bänn chè-boo-rèn opp kü-raa-ßau*, Ich komme aus Amsterdam, aber ich wurde auf Curaçao geboren.) Normalerweise beschränken sie sich auf: **Ik kom uit ...** Wenn Sie diese Formulierung wählen, kann sich das auf ein Dorf, eine Stadt, eine Region oder ein Land beziehen. Sehen Sie sich dazu einmal die folgenden Beispiele an:

✔ **Ik kom uit Kortenhoef.** (*ick komm èüjt korr-tèn-huff*, Ich komme aus Kortenhoef.)

✔ **Ik kom uit Maastricht.** (*ick komm èüjt maaß-tricht*, Ich komme aus Maastricht.)

✔ **Ik kom uit Friesland.** (*ick komm èüjt friess-lannt*, Ich komme aus Friesland.)

✔ **Ik kom uit Duitsland.** (*ick komm èüjt dèüjtß-lannt*, Ich komme aus Deutschland.)

Hauptstadt		Land	
Berlijn (*bärr-läijn*)	Berlin	**Duitsland** (*dèüjtß-lannt*)	Deutschland
Bern (*bärrn*)	Bern	**Zwitserland** (*switt-zèr-lannt*)	Schweiz
Boedapest (*bu-daa-pässt*)	Budapest	**Hongarije** (*hong-chaa-räij-jè*)	Ungarn
Brussel (*bröss-ßèl*)	Brüssel	**België** (*bäll-chie-jè*)	Belgien

Hauptstadt		Land	
Dublin (*döbb-blin*)	Dublin	**Ierland** (*ier-lannt*)	Irland
Kopenhagen (*koo-pèn-haa-chèn*)	Kopenhagen	**Denemarken** (*dee-nè-marr-kèn*)	Dänemark
Luxemburg (*lü-kßèm-börrch*)	Luxemburg	**Luxemburg** (*lü-kßèm-börrch*)	Luxemburg
Lissabon (*liss-ßaa-bonn*)	Lissabon	**Portugal** (*porr-tü-chall*)	Portugal
Londen (*lonn-dèn*)	London	**Engeland** (*äng-ngè-lannt*)	England
Madrid (*maa-dritt*)	Madrid	**Spanje** (*spann-njè*)	Spanien
Oslo (*oss-loo*)	Oslo	**Noorwegen** (*noor-wee-chèn*)	Norwegen
Parijs (*paa-räijß*)	Paris	**Frankrijk** (*frangk-räijk*)	Frankreich
Praag (*praach*)	Prag	**Tsjechië** (*tschäch-chie-jè*)	Tschechische Republik
Rome (*roo-mè*)	Rom	**Italië** (*ie-taa-lie-jè*)	Italien
Stockholm (*ßtock-hollm*)	Stockholm	**Zweden** (*swee-dèn*)	Schweden
Warschau (*warr-schau*)	Warschau	**Polen** (*poo-lèn*)	Polen
Wenen (*wee-nèn*)	Wien	**Oostenrijk** (*oo-ßtèn-räijk*)	Österreich

Tabelle 4.1: Kennen Sie diese europäischen Länder und Städte?

Das Verb »zijn«

Eines der wichtigsten Verben in allen Sprachen ist **sein**, auf Niederländisch **zijn** (*säijn*). Genau wie im Deutschen wird dieses Verb dazu verwendet, etwas zu beschreiben: von Gefühlen wie **verdrietig zijn** (*vèr-drie-tèch säijn*, traurig sein) oder **blij zijn** (*bläij säijn*, glücklich sein) bis zu körperlichen Eigenschaften wie **groot zijn** (*chroot säijn*, groß sein) und **slank zijn** (*ßlangk säijn*, schlank sein). **Zijn** ist auch im Niederländischen ein unregelmäßiges Verb, die Verwandtschaft zum Deutschen wird Ihnen jedoch helfen.

Konjugation	Aussprache
ik ben	*ick bänn*
jij bent	*jäij bännt*
hij/zij/het is	*häij/säij/hätt iss*
u bent	*ü bännt*
wij zijn	*wäij säijn*
jullie zijn	*jöll-lie säijn*
zij zijn	*säij säijn*

Fragen, woher jemand kommt

Wenn Sie jemanden fragen wollen, woher er kommt, müssen Sie sich zunächst einmal entscheiden, ob Sie die Person duzen oder siezen. Wenn Sie die Person(en) mit Du ansprechen, müssen Sie sich zwischen Singular **je** und Plural **jullie** entscheiden, das heißt, Sie müssen wissen, ob Sie sich an eine Person wenden oder an eine Gruppe. Wenn Sie die Höflichkeitsform Sie, also **u,** verwenden wollen, gibt es keinen Unterschied zwischen Singular und Plural. Das bedeutet: Eine einzelne Person aber auch eine Gruppe, die Sie siezen, müssen Sie mit **u** ansprechen.

✔ **Waar komt u vandaan?** (formell, Singular/Plural)

(*waar kommt ü vann-daan*)

✔ **Waar kom je vandaan?** (informell, Singular)

(*waar komm jè vann-daan*)

✔ **Waar komen jullie vandaan?** (informell, Plural)

(*waar koo-mèn jöll-lie vann-daan*)

Track 7: Im Gespräch

Sytske Kamsma und Kirstin Liebherr lernen sich bei einer Grachtenrundfahrt in Amsterdam kennen.

Kirstin: **Waar kom jij vandaan?**

waar komm jäij vann-daan

Woher kommst du?

Sytske: **Uit Sneek, dat is in Friesland.**

èüjt ßneek datt iss inn friess-lannt

Aus Sneek, das ist in Friesland.

Kirstin: **Waar ligt Friesland?**

waar licht friess-lannt

Wo liegt Friesland?

Sytske: **In het noorden van Nederland. En waar kom jij vandaan?**

inn èt noor-dèn vann nee-dèr-lannt. änn waar komm jäij vann-daan

Im Norden der Niederlande. Und woher kommst du?

Kirstin: **Ik kom uit Duitsland. Ik kom uit Berlijn.**

ick komm èüjt dèüjtß-lannt. ick komm èüjt bärr-läijn

Ich komme aus Deutschland. Ich komme aus Berlin.

Das Verb »komen«

Auch das Verb **komen** wird Ihnen oft begegnen.

Konjugation	Aussprache
ik kom	*ick komm*
jij komt	*jäij kommt*
hij/zij/het komt	*häij/säij/hätt kommt*
u komt	*ü kommt*
wij komen	*wäij koo-mèn*
jullie komen	*jöll-lie koo-mèn*
zij komen	*säij koo-mèn*

Wissenswertes über Nationalitäten

Während Sie von dem Land erzählen, aus dem Sie kommen, könnte Ihnen jemand die Frage stellen, welche Nationalität Sie haben und welche Muttersprache.

In Tabelle 4.2 finden Sie verschiedene Länder, die dazugehörige Nationalität und die entsprechende Sprache des Landes.

Deutsch	Niederländisch	Männliche Form	Weibliche Form	Sprache
Niederlande	Nederland *nee-dèr-lannt*	Nederlander *nee-dèr-lann-dèr*	Nederlandse *nee-dèr-lann-zè*	Nederlands *nee-dèr-lanntß*
Österreich	Oostenrijk *oo-ßtèn-räijk*	Oostenrijker *oo-ßtèn-räij-kèr*	Oostenrijkse *oo-ßtèn-räij-kßè*	Oostenrijks *oo-ßtèn-räijkß*
Belgien	België *bäll-chie-jè*	Belg *bällch*	Belgische *bäll-chie-ßè*	Belgisch *bäll-chieß*

Deutsch	Niederländisch	Männliche Form	Weibliche Form	Sprache
England	Engeland *äng-ngè-lannt*	Engelsman *äng-ngèlß-mann*	Engelse *äng-gèl-ßè*	Engels *äng-ngèlß*
Frankreich	Frankrijk *frangk-räijk*	Fransman *frannß-mann*	Française *frann-ßäh-sè*	Frans *frannß*
Deutschland	Duitsland *dèüjtß-lannt*	Duitser *dèüj-zèr*	Duitse *dèüj-zè*	Duits *dèüjtß*
Italien	Italië *ie-taa-lie-jè*	Italiaan *ie-tal-jaan*	Italiaanse *ie-tal-jaan-ßè*	Italiaans *ie-tal-jaanß*
Schweiz	Zwitserland *switt-zèr-lannt*	Zwitser *switt-zèr*	Zwitserse *switt-zèr-ßè*	Zwitsers *switt-zèrß*
USA	Verenigde Staten *vèr-ee-nèch-dè ßtaa-tèn*	Amerikaan *a-mee-rie-kaan*	Amerikaanse *a-mee-rie-kaan-ßè*	Amerikaans *a-mee-rie-kaanß*

Tabelle 4.2: Länder, weibliche und männliche Nationalität und Sprache

Die Verwendung dieser Wörter in einem Satz

- ✔ **Cilla Vermeent komt uit Nederland.** (*ßill-laa vèr-meent kommt èüjt nee-dèr-lannt*, Cilla Vermeent kommt aus den Niederlanden.)
- ✔ **Cilla is Nederlandse.** (*ßill-laa iss nee-dèr-lann-zè*, Cilla ist Niederländerin.)
- ✔ **Cilla heeft de Nederlandse nationaliteit.** (*ßill-laa heeft dè nee-dèr-lann-zè na-ßioo-naa-lie-täijt*, Cilla hat die niederländische Nationalität.)
- ✔ **Mike Johnson komt uit de Verenigde Staten.** (*meik dschonn-ßèn kommt èüjt dè vèr-ee-nèch-dè ßtaa-tèn*, Mike Johnson kommt aus den USA.)
- ✔ **Mike is Amerikaan.** (*meik iss a-mee-rie-kaan*, Mike ist Amerikaner.)
- ✔ **Mike heeft de Amerikaanse nationaliteit.** (*meik heeft dè a-mee-rie-kaan-ßè na-ßioo-naa-lie-täijt*, Mike hat die amerikanische Nationalität.)
- ✔ **Kirstin Liebherr komt uit Duitsland.** (*kirr-ßtinn lieb-härr kommt èüjt dèüjtß-lannt*, Kirstin Liebherr kommt aus Deutschland.)
- ✔ **Kirstin is Duitse.** (*kirr-ßtinn iss dèüj-zè*, Kirstin ist Deutsche.)
- ✔ **Kirstin heeft de Duitse nationaliteit.** (*kirr-ßtinn heeft dè dèüj-zè na-ßioo-naa-lie-täijt*, Kirstin hat die deutsche Nationalität.)

Sich über Sprachen unterhalten

Sie verwenden das Wort **spreken** (sprechen), wenn es um Sprachen geht.

Konjugation	Aussprache
ik spreek	*ick ßpreek*
jij spreekt	*jäij ßpreekt*
hij/zij/het spreekt	*häij/säij/hätt ßpreekt*
u spreekt	*ü ßpreekt*
wij spreken	*wäij ßpree-kèn*
jullie spreken	*jöll-lie ßpree-kèn*
zij spreken	*säij ßpree-kèn*

Track 8: Im Gespräch

Kirstin und Sytske machen eine Grachtenrundfahrt in Amsterdam. Der Reiseführer spricht Englisch, Deutsch und Spanisch. Kirstin stellt fest, dass Sytske auch Spanisch versteht.

Kirstin: **Spreek je ook Spaans?**

ßpreek jè ook ßpaanß

Sprichst du auch Spanisch?

Sytske: **Ja, ik spreek Spaans. En jij?**

ja, ick ßpreek ßpaanß. änn jäij

Ja, ich spreche Spanisch. Und du?

Kirstin: **Nee, ik spreek alleen Duits en een beetje Nederlands. Spreek jij Duits?**

nee ick ßpreek all-leen dèüjtß änn èn bee-tschè nee-dèr-lanntß. ßpreek jäij dèüjtß

Nein, ich spreche nur Deutsch und ein bisschen Niederländisch. Sprichst du Deutsch?

Sytske: **Nee, ik spreek geen Duits. Ik spreek Fries, Nederlands, Engels en Spaans.**

nee ick ßpreek cheen dèüjtß. ick ßpreek friess nee-dèr-lanntß äng-ngèlß änn ßpaanß

Nein, ich spreche nicht Deutsch. Ich spreche Friesisch, Niederländisch, Englisch und Spanisch.

Kirstin: **Spreken alle Nederlanders zoveel talen?**

ßpree-kèn all-lè nee-dèr-lann-dèrß soo-veel taa-lèn

Sprechen alle Niederländer so viele Sprachen?

Sytske: **Alle Friezen spreken Fries en Nederlands. Daarnaast leren we op school nog twee talen.**

all-lè frie-sèn lee-rèn opp ßchool friess änn nee-dèr-lanntß. daar-naaßt lee-rèn wè opp ßchool noch twee taa-lèn.

Alle Friesen sprechen Friesisch und Niederländisch. Außerdem lernen wir in der Schule noch zwei Fremdsprachen.

Kleiner Wortschatz

Niederländisch	Aussprache	Deutsch
Engels	*äng-ngèlß*	Englisch
Duits	*dèüjtß*	Deutsch
Spaans	*ßpaanß*	Spanisch
Fries	*friess*	Friesisch
Nederlands	*nee-dèr-lanntß*	Niederländisch
de taal	*dè taal*	die Sprache
de school	*dè ßchool*	die Schule

Sich besser kennenlernen

5

In diesem Kapitel

- Jemanden zum Gespräch einladen
- Über sich selbst erzählen
- Über das Wetter reden

Wenn Sie jemanden wirklich kennenlernen möchten, müssen Sie sich mit ihm unterhalten. Wenn Sie die Vorschläge für den Small Talk anwenden, werden Sie nicht nur neue Bekanntschaften schließen, Sie werden auch lernen, Niederländisch zu sprechen. Egal ob Sie sich mit jemandem im Bus, in der Bahn, im Flugzeug oder auf einer Party unterhalten; es gibt immer etwas, worüber man reden kann. Sie können Fragen stellen, von sich selbst erzählen oder über das Wetter sprechen.

Wenn Ihr Gegenüber tatsächlich an Ihnen interessiert ist, ist es denkbar, dass man Ihnen Fragen zu Ihrer Familie stellt. Hilfreiche Begriffe rund um das Thema Familie finden Sie im vorletzten Abschnitt dieses Kapitels. Falls Sie sich auf neutralere Themenbereiche beschränken wollen, kann Ihnen auch ein Gespräch über das Wetter dabei helfen, das Eis zu brechen.

Ihr Gegenüber zu einem Gespräch ermuntern

Finden Sie es schwer, neue Kontakte zu knüpfen? Stellen Sie einfach Fragen, um ein Gespräch in Gang zu bringen. Fragen Sie die Leute, ob sie sich in der Gegend, in die Sie reisen wollen oder in der Sie sich bereits befinden, auskennen. Man wird Ihre Fragen beantworten und wenn wirklich Interesse besteht, wird man Ihnen Gegenfragen stellen. Später können Sie dann zu persönlicheren Fragen übergehen. Folgende Sätze sind für einen Gesprächsbeginn hilfreich:

✔ **Bent u hier bekend** (*bännt ü hier bè-kännt*, Kennen Sie sich hier aus?)

✔ **Ben je hier bekend?** (*bänn jè hier bè-kännt*, Kennst du dich hier aus?)

✔ **Bent u hier voor de eerste keer?** (*bännt ü hier voor dè eer-ßtè keer*, Sind Sie zum ersten Mal hier?)

✔ **Ben je hier voor de eerste keer?** (*bänn jè hier voor dè eer-ßtè keer*, Bist du zum ersten Mal hier?)

✔ **Komt u hier wel vaker?** (*kommt ü hier wäll vaa-kèr*, Sind Sie öfters hier?)

✔ **Komen we binnenkort aan?** (*koo-mèn wè binn-nèn-korrt aan*, Sind wir bald da?)

✔ **Moeten we lang wachten?** (*mu-tèn wè lang wach-tèn*, Müssen wir lange warten?)

Alle Fragen, die mit einem Verb beginnen, sind sogenannte *geschlossene Fragen* oder Entscheidungsfragen. Die Person, die Sie damit ansprechen, könnte darauf mit einem einfachen Ja oder Nein antworten.

Offene Fragen beginnen immer mit einem Fragewort. Fragewörter sind zum Beispiel **wie** (*wie*, wer), **wat** (*watt*, was), **waar** (*waar*, wo), **hoe** (*hu*, wie) und **wanneer** (*wann-neer*, wann). Wenn Sie eine offene Frage stellen, wird Ihnen Ihr Gegenüber eine längere Antwort als nur ein kurzes **ja** (*jaa*, Ja) oder **nee** (*nee*, Nein) geben. Hier ein paar häufig gestellte Fragen, die mit einem Fragewort beginnen:

- ✔ **Wanneer komen we aan?** (*wann-neer koo-mèn wè aan*, Wann kommen wir an?)
- ✔ **Waar gaat u naartoe?** (*waar chaat ü naar-tu*, Wohin gehen/fahren Sie?)
- ✔ **Waar ga je naartoe?** (*waar chaa jè naar-tu*, Wohin gehst/fährst du?)
- ✔ **Wat is dit voor soort restaurant?** (*watt iss ditt voor ßoort räss-too-rannt*, Was für eine Art Restaurant ist das?)
- ✔ **Wie is dat?** (*wie iss datt*, Wer ist das?)

Wenn Sie auf einer Party sind, können Sie Ihren Gesprächspartner nach seinem Verhältnis zum Gastgeber fragen:

- ✔ **Hoe lang kent u de familie Storm al?** (*hu lang kännt ü dè fa-mie-lie ßtorrm all*, Wie lange kennen Sie die Familie Storm schon?)

Man wird sich länger mit Ihnen unterhalten, wenn Sie Fragen stellen, die einer längeren Erklärung bedürfen. Schauen Sie doch mal was passiert, wenn Sie diese Frage stellen:

- ✔ **Kent u Jan Storm goed?** (*kännt ü jann ßtorrm chutt*, Kennen Sie Jan Storm gut?)

Mehr zu Fragen finden Sie in Kapitel 2.

Von sich selbst erzählen

Wenn Sie über sich selbst sprechen, erzählen Sie Ihrem Gesprächspartner wahrscheinlich Dinge, die Sie auch gern von ihm wissen würden. Sie können über Ihre Arbeit sprechen oder von Ihrem Studium erzählen oder woher Sie kommen. Vielleicht tauschen Sie am Ende des Gesprächs Ihre Telefonnummern aus.

Von der Arbeit erzählen

Im Allgemeinen verwenden Sie, wenn Sie sagen möchten, was Sie machen, »Ich bin« in Verbindung mit Ihrem Beruf oder Ihrer Tätigkeit. Vor Berufsbezeichnungen verwendet man keinen Artikel. Für manche Berufe gibt es geschlechtsspezifische Bezeichnungen, für einige auch nicht:

- ✔ **Ik ben secretaris.** (*ick bänn ßee-krè-taa-riss*, Ich bin Sekretär.)
- ✔ **Ik ben secretaresse.** (*ick bänn ßee-krè-taa-räss-ßè*, Ich bin Sekretärin.)

- **Ik ben student.** (*ick bänn ßtü-dännt*, Ich bin Student.)
- **Ik ben studente.** (*ick bänn ßtü-dänntè*, Ich bin Studentin.)
- **Ik ben hoogleraar.** (*ick bänn hooch-lee-raar*, Ich bin Professor. (weiblich oder männlich))

Einige Berufe haben eine weibliche Form, die jedoch nicht mehr benutzt wird. Frauen sagen mittlerweile eher **Ik ben directeur** (*ick bänn die-räck-töhr*, Ich bin Geschäftsführer/Leiter) anstelle der älteren Form **Ik ben directrice** (*ick bänn die-räck-trie-ßè*, Ich bin Geschäftsführerin/Leiterin). Jüngere Lehrer werden sagen: **Ik ben docent Nederlands.** (*ick bänn doo-ßännt nee-dèr-lanntß*, Ich bin Niederländischlehrer.) Nur ältere Frauen benutzen noch die weibliche Form: **Ik ben docente Nederlands.** (*ick bänn doo-ßänn-tè nee-dèr-lanntß*, Ich bin Niederländischlehrerin.)

Immer mehr Berufe haben ohnehin englische Bezeichnungen. Folgende Berufsbezeichnungen nennen Ihre niederländischen Geschäftspartner vielleicht:

- **Ik ben accountmanager.** (*ick bänn è-kaunt- männ-nè-dschèr*, Ich bin Kundenbetreuer.)
- **Ik ben general manager.** (*ick bänn dschänn-nè-rèl männ-nè-dschèr*, Ich bin Geschäftsführer.)
- **Ik ben HR-assistent.** (*ick bänn haa-ärr-ass-ßie-ßtännt*, Ich bin Assistent im Personalmanagement.)
- **Ik ben supervisor.** (*ick bänn ßü-pèr-vei-sèr*, Ich bin Abteilungsleiter.)

Falls Sie Ihre Berufsbezeichnung nicht auf Niederländisch kennen, schauen Sie im Wörterbuch oder in einem Online-Wörterbücher nach. Sie können aber auch nur den Arbeitsort nennen:

- **Ik werk op de universiteit.** (*ick wärrk opp dè ü-nie-värr-sie-täijt*, Ich arbeite an der Universität.)
- **Ik werk bij een internationaal bedrijf.** (*ick wärrk bäij èn inn-tèr-na-ßioo-naal bè-dräijf*, Ich arbeite bei einem internationalen Unternehmen.)
- **Ik werk in een ziekenhuis.** (*ick wärrk inn èn sie-kèn-hèüjß*, Ich arbeite in einem Krankenhaus.)

Wenn Sie studieren, wollen Sie vielleicht Ihr Studienfach erwähnen. Sie fangen dann mit **Ik studeer** (*ick ßtü-deer*, Ich studiere) an und fügen das Fach hinzu:

- **wiskunde** (*wiss-könn-dè*, Mathematik)
- **literatuur** (*lie-tè-raa-tüür*, Literatur)
- **internationaal recht** (*inn-tèr-na-ßioo-naal recht*, internationales Recht)
- **medicijnen** (*mee-die-ßäij-nèn*, Medizin)

Falls Sie etwas ganz anderes machen, werden Ihnen folgende Sätze helfen:

- **Ik ben op reis.** (*ick bänn opp räijß*, Ich bin auf Reisen.)
- **Ik ben op zakenreis.** (*ick bänn opp saa-kèn-räijß*, Ich bin auf Dienstreise.)

- **Ik ben hier op tijdelijke basis.** (*ick bänn hier opp täij-dè-lè-kè baa-siss,* Ich bin vorübergehend hier.)

Telefonnummern austauschen

Wenn Sie Ihre Telefonnummer weitergeben wollen, um mit Ihrem Gesprächspartner in Kontakt zu bleiben, können Sie sagen: **Ik geef je mijn telefoonnummer in geval je contact met me wilt opnemen.** (*ick cheef jè mäijn tee-lè-foon-nömm-mèr inn chè-vall jè konn-tackt mätt mè willt opp-nee-mèn,* Ich gebe dir meine Telefonnummer, falls du mich kontaktieren willst.) Sie werden Ihre Nummer dann wahrscheinlich aufschreiben oder Ihrem Gesprächspartner Ihre Visitenkarte geben. Nachdem Sie ihm Ihre Karte gegeben haben, können Sie noch hinzufügen: **Dit is mijn mobiele nummer.** (*ditt iss mäijn moo-bie-lè nömm-mèr,* Das ist meine Handynummer.) oder: **Het netnummer is ...** (*hätt nätt-nömm-mèr iss,* Die Vorwahl ist ...) oder: **Het abonneenummer is ...** (*hätt a-bonn-nee-nömm-mèr iss,* Die Festnetznummer ist ...). Ein passender Satz, um den Telefonnummernaustausch abzuschließen, ist: **Je kunt me altijd bellen.** (*jè könnt mè all-täijt bäll-lèn,* Du kannst mich jederzeit anrufen.)

Niederländische Telefonnummern sind immer zehnstellig. Die ersten zwei, drei oder vier Ziffern sind die Vorwahl, 06 ist die Vorwahl für Handys, größere Städte haben dreistellige und kleinere Städte haben vierstellige Vorwahlen:

- **06** (Handy) **nul zes** (*nöll säss,* null sechs)
- **010** (Rotterdam) **nul tien** (*nöll tien,* null zehn)
- **020** (Amsterdam) **nul twintig** (*nöll twinn-tèch,* null zwanzig)
- **030** (Utrecht) **nul dertig** (*nöll därr-tèch,* null dreißig)
- **070** (Den Haag) **nul zeventig** (*nöll see-vèn-tèch,* null siebzig)

Im Telefonbuch beginnt die Festnetznummer nach der Vorwahl mit einer dreistelligen Angabe gefolgt von zweistelligen Gruppen:

- 020-679 04 28: **nul twintig, zes zeven negen, nul vier, twee acht** (*nöll twinn-tèch, säss see-vèn nee-chèn, nöll vier, twee acht,* null zwanzig, sechs sieben neun, null vier, zwei acht)

Auf Websites, Visitenkarten und amtlichen Dokumenten finden Sie die Telefonnummern wie oben beschrieben. Wenn Sie jedoch eine Privatperson nach ihrer Telefonnummer fragen, wird sie sie wahrscheinlich nach ihrem eigenen System angeben – sehr oft in einzelnen Zahlen, andere Unterteilungen sind aber ebenfalls möglich. Es kommt auch vor, dass Ehepartner dieselbe Telefonnummer unterschiedlich angeben. Einer könnte zum Beispiel sagen:

- 036-532 532 1 **nul zesendertig, vijf drie twee, vijf drie twee, één** (*nöll säss-èn-därr-tèch, väijf drie twee, väijf drie twee, een,* null sechsunddreißig, fünf drei zwei, fünf drei zwei, eins)

Der Partner könnte hingegen sagen:

- 036-53 25 321 **nul zesendertig, drieënvijftig, vijfentwintig, drie twee één** (*nöll säss-èn-därr-tèch, drie-èn-väijf-tèch, väijf-èn-twinn-tèch, drie twee een,* null sechsunddreißig, dreiundfünfzig, fünfundzwanzig, drei zwei eins)

Ein kleiner Trost: Niederländer geben die Vorwahl immer gleich an – erst kommt die Null und dann die Zehner, also **nul tien** (*nöll tien*, null zehn) und **nul twintig** (*nöll twinn-tèch*, null zwanzig). Falls die Vorwahl vierstellig ist, werden die Zahlen einzeln ausgesprochen wie bei 0320 **nul drie twee nul** (*nöll drie twee nöll*, null drei zwei null).

Im Gespräch

Cilla Vermeent ist auf einer Party. Während Sie ein Glas Wein trinkt, unterhält sie sich mit Mike Johnson. Obwohl er schon ganz gut Niederländisch spricht, merkt sie gleich, dass er kein Niederländer ist.

Cilla Vermeent: **Wat heeft u naar Nederland gebracht?**

watt heeft ü naar nee-dèr-lannt chè-bracht

Was hat Sie in die Niederlande verschlagen?

Mike Johnson: **Ik ben hier op tijdelijke basis. Ik werk voor een internationaal bedrijf.**

ick bänn hier opp täij-dè-lè-kè baa-siss. ick wärrk voor èn inn-tèr-na-ßioo-naal bè-dräijf

Ich bin vorübergehend hier. Ich arbeite für ein internationales Unternehmen.

Cilla Vermeent: **En welk bedrijf is dat, als ik het vragen mag?**

änn wällk bè-dräijf iss datt, alls ick èt vraa-chèn mach

Und welches Unternehmen ist das, wenn ich fragen darf?

Mike Johnson: **Ik werk voor Volkswagen Duitsland en ben nu in Amsterdam gestationeerd.**

ick wärrk voor vollkß-waa-chèn dèüjtß-lannt änn bänn nü inn amm-ßtèr-damm chè-sta-ßioo-neert

Ich arbeite für Volkswagen und bin jetzt nach Amsterdam versetzt.

Cilla Vermeent: **Bent u dan Duits?**

bännt ü dann dèüjtß

Sind Sie Deutscher?

Mike Johnson: **Mijn moeder is Duits en mijn vader is Amerikaans.**

mäijn mu-dèr iss dèüjtß änn mäijn vaa-dèr iss a-mee-rie-kaanß

Meine Mutter ist Deutsche und mein Vater Amerikaner.

Cilla Vermeent: **Waar woont u?**

waar woont ü

Wo wohnen Sie?

Mike Johnson: **Door de weeks woon ik in een hotel in Naarden. In het weekend ga ik naar Keulen, naar mijn vrouw. Dat is maar een paar uur rijden. En waar woon jij?**

door dè weekß woon ick inn èn hoo-täll inn naar-dèn. inn èt wie-kännt chaa ick naar köh-lèn naar mäijn vrau. datt iss maar èn paar üür räij-dèn. änn waar woon jäij

Während der Woche wohne ich in einem Hotel in Naarden. Am Wochenende fahre ich nach Köln zu meiner Frau. Das sind nur ein paar Stunden Fahrt. Und wo wohnst du?

Cilla Vermeent: **Hier vlakbij, in Kortenhoef. Blijft u vanavond in Nederland?**

hier vlack-bäij inn korr-tèn-huff. bläijft ü vann-aa-vonnt inn nee-dèr-lannt

Ganz in der Nähe, in Kortenhoef. Bleiben Sie heute Abend in den Niederlanden?

Mike Johnson: **Nee, ik rijd straks naar huis.**

nee ick räij ßtrackß naar hèüjß

Nein, ich fahre nachher nach Hause.

Cilla Vermeent: **O, dus daarom drinkt u sinaasappelsap. Ik wens u een goeie reis!**

oh, döss daa-romm dringkt ü ßie-na-ßapp-pel-ßapp. Ick wänns ü èn chu-jè räijß)

Ach so, deshalb trinken Sie Orangensaft. Ich wünsche Ihnen eine gute Fahrt!

Über die Familie erzählen

Wenn man sich näher kennenlernt, gehört es dazu, über die Familie zu sprechen. Frauen unterhalten sich oft über ihre Kinder, vor allem nach der Arbeit oder in kinderfreundlichen Umgebungen wie auf dem Sportplatz, in der Schule oder im Schwimmbad. Während der Arbeitszeit wird das Thema Familie von niederländischen Chefs eher weniger gern gesehen, denn dann sollte man sich voll und ganz auf seine Arbeit konzentrieren.

Über die Familie spricht man, wenn man mit jemandem einen vertraulichen Umgang pflegt oder danach gefragt wird. Sie werden dann folgende Wörter brauchen:

- ✔ **de ouders** (*dè au-dèrß,* die Eltern)
- ✔ **de vader** (*dè vaa-dèr,* der Vater)
- ✔ **de moeder** (*dè mu-dèr,* die Mutter)
- ✔ **de kinderen** (*dè kinn-dè-rèn,* die Kinder)
- ✔ **de zoon** (*dè soon,* der Sohn)
- ✔ **de jongen** (*dè jong-ngèn,* der Junge)
- ✔ **de dochter** (*dè doch-tèr,* die Tochter)

- ✔ **het meisje** (*hätt mäij-schè*, das Mädchen)
- ✔ **de broers en zussen** (*dè bruurs änn söss-ßèn*, die Geschwister)
- ✔ **de grootvader** (*dè chroot-vaa-dèr*, der Großvater)
- ✔ **de opa** (*dè oo-paa*, der Opa)
- ✔ **de grootmoeder** (*dè chroot-mu-dèr*, die Großmutter)
- ✔ **de oma** (*dè oo-maa*, die Oma)
- ✔ **de oom** (*dè oom*, der Onkel)
- ✔ **de tante** (*dè tann-tè*, die Tante)
- ✔ **de neef** (*dè neef*, der Cousin)
- ✔ **de neef, het neefje** (*hätt nee-fjè*, der Neffe)
- ✔ **de nicht** (*dè nicht*, die Cousine)
- ✔ **de nicht, het nichtje** (*hätt nich-jè*, die Nichte)
- ✔ **de schoonfamilie** (*dè ßchoon-fa-mie-lie*, die Schwiegerfamilie)
- ✔ **de schoonvader** (*dè ßchoon-vaa-dèr*, der Schwiegervater)
- ✔ **de schoonmoeder** (*dè ßchoon-mu-dèr*, die Schwiegermutter)
- ✔ **de schoonzoon** (*dè ßchoon-soon*, der Schwiegersohn)
- ✔ **de schoondochter** (*dè ßchoon-doch-tèr*, die Schwiegertochter)
- ✔ **de schoonzus** (*dè ßchoon-söss*, die Schwägerin)
- ✔ **de zwager** (*dè swaa-chèr*, der Schwager)

Wahrscheinlich ist Ihnen beim Lesen der Begriffe aufgefallen, dass es im Niederländischen kein Wort für »Geschwister« gibt. Das muss man immer mit **broers en zussen** (Brüder und Schwestern) umschreiben. Und wenn man keine Geschwister hat, sagt man: **Ik heb geen broers en zussen.** (*ick häpp cheen bruurs änn söss-ßèn*, Ich habe keine Geschwister.) Im Gegenzug dazu kennt das Niederländische den Begriff **schoonfamilie** (Schwiegerfamilie). Beachten Sie bitte bei der Aussprache von **schoonzus** (*ßchoon-söss*, die Schwägerin), dass das ö in **zus** kurz ausgesprochen werden muss.

Sollten die Wörter **mijn vriend** und **mijn vriendin** für Unklarheiten sorgen, kann man auch auf **mijn partner** (*mäijn parrt-nèr*) zurückgreifen. Das ist geschlechtsneutral und kann sowohl in heterosexuellen als auch in homosexuellen Partnerschaften verwendet werden.

Ein verheirateter Mann sagt **mijn vrouw** (*mäijn vrau*), wenn er seine Ehefrau meint. Ältere Herren werden eher von **mijn echtgenote** (*mäijn ächt-chè-noo-tè*, meine Ehefrau) sprechen. Eine verheiratete Frau sagt **mijn man** (*mäijn mann*), wenn sie ihren Ehemann meint. Ältere Damen werden ihn wahrscheinlich **mijn echtgenoot** (*mäijn ächt-chè-noot*, mein Ehemann) nennen.

Trennung und Scheidung kommen in den Niederlanden genauso häufig vor wie in Deutschland. Vor allem in den größeren Städten wohnen viele **alleenstaanden** (*all-leen-ßtaan-dèn,* Singles). Manche bleiben aus Überzeugung allein, andere trennen sich von einem festen Partner oder lassen sich scheiden. Es gibt viele Begriffe dafür, sein Verhältnis zu jemandem auszudrücken. Wenn ein Mann **mijn vriend Marcel** (*mäijn vrient marr-ßäll*) sagt, meint er wahrscheinlich, dass man sich von der Schule oder vom Studium kennt. Wenn eine Frau jedoch über **mijn vriend** (*mäijn vrient*) spricht, ohne dabei einen Vornamen zu nennen, kann man davon ausgehen, dass es sich bei der genannten Person um ihren Lebenspartner handelt. Wenn sie **mijn vriendin Gerda** (*mäijn vrien-dinn chärr-daa*) äußert, meint sie wahrscheinlich auch eine Freundin aus der Schul- oder Studienzeit, mit der sie in Kontakt geblieben ist. Wenn umgekehrt ein Mann sagt **mijn vriendin** (*mäijn vrien-dinn*), ist höchstwahrscheinlich seine Lebenspartnerin damit gemeint.

Track 9: Im Gespräch

Cilla hat Gabriele Neuland aus München bei einer Veranstaltung ihrer Firma in Amsterdam kennengelernt. Gabriele arbeitet in einer leitenden Funktion bei Volkswagen in Amsterdam. Während ihres zweiten Zusammentreffens unterhalten sie sich über ihre Familien.

Cilla: **Heb je broers en zussen?**

häpp jè bruurß änn söss-ßèn

Hast du Geschwister?

Gabriele: **Ik heb een zus in Duitsland.**

ick häpp èn söss in dèütßz-lannt

Ich habe eine Schwester in Deutschland.

Cilla: **Wat toevallig, ik heb ook een zus.**

watt tu-vall-lèch ick häpp ook èn söss

Was für ein Zufall, ich habe auch eine Schwester!

Gabriele: **Is ze ouder of jonger dan jij?**

iss sè au-dèr of jong-nger dann jäij

Ist sie älter oder jünger als du?

Cilla: **Ze is ouder. En die van jou?**

sè iss au-dèr. änn die vann jau

Sie ist älter, und deine?

Gabriele: **De mijne ook, wat toevallig!**

dè mäij-nè ook watt tu-vall-lèch

Die von mir auch, so ein Zufall!

Cilla: **Heeft jouw zus kinderen?**

heeft jau söss kinn-dè-rèn

Hat deine Schwester Kinder?

Gabriele: **Ja, twee: een jongen en een meisje.**

jaa twee èn jong-ngèn änn èn mäij-schè

Ja, zwei: einen Jungen und ein Mädchen.

Cilla: **Nou, dan hebben we nu een verschil gevonden: mijn zus is niet getrouwd en heeft geen kinderen.**

nau dann häbb-bèn wè nü èn vèr-ßchill chè-vonn-dèn mäijn söss iss niet chè-traut änn heeft cheen kinn-dè-rèn)

Nun, dann haben wir jetzt einen Unterschied gefunden: Meine Schwester ist nicht verheiratet und hat keine Kinder.

Kleiner Wortschatz

Niederländisch	Aussprache	Deutsch
ouder	*au-dèr*	älter
jonger	*jong-nger*	jünger
toevallig	*tu-vall-lèch*	zufällig
en die van jou?	*änn die vann jau*	und deine(r)?
een verschil	*een vèr-ßchill*	ein Unterschied
getrouwd	*chè-traut*	verheiratet

Die Verneinung: »niet« und »geen«

Das Niederländische kennt, ebenso wie das Deutsche, zwei Arten der Verneinung. Zuerst die Verbindung von **niet** (*niet*) mit einem Verb:

- ✔ **Mijn zus is niet getrouwd.** (*mäijn söss iss niet chè-traut*, Meine Schwester ist nicht verheiratet.)
- ✔ **Ik ben niet rijk.** (*ick bänn niet räijk*, Ich bin nicht reich.)
- ✔ **Ik woon niet in Amsterdam.** (*ick woon niet inn amm-ßtèr-damm*, Ich wohne nicht in Amsterdam.)
- ✔ **Ik luister niet naar jou.** (*ick lèüj-ßtèr niet naar jau*, Ich höre nicht auf dich.)

Der Umgang mit den Nachbarn und anderen Bekannten

Niederländer verbringen viel Zeit im und um das eigene Haus, vor allem im Winter. Man könnte es mit »My home is my castle« bezeichnen und vielleicht mögen sie es deshalb nicht besonders, wenn man bei ihnen einfach hereinschneit, ohne sich vorher anzumelden. Wenn man Sie mit **Kom eens langs** (*komm èns langs*, Komm mal vorbei) zu einem Besuch ermuntert, sollten Sie zunächst nachfragen: **Wanneer komt dat uit?** (*wann-neer kommt datt èüjt*, Wann passt es?) Da Niederländer auch dafür bekannt sind, wenig spontan zu sein, werden sie vermutlich erst ihren Terminkalender zücken oder mit ihrem Partner Rücksprache halten. Dann wird man Ihnen sagen wann: am Morgen oder am Abend, auf einen Kaffee, vor dem Abendessen oder einfach nur auf ein Gläschen. Falls Sie einen sehr familiären Umgang mit Ihren Nachbarn pflegen und öfters einfach mal vorbeischauen oder wenn Sie Bekannte anrufen wollen, sollten Sie das nie während des Abendessens tun. Das findet meist zwischen 18 und 20 Uhr statt. Sie würden Ihre Nachbarn oder Bekannten mit einem unerwarteten Besuch oder einem Telefonat zu dieser Zeit in Verlegenheit bringen. Gleichzeitig können Sie nicht erwarten, dass man Sie mit einem unerwarteten Besuch überraschen wird, denn zunächst wird eine Verabredung getroffen.

Daneben gibt es die Verbindung von **geen** mit einem Substantiv, das entweder eine Person oder eine Sache sein kann:

- ✔ **Mijn zus heeft geen kinderen.** (*mäijn söss heeft cheen kinn-dè-rèn*, Meine Schwester hat keine Kinder.)
- ✔ **Ik heb geen geld.** (*ick häpp cheen chällt*, Ich habe kein Geld.)
- ✔ **Ik heb geen auto.** (*ick häpp cheen oo-too*, Ich habe kein Auto.)

Zwischen **geen** (*cheen*) und die Person oder die Sache können Sie ein Adjektiv stellen, das zusätzliche Informationen enthält:

- ✔ **Mijn zus heeft geen kleine kinderen.** (*mäijn söss heeft cheen kläij-nè kinn-dè-rèn*, Meine Schwester hat keine kleinen Kinder.)
- ✔ **Ik heb geen Nederlandse guldens meer.** (*ick häpp cheen nee-dèr-lann-zè chöll-dèns meer*, Ich habe keine niederländischen Gulden mehr.)
- ✔ **In heb geen zwarte auto.** (*ick häpp cheen swarr-tè oo-too*, Ich habe kein schwarzes Auto.)

Über das Wetter reden

Niederländer reden furchtbar gern über das Wetter. Selbst wenn Sie in einer Stadt leben und arbeiten, wird das Wetter wichtig sein: Was sollen Sie anziehen, werden Sie zur Arbeit zu Fuß gehen, mit dem Fahrrad fahren oder den Bus nehmen? Und nicht zu vergessen: Wie wird die Stimmung unter den Kollegen heute sein? Über das Wetter zu reden, gehört zu den Lieblingsbeschäftigungen der Niederländer. Hier ein paar Redewendungen, um mitreden zu können.

Wie ist das Wetter?

Beginnen Sie Ihren Satz mit **het is** (*hätt iss*, es ist):

- ✔ **Het is fris.** (*hätt iss friss*, Es ist kühl.)
- ✔ **Het is koud.** (*hätt iss kaut*, Es ist kalt.)
- ✔ **Het is mooi weer.** (*hätt iss mooij weer*, Es ist schönes Wetter.)
- ✔ **Het is warm.** (*hätt iss warrm*, Es ist warm.)
- ✔ **Het is heet.** (*hätt iss heet*, Es ist heiß.)

Beachten Sie, dass ein Gespräch über das Wetter öfter mit Beobachtungen und Feststellungen beginnt, die Ihr Gesprächspartner ebenfalls schon machen konnte. Um seine Meinung zum Wetter (Erfreutsein, Enttäuschung oder Verärgerung) mit jemandem zu teilen, fügt man das kurz ausgesprochene Wörtchen **hè** (*hä*) am Ende des Satzes hinzu und hebt dabei den Ton – so als würden Sie um Zustimmung bitten, beispielsweise in dem Satz **Het is koud hè?** (*hätt iss kaut hä*, Es ist kalt, was?) oder **Het is heet hè?** (*hätt iss heet hä*, Es ist heiß, was?). Diese Feststellung in Form einer Frage erfordert eine Reaktion, zum Beispiel **Ik moest krabben** (*ick musst krabb-bèn*, Ich musste die Scheiben frei kratzen) oder **Ja, hadden we maar airco** (*jaa hadd-dèn wè maar ärr-koo*, Ja, hätten wir doch eine Klimaanlage).

Da das Wetter in den Niederlanden sehr wechselhaft sein kann, sollten Sie diese Beschreibungen kennen:

- ✔ **Het is zonnig.** (*hätt iss sonn-nèch*, Es ist sonnig.)
- ✔ **Het is bewolkt.** (*hätt iss bè-wollkt*, Es ist bewölkt.)
- ✔ **Het is mistig.** (*hätt iss miss-tèch*, Es ist neblig.)
- ✔ **Het is regenachtig.** (*hätt iss ree-chèn-ach-tèch*, Es ist regnerisch.)
- ✔ **Het is buiig.** (*hätt iss bèüj-jèch*, Es ist Schauerwetter.)
- ✔ **Het is winderig.** (*hätt iss winn-dè-rèch*, Es ist windig.)
- ✔ **Het vriest.** (*hätt vriesst*, Es friert.)

Wenn Sie sich den Wetterbericht im Fernsehen anschauen, werden Ihnen diese Sätze begegnen:

- ✔ **Het gaat regenen.** (*hätt chaat ree-chè-nèn*, Es wird regnen.)
- ✔ **Het klaart op.** (*hätt klaart opp*, Es klart auf.)
- ✔ **We krijgen zonnige perioden.** (*wè kräij-chèn sonn-nè-chè pee-rie-oo-dèn*, Wir bekommen sonnige Abschnitte.)
- ✔ **Het houdt op met regenen.** (*hätt haut opp mätt ree-chè-nèn*, Es hört auf zu regnen.)
- ✔ **Het gaat onweren.** (*hätt chaat onn-wee-rèn*, Es wird gewittern.)
- ✔ **Het gaat vriezen.** (*hätt chaat vrie-sèn*, Es wird frieren.)

- **'s Ochtends is er kans op mist.** (*ßoch-tèntß iss ärr kannß opp misst,* Morgens gelegentlich Nebel.)
- **'s Ochtends is er kans op gladheid.** (*ßoch-tèntß iss ärr kannß opp chlatt-häijt,* Morgens gelegentlich Glatteis.)

Über die Temperaturen sprechen

Wenn die Person, mit der Sie sich über das Wetter unterhalten, etwas auf Ihre Bemerkung erwidert hat, können Sie ihre gemeinsamen Betrachtungen zum Wetter noch mit einem Detail bereichern, wie zum Beispiel der Temperatur, und dann sagen:

- **Het is min 10.** (*hätt iss minn tien,* Es ist minus zehn Grad Celsius.)
- **Het is 10 graden onder nul.** (*hätt iss tien chraa-dèn onn-dèr nöll,* Es ist zehn Grad unter null.)
- **Het is 30 graden in de schaduw.** (*hätt iss därr-tèch chraa-dèn inn dè ßchaa-düu,* Es ist 30 Grad im Schatten.)

Und das Gespräch mit den Worten beenden:

- **Morgen wordt het nog kouder.** (*morr-chèn worrt èt noch kau-dèr,* Morgen wird es noch kälter.)

Oder:

- **Morgen wordt het nog warmer.** (*morr-chèn worrt èt noch warr-mèr,* Morgen wird es noch wärmer.)

Im Gespräch

Gerda und Jessica trainieren in ihrer Freizeit in der gleichen Sporthalle. Im Sommer finden einige Sportarten auch draußen statt, wie Laufen oder Rad fahren. Die beiden haben sich am Samstag um zehn Uhr zum Laufen verabredet und treffen sich in der Halle.

Gerda: **Hallo Jessica, hoe gaat het?**

hall-loo jäss-ßie-kaa hu chaat èt

Hallo Jessica, wie geht's?

Jessica: **Hallo Gerda, met mij is het prima, maar ik ben bang dat het gaat regenen.**

hall-lo chärr-daa mätt mäij iss èt prie-maa, maar ick bänn bang datt èt chaat ree-chè-nèn

Hallo Gerda, mir geht's gut, aber ich fürchte, es fängt nachher an zu regnen.

Jessica: **Denk je dat echt? Het weerbericht zegt dat het vanmiddag gaat regenen.**

dängk jè datt ächt. hätt weer-bè-richt sächt datt èt vann-midd-dach chaat ree-chè-nèn

Glaubst du das wirklich? Der Wetterbericht sagt, dass es erst nachmittags regnen soll.

Jessica: **Nou, het is u nu al erg bewolkt. We hebben gepland om de lange route te lopen, maar misschien is het beter om de korte te nemen.**

nau èt iss nü all ärrch bè-wollkt. wè häbb-bèn chè-plännt omm dè lang-ngè ru-tè tè loo-pèn, maar miss-ßchien iss èt bee-tèr omm dè korr-tè tè nee-mèn

Na ja, es ist jetzt schon ziemlich bewölkt. Wir hatten geplant, die lange Strecke zu laufen, aber vielleicht ist es besser, die kurze zu nehmen.

Gerda: **Ik wil dolgraag de lange lopen. Kijk, de lucht klaart op, laten we nu gaan. In het park kunnen we nog besluiten of we de lange of de korte route nemen.**

ick will doll-chraach dè lang-ngè loo-pèn. käijk dè löcht klaart opp laa-tèn wè nü chaan. inn èt parrk könn-nèn wè noch bè-ßlèüj-tèn off wè dè lang-ngè off dè korr-tè ru-tè nee-mèn

Ich würde sehr gern die lange Strecke laufen. Schau mal, es klart schon auf, lass uns erst mal loslaufen. Im Park können wir dann noch entscheiden, ob wir die lange oder die kurze Strecke nehmen.

Christine: **Oké, laten we dan gaan!**

oo-kee laa-tèn wè dann chaan

Okay, lass uns gehen!

Kleiner Wortschatz

Niederländisch	Aussprache	Deutsch
bang zijn	*bang säijn*	etwas befürchten
het weerbericht	*hätt weer-bè-richt*	der Wetterbericht
een route lopen	*èn ru-tè loo-pèn*	eine Strecke laufen
laten we gaan	*laa-tèn wè chaan*	lass uns gehen
het park	*hätt parrk*	der Park

6 Zusammen essen gehen

In diesem Kapitel

- Essen gehen
- Den Tisch decken
- Wichtige Verben am Tisch
- Ins Restaurant gehen und Platz nehmen
- Was steht auf der Karte?
- Sich Zeit nehmen für das Essen
- Auf dem Markt einkaufen

Über die nationalen Gerichte, typische Essgewohnheiten und alles, was damit zusammenhängt, kann man oft einen angenehmen Zugang zu einem neuen Land und dessen Kultur erhalten. Ob Sie nun selbst kochen und Ihre Freunde zu Hause bewirten wollen oder ein Geschäftsessen bevorsteht: Es ist immer nützlich, wenn man weiß, wie die Gerichte heißen und worüber man beim Essen sprechen kann.

Guten Appetit!

In den Niederlanden typisch niederländisch zu essen, ist vor allem im Westen des Landes nahezu unmöglich. Sie werden Restaurants und Gerichte aus aller Herren Länder finden und an Abwechslung wird es gewiss nicht mangeln, aber was ist eigentlich typisch niederländisch?

Bis vor ungefähr 40 Jahren bestand ein typisches niederländisches Gericht aus (gekochten) Kartoffeln, Gemüse und Fleisch. Nach 1950, als viele Menschen aus den ehemaligen Kolonien in Niederländisch-Indien (heute Indonesien) zurückkehrten, wurde asiatisches Essen sehr populär. Es handelte sich dabei keineswegs um die echte chinesische Küche, sondern vielmehr um eine Zubereitung, wie sie auch von den Kolonialherren in den früheren Gebieten bevorzugt worden war: pikant und süßsauer.

Nach 1960 entdeckten die Niederländer die italienische Küche. Ferienreisen in südeuropäische Länder wurden immer beliebter und für einen großen Teil der Bevölkerung erschwinglich. Die Bekanntschaft mit neuen Gerichten und Geschmacksrichtungen sowie eine Migrationswelle aus Südeuropa brachte den Niederlanden in den 1970er- und 1980er-Jahren neben zahlreichen Pizzerias auch griechische und spanische Restaurants.

Schnellrestaurants und Hamburger-Ketten machten Fast Food bekannt und ab den 1990er-Jahren konnte man auch in Supermärkten Fast Food kaufen. Als Gegengewicht zu dieser kalorienreichen Ernährung etablierte sich die Nouvelle Cuisine zunehmend in den teuren Restaurants, um dort eine feine internationale Küche anzubieten. Man erkennt diese Restaurants an den zumeist mit weißen Tischtüchern aufwendig gedeckten Tischen mit verschiedenen Weingläsern.

Die großen Städte in den Niederlanden bieten eine riesige Auswahl internationaler Restaurants, wie Sie sie auch aus anderen europäischen Städten kennen. Eine Ausnahme bilden hier die chinesisch-indonesischen Restaurants. Die können Sie an ihrem traditionellen Aussehen erkennen: Sie sind immer in den Farben Rot und Gold oder Grün und Gold eingerichtet. Probieren Sie sie einmal aus. Im Gegensatz zu den meisten anderen Restaurants bietet man dort auch warme Mittagsgerichte an und man wird schnell bedient.

Für repräsentative Geschäftsessen und große Abendessen ist immer noch die Nouvelle Cuisine sehr beliebt. Fragen Sie Ihre Kollegen nach guten Restaurants. In Bahnhofsbuchhandlungen finden Sie außerdem diverse Restaurantführer für jeden Geschmack.

Ist es Zeit fürs Essen?

Traditionellerweise kennen die Niederländer drei Mahlzeiten: Frühstück, Mittagessen und Abendessen. Das Frühstück verliert in vielen niederländischen Haushalten zunehmend an Bedeutung, Hotels bieten das Frühstück in Form eines Buffets meistens zwischen 7 und 10 Uhr an. Ein Frühstück im Hotel besteht immer aus Kaffee, Tee, Saft und Milchprodukten sowie Müsli, Brot, Käse, Wurstwaren, Eier, Marmelade und Obst.

Ein Frühstück zu Hause ist eher bescheiden: ein Glas Saft, eine Tasse Kaffee oder Tee, vielleicht noch ein wenig Müsli. Das traditionelle Butterbrot mit Käse, Marmelade oder der typisch holländische **chocoladehagel** (*schoo-koo-laa-dè-haa-chèl*, Schokoladenstreusel) verschwinden zusehends. Im Westen des Landes frühstücken inzwischen viele Pendler im Auto, während sie im Stau stehen: Ein Trinkjoghurt oder ein Kaffee von zu Hause mitgenommen mit einem Schokoriegel oder etwas Ähnlichem muss genügen. Und auch auf Bahnhöfen werden immer mehr Snacks und Getränke für das Frühstück unterwegs angeboten.

Das Mittagessen findet zwischen 12 und 13 Uhr statt und wer eine wie in Deutschland übliche warme Mahlzeit erwartet, wird schwer enttäuscht sein. Das niederländische Mittagessen ist schlicht und kalt: mit Schinken oder Käse belegte Brötchen und ein Glas Milch. Oft bringen die Niederländer ihre belegten Brote und etwas Obst von zu Hause mit, eine Mittagsmahlzeit dauert dann auch nicht länger als zehn Minuten. Den Rest der gesetzlich vorgeschriebenen Mittagspause von einer Stunde verbringt man oft mit spazieren gehen, telefonieren mit dem Handy oder indem man im Internet surft.

Die in den Restaurants angebotenen Mittagsgerichte sind meist etwas aufwendiger zubereitet. Oft wird etwas Warmes in Verbindung mit belegten Baguettes angeboten: Suppe, ein Stück Pizza oder **kroket** (*kroo-kätt*). Das sind keineswegs die in Deutschland bekannten Kartoffelkroketten, sondern panierte und frittierte Röllchen, die mit einer Art Fleischragout gefüllt sind und zu einem Brötchen gegessen werden können. Heutzutage ist das Mittagessen nur noch für wenige Berufsgruppen wie Bauern und Schichtarbeiter eine Hauptmahlzeit. Ein Geschäftsessen – selbst wenn es in einem Sterne-Restaurant stattfindet – wird immer eine leichte Mahlzeit sein.

Das Abendessen ist die Hauptmahlzeit. Eingenommen wird es zwischen 18 und 20 Uhr zu Hause oder in der Zeit von 19 bis 22 Uhr in einem Restaurant. Zu Hause kann diese Mahlzeit alles Mögliche sein. Die Wenigsten halten noch an den traditionellen Kartoffeln mit Gemüse und Fleisch fest. Vorbereitete Produkte und Fertiggerichte werden immer beliebter. Supermärkte bieten ein ständig wachsendes Sortiment vorbereiteter Gerichte an, die nur noch in der Mikrowelle oder im Backofen warm gemacht werden müssen. Zu Hause besteht das Abendessen meistens aus einem Hauptgericht und einem kleinen Nachtisch. Dieser Nachtisch kann Obst sein, aber fast immer ist es eines der vielen Molkereiprodukte, die in Supermärkten angeboten werden, wie der typisch niederländische **vla** (*vlaa*, Pudding).

In Restaurants serviert man drei Gänge: eine Vorspeise, ein Hauptgericht und ein Dessert. Kaffee und Tee können ebenfalls im Restaurant eingenommen werden oder man geht dafür nach dem Essen noch in ein Café. Inzwischen lassen viele einen Gang aus: entweder die Vorspeise oder das Dessert. Man wartet einfach, bis die anderen Gäste mit ihrem Gang fertig sind, und nimmt die Hauptspeise dann gemeinsam ein.

Den Tisch decken

Wenn Sie in einem Restaurant essen, werden Sie auf Ihrem Tisch folgende Dinge finden:

- ✔ **het glas** (*hätt chlass*, das Glas)
- ✔ **het bord** (*hätt bort*, der Teller)
- ✔ **het soepbord** (*hätt ßupp-bort*, der Suppenteller)
- ✔ **het servet** (*hätt särr-vätt*, die Serviette)
- ✔ **het mes** (*hätt mäss*, das Messer)
- ✔ **de vork** (*dè vorrk*, die Gabel)
- ✔ **de lepel** (*dè lee-pèl*, der Löffel)
- ✔ **het lepeltje** (*hätt lee-pèl-tjè*, das Löffelchen)
- ✔ **het kopje** (*hèt kopp-jè*, die Tasse)

Sollte etwas fehlen, können Sie die Bedienung fragen:

- ✔ **Mag ik een lepel alstublieft?** (*mach ick èn lee-pèl all-stü-blieft*, Könnte ich bitte einen Löffel haben?)

Wenn Sie eine Mahlzeit zu Hause vorbereiten, werden Sie die gleichen Dinge benötigen, um den Tisch zu decken, aber vielleicht auch noch **een tafellaken** (*èn taa-fèl-laa-kèn*, eine Tischdecke) oder **placemats** (*pleeß-mättß*, Platzdeckchen). Oder Sie schließen sich den meisten jungen Leuten an, die ihr Essen auf der **bank** (*bangk*, Sofa) einnehmen und dabei fernsehen.

Mehr von etwas: Der Plural

Man kann die Pluralformen der niederländischen Substantive in zwei Hauptgruppen unterteilen (Substantive sind Wörter, denen **de** (*dè*), **het** (*hätt*) oder **een** (*èn*) vorangestellt wird). Die meisten Substantive bilden den Plural (Mehrzahl) mit der Endung **-en: de borden** (*dè borr-dèn*, die Teller), **de vorken** (*dè vorr-kèn*, die Gabeln).

Die zweite große Gruppe bildet den Plural mit der Endung -**s**, wie bei **de lepels** (*dè lee-pèlß*, die Löffel), **de kopjes** (*dè kopp-jèß*, die Tassen).

Wie können Sie wissen, ob die Pluralendung -**en** oder -**s** sein muss? Wörter die auf -**el**, -**en**, -**er**, -**em**, -**erd**, -**e**, -**ie** oder -**aar** enden, bekommen im Plural ein -**s**. Es ist vielleicht ein bisschen schwierig, sich so eine lange Aufzählung zu merken, aber es gibt eine allgemeine Regel: Alle genannten Endungen sind unbetont. Sie können sich also merken, dass Wörter mit einer unbetonten Endung im Singular oft ein -**s** im Plural erhalten:

- ✔ **de tafel** (*dè taa-fèl*, der Tisch)

  de tafels (*dè taa-fèlß*, die Tische)
- ✔ **de jongen** (*dè jong-èn*, der Junge)

  de jongens (*dè jong-ènß*, die Jungen)
- ✔ **de moeder** (*dè mu-dèr*, die Mutter)

  de moeders (*dè mu-dèrß*, die Mütter)
- ✔ **de bezem** (*dè bee-sèm*, der Besen)

  de bezems (*dè bee-sèmß*, die Besen)
- ✔ **de lieverd** (*dè lie-vèrt*, der Liebling)

  de lieverds (*dè lie-vèrtß*, die Lieblinge)
- ✔ **de secretaresse** (*dè see-krè-taa-räss-ßè*, die Sekretärin)

  de secretaresses (*dè see-krè-taa-räss-ßèß*, die Sekretärinnen)
- ✔ **de vakantie** (*dè va-kann-zie*, der Urlaub)

  de vakanties (*dè va-kann-zieß*, die Urlaube)
- ✔ **de winnaar** (*dè winn-naar*, der Gewinner)

  de winnaars (*dè winn-naarß*, die Gewinner)

Nahezu alle Diminutive (Verkleinerungsformen) enden auf ein unbetontes **-je** oder **-tje**, wie bei **het kopje** (*hätt kopp-jè*, die kleine Tasse) und **het lepeltje** (*hätt lee-pèl-tjè*, das Löffelchen). Entsprechend den allgemeinen Regeln zur Pluralbildung erhalten diese ein -**s**: **de kopjes** (*dè kopp-jèß*, die kleinen Tassen) und **de lepeltjes** (*dè lee-pèl-tjèß*, die Löffelchen).

Die zweite, viel größere Gruppe, umfasst diejenigen Wörter, die nicht auf einem unbetonten **-el, -en, -er, -em, -erd, -e, -ie** oder **-aar** enden. Sie bekommen die Endung **-en** im Plural:

- ✔ **het bord** (*hätt borrt*, der Teller)

  de borden (*dè borr-dèn*, die Teller)

✔ **het land** (*hätt lannt,* das Land)

de landen (*dè lann-dèn,* die Länder)

✔ **de deur** (*dè döhr,* die Tür)

de deuren (*dè döh-rèn,* die Türen)

✔ **de fiets** (*dè fietß,* das Fahrrad)

de fietsen (*dè fiet-ßèn,* die Fahrräder)

So weit, so gut. Beim Sprechen wird Ihnen der Plural keine allzu großen Schwierigkeiten bereiten, da Sie gar keine Zeit haben werden, über diese Regeln nachzudenken. Häufig werden Sie einfach Gehörtes nachsprechen und nach einer Weile entwickeln Sie ein eigenes Gefühl für die richtige Pluralendung. Wenn Sie dann anfangen zu schreiben, werden Sie jedoch wahrscheinlich zunächst ein paar Schwierigkeiten bei der Rechtschreibung haben.

Es würde den Rahmen dieses Buches sprengen, auf alle Regeln der Rechtschreibung einzugehen, aber hier zumindest ein paar wichtige Beispiele:

✔ **de kat** (*dè katt,* die Katze)

de katten (*dè katt-tèn,* die Katzen)

✔ **het mes** (*hätt mäss,* das Messer)

de messen (*dè mäss-ßèn,* die Messer)

✔ **de pil** (*dè pill,* die Pille)

de pillen (*dè pill-lèn,* die Pillen)

✔ **de rok** (*dè rock,* der Rock)

de rokken (*dè rock-kèn,* die Röcke)

✔ **de rug** (*dè röch,* der Rücken)

de ruggen (*dè röch-chèn,* die Rücken)

In jedem dieser Wörter wird der Konsonant am Ende der ersten Silbe verdoppelt, um den Klang des Vokals kurz zu halten. Konsonanten sind alle Buchstaben außer a, e, i, o und u.

In folgenden Fällen geht es darum, den langen Vokalklang zu erhalten. Durch das Hinzufügen der Endung **-en** ändert sich die Silbentrennung des Wortes und daher steht der Stammvokal nun in einer offenen Silbe und ist automatisch lang. Er muss also nicht mehr verdoppelt werden. Vergleichen Sie Singular und Plural:

✔ **de baan** (*dè baan,* der Job)

de banen (*dè baa-nèn,* die Jobs)

✔ **het been** (*hätt been,* das Bein)

de benen (*dè bee-nèn,* die Beine)

- **de boom** (*dè boom,* der Baum)

  de bomen (*dè boo-mèn,* die Bäume)
- **de muur** (*dè müür,* die Mauer)

  de muren (*dè müü-rèn,* die Mauern)

Mehr Informationen zu langen und kurzen Vokalen finden Sie in Kapitel 1.

Die wichtigste Veränderung bei der Schreibweise von Konsonanten findet man bei Wörtern, die auf **-f** oder **-s** enden. Durch Hinzufügen der Pluralendung **-en** verändert sich ein **-f** im Singular in ein **-v** im Plural und ein **-s** im Singular in ein **-z** im Plural. So ändert sich in dem Wort **de brief** (*dè brief,* der Brief) die Schreibweise in **de brieven** (*dè brie-vèn,* die Briefe) und **het huis** (*hätt hèüjß,* das Haus) wird im Plural **de huizen** (*dè hèüj-sèn,* die Häuser).

Einige wichtige Verben am Tisch

Drinken (*dring-kèn,* trinken) und **eten** (*ee-tèn,* essen) sind lebensnotwendig und deshalb ist es wichtig, dass Sie diese Verben kennen, wenn Sie in den Niederlanden leben.

Trinken: Das Verb »drinken«

Das Verb **drinken** ist regelmäßig. Lassen Sie die Endung -**en** weg und schon haben Sie die erste Person Singular (ich). Für die zweite (du) und die dritte Person Singular (er, sie, es und Sie) brauchen Sie nur ein **-t** hinzuzufügen. Für die Pluralformen (wir, ihr, sie) nehmen Sie wieder das ganze Verb beziehungsweise den Infinitiv: **drinken**.

Konjugation	Aussprache
drinken	*dring-kèn*
ik drink	*ick dringk*
jij drinkt	*jäij dringkt*
hij/zij/het drinkt	*häij/säij/hätt dringkt*
u drinkt	*ü dringkt*
wij drinken	*wäij dring-kèn*
jullie drinken	*jöll-lie dring-kèn*
zij drinken	*säij dring-kèn*

Essen: Das Verb »eten«

Das Verb **eten** (*e-tèn*) ist ebenfalls regelmäßig. Dennoch gilt es eine Änderung der Schreibweise zu beachten. Um den langen Klang des **e** (*ee*) im Infinitiv zu erhalten, muss der Vokal in der ersten, zweiten und dritten Person Singular (ich, du, er, sie, es und Sie) verdoppelt werden.

Konjugation	Aussprache
ik eet	*ick eet*
jij eet	*jäij eet*
hij/zij/het eet	*häij/säij/hätt eet*
u eet	*ü eet*
wij eten	*wäij ee-tèn*
jullie eten	*jöll-lie ee-tèn*
zij eten	*säij ee-tèn*

Im Restaurant

Zusammen essen gehen ist vor allem bei Singles und kinderlosen Paaren beliebt. Viele Niederländer empfinden es als Luxus, in einem guten Restaurant zu essen, und diesen Luxus leisten sie sich auch nur an besonderen Tagen, wie am zweiten Weihnachtsfeiertag oder wenn es etwas zu feiern gibt. Familien mit kleinen Kindern besuchen hingegen öfter Hamburger-Ketten, Cafés, in denen Pfannkuchen serviert werden, oder Grillrestaurants, wenn die Kinder etwas größer sind.

Die Wahl des Restaurants

Große Städte verfügen über eine breit gefächerte Palette an Restaurants. Ein **Argentijns grillrestaurant** (*arr-chèn-täijnß chrill-räss-too-rannt,* argentinisches Grillrestaurant) bietet reichliche und preiswerte Fleischgerichte an.

In Hafenstädten wie Amsterdam und Rotterdam findet man oft ein echtes **Chinees restaurant** (*schie-neeß räss-too-rannt,* chinesisches Restaurant). Die Gerichte in solch einem China-Restaurant schmecken ganz anders als in den weitverbreiteten chinesisch-indonesischen Restaurants. Niederländer nennen die chinesisch-indonesischen Restaurants irrtümlicherweise **de Chinees** (*dè schie-neeß,* der Chinese). Chinesische Gerichte aus China sind nicht so pikant gewürzt wie die Speisen aus der ehemaligen Kolonie der Niederländer in Asien, dem heutigen Indonesien.

- ✔ **Eten bij de Chinees** (*ee-tèn bäij dè schie-neeß,* chinesisch-indonesisch essen) war schon immer beliebt, nicht zuletzt weil man große Portionen für relativ wenig Geld bekommt.
- ✔ **Frans eten** (*frannß ee-tèn,* französisch essen) ist ebenfalls in den großen Städten möglich. **Franse restaurants** (*frann-ßè räss-too-ranntß,* französische Restaurants) sind grundsätzlich teuer und bieten eine exklusive Küche an.
- ✔ Sie werden **Indiase restaurants** (*inn-die-jaa-ßè räss-too-rantß,* indische Restaurants) in den großen Städten finden.
- ✔ **Nederlandse restaurants** (*nee-dèr-lann-zè räss-too-ranntß,* niederländische Restaurants) gibt es kaum und die guten Adressen sind schwer zu finden. Oft sind es Restaurants für

Touristen und nur wenige bieten die traditionellen Gerichte wie Pfannkuchen und Erbsensuppe in guter Qualität an.

- **Thais** oder **Vietnamees eten** (*thaaijs/viet-naa-meeß ee-tèn*, thailändisch oder vietnamesisch essen) ist in vielen Restaurants in größeren Städten möglich.
- **Visrestaurants** (*viss-räss-too-rantß*, Fischrestaurants) kann man in Hafenstädten und den größeren Städten finden.
- **Internationaal eten** (*inn-tèr-na-ßioo-naal ee-tèn*, die Internationale Küche aus Griechenland, Italien, Mexiko oder Spanien) ist in nahezu jeder Stadt der Niederlande vertreten.
- Falls Sie auf der Suche nach einem **vegetarisch restaurant** (*vee-chè-taa-rieß räss-toorannt*, vegetarisches Restaurant) sind, sollten Sie einen guten Restaurantführer kaufen oder auf `www.iens.nl` nachschauen.
- **Zakenrestaurants** (*saa-kèn-räss-too-ranntß*, Restaurants für Geschäftsessen mit drei oder mehr Sternen) sind grundsätzlich sehr teuer und nicht unbedingt im Stadtzentrum gelegen. Sie finden die Adressen in besonderen Restaurantführern oder durch Empfehlung von Kollegen. Man erreicht diese Restaurants mit dem Auto, für Parkplätze ist gesorgt.

Wo man etwas zu Mittag essen kann

Das niederländische Mittagessen ist schlicht und besteht aus kalten Speisen.

- Wenn Sie nicht wirklich hungrig sind, sollten Sie es einmal bei einem **haringkraam** (*haa-ring-kraam*, Imbisswagen mit frischem Fisch) mit einem **haring** (*haa-ring*, Hering) oder **een lekkerbekje** (*èn läck-kèr-bäck-jè*, einem frittierten Fischfilet) versuchen.
- Wenn Sie sich von Kalorien nicht abschrecken lassen, probieren Sie doch mal in einem **patatkraam** (*pa-tatt-kraam*, Pommesbude) **patatje** (*pa-tatt-tjè*, Portion Pommes) oder **frikandel** (*frie-kann-däll*, eine Art Currywurst ohne Darm).
- Falls Sie etwas gesündere Dinge bevorzugen, könnten Sie ein **broodje gezond** (*broo-tjè chè-sonnt*, ein Baguette mit Käse, Ei, Tomate, Gurke oder Salatblatt) in einer **croissanterie** (*kroo-ßann-tè-rie*, Croissantladen) oder einer **broodjeszaak** (*een broo-tjèß-saak*, Sandwichbar) probieren.
- In einer **snackbar** (*ßnäck-barr*, Imbiss) oder einer **cafetaria** (*ka-fè-taa-rie-ja*, Cafeteria) werden Sie fast alle soeben genannten Dinge einschließlich **soep van de dag** (*ßupp vann dè dach*, Tagessuppe) und **uitsmijter** (*èüjt-ßmäij-tèr*, Strammer Max) bekommen.
- In manchen Städten gibt es einen **poffertjeskraam** (*poff-fèr-tjèß-kraam*). Diese kleinen runden Pfannkuchen werden mit Butter und Zucker gegessen und sind besonders bei Kindern beliebt.
- **Een pannenkoek** (*èn pann-nè-kukk*, ein Pfannkuchen) in einem **pannenkoekenhuis** (*pann-nè-kuk-kè-hèüjß*, Pfannkuchenhaus) ist eine vollwertige Mahlzeit, vor allem wenn Sie den traditionellen **spekpannenkoek** (*späck-pann-nè-kukk*) bestellen. Dieser Pfannkuchen ist ein geschmackliches Experiment aus süß und salzig: In den Teig wird Frühstücksspeck eingebacken und am Tisch wird zum Bestreichen Zuckerrübensirup serviert.

Gegen Abend steht Ihnen der Sinn vielleicht nach etwas Alkoholischem und etwas zum Knabbern. Sie könnten in eine Tapas-Bar gehen und dort bei einem Glas Wein kleine Portionen eingelegter Oliven, Fische oder Fleischbällchen genießen.

Sollten Sie jedoch nach etwas echt Niederländischem suchen, müssen Sie in einem **bruin café** (*èn brèüjn kaff-fee*, ein vom Zigarettenrauch braunes Café, Kneipe) einkehren und **een biertje** (*èn bier-tjè*, ein kleines Bier) oder **een borrel** (*èn borr-rèl*, einen Schnaps) bestellen. Keine Angst: Auch in den Niederlanden gibt es inzwischen ein Rauchverbot in Restaurants, Cafés und Kneipen. Die vom Rauchen braun gefärbten Decken und Wände stammen aus früheren Zeiten und stehen für Ungezwungenheit und Gemütlichkeit. In so einem traditionellen Café begrenzt sich das Angebot an Speisen auf **een portie kaas** (*èn porr-ßie kaaß*, eine Portion Käsewürfel) oder **een portie leverworst** (*èn porr-ßie lee-vèr-worrßt*, eine Portion Leberwurstscheiben).

In einem **café** (*kaff-fee*, Café) werden vor allem alkoholische Getränke serviert. Manchmal wird **een portie saté** (*èn porr-ßie ßatt-tee*, eine Portion Saté), das sind Spieße mit gebratenen Hühner- oder Schweinefleischstückchen und warmer Erdnusssoße oder vielleicht **een portie bitterballen** *(èn porr-ßie bitt-tèr-ball-lèn*, frittierte Bällchen gefüllt mit Fleischragout) als Snack zu den Getränken angeboten. Es gibt ganz unterschiedliche **cafés**, die alle ihre eigenen Kundengruppen haben, eines haben sie jedoch gemein: Sie sind nie so alt und braun wie ein **bruin café**.

Wenn Sie etwas trinken wollen, aber auch Hunger haben und sich nicht nur mit einem Snack begnügen wollen, sollten Sie in ein **eetcafé** (*èn eet-kaff-fee*, Café mit Speisekarte) gehen. Dort werden neben den Getränken auch Salate und wechselnde Tagesgerichte in entspannter Atmosphäre angeboten.

Coffeeshops (*koff-fie-schopps*, Coffeeshops) sind Läden und Cafés, in denen der Verkauf und Konsum von Marihuana erlaubt ist. Verwechseln Sie diese nicht mit den in Deutschland üblichen Coffeeshops. In einen niederländischen **coffeeshop** geht man nicht, um nur eine Tasse Kaffee oder Tee zu trinken.

Hering essen

Die ältere Generation der Niederländer liebt Hering, während jüngere Leute sich oft davor ekeln, rohen gesalzenen Fisch zu essen. Die Filets werden mit gehackten Zwiebeln bestreut und als Häppchen oft auf Feiern und Empfängen serviert. Vor allem der erste, junge Hering der Saison **nieuwe haring** (*nieju-wè haa-ring*, neuer Hering/Matjes), der im Mai verkauft wird, ist besonders beliebt und nicht gerade billig. In größeren Städten versammeln sich die Freunde dieser Spezialität um die Mittagszeit an den Fischwagen, die diesen Snack anbieten, man kann ihn aber auch auf Märkten und an den Stränden der Nordsee kaufen. Probieren Sie diese Spezialität doch einmal nach einer durchzechten Nacht; Hering soll gut gegen Kater helfen.

Einen Tisch reservieren

Bei manchen Restaurants kann man übers Internet reservieren. Man kann aber auch nachmittags, nach 15 Uhr anrufen und für den gleichen Abend oder fürs Wochenende reservieren. Vor allem bei Restaurants, die gerade angesagt sind oder viel für Geschäftsessen gebucht werden, sollte man vorab reservieren. Folgende Sätze können dabei hilfreich sein:

- **Ik wil graag een tafel reserveren.** (*ick will chraach èn taa-fèl ree-ßèr-vee-rèn,* Ich würde gern einen Tisch reservieren.)
- **Ik wil een tafel reserveren voor vier personen om zeven uur. Is dat mogelijk?** (*ick will èn taa-fèl ree-ßèr-vee-rèn voor vier pèr-ßoo-nèn omm see-vèn üür. Iss datt moo-chè-lèk,* Ich würde gern einen Tisch für vier Personen um 19 Uhr reservieren. Geht das?)

Um bei der Reservierung konkret werden zu können, müssen Sie eine Uhrzeit und einen Tag nennen, zum Beispiel:

- **voor vanavond** (*voor vann-aa-vonnt,* für heute Abend)
- **voor morgenavond** (*voor morr-chè-naa-vonnt,* für morgen Abend)
- **voor zaterdagavond** (*voor saa-tèr-dach-aa-vonnt,* für Samstagabend)
- **voor zondagavond** (*voor sonn-dach-aa-vonnt,* für Sonntagabend)

Diese vollständigen Sätze könnten vielleicht ganz nützlich sein:

- **Ik wil graag een tafel voor vanavond reserveren.** (*ick will chraach èn taa-fèl voor vann-aa-vonnt ree-ßèr-vee-rèn,* Ich würde gern für heute Abend einen Tisch reservieren.)
- **Heeft u een vrije tafel voor morgenavond om zeven uur?** (*heeft ü èn vräij-jè taa-fèl voor morr-chè-naa-vonnt omm see-vèn üür,* Haben Sie noch einen freien Tisch morgen Abend um 19 Uhr?)

Track 10: Im Gespräch

Raymond van Dieren und sein Kollege Marcel Westendorp möchten das Restaurant Newton ausprobieren. Marcel ruft im Restaurant an, um einen Tisch zu reservieren.

Mitarbeiter im Restaurant: **Newton, met René**

nüu-tèn, mätt rè-nee

Newton, Sie sprechen mit René.

Marcel: **Hoi, ik wil graag reserveren voor vanavond.**

heu ick will chraach ree-ßèr-vee-rèn voor vann-aa-vonnt

Hallo, ich würde gern für heute Abend reservieren.

Mitarbeiter im Restaurant: **Voor hoeveel personen?**

voor hu-veel pèr-ßoo-nèn

Für wie viele Personen?

Marcel: **Voor twee personen graag. Heb je een tafel vrij om acht uur?**

voor twee pèr-ßoo-nèn chraach. häpp jè èn taa-fèl vräij omm acht üür

Für zwei Personen bitte. Habt ihr für 20 Uhr einen freien Tisch?

Mitarbeiter im Restaurant: **Het spijt me om acht uur zijn we volgeboekt. Er is een tafel vrij om half negen.**

hätt späijt mè omm acht üür säijn wè voll-chè-bukt. èr iss èn taa-fèl vräij omm hallf nee-chèn

Tut mir leid, um 20 Uhr sind wir ausgebucht. Um 20.30 Uhr gibt es einen freien Tisch.

Marcel: **Nou, half negen is ook goed.**

nau, hallf nee-chèn iss ook chutt

Na gut, halb neun ist auch in Ordnung.

Mitarbeiter im Restaurant: **Mag ik uw naam misschien?**

mach ick üu naam miss-ßchien

Könnte ich Ihren Namen haben?

Marcel: **Westendorp.**

wäss-tèn-dorrp

Westendorp.

Mitarbeiter im Restaurant: **Oké, ik heb een tafel voor u gereserveerd om half negen vanavond.**

oo-kee ick häpp èn taa-fèl voor ü chè-ree-ßèr-veert omm hallf nee-chèn vann-aa-vonnt

Okay, ich habe einen Tisch für Sie reserviert, heute Abend um 20.30 Uhr.

Marcel: **Bedankt. Tot vanavond.**

bè-dangkt. tott vann-aa-vonnt

Danke. Bis heute Abend.

Ins Restaurant kommen und Platz nehmen

Falls Sie ohne vorherige Reservierung in ein Restaurant gehen, könnten Sie Folgendes fragen oder als Antwort hören:

✔ **Heeft u plaats voor twee personen?** (*heeft ü plaatß voor twee pèr-ßoo-nèn*, Haben Sie Platz für zwei Personen?)

- **Nee, het spijt me, we zijn volgeboekt voor vanavond.** (*nee hätt späijt mè wè säijn voll-chè-bukt voor vann-aa-vonnt*, Nein, tut mir leid, wir sind heute Abend ausgebucht.)
- **Kunt u wachten bij de bar? Over 10 minuten komt een tafel vrij.** (*könnt ü wach-tèn bäij dè barr. oo-vèr tien mie-nü-tèn kommt èn taa-fèl vräij*, Könnten Sie an der Bar warten? In zehn Minuten wird ein Tisch frei.)

Sobald Sie am Tisch sitzen, wird der Ober kommen und Ihnen eine Karte geben. Falls Sie bis dahin noch nichts zu trinken bestellt haben, wird er Sie als Erstes fragen, ob Sie etwas trinken möchten. Während Sie dann in Ruhe die Karte studieren können, wird man Ihnen die Getränke bringen.

Track 11: Im Gespräch

Marcel und Raymond betreten das Restaurant Newton, in dem Marcel einen Tisch reserviert hat.

Marcel: **Goedenavond, mijn naam is Westendorp. Ik heb een tafel gereserveerd voor twee personen.**

chu-dè-naa-vonnt mäijn naam iss wäss-tèn-dorrp. ick häpp èn taa-fèl chè-ree-ßèr-veert voor twee pèr-ßoo-nèn

Guten Abend, mein Name ist Westendorp. Ich habe einen Tisch für zwei Personen bestellt.

Ober: **Goedenavond, gaat u hier zitten. Kan ik uw jassen aannemen?**

chu-dè-naa-vonnt chaat ü hier sitt-tèn. kann ick üu jass- ßèn aan-nee-mèn

Guten Abend. Sie können hier Platz nehmen. Kann ich Ihnen die Jacken abnehmen?

Marcel: **Kunnen we misschien die tafel naast het raam krijgen?**

könn-nèn wè miss-ßchien die taa-fèl naaßt èt raam kräij-chèn

Können wir vielleicht den Tisch am Fenster bekommen?

Ober: **Jazeker, geen probleem. Gaat u zitten en ik breng u het menu.**

jaa-see-kèr, cheen proo-bleem. chaat ü sitt-tèn änn ick bräng ü èt mè-nü

Natürlich, kein Problem. Setzen Sie sich, ich werde Ihnen die Karte bringen.

Kleiner Wortschatz

Niederländisch	Aussprache	Deutsch
gereserveerd	*chè-ree-ßèr-veert*	reserviert
gaan zitten	*chaan sitt-tèn*	sich hinsetzen
jassen aannemen	*jass-ßèn aan-nee-mèn*	Jacken/Mäntel entgegennehmen
krijgen	*kräij-chèn*	bekommen
het menu	*hätt mè-nü*	die Karte

Bekommen, was man möchte: Das Verb »willen«

Die einfachste Art zu sagen, was man möchte ist: **ik wil** (ich möchte). Scheuen Sie sich nicht, das Verb **willen** zu benutzen. Es ist nicht unhöflich und bedeutet »möchten«. Das Präsens von **willen** ist unregelmäßig.

Konjugation	Aussprache
ik wil	*ick will*
jij wilt	*jäij willt*
hij/zij/het wil	*häij/säij/hätt will*
u wilt	*ü willt*
wij willen	*wäij will-lèn*
jullie willen	*jöll-lie will-lèn*
zij willen	*säij will-lèn*

Die Bestellung höflicher machen: Das Wörtchen »graag«

Es ist völlig in Ordnung, **ik wil** (*ick will*, ich möchte) zu sagen. Wenn Sie die Bestellung jedoch noch etwas höflicher machen möchten, können Sie das Wort **graag** (*chraach*, gern) einfügen. Sie könnten also sagen: **Ik wil tomatensoep.** (*ick will too-maa-tèn-ßupp*, Ich möchte Tomatensuppe.) Das Ganze wird jedoch höflicher mit: **Ik wil graag tomatensoep.** (*ick will chraach too-maa-tèn-ßupp*, Ich möchte gern Tomatensuppe.) **Ik wil graag een biertje** (*ick will chraach èn bier-tjè*, Ich möchte gern ein Bier) ist ein guter Start in den Abend.

- ✔ Eine Möglichkeit, etwas mit Nachdruck zu bestellen und trotzdem höflich zu bleiben, ist: **Geeft u mij alstublieft eerst een biertje**. (*cheeft ü mäij all-ßtü-blieft eerßt èn bier-tjè*, Bringen Sie mir bitte zuerst ein Bier.)
- ✔ **Geeft u mij alstublieft advies**. (*cheeft ü mäij all-ßtü-blieft att-vieß*, Geben Sie mir bitte einen Rat.)

Sie möchten besonders höflich sein? Dann sollten Sie nicht »ich möchte« im Präsens sagen, sondern das gleiche Verb mit »gern« in der Vergangenheit verwenden: **ik wilde graag** (*ik will-dè chraach*).

- **Ik wilde graag tomatensoep.** (*ick will-dè chraach too-maa-tèn-ßupp,* Ich hätte gern Tomatensuppe.)
- **Ik wilde graag gemengde salade.** (*ick will-dè chraach chè-mäng-dè ßa-laa-dè,* Ich hätte gern einen gemischten Salat.)

Vorsicht! Ein Spaßvogel könnte Ihnen antworten: **En nu niet meer?** (*änn nü niet meer,* Und jetzt nicht mehr?)

Was steht auf der Karte?

Jetzt ist es an der Zeit zu wählen. Was auf der Karte steht, hängt natürlich davon ab, für welches Restaurant Sie sich entschieden haben.

Gibt es ein Frühstück oder nicht – das ist hier die Frage

In einem niederländischen Hotel wird Ihnen immer ein Frühstück angeboten. Dazu könnten folgende Dinge gehören:

- **de boterham** (*dè boo-tèr-hamm,* die Scheibe Brot)
- **het broodje** (*hätt broo-tjè,* das Brötchen)
- **de croissant** (*dè kroo-ßannt,* das Croissant)
- **de toast** (*dè tooßt,* der Toast)
- **de kaas** (*dè kaaß,* der Käse)
- **de vleeswaren** (*dè vleeß-waa-rèn,* der Aufschnitt)
- **de boter** (*dè boo-tèr,* die Butter)
- **het sap** (*hätt ßapp,* der Saft)
- **de melk** (*dè mällk,* die Milch)
- **het sinaasappelsap** (*hätt ßie-na-ßapp-pèl-ßapp,* der Orangensaft)
- **het ei** (*hätt äij,* das Ei)

Ein niederländisches Frühstück ist immer eine leichte Mahlzeit. Das Frühstücksei kann hart oder weich gekocht sein; Sie könnten aber auch **een omelet** (*èn oo-mè-lätt,* Omelett) oder **roerei** (*rur-äij,* Rührei) bestellen.

Mittagessen im Vorübergehen

Sobald Sie in den Niederlanden leben und arbeiten, werden Sie Bekanntschaft mit den Essgewohnheiten in der Mittagspause machen. Für die meisten Niederländer bedeutet **de lunch** (*dè lönnsch*, Mittagessen) nichts anderes als das Essen belegter Brote während einer kurzen Arbeitspause. Meistens geschieht das am Arbeitsplatz, oft vor dem Computer.

In größeren Städten lohnt sich ein kleiner Spaziergang während der Mittagspause kulinarisch gesehen schon eher. In kleineren Geschäften und Cafés werden ebenfalls belegte Brötchen, aber auch warme und kalte Snacks zum Mitnehmen angeboten. Größere Firmen haben meistens eine Kantine, Krankenhäuser und Universitäten eine Cafeteria. Diese Dinge können Sie dort bekommen:

- ✔ **de soep** (*dè ßupp*, die Suppe)
- ✔ **het broodje kaas** (*hätt broo-tjè kaaß*, das Käsebrötchen)
- ✔ **het broodje ham** (*hätt broo-tjè hamm*, das Schinkenbrötchen)
- ✔ **het broodje kroket** (*hätt broo-tjè kroo-kätt*, das Brötchen mit Fleischkrokette)
- ✔ **de uitsmijter** (*dè èüjt-ßmäij-tèr*, Strammer Max)
- ✔ **de tosti** (*dè toss-tie*, Toast gefüllt mit Schinken oder Käse)
- ✔ **de melk** (*dè mällk*, die Milch)
- ✔ **de karnemelk** (*dè karr-nè-mällk*, die Buttermilch)
- ✔ **de appel** (*dè app-pèl*, der Apfel)
- ✔ **de sinaasappel** (*dè sie-na-ßapp-pèl*, die Orange)
- ✔ **de banaan** (*dè ba-naan*, die Banane)

Während Frühstück und Mittagessen für viele Niederländer von nicht allzu großer Bedeutung sind, gilt dies nicht für das Abendessen. Auch wenn ein Abendessen zu Hause mitunter sehr einfach ist, im Restaurant sollte man sich dafür schon Zeit nehmen. Wie umfangreich ein Abendessen im Restaurant sein kann, hängt natürlich von verschiedenen Faktoren wie der Art des Restaurants, dem Wochentag oder der Größe der Gesellschaft ab. Anderthalb bis zwei Stunden sollten Sie jedoch mindestens für einen Restaurantbesuch am Abend einplanen.

Vorspeisen

Suppen und Salate werden oft als Vorspeisen serviert. Hier eine Auswahl der Suppen, die meistens auf der Karte stehen:

- ✔ **tomatensoep** (*too-maa-tè-ßupp*, Tomatensuppe)
- ✔ **kippensoep** (*kipp-pè-ßupp*, Hühnersuppe)
- ✔ **groentesoep** (*chrun-tè-ßupp*, Gemüsesuppe)
- ✔ **champignonsoep** (*schamm-pien-njon-ßupp*, Champignonsuppe)

- **ossenstaartsoep** (*oss-ßè-ßtaart-ßupp*, Ochsenschwanzsuppe)
- **aspergesoep** (*ass-pärr-zschè-ßupp*, Spargelsuppe)
- und im Winter, wenn es draußen kalt ist: **erwtensoep** (*ärr-tè-ßupp*) oder **snert** (*ßnärrt*, beides bezeichnet Erbsensuppe)

Andere beliebte Vorspeisen sind:

- **meloen met ham** (*mè-lun mätt hamm*, Melone mit Schinken)
- **haring met toast** (*haa-ring mätt tooßt*, Hering mit Toast)
- **Hollandse garnalen met citroenmayonaise** (*holl-lann-zè charr-naa-lèn mätt ßie-trun-ma-joo-nääh-sè*, Nordseekrabben mit Zitronenmayonnaise)
- **gestoomde makreel met toast** (*chè-ßtoom-dè mack-kreel mätt tooßt*, gegarte Makrele mit Toast)
- **gerookte paling met toast** (*chè-rook-tè paa-ling mätt tooßt*, Räucheraal mit Toast)
- **gemengde salade** (*chè-mäng-dè ßa-laa-dè*, gemischter Salat)
- **groene salade met geitekaas** (*chru-nè ßa-laa-dè mätt chäij-tè-kaaß*, Blattsalat mit Ziegenkäse)
- **gevulde aubergine** (*chè-völl-dè oo-bèr-zschie-nè*, gefüllte Aubergine)

Hauptspeisen

Traditionellerweise besteht eine Hauptspeise aus Fleisch oder Fisch mit gekochten oder gebratenen Kartoffeln und Gemüse. Manchmal wird ein kleiner Salat dazu serviert, meistens muss er aber extra bestellt werden. Blattsalate werden, auch wenn sie auf der Vorspeisenkarte stehen, zum Hauptgericht gegessen. In folgender Liste finden Sie einige Fleischgerichte:

- **biefstuk** (*bief-ßtöck*, Rindersteak)
- **kalfsentrecote** (*kallfß-änn-trè-koot*, Entrecote vom Kalb)
- **kalfslever met madera** (*kallfß-lee-vèr mätt ma-dee-raa*, Kalbsleber in Madeira)
- **lamskoteletten** (*lammß-koo-tè-lätt-tèn*, Lammkoteletts)

Hier noch **gevogelte** (*chè-voo-chèl-tè*, Geflügel):

- **Gevulde kalkoen** (*chè-völl-dè kall-kunn*, gefüllte Pute)
- **eendenborst** (*een-dè-borrßt*, Entenbrust)
- **kip met dragon** (*kipp mätt draa-chonn*, Estragonhühnchen)
- **kipfilet** (*kipp-fie-lee*, Hühnerfilet)

Für Liebhaber von Fisch und Meeresfrüchten:

- **gekookte mosselen** (*chè-kook-tè moss-ßèl-lèn*, gegarte Miesmuscheln)
- **gebakken tong** (*chè-back-kèn tong*, gebratene Seezunge)
- **gegrilde tonijn** (*chè-chrill-dè too-näijn*, gegrillter Thunfisch)
- **gerookte zalm** (*chè-rook-tè sallm*, Räucherlachs)
- **zeebaars** (*see-baarß*, Seebarsch)

Zu den meisten Gerichten reicht man:

- **gekookte aardappelen** (*chè-kook-tè aart-app-pèl-lèn*, Salzkartoffeln)
- **gebakken aardappelen** (*chè-back-kèn aart-app-pèl-lèn*, Bratkartoffeln)
- **(patat) frites** (*pa-tatt friet*, Pommes)

Nachspeisen

In niederländischen Restaurants bekommen Sie auch immer verschiedene **nagerechten** (*na-chè-räch-tèn*, Nachspeisen) angeboten:

- **fruitsalade** (*frèüjt-ßa-laa-dè*, Obstsalat)
- **aardbeien met ijs en slagroom** (*aard-bäij-jèn mätt äijß änn ßlach-room*, Erdbeeren mit Eis und Sahne)
- **warme appeltaart met ijs en slagroom** (*warr-mè app-pèl-taart mätt äijß änn ßlach-room*, warmer Apfelkuchen mit Eis und Sahne)
- **griesmeelpudding met bessensap** (*chriess-meel-pödd-ding mätt bäss-ßèn-ßapp*, Grießpudding mit Beerensaft)
- **Flensjes** (*flänn-schèß*, Crêpes)
- **Chocolademousse** (*schoo-koo-laa-dè-muss*, Mousse au Chocolat)

Eis mit Früchten und Sahne **ijs met vruchten en slagroom** (*äijß mätt vröch-tèn änn ßlach-room*) ist ein beliebtes Dessert. Andere Nachspeisen sind kleine Törtchen, **taartjes** (*taar-tjèß*), mit einer Tasse Kaffee oder Tee.

Getränke

Bei der Bestellung von **water** (*waa-tèr*, Wasser), **spa** (*ßpaa*, Selters) oder **mineraalwater** (*mie-nè-raal-waa-tèr*, Mineralwasser) haben Sie die Wahl zwischen stillem Wasser und mit Kohlensäure versetztem Wasser. Die Bedienung wird Sie deshalb fragen: **Met of zonder koolzuur?** (*mätt off sonn-dèr kool-süür*, Mit oder ohne Kohlensäure?) Wein wird normalerweise in **een fles** (*èn fläss*, einer Flasche), **een karaf** (*èn ka-raff*, einer Karaffe) oder **een glas** (*èn chlass*, einem Glas) angeboten.

In folgender Liste finden Sie einige Getränke, **dranken** (*drang-kèn*), die auf der Karte stehen können:

- **het bier** (*hätt bier,* das Bier)
- **het tapbier** (*hätt tapp-bier,* das Bier vom Fass)
- **het pils** (*hätt pillß,* das Pils)
- **de wijn** (*dè wäijn,* der Wein)
- **de rode wijn** (*dè roo-dè wäijn,* der Rotwein)
- **de witte wijn** (*dè witt-tè wäijn,* der Weißwein)
- **de rosé** (*dè roo-see,* der Rosé)
- **de huiswijn** (*dè hèüjß-wäijn,* der Hauswein)
- **de koffie** (*dè koff-fie,* der Kaffee)
- **de thee** (*dè tee,* der Tee)

Track 12: Im Gespräch

Marcel und Raymond haben sich gerade hingesetzt. Der Kellner bringt ihnen die Speisekarte.

Ober: **Kan ik u iets te drinken brengen terwijl u uw keuze maakt?**

kann ick ü ietß tè dring-kèn bräng-èn tärr-wäijl ü üu köh-sè maakt

Kann ich Ihnen etwas zu trinken bringen, während Sie wählen?

Marcel: **Ja, ik wil graag een glas bier.**

jaa ick will chraach èn chlass bier

Ja, ich hätte gern ein Glas Bier.

Ober: **Bier van de tap? We hebben gewoon bier en witbier.**

bier vann dè tapp? wè häbb-bèn chè-woon bier änn witt-bier

Bier vom Fass? Wir haben Pils und Weizen.

Marcel: **Witbier graag.**

witt-bier chraach

Weizen, bitte.

Ober: **En wat mag het voor u zijn?**

änn watt mach èt voor ü säijn

Und was kann ich Ihnen bringen?

Raymond: **Ik wil graag een glas droge rode wijn.**

ick will chraach èn chlass droo-chè roo-dè wäijn

Ich hätte gern ein Glas trockenen Rotwein.

Kleiner Wortschatz

Niederländisch	Aussprache	Deutsch
een glas bier	*èn chlass bier*	ein Glas Bier
bier van de tap	*bier vann dè tapp*	Bier von Fass
het witbier	*hätt witt-bier*	das Weizenbier
een glas droge rode wijn	*èn chlass droo-chè roo-dè wäijn*	ein Glas trockener Rotwein

Höflich nachfragen: Das Verb »mogen«

Mogen (dürfen) ist ein Verb, mit dem man etwas höflich erfragen kann. Bei den Singularformen kommt es zu einem Vokalwechsel von **o** zu **a**.

Konjugation	Aussprache
ik mag	*ick mach*
jij mag	*jäij mach*
hij/zij/het mag	*häij/säij/hätt mach*
wij mogen	*wäij moo-chèn*
jullie mogen	*jöll-lie moo-chèn*
zij mogen	*säij moo-chèn*

Sie können das Verb für die folgenden Fragen verwenden:

- ✔ **Mag ik een glas bier?** (*mach ick èn chlass bier,* Kann ich ein Glas Bier haben?)
- ✔ **Mag ik een glas wijn?** (*mach ick èn chlass wäijn,* Kann ich ein Glas Wein haben?)
- ✔ **Mag je hier roken?** (*mach jè hier roo-kèn,* Darf man hier rauchen?)

Etwas Außergewöhnliches bestellen

Folgende Fragen könnten Sie brauchen, wenn Sie etwas Besonderes bestellen wollen:

- ✔ **Heeft u vegetarische schotels?** (*heeft ü vee-chè-taa-rie ßè ßchoo tèlß,* Haben Sie vegetari sche Gerichte?)
- ✔ **Heeft u iets zonder varkensvlees?** (*heeft ü ietß sonn-dèr varr-kènß-vleeß,* Haben Sie etwas ohne Schweinefleisch?)

- **Heeft u schotels voor diabetici?** (*heeft ü ßchoo-tèlß voor die-jaa-bee-tie-ßie,* Haben Sie Gerichte für Diabetiker?)
- **Heeft u porties voor kinderen?** (*heeft ü porr-ßiess voor kinn-dè-rèn,* Haben Sie auch Kinderportionen?)

Rauchverbot

Wie in Deutschland gilt in den Niederlanden seit geraumer Zeit ein Rauchverbot in öffentlichen Gebäuden, Restaurants und Cafés. Auf Bahnhöfen ist Rauchen nur auf eigens gekennzeichneten Raucherinseln gestattet. In Büros und Firmengebäuden darf nur außerhalb der Anlage geraucht werden oder in extra dafür eingerichteten Räumen. Viele Restaurants und einige Bars haben einen Raucher- und einen Nichtraucherbereich für ihre Gäste.

Mit Standardfragen umgehen

Während des Essens kommt irgendwann die Bedienung und wird Sie fragen: **Is alles naar wens?** (*iss all-lès naar wännß,* Ist alles nach Wunsch?) Falls Sie dann noch einen besonderen Wunsch haben, können Sie ihn äußern. Andernfalls können Sie antworten: **Dank u, alles is in orde.** (*dangk ü all-lès iss inn orr-dè,* Danke, es ist alles in Ordnung.)

Wenn Sie mit dem Hauptgang fertig sind, wird der Ober wieder an den Tisch kommen und Sie fragen: **Heeft het gesmaakt?** (*heeft èt chè-ßmaakt,* Hat es geschmeckt?) Das ist der Zeitpunkt für eine kritische Bemerkung, falls Sie nicht ganz zufrieden waren. Sie könnten sagen: **Nou, het vlees was een beetje aan de rauwe kant**. (*nau èt vleeß wass èn bee-tjè aan dè rau-wè kannt,* Na ja, das Fleisch schien mir noch ein bisschen roh.) Der Ober könnte erwidern: **Dat had u eerder moeten zeggen, dan hadden we u een medium gebracht!** (*datt hatt ü eer-dèr mu-tèn säch-chèn dann hadd-dèn wè ü èn mee-die-ömm chè-bracht,* Das hätten Sie früher sagen sollen, dann hätten Sie es medium bekommen!)

Wenn Sie mit allem zufrieden waren oder nichts weiter dazu sagen möchten, reicht ein **Dank u, goed** (*dangk ü chutt,* Danke, gut) oder etwas stärker: **Dank u, erg goed** (*dangk ü ärrch chutt,* Danke, sehr gut) oder wenn Sie begeistert waren: **Dank u, uitstekend** (*dangk ü èüjt-ßtee-kènt,* Danke, ausgezeichnet). Sie können diese Ausdrücke der Zufriedenheit auch in einen Satz betten: **Dank u, het heeft erg goed gesmaakt.** (*dangk ü èt heeft ärrch chutt chè-ßmaakt,* Danke, es hat sehr gut geschmeckt.)

Die Rechnung bitte

In den Niederlanden ist es unüblich, im Restaurant selbst zur Kasse oder zum Tresen zu gehen und dort zu bezahlen. Sie sollten den Ober um **de rekening** (*dè ree-kè-ning,* die Rechnung) bitten. Das könnten Sie wie folgt tun:

- **Ik wil graag afrekenen**. (*ick will chraach aff-ree-kè-nèn,* Ich würde gern zahlen.)
- **De rekening alstublieft**. (*dè ree-kè-ning all-stü-blieft,* Die Rechnung bitte.)

Man kann zusammen zahlen: **Alles bij elkaar graag.** (*all-lès bäij äll-kaar chraach,* Alles zusammen, bitte.) Oder getrennt abrechnen: **Wij willen graag apart afrekenen.** (*wäij will-lèn chraach a-parrt aff-ree-kè-nèn,* Wir würden gern getrennt zahlen.)

Trinkgeld

Der Umgang mit Trinkgeld ist in den Niederlanden vergleichbar mit dem in Deutschland. Die meisten Leute empfinden es als selbstverständlich, die Summe aufzurunden und Trinkgeld zu geben. Nachdem Sie dem Ober signalisiert haben, dass Sie zahlen möchten, werden Sie noch einen Moment warten müssen, bis man Ihnen die Rechnung bringt. Falls Sie bar zahlen und der Ober das Wechselgeld herausholt, können Sie sagen: **Maak er ... van.** (*maak ärr....vann,* Machen Sie ... Euro.), und ihm so ein Trinkgeld von 8 bis 10 Prozent der Summe geben. Oder Sie runden den Betrag selbst auf und legen das Geld passend auf den Tisch mit der Bemerkung: **Zo is het goed** (*so iss èt chutt,* Stimmt so) oder **Het is Oké zo** (*hätt iss oo-kee so,* Es ist in Ordnung so).

Falls Sie mit Kreditkarte zahlen, wird man Ihnen den Beleg bringen, auf dem Sie unterschreiben müssen. Sie können ein Trinkgeld bar mit der unterschriebenen Rechnung hinterlassen oder dem Ober vorher sagen: **Maak er ... euro van.** (*maak ärr ... öh-roo vann,* Machen Sie ... Euro.), dann wird die Rechnung aufgerundet.

Track 13: Im Gespräch

Marcel und Raymond haben gegessen. Sie fragen nun nach der Rechnung und möchten dem Kellner ein Trinkgeld geben.

Marcel: **Ober, de rekening graag.**

oo-bèr dè ree-kè-ning chraach

Ober, die Rechnung bitte.

Kellner: **Alstublieft.**

all-stü-blieft

Bitte sehr.

Marcel: **Het is Okè zo.**

hätt iss oo-kee soo

Es ist in Ordnung so.

Kellner: **Dank u, een fijne avond nog.**

dagk ü èn fäij-nè aa-vonnd noch

Vielen Dank und einen schönen Abend noch.

Ihr eigenes Restaurant zu Hause: Essen zum Mitnehmen

Wenn Sie keine Lust haben, selbst zu kochen, sollten Sie sich nach einem **afhaalchinees** (*aff-haal-schie-neeß,* chinesisch zum Mitnehmen) umschauen. Bei nahezu allen chinesisch-indonesischen Restaurants gibt es Mahlzeiten zum Mitnehmen. So können Sie Ihr Essen auch zu Hause genießen, ohne selbst in der Küche zu stehen. Wenn der Supermarkt schon geschlossen hat und Sie nicht mehr zum **avondwinkel** (*aa-vonnt-wing-kèl,* Spätverkauf, den es in größeren Städten gibt) laufen möchten, können Sie auch **een pizzakoerier** (*èn pie-zaa-ku-rier,* einen Pizza-Lieferservice) anrufen und **pizza** (*pie-zaa,* Pizza) oder **spare ribs** (*spärr-rippß,* Spareribs) bestellen.

Das Verb für Essen zum Mitnehmen: »meenemen« – trennbare Verben

Wenn Sie im Restaurant die Karte gelesen und Ihre Wahl getroffen haben, könnten Sie zu Ihrem Partner beispielsweise sagen: **Ik neem tomatensoep.** (*ick neem too-maa-tè-ßupp,* Ich nehme Tomatensuppe.) Den gleichen Satz können Sie auch für die Bestellung beim Ober verwenden: **Ik neem tomatensoep en mijn partner neemt meloen met ham.** (*ick neem too-maa-tè-ßupp änn mäijn parrt-nèr neemt mè-lunn mätt hamm,* Ich nehme Tomatensuppe und mein Partner nimmt Melone mit Schinken.)

Das Verb **nemen** (*nee-mèn*) bedeutet »nehmen«. Wenn diesem Verb das Präfix **mee** (*mee,* mit) vorangestellt ist, erhält man das Verb **meenemen** (*mee-nee-mèn,* mitnehmen). Solche Verben nennt man *trennbare Verben,* da das Präfix bei der Konjugation **ik neem mee** (ich nehme mit) vom Verb getrennt wird. Im Deutschen funktioniert das genauso wie im Niederländischen, Sie werden es also automatisch richtig machen. Ein Verb ist immer dann trennbar, wenn das Präfix betont beziehungsweise eine Präposition wie **op-** (*opp*), **aan-** (*aan*), **uit-** (*èüjt*) – **opbellen** (*opp-bäll-lèn,* anrufen), **aanraken** (*aan-raa-kèn,* anfassen), **uitkleden** (*èüjt-klee-dèn,* ausziehen) – ist. Bei der Konjugation werden die trennbaren Verben getrennt, wie Sie am Beispiel von **meenemen** sehen können:

Konjugation	Aussprache
ik neem mee	*ick neem mee*
jij neemt mee	*jäij neemt mee*
hij/zij/het neemt mee	*häij/säij/hätt neemt mee*
u neemt mee	*ü neemt mee*
wij nemen mee	*wäij nee-mèn mee*
jullie nemen mee	*jöll-lie nee-mèn mee*
zij nemen mee	*säij nee-mèn mee*

Ein anderes Beispiel ist das Verb **aanraken** (*aan-raa-kèn*, anfassen):

Konjugation	Aussprache
ik raak aan	*ick raak aan*
jij raakt aan	*jäij raakt aan*
hij/zij/het raakt aan	*häij/säij/hätt raakt aan*
wij raken aan	*wäij raa-kèn aan*
jullie raken aan	*jöll-lie raa-kèn aan*
zij raken aan	*säij raa-kèn aan*

Wenn Sie Ihren Partner anrufen und ihm erzählen, dass Sie nach der Arbeit noch zum **afhaalchinees** (*aff-haal-schie-neeß*) gehen, um **bami** (*baa-mie*, gebratene Nudeln) mitzunehmen, dann sagen Sie:

✔ **Ik neem bami mee.** (*ick neem baa-mie mee*, Ich nehme Bami mit.)

Ihren Partner bitten Sie vielleicht, noch einen Nachtisch unterwegs einzukaufen:

✔ **Neem jij een toetje mee?** (*neem jäij èn tu-tjè mee*, Nimmst du einen Nachtisch mit?)

Scheidbare werkwoorden (trennbare Verben) werden im Präsens und im Imperfekt (Vergangenheit) bei der Konjugation getrennt, jedoch nicht im Perfekt. Mehr Informationen zu trennbaren Verben im Imperfekt finden Sie in Kapitel 13; in Kapitel 8 geht es um den Gebrauch der Zeitform Perfekt.

Lebensmittel einkaufen

Nicht immer ist man in der Stimmung, essen zu gehen. Manchmal will man einfach nur zu Hause sein und selbst etwas kochen. Dann empfiehlt es sich natürlich, vorher einzukaufen.

Wo bekomme ich was?

Hier eine Liste mit Geschäften, in denen Sie unterschiedliche Produkte finden:

✔ **de supermarkt** (*dè ßü-pèr-marrkt*, der Supermarkt)

✔ **de markt** (*dè marrkt*, der Markt)

✔ **de slager** (*dè ßlaa-chèr*, der Fleischer)

✔ **de bakkerij** (*dè back-kèr-räij*, der Bäcker)

✔ **de slijterij** (*dè släij-tèr-räij*, der Spirituosen-/Weinhandel)

✔ **de banketbakkerij** (*dè bang-kätt-back-kèr-räij*, die Patisserie)

✔ **de groenteboer/de groentewinkel** (*dè chrunn-tè-buur/dè chrunn-tè-wing-kèl*, der Gemüsehändler)

✔ **de viswinkel** (*dè viss-wing-kèl*, das Fischgeschäft)

Supermärkte gibt es natürlich überall, jede **buurt** (*büürt*, Wohnviertel) hat einen. Wenn Sie jedoch im Herzen von Amsterdam, Rotterdam oder Den Haag wohnen, werden Sie nicht allzu viele davon finden. Am besten ist es, in der Nähe von Bahnhöfen nach Supermärkten zu suchen.

Finden, wonach man sucht

Hier eine Aufstellung gebräuchlicher Lebensmittel:

- **het brood** (*hätt broot*, das Brot)
- **het broodje** (*hätt broo-tjè*, das Brötchen)
- **het bruinbrood** (*hätt brèüjn-broot*, das Schwarzbrot)
- **het witbrood** (*hätt witt-broot*, das Weißbrot)
- **de cake** (*dè keek*, der Rührkuchen)
- **het gebak** (*hätt chè-back*, das Gebäck)
- **de koekjes** (*dè kuck-jèß*, die Kekse)
- **de boter** (*dè boo-tèr*, die Butter)
- **de margarine** (*dè marr-cha-rie-nè*, die Margarine)
- **de kaas** (*dè kaaß*, der Käse)
- **de karnemelk** (*dè karr-nè-mällk*, die Buttermilch)
- **de melk** (*dè mällk*, die Milch)
- **de room, de slagroom** (*dè room, dè ßlach-room*, die Sahne, die Schlagsahne)
- **het rundvlees** (*hätt rönnt-vleeß*, das Rindfleisch)
- **het varkensvlees** (*hätt varr-kènß-vleeß*, das Schweinefleisch)
- **het spek** (*hätt ßpäck*, der Speck)
- **de ham** (*dè hamm*, der Schinken)
- **de worst** (*dè worrst*, die Wurst)
- **de kip** (*dè kipp*, das Huhn)
- **de forel** (*dè fo-räll*, die Forelle)
- **de kabeljauw** (*dè ka-bèl-jau*, der Kabeljau)
- **de tonijn** (*dè too-näijn*, der Thunfisch)
- **de zalm** (*dè sallm*, der Lachs)
- **de garnalen** (*dè charr-naa-lèn*, die Krabben)
- **de kreeft** (*dè kreeft*, der Krebs/Hummer)

- ✔ **de mossel** (*dè moss-ßèll,* die Muschel)
- ✔ **de aardbei** (*dè aart-bäij,* die Erdbeere)
- ✔ **de appel** (*dè app-pèl,* der Apfel)
- ✔ **de banaan** (*dè ba-naan,* die Banane)
- ✔ **de peer** (*dè peer,* die Birne)
- ✔ **de sinaasappel** (*dè ßie-naa-ßapp-pèl,* die Apfelsine)
- ✔ **de aardappel** (*dè aart-app-pèl,* die Kartoffel)
- ✔ **de broccoli** (*dè brokk-koo-lie,* der Broccoli)
- ✔ **de champignon** (*dè schamm-pien-njon,* der Champignon)
- ✔ **de komkommer** (*dè komm-komm-mèr,* die Gurke)
- ✔ **de knoflook** (*dè knoff-look,* der Knoblauch)
- ✔ **de kropsla** (*dè kropp-ßlaa,* der Kopfsalat)
- ✔ **de paprika** (*dè paa-prie-kaa,* der Paprika)
- ✔ **de sperzieboon** (*dè ßpärr-sie-boon,* die Buschbohne)
- ✔ **de spinazie** (*dè ßpie-naa-sie,* der Spinat)
- ✔ **de tomaat** (*dè too-maat,* die Tomate)
- ✔ **de ui** (*dè èüj,* die Zwiebel)
- ✔ **de wortel** (*dè worr-tèl,* die Möhre)
- ✔ **de zuurkool** (*dè süür-kool,* das Sauerkraut)
- ✔ **de macaroni** (*dè ma-kaa-roo-nie,* die Makkaroni)
- ✔ **de rijst** (*dè räijßt,* der Reis)
- ✔ **de spaghetti** (*dè ßpa-chätt-tie,* die Spaghetti)
- ✔ **de salade** (*dè ßa-laa-dè,* der Salat)

Bezahlen und Wechselgeld bekommen

In Supermärkten ist die gängigste Art zu bezahlen inzwischen das **pinnen** (*pinn-nèn,* elektronisch bezahlen). Sie werden überall das Zeichen **PIN** sehen. Aber nur die Karten der niederländischen Banken werden in Supermärkten akzeptiert, das heißt, mit einer deutschen EC-Karte oder einer Kreditkarte können Sie leider nicht bezahlen. Nur wenige sehr große Supermärkte nehmen auch Kreditkarten. Wenn Sie mit Bargeld bezahlen, wird man Sie an der Kasse fragen:

- ✔ **Heeft u het gepast?** (*heeft ü èt chè-passt,* Haben Sie es passend?)
- ✔ **Heeft u er misschien een euro bij?** (*heeft ü ärr miss-ßchien een öh-roo bäij,* Haben Sie vielleicht noch einen Euro dazu?)

Und Sie könnten antworten:

- **Het spijt me, ik heb niet kleiner.** (*hätt ßpäijt mè ick häpp niet klei-nèr,* Es tut mir leid, ich habe es nicht kleiner.)
- **Het spijt me, ik heb helemaal geen kleingeld.** (*hätt ßpäijt mè ick häpp hee-lè-maal cheen klein-chällt,* Es tut mir leid, ich habe gar kein Kleingeld mehr.)

Nach dem Bezahlen: »Bonnetje erbij?«

Nachdem Sie bezahlt haben, wird Ihnen das Verkaufspersonal folgende Frage stellen: **Wilt u de bon erbij?** (*willt ü dè bonn ärr-bäij,* Möchten Sie den Kassenzettel?) oder etwas informeller: **Bonnetje erbij?** (*bonn-nè-tjè ärr-bäij,* Kassenzettel dazu?)

Da die Niederländer gern an Aktionen teilnehmen und **zegels sparen** (*see-chèlß ßpaa-rèn,* Rabattmarken sammeln), wird das Kassenpersonal fragen: **Spaart u zegels?** (*ßpaart ü see-chèlß,* Sammeln Sie Marken?) oder: **Zegels erbij?** (*see-chèlß ärr-bäij,* Marken dazu?)

Viele Geschäfte und Tankstellen haben eigene Kundenkarten, mit denen man Punkte sammelt, die sich später in Gutscheine oder Prämien eintauschen lassen. Die beliebteste und am weitesten verbreitete Sammelaktion betrifft Air Miles. Deshalb wird man Sie auch öfters nach dem Einkauf oder dem Tanken fragen: **Wilt u airmiles?** (*willt ü ähr-meilß,* Sammeln Sie Air Miles?)

Lebensmittel auf einem Markt einkaufen

Traditionelle Märkte finden ein- bis zweimal wöchentlich auf öffentlichen Plätzen kleinerer Städte statt. Amsterdam hat einige feste Märkte, die jeden Tag geöffnet sind: der **Albert Cuyp** (*all-bèrt kèüjp*) ist der bekannteste. Es gibt dort viele Stände mit niederländischen und exotischen Waren, sowohl Lebensmittel als auch Kleidung.

In den Supermärkten sind die meisten Waren vorverpackt und mit einem Preis versehen. Größere Supermärkte bieten an besonderen Theken Brot, Käse und Fleischwaren an. Dort können Sie nach den gewünschten Mengen und Sorten fragen.

Sie beginnen mit: **Ik wil graag** (*ick will chraach,* Ich möchte gern) und dann weiter mit der gewünschten Menge:

- **een ons** (*een onnß,* 100 Gramm)
- **een half pond** (*een hallf ponnt,* 250 Gramm/ein halbes Pfund)
- **een pond** (*een ponnt,* 500 Gramm/ein Pfund)
- **anderhalf pond** (*ann-dèr-hallf ponnt,* 750 Gramm)
- **een kilo** (*een kie-loo,* ein Kilogramm)
- **één stuk, twee stuks** (*een ßtöck, twee ßtöckß,* ein Stück, zwei Stück)
- **één plak, twee plakken** (*een plack, twee plack-kèn,* eine Scheibe, zwei Scheiben)

Nach der Mengenangabe folgt die Sortenbezeichnung dessen, was Sie sich ausgesucht haben, genau wie im Deutschen:

- ✔ **Ik wil graag een kilo appels.** (*ick will chraach een kie-loo app-pèlß*, Ich möchte gern ein Kilo Äpfel.)
- ✔ **Ik wil graag een pond kaas.** (*ick will chraach een ponnt kaaß*, Ich möchte gern ein Pfund Käse.)
- ✔ **Twee plakken ham graag.** (*twee plack-kèn hamm chraach*, Zwei Scheiben Schinken bitte.)

Der Umgang mit der Frage »Mag het ietsje meer zijn?«

Marktverkäufer versuchen oft, ein wenig mehr zu verkaufen, als ursprünglich vom Kunden gewünscht. Das gilt besonders für leicht verderbliche Waren, die am Ende eines Markttags verkauft sein müssen. Die Frage **Mag het ietsje meer zijn?** (*mach èt ie-tschè meer säijn*, Darf es etwas mehr sein?) wird beim Abwiegen sicherlich ab und zu gestellt. Wenn Sie zunächst den Preis dafür wissen wollen und er Ihnen noch nicht genannt wurde, können Sie fragen: **Hoeveel kost het dan?** (*hu-veel kosst datt dann*, Wie viel kostet es dann?), und wenn Sie einverstanden sind, können Sie antworten: **Dat is goed.** (*datt iss chutt*, Das ist okay.)

Es ist unüblich, bei Lebensmitteln um den Preis zu feilschen. Märkte, die hauptsächlich von Nicht-Niederländern mit einem anderen kulturellen Hintergrund besucht werden, kennen hingegen ihre eigenen Gesetze. So ein Markt ist zum Beispiel der **Zwarte markt** (*swarr-tè marrkt*, Schwarzmarkt), der jeden Sonntag in Beverwijk, in der Nähe von Amsterdam abgehalten wird.

Track 14: Im Gespräch

Petra Harskamp kauft jeden Samstag Obst, Blumen und frischen Fisch auf dem Wochenmarkt. Heute möchte sie außerdem Käse kaufen.

Marktverkäufer: **Goedemorgen, waarmee kan ik u helpen?**

chu-dè-morr-chèn waar-mee kann ick ü häll-pèn

Guten Morgen, womit kann ich dienen?

Petra Harskamp: **Een pond belegen Noord-Hollander graag.**

een ponnt bè-lee-chèn noort-holl-lann-dèr chraach

Ein Pfund gereiften Nordholländer Käse.

Marktverkäufer: **Ik heb hier een mooi stuk. Mag het ietsje meer zijn? Het is 600 gram.**

ick häpp hier een mooij stöck. mach èt ie-tschè meer säijn? èt iss säss-honn-dert chramm

Ich habe hier ein schönes Stück. Darf es etwas mehr sein? Es sind 600 Gramm.

Petra Harskamp: **Dat is goed. Wat voor soort oude kaas heeft u?**

datt iss chutt. watt voor ßoort au-wè kaaß heeft ü?

Das ist in Ordnung. Welche Sorten alten Käse haben Sie?

Marktverkäufer: **Ik heb Edammer en Maaslander. Wilt u proeven?**

ick häpp ee-dam-mer änn maaß-lann-dèr. willt ü pru-vèn?

Ich habe Edamer und Maasländer. Möchten Sie probieren?

Petra Harskamp: **Ja graag. Ik vind de Maaslander lekker. Hoeveel kost die?**

jaa chraach. ick vinnt dè maaß-lann-dèr läck-kèr. hu-veel kosst die?

Ja gern. Mir schmeckt der Maasländer. Wie viel kostet der?

Marktverkäufer: **U mag dit stuk van anderhalf pond hebben voor Euro 8,50.**

ü mach ditt stöck vann ann-dèr-hallf ponnt häbb-bèn voor acht öh-roo väijf-tèch

Sie können dieses Stück mit 750 Gramm für 8,50 Euro haben.

Petra Harskamp: **Oké dank u.**

oo-kee dangk ü

Okay, vielen Dank.

Marktverkäufer: **Anders nog iets?**

ann-dèrß noch ietß

Sonst noch etwas?

Petra Harskamp: **Nee, dank u. Dat is het.**

nee dangk ü. datt iss èt

Nein, danke. Das ist alles.

Kleiner Wortschatz

Niederländisch	Aussprache	Deutsch
een stuk	*èn ßtöck*	ein Stück
een soort	*èn ßoort*	eine Sorte
proeven	*pru-vèn*	probieren
lekker vinden	*läck-kèr vinn-dèn*	etwas lecker finden, es schmeckt
kosten	*koss-tèn*	kosten

Alles Käse

Der niederländische Käse ist über die Grenzen des Landes hinaus berühmt und beliebt. Die meisten Sorten tragen regionale Namen, die auf ihre Herkunft verweisen. **Edammer** (*ee-damm-mèr*, Käse aus Edam, nördlich von Amsterdam gelegen) ist ein kleiner runder Käse, mit einer roten Wachshaut eingewickelt ist. **Maaslander** (*maaß-lann-dèr*) ist ein milder Käse mit wenig Salz. **Oud Amsterdam** (*aut amm-ßtèr-damm*) hat einen kräftigen Geschmack und ist aufgrund seiner Reife sehr salzig. Die meisten Sorten werden in drei Reifegraden angeboten: **jong** (*jong*, jung), **belegen** (*bè-lee-chèn*, mittelalt) und **oud** (*aut*, alt). Der Reifegrad ist abhängig von der Dauer, die ein Käse in der **kaasboerderij** (*kaaß-bur-dèr-räij*, Käsehof, Meierei) oder der **kaasfabriek** (*kaaß-fa-briek*, Käsefabrik) gereift ist.

Obwohl der Käse ein traditionelles, jahrhundertealtes Produkt der Niederländer ist, kommen jährlich neue Sorten auf den Markt. Meistens sind das Käsesorten, die weniger Fett und Salz enthalten als ältere Sorten, deren Fettgehalt immerhin zwischen 40 und 60 Prozent liegt.

Einkaufen bis zum Umfallen

7

In diesem Kapitel

- Die besten Adressen zum Einkaufen finden
- Alles rund ums Einkaufen
- Kleidung kaufen
- Auf etwas hinweisen mit **deze**, **die**, **dit** und **dat**
- Dinge miteinander vergleichen
- Über den Markt bummeln

Ein Einkaufsbummel in einem anderen Land macht nicht nur Spaß, er kann auch neue Einblicke in eine andere Kultur vermitteln. Wenn Sie gern alles an einem Ort haben, gehen Sie am besten in ein großes Kaufhaus, das es in allen größeren Städten gibt.

Fast alle niederländischen Städte haben ein überschaubares, gut erreichbares Stadtzentrum mit einer Fußgängerzone, in der man eine große Auswahl an Geschäften findet. Parkhäuser, in denen Sie gegebenenfalls Ihr Auto abstellen können, gibt es ebenfalls in allen Stadtzentren. Mitunter ist es schwer, Fachgeschäfte zu finden; schauen Sie am besten vorher im Internet nach.

Die besten Geschäfte finden

In größeren Städten gibt es verschiedene Geschäfte:

- ✔ **het warenhuis** (*hätt waa-rèn-hèüjs*, das Kaufhaus)
- ✔ **de speciaalzaak** (*dè ßpee-ßjaal-saak*, das Fachgeschäft) wie zum Beispiel:
  - **de antiquair** (*dè ann-tie-kähr*, der Antiquitätenladen)
  - **de bloemenwinkel** (*dè blu-mèn-wing-kèl*, der Blumenladen)
  - **de boekwinkel** (*dè buck-wing-kèl*, der Buchladen)
  - **de computerwinkel** (*dè comm-pju-tèr-wing-kèl*, der Computerladen)
  - **de delicatessenwinkel** (*dè dee-lie-kaa-täss-ßèn-wing-kèl*, der Feinkostladen)
  - **de dierenwinkel** (*dè die-rèn-wing-kèl*, der Zoohandel)
  - **de drogisterij** (*dè droo chiss tèr räij*, der Drogeriemarkt
  - **de juwelier** (*dè jü-wè-lier*, der Juwelier)
  - **de kledingzaak** (*dè klee-ding-saak*, das Bekleidungsgeschäft)

- **de leerwinkel** (*dè leer-wing-kèl,* das Lederfachgeschäft)
- **de notenbar** (*dè noo-tèn-barr,* Geschäft für Nüsse und Knabbereien)
- **de parfumerie** (*dè parr-fü-mè-rie,* die Parfümerie)
- **de poelier** (*dè pu-lier,* Wild und Geflügel)
- **de schoenenzaak** (*dè ßchu-nèn-saak,* das Schuhgeschäft)
- **de sportzaak** (*dè ßporrt-saak,* das Sportgeschäft)
- **de telefoonwinkel** (*dè tee-lè-foon-wing-kèl,* das Telefongeschäft)

In Wortzusammensetzungen bedeutet das Suffix **-winkel** -laden und **-zaak** steht für Geschäft.

Die meisten Geschäfte sind von 9 bis 18 Uhr geöffnet, Supermärkte von 9 bis 20 Uhr. An einem Abend in der Woche, oft donnerstags oder freitags, gibt es verlängerte Öffnungszeiten bis 21 Uhr: den sogenannten **koopavond** (*koop-aa-vonnt,* Einkaufsabend). Am Samstag schließen die Geschäfte um 17 Uhr. In den großen Städten sind einige Geschäfte auch sonntags geöffnet. Außerdem gibt es verkaufsoffene Sonntage, an denen große Gartencenter, Bau- und Elektronikmärkte außerhalb der Städte geöffnet sind. Ebenfalls außerhalb der Stadt, meistens in der Nähe der Autobahn, finden Sie **de meubelboulevard** (*möh-bèl-bu-lè-vaar,* das Möbelhaus) mit Bad- und Küchenstudios. Diese Geschäfte sind nicht nur sonntags geöffnet, sondern auch an bestimmten Feiertagen. Schauen Sie wegen der Öffnungszeiten am besten auf den Websites der betreffenden Geschäfte nach.

In Orten, die vom Tourismus geprägt sind, wie den Badeorten an der Nordsee, bleiben die Geschäfte auch abends und an den Wochenenden in der Feriensaison geöffnet.

Wenn Sie sich nach den Öffnungszeiten der Geschäfte erkundigen möchten, können Sie folgende Fragen stellen:

- ✔ **Wanneer is deze winkel open?** (*wann-neer iss dee-se wing-kèl oo-pèn,* Wann ist dieser Laden geöffnet?)
- ✔ **Wanneer bent u gesloten?** (*wann-neer bännt ü chè-sloo-tèn,* Wann haben Sie geschlossen?)
- ✔ **Hoe laat sluit u vanavond?**(*hu laat slèüjt ü vann-a-vonnt,* Um wie viel Uhr schließen Sie heute Abend?)
- ✔ **Bent u open op zondag?** (*bännt ü oo-pèn opp sonn-dach,* Haben Sie am Sonntag geöffnet?)

Das Verb zum Thema Einkaufen: »kopen«

Das Verb **kopen** (*koo-pèn*) ist sehr wichtig. Viele Wörter leiten sich daraus ab, wie zum Beispiel **te koop** (*tè koop,* zu verkaufen) und **de uitverkoop** (*èüjt-vèr-koop,* der Schlussverkauf). Das Verb **kopen ist** regelmäßig, allerdings muss die Schreibweise angepasst werden, um den langen Klang des Vokals **o** in allen Formen der Konjugation zu erhalten.

Konjugation	Aussprache
ik koop	*ick koop*
jij koopt	*jäij koopt*
hij/zij/het koopt	*häij/säij/hätt koopt*
u koopt	*ü koopt*
wij kopen	*wäij koo-pèn*
jullie kopen	*jöll-lie koo-pèn*
zij kopen	*säij koo-pèn*

Im und ums Geschäft

Wenn Sie in einem Kaufhaus Hilfe brauchen, um das Gesuchte zu finden, können Sie bei **Inlichtingen** (*inn-lich-ting-èn,* die Information) nachfragen. Wenn Sie nach etwas Bestimmtem suchen, können Sie eine der folgenden Fragen benutzen. Am Ende der Frage setzen Sie dann einfach den Plural des gesuchten Artikels ein:

✔ **Waar zijn de ...?** (*waar säijn dè,* Wo sind die ...?)

✔ **Waar zijn de badjassen?** (*waar säijn dè batt-jass-ßèn,* Wo sind die Bademäntel?)

Sie können auch folgende Frageformulierungen verwenden, indem Sie ein Wort im Plural oder Singular einsetzen:

✔ **Waar kan ik ... vinden?** (*waar kann ick ... vinn-dèn,* Wo kann ich ... finden?)

✔ **Waar kan ik de badjassen vinden?** (*waar kann ick dè batt-jass-ßèn vinn-dèn,* Wo kann ich die Bademäntel finden?)

✔ **Waar kan ik een badjas vinden?** (*waar kann ick èn batt-jass vinn-dèn,* Wo kann ich einen Bademantel finden?)

Der Verkäufer wird entweder sagen: **Die verkopen we niet.** (*die vèr-koo-pèn wè niet,* Die führen wir nicht.), oder man wird Sie in die entsprechende Abteilung im Kaufhaus schicken, mit den Worten:

✔ **op de parterre** (*opp dè parr-tärr-rè,* im Erdgeschoss)

✔ **in het souterrain** (*inn èt su-tèr-ränn,* im Untergeschoss)

✔ **op de eerste verdieping** (*opp dè eer-ßte vèr-die-ping,* auf der ersten Etage)

✔ **een verdieping hoger** (*een vèr-die-ping hoo-chèr,* eine Etage höher)

✔ **een verdieping lager** (*een vèr-die-ping laa-chèr,* eine Etage tiefer)

Wenn Sie sich in einer Abteilung zunächst einmal ein wenig umschauen möchten, können Sie fragen: **Waar kan ik ... vinden?** (*waar kann ick ... vin-dèn,* Wo kann ich ... finden?) und dann die Bezeichnung der Abteilung einsetzen:

✔ **huishoudelijke artikelen** (*hèüjs-hau-dè-lè-kè arr-tie-kè-lèn,* Haushaltswaren)

- **herenkleding** (*hee-rèn-klee-ding,* Herrenbekleidung)
- **dameskleding** (*daa-mès-klee-ding,* Damenbekleidung)
- **kinderkleding** (*kinn-dèr-klee-ding,* Kinderbekleidung)
- **de schoenenafdeling** (*dè ßchu-nèn-aff-dee-ling,* die Schuhabteilung)
- **de parfumerie** (*dè parr-fü-mè-rie,* die Parfümerie)
- **de lift** (*dè lifft,* der Lift/Aufzug)
- **de roltrap** (*dè roll-trapp,* die Rolltreppe)

Höflich um Hilfe bitten

Wenn Sie jemanden um Hilfe bitten, sollten Sie das natürlich höflich tun. **Kunt u mij vertellen waar de badjassen zijn?** (*könnt ü mäij vèr-täll-lèn waar dè batt-jass-ßèn säijn,* Können Sie mir sagen, wo die Bademäntel sind?) Sie können auch das Wort **misschien** (*miss-ßchien,* vielleicht) einflechten. Die Frage **Kunt u mij misschien vertellen waar de badjassen zijn?** (*könnt ü mäij miss-ßchien vèr-täll-lèn waar dè batt-jass-ßèn säijn,* Können Sie mir vielleicht sagen, wo die Bademäntel sind?) klingt doch wesentlich höflicher, oder?

Wenn Sie den Eindruck haben, jemanden zu stören, zum Beispiel weil er gerade anderweitig beschäftigt ist, können Sie Ihre Frage mit einer Entschuldigung beginnen: **Sorry, kunt u mij vertellen waar de badjassen zijn?** (*sorr-rie könnt ü mäij vèr-täll-lèn waar dè batt-jass-ßèn säijn,* Entschuldigung, können Sie mir sagen, wo die Bademäntel sind?)

Sich nur mal umschauen

Manchmal will man sich einfach nur umschauen. Trotzdem wird das Verkaufspersonal Sie mit folgenden Fragen ansprechen, um sicher zu sein, dass Sie keine Beratung wünschen:

- **Wilt u geholpen worden of rondkijken?** (*willt ü chè-holl-pèn worr-dèn off ronnt-käij-kèn,* Brauchen Sie Hilfe oder möchten Sie sich umschauen?)
- **Kan ik u misschien helpen?** (*kann ick ü miss-ßchien häll-pèn,* Kann ich Ihnen vielleicht helfen?)

In kleineren Geschäften wird man Sie, während Sie sich umschauen, vielleicht auch fragen: **Zoekt u iets speciaals?** (*suckt ü ietß ßpee-ßjaalß,* Suchen Sie etwas Bestimmtes?) Wenn Sie sich aber nur umschauen wollen, können Sie freundlich erwidern:

- **Ik wil graag rondkijken.** (*ick will chraach ronnt-käij-kèn,* Ich möchte mich gern umschauen.)

Das Verkaufspersonal wird darauf reagieren:

- **Natuurlijk. Zegt u het maar als u een vraag heeft.** (*na-tür-lèk sächt ü èt maar allß ü èn vraach heeft,* Natürlich. Melden Sie sich ruhig, wenn Sie eine Frage haben.)
- **Roept u me als u een vraag heeft.** (*rupt ü mè allß ü een vraach heeft,* Rufen Sie mich, wenn Sie eine Frage haben.)

Sich helfen lassen

Manchmal ist es hilfreich, wenn das Verkaufspersonal beratend zur Seite steht. Wenn Sie das wünschen, könnten Sie sagen:

- ✔ **Kunt u mij alstublieft helpen? Ik zoek ...** (*könnt ü mäij all-ßtü-blieft häll-pèn? ick suck* ... Können Sie mir bitte helfen? Ich suche ...)
- ✔ **Ja graag, dank u.** (*jaa chraach dangk ü,* Ja gern, vielen Dank.)

Man wird Ihnen folgende Fragen stellen:

- ✔ **Welke maat zoekt u?** (*wäll-kè maat suckt ü,* Welche Größe suchen Sie?)
- ✔ **Welke kleur zoekt u?** (*wäll-kè klöhr suckt ü,* Welche Farbe suchen Sie?)
- ✔ **Hoe vindt u deze kleur?** (*hu vinnt ü dee-sè klöhr,* Wie finden Sie diese Farbe?)

Kleidung kaufen

Hier finden Sie (fast) alles, was Ihr Herz begehrt. Viele Artikelbezeichnungen sind für Männer und Frauen gleich, manche aber auch nicht.

Kleidungsstücke, die vor allem für Frauen bestimmt sind, sind:

- ✔ **de blouse/bloes** (*dè bluss,* die Bluse)
- ✔ **de jurk** (*dè jörrk,* das Kleid)
- ✔ **het pak, het mantelpak** (*hätt pack/hätt mann-tèl-pack,* das Kostüm)
- ✔ **het broekpak** (*hätt bruck-pack,* der Hosenanzug)
- ✔ **de rok** (*dè rock,* der Rock)

Für Männer gibt es:

- ✔ **het overhemd** (*hätt oo-vèr-hämmt,* das (Ober-)Hemd)
- ✔ **het colbert** (*hätt koss-tüm,* das Sakko)
- ✔ **de pantalon** (*dè pann-taa-lonn,* die Anzughose)
- ✔ **het pak** (*hätt pack,* der Anzug)
- ✔ **de das** (*dè dass,* die Krawatte)

Folgende Kleidungsstücke werden von Männern und Frauen getragen:

- ✔ **de pullover** (*dè pull-loo-ver*), **de trui** (*dè trèüj,* beides der Pullover)
- ✔ **het sweatshirt** (*hätt ßwätt-schörrt,* das Sweatshirt)
- ✔ **het jasje** (*hätt jass-schè,* die Jacke)
- ✔ **de blazer** (*dè blee-sèr,* der Blazer)
- ✔ **het vest** (*hätt vässt,* die Strickjacke)

- **de jas** (*dè jass,* die Jacke)
- **de broek** (*dè bruck,* die Hose)
- **het T-shirt** (*hätt tie-schörrt,* das T-Shirt)

Kleidungsstücke werden nicht nur aus unterschiedlichen Materialien hergestellt, sondern auch in verschiedenen Stilen angeboten. Um das zu beschreiben, braucht man folgende Begriffe:

- **de zijde** (*dè säij-dè,* die Seide)
- **de wol** (*dè woll,* die Wolle)
- **de katoen** (*dè ka-tun,* die Baumwolle)
- **het linnen** (*hätt linn-nèn,* das Leinen)
- **het leer** (*hätt leer,* das Leder)
- **gestreept** (*chè-ßtreept,* gestreift)
- **geruit** (*chè-rèüjt,* kariert)
- **gebloemd** (*chè-blummt,* geblümt)
- **met stippen** (*mätt ßtipp-pèn,* mit Punkten)
- **effen** (*äff-fèn,* einfarbig)
- **sportief** (*ßporr-tief,* sportlich)
- **gekleed/netjes** (*chè-kleet/nätt-tjèß),* elegant)

Größen und Farben

Haben Sie eine Lieblingsfarbe? Hier finden Sie die niederländischen Bezeichnungen der Grundfarben:

- **zwart** (*swarrt,* schwarz)
- **wit** (*witt,* weiß)
- **rood** (*root,* rot)
- **geel** (*cheel,* gelb)
- **blauw** (*blau,* blau)
- **groen** (*chrun,* grün)

Diese Wörter werden als Adjektive benutzt, das heißt, sie beschreiben das Substantiv, zu dem sie gehören. In der Umschreibung **de zwarte jas** (*dè swarr-tè jass,* die schwarze Jacke) sagt **zwarte** etwas über die Jacke aus. In **het blauwe T-shirt** (*hätt blau-wè tie-schörrt,* das blaue T-Shirt) sagt das Adjektiv **blauwe**, dass dieses T-Shirt blau ist. Mehr über den Gebrauch von Adjektiven und deren Stellung im Satz finden Sie in Kapitel 2.

Die richtige Größe kennen

In den meisten Kleidungsstücken findet man die Größenangaben in drei oder mehr Versionen. Neben den in Deutschland und den Niederlanden verwendeten europäischen Konfektionsgrößen gibt es auch noch amerikanische und britische Größen. Wenn Sie sich nicht sicher sind, nach welcher Größe Sie suchen sollten, kann Ihnen diese Übersicht vielleicht weiterhelfen:

Damenkleidung		
NL/D	UK	US
34	8	6
36	0	8
38	12	10
40	4	12
42	16	14
44	18	16
46	20	18
48	22	20

Herrenhemden		
NL/D	UK	US
37	14 ½	14 ½
38	15	15
39,5	15 ½	15 ½
41	16	16
42	16 ½	16 ½
43	17	17
44	17 ½	17 ½

Track 15: Im Gespräch

Petra Harskamp ist in einem Geschäft für Damenbekleidung. Sie möchte eine Bluse kaufen und unterhält sich mit der Verkäuferin.

Verkäuferin: **Kan ik u helpen?**

kann ick ü häll-pèn

Kann ich Ihnen helfen?

Petra Harskamp: **Ja graag, ik zoek een blouse.**
ja chraach ick suck èn bluss
Ja gern, ich suche eine Bluse.

Verkäuferin: **Welke kleur moet het zijn?**
wäll-kè klöhr mut èt säijn
Welche Farbe soll es sein?

Petra Harskamp: **Wit.**
witt
Weiß.

Verkäuferin: **Zoekt u naar iets sportiefs?**
suckt ü naar ietß ßporr-tießß
Suchen Sie etwas Sportliches?

Petra Harskamp: **Nee, ik zoek een geklede blouse.**
nee ick suck een chè-klee-dè bluss
Nein, ich suche eine elegante Bluse.

Verkäuferin: **Prima. Welke maat heeft u?**
prie-maa wäll-kè maat heeft ü
Gut. Welche Größe haben Sie?

Petra Harskamp: **Maat 40.**
maat veer-tèch
Größe 40.

Verkäuferin: **Hoe vindt u dit model?**
hu vinnt ü ditt moo-däll
Wie gefällt Ihnen dieses Modell?

Petra Harskamp: **Ik vind het erg mooi.**
ick vinnt èt ärrch mooij
Es gefällt mir sehr gut.

Kleiner Wortschatz

Niederländisch	Aussprache	Deutsch
gekleed	*chè-kleet*	elegant
de maat	*dè maat*	die Größe
het model	*hätt moo-däll*	das Modell

Hinweisen: »deze«, »die«, »dit«, »dat«

In fast allen Bekleidungsgeschäften können Sie sich die Sachen selbst nehmen und anprobieren. In anderen Geschäften, wie etwa bei einem Juwelier, können Sie sich nicht selbst bedienen und müssen auf das, was Sie gern hätten, hinweisen. Dazu benötigen Sie die richtigen Wörter, die Demonstrativpronomen »dieses« oder »jenes«. Im Niederländischen gibt es vier Demonstrativpronomen, zwei für **de**-Wörter und zwei für **het**-Wörter.

Wenn sich das Demonstrativpronomen auf ein **de**-Wort bezieht, verwenden Sie immer **deze** (*dee-sè*) oder **die** (*die*):

- ✔ **de** wird zu **deze** (dieses/diese, hier vorn) oder **die** (jener/jene, dort hinten)
- ✔ **de pullover** (*dè pull-loo-vèr,* der Pullover) wird zu **deze pullover** (*dee-sè pull-loo-vèr,* dieser Pullover), **die pullover** (*die pull-loo-vèr,* jener Pullover)
- ✔ **de rok** (*dè rock,* der Rock) wird zu **deze rok** (*dee-sè rock,* dieser Rock), **die rok** (*die rock,* jener Rock)
- ✔ **de sok** (*dè sock,* die Socke) wird zu **deze sok** (*dee-sè sock,* diese Socke), **die sok** (*die sock,* jene Socke)

Wenn das Wort, auf das Sie sich beziehen, ein **het**-Wort ist, verwenden Sie immer **dit** oder **dat**:

- ✔ **het** wird zu **dit** (dieses, hier vorn) oder **dat** (jenes, dort hinten)
- ✔ **het overhemd** (*hätt oo-vèr-hämmt,* das Oberhemd) wird zu **dit overhemd** (*ditt oo-vèr-hämmt,* dieses Oberhemd), **dat overhemd** (*datt oo-vèr-hämmt,* jenes Oberhemd)
- ✔ **het T-shirt** (*hätt tie-schörrt,* das T-Shirt) wird zu **dit T-shirt** (*ditt tie-schörrt,* dieses T-Shirt), **dat T-shirt** (*datt tie-schörrt,* jenes T-Shirt)
- ✔ **het vest** (*hätt vässt,* die Strickjacke) wird zu **dit vest** (*ditt vässt,* diese Strickjacke), **dat vest** (*datt vässt,* jene Strickjacke)

Der Plural wird Ihnen keine Probleme bereiten, da alle Wörter im Plural den Artikel **de** erhalten und die **de**-Wörter immer die Demonstrativpronomen **deze** oder **die** erhalten:

- ✔ **de** wird zu **deze** (diese, hier vorn) oder **die** (jene, dort hinten)
- ✔ **de pullovers** wird zu **deze pullovers** (*dee-sè pull-loo-vèrß,* diese Pullover), **die pullovers** (*die pull-loo-vèrß,* jene Pullover)

- **de overhemden** wird zu **deze overhemden** (*dee-sè oo-vèr-hämm-dèn,* diese Oberhemden), **die overhemden** (*die oo-vèr-hämm-dèn,* jene Oberhemden)

Ein **de**-Wort kann männlich oder weiblich sein, das spielt für das Demonstrativpronomen keine Rolle. Sie verwenden also unabhängig vom Geschlecht immer **deze** und **die** für Wörter mit dem Artikel **de**:

- **de man** wird zu **deze man** (*dee-sè mann,* dieser Mann), **die man** (*die mann,* jener Mann)
- **de vrouw** wird zu **deze vrouw** (*dee-sè vrau,* diese Frau), **die vrouw** (*die vrau,* jene Frau)

Machen Sie es mit den Demonstrativpronomen **deze, die, dit** und **dat** wie die Niederländer: Lassen Sie sich ein wenig Zeit. Hier sehen Sie eine Eselsbrücke, die Ihnen vielleicht bei der Einteilung hilft:

- **d e**
- **d eze**
- **d ie**

Alle drei Demonstrativpronomen fangen mit **d** an. So können Sie sich merken, dass für **d**e-Wörter (de auto) das Demonstrativpronomen **d**eze (deze auto) oder **d**ie (die auto) verwendet wird.

- **he t**
- **di t**
- **da t**

Alle drei Demonstrativpronomen enden mit einem **t.** So können Sie sich merken, dass für he**t**-Wörter (he**t** huisje) das Demonstrativpronomen di**t** (dit huisje) oder da**t** (dat huisje) verwendet wird.

Das Richtige finden und es anprobieren

Wenn Sie etwas finden, was Ihnen gefällt, möchten Sie es auch anprobieren. Sie können dem Verkäufer folgende Fragen stellen und die Bezeichnung des betreffenden Artikels einfügen:

- **Kan ik dit .../deze ... passen?** (*kann ick dit/dee-sè pass-ßèn,* Kann ich diese/diesen/dieses ... anprobieren?)
- **Kan ik dit colbert passen?** (*kann ick ditt koll-bähr pass-ßèn,* Kann ich dieses Sakko anprobieren?)
- **Kan ik deze broek passen?** (*kann ick dee-sè bruck pass-ßèn,* Kann ich diese Hose anprobieren?)

Der nächste Satz wird Ihnen ebenfalls helfen:

- **Waar zijn de paskamers?** (*waar säijn dè pass-kaa-mèrß,* Wo sind die Umkleidekabinen?)

Wenn man Sie schon bedient, könnten Sie gefragt werden:

✔ **Wilt u dat passen?** (*willt ü datt pass-ßèn,* Möchten Sie das anprobieren?)

Nachdem Sie anprobiert haben, wird Ihnen der Verkäufer folgende Fragen stellen, um herauszufinden, ob Sie zufrieden sind:

✔ **Past het?** (*passt èt,* Passt es?)

✔ **Hoe is het?** (*hu iss èt,* Wie ist es?)

✔ **Wat vindt u ervan?** (*watt vinnt ü ärr-vann,* Wie finden Sie es?)

Sie können eine der folgenden Antworten geben:

✔ **Het is te lang.** (*hätt iss tè lang,* Es ist zu lang.)

✔ **Het is te kort.** (*hätt iss tè kort,* Es ist zu kurz.)

✔ **Het is te groot.** (*hätt iss tè chroot,* Es ist zu groß.)

✔ **Het is te klein** (*hätt iss tè klein,* Es ist zu klein.)

✔ **Het is te wijd.** (*hätt iss tè wäijt,* Es ist zu weit.)

✔ **Het is te strak.** (*hätt iss tè ßtrack,* Es ist zu eng.)

✔ **Het zit hier niet goed.** (*hätt sitt hier niet chutt,* Es sitzt hier nicht gut.)

✔ **Ik denk dat ik een grotere maat nodig heb.** (*ick dängk datt ick èn chroo-tè-rè maat noo-dèch häpp,* Ich glaube, ich brauche es eine Nummer größer.)

✔ **Ik denk dat ik een kleinere maat nodig heb.** (*ick dängk datt ick èn kläij-nè-rè maat noo-dèch häpp,* Ich glaube, ich brauche es eine Nummer kleiner.)

✔ **Kunt u mij een andere maat brengen?** (*könnt ü mäij èn ann-dè-rè maat bräng-èn,* Können Sie mir eine andere Größe bringen?)

✔ **Ik denk dat het prima past.** (*ick dängk datt èt prie-maa passt,* Ich glaube, es passt gut.)

✔ **Ik vind het leuk staan.** (*ick vinnt èt löhk ßtaan,* Ich finde, es steht mir gut.)

✔ **Ik vind het niet leuk staan.** (*ick vinnt èt niet löhk ßtaan,* Ich finde, es steht mir nicht gut.)

✔ **Ik vind het niet mooi.** (*ick vinnt èt niet mooij,* Ich finde es nicht schön.)

✔ **Ik heb liever de andere kleur.** (*ick häpp lie-vèr dè ann-dè-rè klöhr,* Ich möchte lieber die andere Farbe.)

✔ **Het spijt me, maar ik kan niet vinden wat ik zoek.** (*hätt ßpäijt mè maar ick kann niet vinn-dèn watt ick suck,* Es tut mir leid, aber ich finde nicht, wonach ich suche.)

✔ **Ik neem dit.** (*ick neem ditt,* Ich nehme dieses.)

✔ **Ik koop dit.** (*ick koop ditt,* Ich kaufe dieses.)

Besser, am besten – vergleichen

Wenn Sie etwas aussuchen und sich mit dem Verkaufspersonal darüber unterhalten, brauchen Sie Wörter, um auszudrücken, was Ihnen weniger, mehr oder am besten gefällt:

- **Dit is mooi.** (*ditt iss mooij,* Dieses ist schön.)
- **Dit is mooier.** (*ditt iss mooi-jer,* Dieses ist schöner.)
- **Dit is de mooiste.** (*ditt iss dè mooij-ßtè,* Dieses ist am schönsten.)

Wenn Sie die Qualität von etwas beschreiben, können Sie sagen: **dit is goed** (*ditt iss chutt,* das ist gut), **dit is beter** (*ditt iss bee-tèr,* das ist besser) oder **dit is het best** (*ditt iss èt bässt,* das ist am besten):

- **goed** (*chutt,* gut)
- **beter** (*bee-tèr,* besser)
- **het best** (*hätt bässt,* am besten)

Die regulären Steigerungsformen bilden Sie folgendermaßen:

- **leuk** (*löhk,* schön)
- **leuker** (*löh-kèr,* schöner)
- **de leukste** (*dè löhk-ßtè,* am schönsten)

Zuerst bilden Sie die Grundform des Adjektivs. Der Komparativ wird durch Anhängen der Endung -**er** gebildet, der Superlativ durch Anhängen von -**st**:

- **klein** (*kläijn,* klein)
- **kleiner** (*kläij-nèr,* kleiner)
- **het kleinst** (*hätt kläijnßt,* am kleinsten)

Wie so oft müssen Sie bei einigen Wörtern die Schreibweise anpassen, um den Klang des Stammvokals in allen Steigerungsformen zu erhalten. Im Wort **sneller** (*ßnäll-lèr*) muss zum Beispiel das **l** verdoppelt werden, damit der Vokal **e** kurz bleibt. Würden Sie dies nicht tun, erhielten Sie das Wort **sneler** (*ßnee-lèr*), was niemand verstehen würde, da es dieses Wort nicht gibt:

- **snel** (*ßnäll,* schnell)
- **sneller** (*ßnäll-ler,* schneller)
- **het snelst** (*hätt ßnällßt,* am schnellsten)

Umgekehrt gilt diese Anpassung der Schreibweise auch für lange Stammvokale. Sie müssen im Komparativ aufgrund der veränderten Silbentrennung nur einfach geschrieben und im Superlativ wieder verdoppelt werden. Schauen Sie sich das einmal am Beispiel von **groot** an:

- **groot** (*chroot,* groß)

✔ **groter** (*chroo-tèr,* größer)

✔ **het grootst** (*hätt chrootßt,* am größten)

Es gibt einige wenige Adjektive mit unregelmäßigen Steigerungsformen. Hier sind sie:

✔ **veel** (*veel,* viel)

- **meer** (*meer,* mehr)
- **het meest** (*hätt meeßt,* am meisten)

✔ **goed** (*chutt,* gut)

- **beter** (*bee-tèr,* besser)
- **het best** (*hätt bässt,* am besten)

✔ **weinig** (*wäij-nèch,* wenig)

- **minder** (*minn-dèr,* weniger)
- **het minst** (*hätt minnßt,* am wenigsten)

✔ **graag** (*chraach,* gern)

- **liever** (*lie-vèr,* lieber)
- **het liefst** (*hätt liefßt,* am liebsten)

Track 16: Im Gespräch

Petra Harskamp gefällt die Bluse, die ihr die Verkäuferin gezeigt hat. Sie möchte sie gern anprobieren.

Petra Harskamp: **Ik wil de blouse graag passen. Waar zijn de paskamers?**

ick will dè bluss chraach pass-ßèn. waar säijn dè pass-kaa-mèrß

Ich möchte die Bluse gern anprobieren. Wo sind die Umkleidekabinen?

Verkäuferin: **Deze kant op graag.**

dee-sè kannt opp chraach

Hier entlang, bitte.

Ein paar Minuten später kommt Petra aus der Umkleidekabine.

Verkäuferin: **Past hij?**

passt häij

Passt sie?

Petra Harskamp:	**Hij is te groot.**
	häij iss tè chroot
	Sie ist zu groß.
Verkäuferin:	**Ik heb hem ook kleiner, in maat 38. Wilt u die passen?**
	ick häpp hämm ook kläij-nèr inn maat acht-èn-därr-tèch. willt ü die pass-ßèn
	Ich habe sie auch kleiner, in Größe 38. Möchten Sie die anprobieren?
Petra Harskamp:	**Ja, ik wil graag een maat kleiner in het blauw.**
	jaa ick will chraach een maat kläij-nèr inn èt blau
	Ja, ich möchte gern eine Größe kleiner in blau.
	Während Petra probiert, fragt die Verkäuferin sie:
Verkäuferin:	**Is deze beter?**
	iss dee-sè bee-tèr
	Ist diese besser?
Petra Harskamp:	**Ja, hij past beter en blauw is leuker.**
	jaa häij passt bee-ter änn blau iss löh-kèr.
	Ja, sie passt besser und blau ist schöner.

Kleiner Wortschatz

Niederländisch	Aussprache	Deutsch
passen	*pass-ßèn*	anprobieren
de paskamer	*dè pass-kaa-mèr*	die Umkleidekabine
deze kant op	*dee-sè kannt opp*	hier entlang
past het?	*passt häij*	passt es?
in het blauw	*inn èt blau*	in blau

Sich nach dem Preis erkundigen

Petra Harskamp hat sich entschieden, sie hat sich aber noch nicht nach dem Preis erkundigt. Sie wird fragen:

Hoeveel kost hij? (*hu-veel kosst häij,* Wie viel kostet sie?)

»de«- und »het«-Wörter durch ein Pronomen ersetzen

Wenn Sie über **de-**Wörter sprechen, ohne sie direkt zu erwähnen, kann man sie mit **hij** ersetzen.

- ✔ **De blouse kost Euro 45.** (*dè bluss kosst väijf-èn-veer-tèch öh-roo,* Die Bluse kostet 45 Euro.)
- ✔ **Hij kost Euro 45.** (*häij kosst väijf-èn-veer-tèch öh-roo,* Sie kostet 45 Euro.)

In der Übersetzung sehen Sie, dass **hij** (*häij*) nicht mit »er« übersetzt wurde, da das Substantiv »Bluse« im Deutschen weiblich ist und man deshalb »sie« sagt, wenn die Bluse gemeint ist. Im Niederländischen ist das Substantiv **blouse** (*blus*) zwar auch weiblich, die Niederländer sind sich des Geschlechts der Substantive jedoch nicht bewusst. Für **de**-Wörter wird als Objektform also immer **hij** (*häij*) beziehungsweise **hem** (*hämm*) verwendet. Dies gilt allerdings nicht, wenn ein **de**-Wort ein natürliches Geschlecht hat, wie zum Beispiel **de vrouw** (*dè vrau,* die Frau) oder **de kat** (*dè katt,* die Katze).

Wenn Sie über **het-**Wörter sprechen, ohne sie dabei direkt zu erwähnen, kann man sie mit **het** ersetzen:

- ✔ **Het T-shirt kost Euro 20.** (*hätt schörrt kosst twinn-tèch öhr-roo,* Das T-Shirt kostet 20 Euro.)
- ✔ **Het kost Euro 20.** (*hätt kosst twinn-tèch öh-roo,* Es kostet 20 Euro.)

Track 17: Im Gespräch

Petra Harskamp entschließt sich dazu, die Bluse zu kaufen. Die Verkäuferin geht mit ihr zur Kasse und packt die Bluse für sie ein.

Kassiererin: **Dat is dan 45 Euro alstublieft. Wilt u pinnen?**

datt iss dann väijf-èn-veer-tèch öh-roo all-ßtü-blieft. willt ü pinn-nèn

Das macht dann 45 Euro. Möchten Sie mit Karte bezahlen?

Petra Harskamp: **Graag.**

chraach

Ja, gern.

Kassiererin: **Een ogenblikje alstublieft.**

èn oo-chèn-blick-kjè all-ßtü-blieft

Einen Augenblick, bitte.

Petra steckt die Karte falsch herum in das Gerät.

Kassiererin: **De strip aan deze kant alstublieft.**

dè ßtripp aan dee-sè kannt all-ßtü-blieft

	Den Magnetstreifen bitte an dieser Seite.
	Zo is het goed, dank u. En hier is uw bon.
	soo iss èt chutt dangk ü. änn hier iss üu bonn
	So ist es gut, vielen Dank. Und hier ist Ihr Kassenzettel.

Die Verkäuferin übergibt ihr die Tragetasche mit der Bluse.

Verkäuferin:	**Veel plezier ermee!**
	veel plè-sier ärr-mee
	Viel Freude damit.
Petra Harskamp:	**Dank u, tot ziens.**
	dangk ü tott sienß
	Danke, auf Wiedersehen.

Kleiner Wortschatz

Niederländisch	Aussprache	Deutsch
pinnen	*pinn-nèn*	mit EC-Karte bezahlen
een ogenblikje	*èn oo-chèn-blick-kjè*	einen Augenblick
aan deze kant	*aan dee-sè kannt*	an dieser Seite
de bon	*dè bonn*	der Kassenzettel
veel plezier ermee	*veel plè-sier ärr-mee*	viel Freude damit

Auf dem Markt einkaufen

Auf den meisten Wochenmärkten werden neben Lebensmitteln auch preiswerte Kleidungsstücke wie Jeans und T-Shirts angeboten. In den großen Städten gibt es Märkte, die exotische Lebensmittel und Stoffe im Angebot haben. Wenn Sie etwas Besonderes suchen, können Sie diese Formulierungen verwenden:

- ✔ **Heeft u …?** (*heeft ü …*, Haben Sie …?)
- ✔ **Waar kan ik … vinden?** (*waar kann ick … vinn-dèn*, Wo kann ich … finden?)
- ✔ **Verkopen ze … op deze markt?** (*vèr-koo-pèn sè … opp dee-sè marrkt*, Werden auf diesem Markt … verkauft?)

Man wird Folgendes antworten:

- ✔ **Nee, dat heb ik niet.** (*nee datt häpp ick niet*, Nein, das habe ich nicht.)
- ✔ **Nee, dat verkopen we niet.** (*nee datt vèr-koo-pèn wè niet*, Nein, das verkaufen wir nicht.)

Feilschen und Verhandeln auf Märkten in den Niederlanden

Die Niederländer waren schon immer Händler und sie kennen sich bestens im Verhandeln aus, wenn es um den Kauf oder Verkauf einer Immobilie geht. Trotzdem werden vor allem ältere Menschen auf einem Markt nicht über den Preis von Obst, Gemüse oder Kleidung verhandeln. Sie werden nur **afdingen** (*aff-ding-en*, den Preis herunterhandeln) und **onderhandelen** (*onn-dèr-hann-dè-lèn,* handeln), wenn es um den Kauf eines Hauses geht. Bei ihren wöchentlichen Einkäufen auf dem Markt zahlen Niederländer im Allgemeinen ohne zu handeln den verlangten Preis.

Nachdem sich die Niederlande immer mehr zu einer **multiculti** (*möll-tie-köll-tie,* multikulturellen) Gesellschaft entwickelt haben, haben die Sitten anderer Länder auch im Alltag ihren Einfluss gefunden. Deshalb wird **afdingen** und **onderhandelen** auf einem Markt oder in einem Geschäft inzwischen von der jüngeren Generation der Niederländer nicht mehr als unüblich betrachtet.

Erholung steht an erster Stelle

8

In diesem Kapitel

- Die Wochentage
- Spaß haben bei Shows und Veranstaltungen
- Zu einem Konzert gehen
- Zu einer Party gehen
- Eingeladen werden
- Erholung außerhalb der Stadt
- Sport, Sport und noch mal Sport

In diesem Kapitel dreht sich alles um die Freizeit, egal ob Sie nun ins Kino, ins Museum oder auf eine Party gehen. Jede größere Stadt in den Niederlanden hat eine Konzerthalle, ein paar Kinos, Museen, Festivals und Großveranstaltungen. In Ihrer Freizeit werden Sie die Niederländer und ihre Kultur besser kennenlernen. In den Regionalzeitungen, aber auch übers Internet können Sie sich in Wochenprogrammen über die Veranstaltungstermine in Ihrer Gegend informieren.

Bevor Sie sich jedoch auf den Weg machen, sollten Sie die Wochentage kennen. Schließlich müssen Sie wissen, wann der Spaß stattfindet.

Die Wochentage

In der Zeitung und im Internet finden Sie die Termine für die Filme oder die Veranstaltungen, die Sie interessieren. Die Wochentage werden Ihnen größtenteils bekannt vorkommen, sie ähneln den deutschen Bezeichnungen und erhalten alle den Artikel **de**, auch wenn er selten benutzt wird. Einen Unterschied gibt es noch: Tage und Monate werden im Niederländischen immer kleingeschrieben.

- ✔ **maandag** (*maan-dach*, Montag)
- ✔ **dinsdag** (*dinnß-dach*, Dienstag)
- ✔ **woensdag** (*wunnß-dach*, Mittwoch)
- ✔ **donderdag** (*donn-dèr-dach*, Donnerstag)
- ✔ **vrijdag** (*vräij-dach*, Freitag)
- ✔ **zaterdag** (*saa-tèr-dach*, Samstag)
- ✔ **zondag** (*sonn-dach*, Sonntag)

Wenn Sie über etwas sprechen, das immer am selben Wochentag geschieht, benutzen Sie diese Begriffe:

- **op maandag, 's maandags** (*opp maan-dach, ßmaan-dachß,* am Montag, montags)
- **op dinsdag, dinsdags** (*opp dinnß-dach, dinnß-dachß,* am Dienstag, dienstags)
- **op woensdag, 's woensdags** (*opp wunnß-dach, ßwunß-dachß,* am Mittwoch, mittwochs)
- **op donderdag, donderdags** (*opp donn-dèr-dach, donn-dèr-dachß,* am Donnerstag, donnerstags)
- **op vrijdag, vrijdags** (*opp vräij-dach, vräij-dachß,* am Freitag, freitags)
- **op zaterdag, 's zaterdags** (*opp saa-tèr-dach, ßaa-tèr-dachß,* am Samstag, samstags)
- **op zondag, 's zondags** (*opp sonn-dach, ßonn-dachß,* am Sonntag, sonntags)
- **Op zondag ga ik altijd voetballen.** (*opp sonn-dach chaa ick all-täijt vutt-ball-lèn,* Sonntags gehe ich immer Fußball spielen.)

Genauer sagen, wann

Wenn Sie über den nächsten oder den vorherigen Tag sprechen wollen, benutzen Sie diese Wörter:

- **vandaag** (*vann-daach,* heute)
- **gisteren** (*chiss-tè-rèn,* gestern)
- **eergisteren** (*eer-chiss-tè-rèn,* vorgestern)
- **morgen** (*morr-chèn,* morgen)
- **overmorgen** (*oo-vèr-morr-chèn,* übermorgen)

Wenn etwas im Laufe des Tages stattfinden soll und Sie genauer angeben möchten wann, können Sie den entsprechenden Tag einfach mit dem Tagesabschnitt **morgen** oder **ochtend** (*morr-chèn, och-tènt,* Morgen), **middag** (*midd-dach,* Nachmittag) beziehungsweise **avond** (*aa-vonnt,* Abend) zusammensetzen.

- **vanmorgen, vanochtend** (*vann-morr-chèn, vann-noch-tènt,* heute Morgen)
- **vanmiddag** (*vann-midd-dach,* heute Nachmittag)
- **vanavond** (*vann-naa-vonnt,* heute Abend)

Sie beginnen also mit dem Wort **van**, wenn Sie über den heutigen Tag sprechen. Wenn Sie über den morgigen Tag sprechen wollen, fangen Sie mit **morgen** an:

- **morgenochtend** (*morr-chèn-noch-tènt,* morgen Früh)
- **morgenmiddag** (*morr-chèn-midd-dach,* morgen Nachmittag)
- **morgenavond** (*morr-chè-naa-vonnt,* morgen Abend)
- **Morgenavond kijk ik naar de Soprano's.** (*morr-chè-naa-vonnt käijk ick naar dè soo-praanooß,* Morgen Abend schaue ich mir die *Sopranos* an.)

Das Stadtleben: Unendlich viele Angebote

Je länger Sie in einer der großen Städte in den Niederlanden leben, desto mehr Freizeitangebote werden Sie entdecken. Wer sich einen Überblick verschaffen will oder nach ganz bestimmten Dingen sucht, sollte zunächst im Internet nachschauen. Sie können aber auch nachts durch die Stadt ziehen und dabei verschiedene **loungebars** (*launsch-barrß*, Lounges) und **discotheken** (*diss-koo-tee-kèn*, Diskotheken) entdecken.

Jede größere Stadt hat **een schouwburg** (*èn ßchau-börrch*, eine Schaubühne/ein Theater) oder **theater** (*tee-jaa-tèr*, Theater), die beziehungsweise das **een toneelstuk** (*èn too-neel-ßtöck*, ein Theaterstück), **een musical** (*èn mju-sick-kèl*, ein Musical) oder **variété** (*vaa-rie-jè-tee*, eine Show) zeigt.

Popconcerten (*popp-konn-ßärr-tèn*, Popkonzerte) werden meistens in **een concerthal** (*èn konn-ßärrt-hall*, einer Konzerthalle) veranstaltet. Im Sommer finden **openluchtconcerten** (*oo-pèn-löcht-konn-ßärr-tèn*, Open-Air-Konzerte) beispielsweise in **een voetbalstadion** (*èn vutt-ball-ßtaa-die-jonn*, einem Fußballstadion) statt.

Was wollen wir machen?

Wenn Sie besprechen, was man unternehmen könnte, fragen Sie: **Wat zullen we gaan doen?** (*watt söll-lèn wè chaan dunn*, Was wollen wir machen?)

Hier ein paar Fragen, mit denen Sie herausfinden können, welche Absichten Ihr Gegenüber hat. Sie können diese Fragen aber auch stellen, um zu erfahren, ob der andere Zeit hat.

- ✔ **Heb je iets te doen?** (*häpp jè ietß tè dunn*, Hast du was zu tun?)
- ✔ **Heb je speciale plannen voor morgenavond?** (*häpp jè ßpee-ßjaa-lè plann-nèn voor morr-chèn-naa-vonnt*, Hast du morgen Abend schon etwas vor?)
- ✔ **Heb je vanavond tijd?** (*häpp jè vann-naa-vonnt täijt*, Hast du heute Abend Zeit?)

Das Verb zum Thema Ausgehen: »uitgaan«

Uitgaan (*èüjt-chaan*, ausgehen) ist ein trennbares Verb, mit dem man ausdrückt, dass man abends etwas in der Stadt unternehmen möchte. Abhängig vom Alter und den Interessen kann es **uit eten gaan** (*èüjt ee-tèn chaan*, Essen gehen), **naar de bioscoop gaan** (*naar dè bie-joss-koop chaan*, ins Kino gehen), **naar het theater gaan** (*naar èt tee-jaa-tèr chaan*, ins Theater gehen), **een festival bezoeken** (*èn fäss-tie-vall bè-su-kèn*, ein Festival besuchen), **iets drinken in een café** (*ietß dring-kèn inn èn ka-fee*, in einem Café etwas trinken gehen) oder **een terrasje pakken** (*èn tärr-rass-schè pack-kèn*, draußen/auf einer Terrasse/etwas trinken) bedeuten. Wenn Sie das nächste Mal darüber sprechen, was man unternehmen könnte, fragen Sie einfach:

- ✔ **Zullen we vanavond uitgaan?** (*söll-lèn wè vann-naa-vonnt èüjt-chaan*, Wollen wir heute Abend ausgehen?)
- ✔ **Waar zullen we vanavond uitgaan?** (*waar söll-lèn wè vann-naa-vonnt èüjt-chaan*, Wo sollen wir heute Abend ausgehen?)

Das Verb »stappen« verwenden

Das weniger förmliche Verb für »ausgehen« in der Umgangssprache ist **stappen** (*ßtapp-pèn*, um die Häuser ziehen). Man verwendet es, wenn es vor allem darum geht, irgendwo in der Stadt etwas trinken und noch tanzen zu gehen. Wenn man **stappen** geht, wird man nicht nur in einem Café sitzenbleiben, sondern durch die Stadt ziehen und vielleicht wird daraus auch eine **kroegentocht** (*kru-chèn-tocht*, Kneipentour). Mit der Redewendung **vanavond ga ik stappen** (*vann-naa-vonnt chaa ick ßtapp-pèn*, heute Abend ziehe ich um die Häuser) wird angedeutet, dass man nicht allein sein wird, denn **stappen** macht man immer mit Freunden:

- **Ik heb zin om vanavond te gaan stappen.** (*ick häpp sinn omm vann-naa-vonnt tè chaan ßtapp-pèn*, Ich habe Lust, heute Abend um die Häuser zu ziehen.)
- **Waar zullen we vanavond gaan stappen?** (*waar söll-lèn wè vann-naa-vonnt chaan ßtapp-pèn*, Wo sollen wir heute Abend um die Häuser ziehen?)
- **Als ik ga stappen, ga ik naar het Leidseplein.** (*allß ick chaa ßtapp-pèn chaa ick naar èt läij-ze-pläijn*, Wenn ich um die Häuser ziehe, gehe ich zum Leidseplein.)

Ins Kino gehen

Wenn Sie sich einen Film ansehen wollen, haben Sie in den großen Städten die Qual der Wahl. Große Kinos bieten in fünf oder sechs Sälen gleichzeitig verschiedene Filme an, sei es **een sciencefictionfilm** (*èn ßei-jènß fick-schèn fillm*, ein Science-Fiction-Film), **een misdaadfilm** (*èn miss-daat-fillm*, ein Krimi), **een psychologisch drama** (*èn pßie-choo-loo-chieß draa-maa*, ein Psychodrama), **een romantische film** (*èn roo-mann-tie-ßè fillm*, ein romantischer Film), **een thriller** (*èn trill-lèr*, ein Thriller) oder **een drama** (*èn draa-maa*, ein Drama).

Sind Sie mit Ihrem Kind unterwegs? Dann schauen Sie sich **een kinderfilm** (*èn kinn-dèr-fillm*, einen Kinderfilm), **een tekenfilm** (*èn tee-kèn-fillm*, einen Zeichentrickfilm), **een avonturenfilm** (*èn aa-vonn-tü-rèn-fillm*, einen Abenteuerfilm) oder **een komedie** (*èn ko-mee-die*, eine Komödie) an.

Wenn Sie das nächste Mal einen Kinobesuch planen, sagen Sie:

- **Ik wil graag naar de bioscoop.** (*ick will chraach naar dè bie-joss-koop*, Ich möchte gern ins Kino.)
- **Ik wil graag een film zien.** (*ick will chraach èn fillm sien*, Ich möchte gern einen Film sehen.)

Wenn Sie beschlossen haben, ins Kino zu gehen, und Sie sich einen bestimmten Film ansehen möchten, können Sie fragen:

- **In welke bioscoop draait ...?** (*inn wäll-kè bie-joss-koop draaijt* ..., In welchem Kino läuft ...?)
- **Hoe laat begint de voorstelling?** (*hu laat bè-chinnt dè voor-ßtäll-ling*, Wann fängt die Vorstellung an?)

In den Niederlanden ist es weder im Kino noch im Fernsehen üblich, Filme zu synchronisieren. Man zeigt immer die Originalfassung mit niederländischen Untertiteln. Für Deutsche ist das häufig gewöhnungsbedürftig; Nach einiger Zeit ist man jedoch von den Vorzügen der Untertitelung derart überzeugt, dass man sie nicht mehr missen will. Schon immer wurden viele deutsche Fernsehproduktionen vom niederländischen Fernsehen übernommen, sodass insbesondere ältere Fernsehserien aus Deutschland wie *Derrick*, *Der Alte* oder *Tatort* auch eine niederländische Fangemeinde haben. Schauen Sie sich ruhig die Originalfassungen im Kino oder im Fernsehen an, Sie werden durch das Lesen der Untertitel viele neue Wörter und Redewendungen auf Niederländisch lernen. Wenn Sie einen niederländischsprachigen Film sehen und ihn weniger gut verstehen können, liegt es vielleicht an der undeutlichen Aussprache der Schauspieler, dem Jargon oder einfach nur an der **geluidstechniek** (*chè-lèüjtß-täch-nieck*, Tontechnik), die zu wünschen übrig lässt. Lassen Sie sich dadurch nicht entmutigen.

Eintrittskarten kaufen

Bei vielen Kinos empfiehlt es sich, Karten zu reservieren und sie vor Beginn der Vorstellung abzuholen. Wenn Sie Ihre Karten erst kurz bevor **de voorstelling begint** (*dè voor-ßtäll-ling be-chinnt*, die Vorstellung beginnt) kaufen, kann es passieren, dass der Film **uitverkocht** (*èüjt-vèr-kocht*, ausverkauft) ist.

Wenn Sie telefonisch Karten reservieren, probieren Sie einmal diese Formulierungen aus:

✔ **Ik wil graag kaartjes reserveren voor ...** (*ick will chraach kaar-tjèß ree-ßèr-vee-rèn voor*, Ich möchte gern Karten reservieren für ...)

Eine andere Möglichkeit ist: **in de rij staan voor een kaartje** (*inn dè räij ßtaan voor èn kaar-tjè*, sich für eine Karte anstellen). Wenn Sie an die Kasse kommen, werden Sie vielleicht einen der dieser Sätze hören:

✔ **De voorstelling is al begonnen.** (*dè voor-ßtäll-ling iss all be-chonn-nèn*, Die Vorstellung hat schon angefangen.)

✔ **De voorstelling is uitverkocht.** (*dè voor-ßtäll-ling iss èüjt-vèr-kocht*, Die Vorstellung ist ausverkauft.)

✔ **We hebben nog kaartjes voor de voorstelling van 9.00 uur.** (*wè häbb-bèn noch kaar-tjèß voor dè voor-ßtäll-ling vann nee-chèn üür*, Wir haben noch Karten für die Neun-Uhr-Vorstellung.)

Diese Sätze gelten nicht nur für einen Kinobesuch, sie lassen sich auf andere Veranstaltung anwenden.

Track 18: Im Gespräch

Sandra spricht mit ihrem Freund René. Sie möchte gern ins Kino gehen.

Sandra: **Ik heb gehoord dat *Pride and Prejudice* een hele mooie film is en ik wil hem graag zien.**

ick häpp chè-hoort datt preit änn prädd-dschödd-diss èn hee-lè mooi-jè fillm iss änn ick will hämm chraach sien

Ich habe gehört, dass *Stolz und Vorurteil* ein guter Film sein soll, den würde ich mir gern ansehen.

René: **Waar draait hij?**

waar drääijt häij

Wo läuft der?

Sandra: **Hij draait op het ogenblik in Cinescope.**

häij draaijt opp èt oo-chèn-blick inn ßie-nè-ßkoop

Momentan im Cinescope.

René: **Wanneer wil je gaan?**

wann-neer will jè chaan

Wann willst du gehen?

Sandra: **Morgenavond, want dan ben jij vrij.**

morr-chè-naa-vonnt wannt dann bänn jäij vräij

Morgen Abend, dann hast du frei.

René: **Oké, morgenavond is goed. Hoe laat is de voorstelling?**

oo-kee, morr-chè-naa-vonnt iss chutt. hu laat iss dè voor-ßtäll-ling

Okay, morgen Abend ist gut. Wann ist die Vorstellung?

Sandra: **De voorstelling begint om kwart over zeven, maar we moeten de kaartjes om kwart voor zeven afhalen.**

dè voor-ßtäll-ling bè-chinnt omm kwarrt oo-vèr see-vèn, maar wè mu-tèn dè kaar-tjèß omm kwarrt voor see-vèn aff-haa-lèn

Die Vorstellung fängt um Viertel nach sieben an, wir müssen die Karten aber um Viertel vor sieben abholen.

René: **Da's erg vroeg, je zult geen tijd hebben om te eten.**

dass ärrch vruch jè söllt cheen täijt häbb-bèn omm tè ee-tèn

Das ist aber früh, dann hast du keine Zeit, etwas zu essen.

Sandra: **Ik koop wel iets op het station voor in de trein en we kunnen koffie drinken voordat de film begint.**

ick koop wäll ietß opp èt ßta-ßjonn voor inn dè träijn änn wè könn-nèn koff-fie dring-kèn voor-datt dè fillm be-chinnt

Ich kaufe etwas am Bahnhof, was ich im Zug essen kann, und wir trinken dann noch zusammen einen Kaffee, bevor der Film anfängt.

René: **Oké, ik haal de kaartjes en daarna drinken we koffie.**

oo-kee ick haal dè kaar-tjèß änn daar-naa dring-kèn wè koff-fie

Okay, ich hole die Karten und danach trinken wir einen Kaffee.

Sandra: **Ik heb er zin in. Iedereen praat over die film!**

ick häpp ärr sinn inn. ie-dè-reen praat oo-vèr die fillm

Ich freue mich. Jeder redet über den Film.

Kleiner Wortschatz

Niederländisch	Aussprache	Deutsch
een film	*èn fillm*	ein Film
zien	*sien*	sehen
de koffie	*dè koff-fie*	der Kaffee
de tijd	*dè täijt*	die Zeit
vroeg	*vruch*	zeitig
de trein	*dè träijn*	der Zug
praten	*praa-tèn*	reden/sich unterhalten

Sich auf Festivals und Konzerten vergnügen

Die meisten Städte, und nicht nur die größeren, haben eigene **festivals** (*fäss-tie-vallß*, Festivals) und **evenementen** (*ee-vè-nè-männ-tèn*, Veranstaltungen) verschiedener Genres, die in den Sommermonaten stattfinden.

Amsterdam eröffnet die Festivalsaison mit dem **Holland Festival**. Es vereint die Sparten **muziek** (*mü-sieck*, Musik), **dans** (*dannß*, Tanz), **opera** (*oo-pè-raa*, Oper) und **theater** (*tee-jaa-tèr*, Theater). Dieses Festival, das übrigens keine Open-Air-Veranstaltung ist, ist international ausgerichtet und deshalb sind die Theateraufführungen während des Festivals auch nicht notwendigerweise auf Niederländisch.

In Amsterdam gibt es im Sommer ein paar kostenlose Open-Air-Konzerte, darunter das berühmte **Prinsengrachtconcert** (*prinn-ßèn-chracht-konn-ßärrt*) mit klassischer Musik. Das

Konzert findet im August statt, und zwar auf einem schwimmenden Podium auf **de gracht** (*dè chracht*, dem Kanal). Hunderte Liebhaber klassischer Musik drängen sich auf Booten in einer besonders stimmungsvollen Atmosphäre rund um das Podium, um die Musik zu genießen. Am Ende des Konzerts, sozusagen als krönender Abschluss, singt das Publikum gemeinsam die alte Amsterdamer Schnulze *Tulpen aus Amsterdam* (*töll-pèn èüjt amm-ßtèr-damm*). Das Konzert wird vom niederländischen Fernsehen in voller Länge übertragen.

Ebenfalls im August findet das **North Sea Jazz Festival** statt, das Interpreten und Bands aus der ganzen Welt nach Den Haag zieht. Das Festival erstreckt sich über mehrere Tage und bietet viele Konzerte, die schon lange nicht mehr nur den typischen Jazz vertreten, sondern oft einen Mix aus Jazz, Pop und Weltmusik repräsentieren. Jeden Abend überträgt das Fernsehen eine Auswahl dieser Konzerte.

Im Januar trifft sich in Rotterdam alljährlich die Filmwelt beim **International Film Festival**. Die meisten der dort vorgestellten Filme werden später eher in Programmkinos gezeigt. Sie laufen nach ihrer Premiere in Rotterdam in den verschiedenen **filmhuizen** (*fillm-hèüj-sèn*, Programmkinos).

Utrecht ist in der zweiten Maihälfte Gastgeber des **Festival aan de Werf** (*fäss-tie-vall aan dè wärrf*), einer Freiluftveranstaltung, bei der die Sparten Theater, Musik und bildende Kunst entlang der Grachten im Stadtzentrum und einem dazugehörigen großen Zelt vertreten sind. Ebenfalls in Utercht angesiedelt ist das **Holland Festival van de Oude Muziek** (*holl-lannt fäss-tie-vall vann dè au-dè mü-sieck,* Holland Festival Alter Musik).

Diese Konzerte und Veranstaltungen sind nur eine kleine Auswahl der Festivals und Konzerte in den Niederlanden. Halten Sie die Augen und Ohren auf, wenn Sie in den Niederlanden sind, und lassen Sie sich nichts entgehen, es lohnt sich.

Zu einem Konzert gehen

Größere und kleinere Städte haben ihre eigenen **muziekzalen** (*mü-sieck-saa-lèn*, Konzertsäle). Konzerte finden aber auch in Kirchen und an anderen Orten statt, die einen Zuschauerraum haben. Veranstaltungshinweise finden Sie im Internet, in den Lokalausgaben der Tageszeitungen oder auf Plakaten.

Einige musikbegeisterte Niederländer **zingen in een koor** (*sing-èn inn èn koor*, singen in einem Chor), in dem für alljährliche Auftritte, meistens mit religiöser Musik in einer Kirche, geprobt wird. Andere haben sich den **zeemansliedjes** (*seemanns-lie-tjèß*, Seemannsliedern/Shantys) verschrieben. Obwohl die Sänger Amateure sind, werden sie fast immer von professionellen Chorleitern und Musikern begleitet, um somit die musikalische Qualität zu sichern. Plakate in Bibliotheken, Gemeindezentren und anderen öffentlichen Einrichtungen informieren über die Konzerte und den Kartenvorverkauf.

Ein Museum besuchen

Museen gibt es in jeder Stadt. In den großen Städten finden Sie die bedeutenden Museen mit ihren berühmten Sammlungen klassischer und moderner Kunst. In den kleineren Städten und Dörfern gibt es Museen, die traditionellen Handwerken oder lokalen Besonderheiten und Persönlichkeiten gewidmet sind.

Het Rijksmuseum (*hätt räijkß-mü-see-jömm,* das Reichsmuseum) in Amsterdam besitzt eine große Sammlung **schilderijen** (*ßchill-dèr-räij-jèn,* Gemälde) der berühmten niederländischen Maler des **Gouden Eeuw** (*chau-dèn eejuh,* Goldenen Zeitalters) wie zum Beispiel Rembrandt und dessen Zeitgenossen. Das **Van Gogh Museum** (*vann-choch mü-see-jömm,* Van Gogh Museum) ganz in der Nähe beherbergt die größte Sammlung von Van Goghs Bildern und **het Stedelijk Museum** (*hätt ßtee-dè-lèk mü-see-jömm,* das Städtische Museum) nebendran ist ein Museum für **moderne kunst** (*moo-därr-nè könnßt,* Moderne Kunst).

Het Centraal Museum (*hätt ßänn-traal mü-see-jömm,* das Zentral Museum) in Utrecht ist das älteste öffentliche Museum der Niederlande, das die Werke von **beroemdheden** (*bè-rummt-hee-dèn,* Berühmtheiten) aus Utrecht sammelt, angefangen beim **oude meester** (*au-dè mee-ßtèr,* Altmeister) Saenredam bis hin zum **ontwerper** (*onnt-wärr-pèr,* Designer) Gerrit Rietveld.

Het Mauritshuis (*hätt mau-rittß-hèüjß,* das Mauritshaus) in **Den Haag** (*dänn haach*) ist ein für das 17. Jahrhundert typisches **paleis** (*pa-läijß,* Palais) und eines der schönsten Beispiele der niederländischen klassizistischen **architectuur** (*arr-chie-täck-tüür,* Architektur). Die meisten der hier gezeigten Gemälde stammen von berühmten Malern des 18. Jahrhunderts, wie zum Beispiel von Jan Steen, dessen Bilder über das liederliche Leben den Ausdruck **een huishouden van Jan Steen** (*èn hèüjß-hau-dèn vann jann ßteen,* übertragen: wie bei Hempels unterm Sofa) geprägt haben.

Museum Boijmans van Beuningen (*mü-see-jömm booij-mannß vann böh-ning-èn*) in Rotterdam zeigt nicht nur **meesterwerken** (*mee-ßtèr-wärr-kèn,* Meisterwerke) der Klassik und Moderne, sondern auch **beeldhouwkunst** (*beelt-hau-könnßt,* Skulpturen).

De museumjaarkaart (*dè mü-see-jömm-jaar-kaart,* Jahreskarte für Museen) kostet nur 35 Euro und kann über das Internet oder direkt an der Museumskasse erworben werden. Sie berechtigt zu freiem oder zumindest ermäßigtem Eintritt zu mehr als 400 Museen in den Niederlanden.

Seine Meinung sagen

Zum Thema »gute Unterhaltung« scheint jeder eine eigene Meinung zu haben, warum sollten Sie sich also diesen Spaß entgehen lassen?

Ihre Meinung ist gefragt

Mit einer der dieser Formulierungen fragen Sie jemanden nach seiner Meinung, oder Sie stellen eine solche Frage, um eine Unterhaltung über eine Veranstaltung in Gang zu setzen:

- **Hoe vond je de film/tentoonstelling/het concert/de opera?** (*hu vonnt jè dè fillm/dè tänn-toon-ßtäll-ling/hätt konn-ßärrt/dè oo-pè-raa,* Wie fandst du den Film/die Ausstellung/das Konzert/die Oper?)

Jemandem seine Meinung zu etwas sagen

Nun kommt der unterhaltsame Teil: Sie sagen jemandem, wie Sie die soeben gesehene Vorstellung finden. Für Niederländisch-Anfänger genügt es zu sagen, ob Sie das Gebotene gut oder schlecht fanden. Probieren Sie es einmal mit den diesen Formulierungen:

- **Ik vond de film/de tentoonstelling/het concert/de opera erg mooi.** (*ick vonnt dè fillm/dè tänn-toon-ßtäll-ling/hätt konn-ßärrt/dè oo-pè-raa ärrch mooij,* Ich fand den Film/die Ausstellung/das Konzert/die Oper sehr schön.)
- **Ik vond de film/de tentoonstelling/het concert/de opera niet erg mooi.** (*ick vonnt dè fillm/dè tänn-toon-ßtäll-ling/hätt konn-ßärrt/dè oo-pè-raa niet ärrch mooij,* Ich fand den Film/die Ausstellung/das Konzert/die Oper nicht so schön.)

Diese Aussage könnten Sie weiter ausbauen. Beginnen Sie mit:

- **De film/de tentoonstelling/het concert/de opera was ...** (*dè fillm/dè tänn-toon-ßtäll-ling/hätt konn-ßärrt/dè oo-pè-raa wass ...,* Der Film/die Ausstellung/das Konzert/die Oper war ...)

Danach können Sie den Satz duch Hinzufügen eines dieser Adjektive beenden. Wenn Sie mehrere Adjektive verwenden, verbinden Sie diese mit **en**:

- **echt mooi** (*ächt mooij,* wirklich schön)
- **opwindend** (*opp-winn-dènt,* aufregend)
- **fantastisch** (*fann-tass-tieß,* fantastisch)
- **te gek** (*tè chäck,* ganz toll)
- **interessant** (*inn-tè-räss-ßannt,* interessant)
- **de moeite waard** (*dè muij-tè waart,* lohnend)
- **teleurstellend** (*tè-löhr-ßtäll-lènt,* enttäuschend)
- **saai** (*ßaaij,* langweilig)
- **De film/de tentoonstelling/het concert/de opera viel tegen.** (*dè fillm/dè tänn-toon-ßtäll-ling/hätt konn-ßärrt/dè oo-pè-raa viel tee-chèn,* Der Film/die Ausstellung/das Konzert/die Oper war nicht so gut wie erhofft.)
- **Het was een hele zit.** (*hätt wass èn hee-lè sitt,* Es war sehr lang.)
- **Opera is niets voor mij.** (*oo-pè-raa iss nietß voor mäij,* Oper ist nichts für mich.)
- **Een opera is niet aan mij besteed.** (*èn oo-pè-raa iss niet aan mäij bè-ßteet,* Eine Oper gibt mir nichts.)

Im Gespräch

Petra Harskamp war am Wochenende in einem Musical. Jetzt fragt ihr Chef sie, wie es war.

Raymond van Dieren: **Hoe was je musical zaterdagavond?**

hu wass jè mju-sick-kèl saa-tèr-dach-aa-vonnt

Wie war dein Musical am Samstagabend?

Petra Harskamp: **Ik heb er erg van genoten.**

ick häpp ärr ärrch vann chè-noo-tèn

Ich habe es wirklich sehr genossen.

De dansers waren te gek, de kostuums fantastisch en de muziek was fantastisch, erg ritmisch en opwindend.

dè dann-ßèrß waa-rèn tè chäck, dè koss-tümß fann-tass-tieß änn dè mü-sieck wass fann-tass-tieß ärrch ritt-mieß änn opp-winn-dènt

Die Tänzer waren ganz toll, die Kostüme und die Musik waren fantastisch, sehr rhythmisch und aufsehenerregend.

Je kon je het bijna niet voorstellen dat de dansers het zolang volhielden. De hele voorstelling duurde drie uur.

jè konn jè èt bäij-naa niet voor-ßtäll-lèn datt dè dann-ßèrß èt soo-lang voll-hiel-dèn. dè hee-le voor-ßtäll-ling düür-dè drie üür

Man kann sich kaum vorstellen, dass Tänzer so lange durchhalten. Die Vorstellung dauerte drei Stunden.

Raymond van Dieren: **Was het makkelijk om aan kaartjes te komen?**

wass èt mack-kè-lèk omm aan kaar-tjèß tè koo-mèn

War es einfach, Karten zu bekommen?

Petra Harskamp: **Het is heel makkelijk, we hebben ze via internet gekocht. Je kunt op de site kijken naar hot tickets, dat zijn kaartjes die nog over zijn.**

hätt iss heel mack-kè-lèk wè häbb-bèn sè vie-jaa inn-tèr-nätt chè-kocht. jè könnt opp dè ßeit käij-kèn naar hott tick-kètß datt säijn kaar-tjèß die noch oo-vèr säijn

Es ist ganz einfach, wir haben sie übers Internet gekauft. Du kannst auf der Website nach Hot-Tickets schauen, das sind Restkarten.

Raymond van Dieren: **Nou, een voorstelling van drie uur is me veel te lang. Ik heb vroeger de musical *Tommy* gezien, dat was ook een hele zit.**

nau èn voor-ßtäll-ling vann drie üür iss mè veel tè lang. ick häpp vru-chèr dè mju-sick-kèl tomm-mie chè-sien datt wass ook een hee-lè sitt

	Na ja, eine dreistündige Vorstellung ist mir viel zu lang. Ich habe früher mal das Musical *Tommy* gesehen, das war auch lang.
Petra Harskamp	**Ik hoor het al. Een musical is gewoon niks voor jou.**
	ick hoor èt all. èn mju-sick-kèl iss chè-woon nickß voor jau
	Ich merke schon, Musicals sind einfach nichts für dich.
Raymond van Dieren	**Nee, een musical is aan mij niet besteed.**
	nee èn mju-sick-kèl iss aan mäij niet bè-ßteet
	Nein, Musicals geben mir nichts.

Wortschatz

Niederländisch	Aussprache	Deutsch
de musical	*dè mju-sick-kèl*	das Musical
ik heb genoten	*ick häpp chè-noo-tèn*	ich habe es genossen
de dansers	*dè dann-ßèrß*	die Tänzer
het kostuum	*hätt koss-tüm*	das Kostüm
ritmisch	*ritt-mieß*	rhythmisch
zich voorstellen	*sich voor-ßtäll-lèn*	sich vorstellen
volhouden	*voll-hau-dèn*	durchhalten

Zu einer Party gehen

So verschieden die Menschen sind, so unterschiedlich sind auch die Meinungen darüber, was eine gute Party ausmacht. Manche Menschen planen schon Monate vorher ihre Party bis ins kleinste Detail und überlassen nichts dem Zufall, während andere ihre Feste am liebsten ganz spontan feiern und jeder eingeladen ist: Familie, Freunde, Nachbarn oder Kollegen.

Wenn Sie eine eher förmliche Einladung zu jemandem nach Hause erhalten, ist es höflich, dem Gastgeber ein kleines Geschenk zu überreichen. Das kann eine Flasche Wein oder ein Strauß Blumen sein.

Wenn Sie eine schriftliche **uitnodiging** (*èüjt-noo-di-ching*, Einladung) bekommen haben, sollten Sie darauf achten, ob man von Ihnen **RSVP** erwartet. Das ist die Abkürzung für répondez s'il vous plaît was ursprünglich aus dem Französischen stammt und bedeutet, dass man von Ihnen eine Zu- oder Absage erwartet.

Wenn Sie zu einem eher ungezwungenen Fest eingeladen werden, ist es üblich, als Gast etwas zur Party beizutragen. Das kann eine Flasche Wein, ein Sixpack Bier, ein Salat oder ein Kuchen sein. Der Gastgeber wird Ihnen das vorher signalisieren, Sie können aber auch selbst die Initiative ergreifen und fragen: **Moet ik wat meenemen?** (*mutt ick watt mee-nee-mèn*, Soll ich etwas mitbringen?)

Geburtstage sind immer ein Anlass für ein ungezwungenes Beisammensein: **een verjaardagsfeestje** (*èn vèr-jaar-dachß-fee-schè*, eine Geburtstagsfeier) oder **een verjaardag** (*èn vèr-jaar-dach*, Geburtstag). Dazu werden Sie mündlich eingeladen, entweder ein paar Tage vorher oder am Tag selbst.

Ein Geburtstagsfest

Ein typisch niederländisches Geburtstagsfest läuft immer nach dem gleichen Muster ab: Man beginnt mit **koffie** (*koff-fie*, Kaffee), **thee** (*tee*, Tee) und **gebak/taart** (*chè-back/taart*, Gebäck/Torte). Danach wird man Ihnen **een biertje** (*èn bier-tjè*, ein Bier) oder etwas anderes zu trinken anbieten. Geburtstage werden oft am Wochenende, meist samstags, gefeiert. Wenn Ihr niederländischer Bekannter aus einer großen Familie kommt und einen weitläufigen Freundeskreis hat, wird er für diese Feier den ganzen Tag einplanen, vielleicht den Sonntag. Falls Ihnen keine genaue Uhrzeit genannt wurde, können Sie einfach im Laufe des Tages vorbeischauen und dann zwei bis drei Stunden bleiben. Nehmen Sie einfach, was Ihnen angeboten wird; das können – abhängig von der Tageszeit – Kaffee, Tee, alkoholische oder alkoholfreie Getränke, Suppe, Salate oder Torte sein.

Meist gibt es bei einer Geburtstagsparty **zelfbediening** (*sällf-bè-die-ning*, Selbstbedienung) von einem Buffet auf dem Wohnzimmer oder Küchentisch.

Bei einer typisch niederländischen Geburtstagsfeier gratulieren die Niederländer nicht nur dem Geburtstagskind, sondern auch dessen Familie, das heißt den Geschwistern, den Eltern oder dem Lebenspartner.

Die Alternativen zur Geburtstagsparty

Natürlich ist kein Niederländer dazu verpflichtet, eine Geburtstagsparty zu organisieren. Aber wenn es so weit ist, wird man fragen: **Doe je iets met je verjaardag?** (*du jè ietß mätt jè vèr-jaar-dach*, Machst du etwas an deinem Geburtstag?) Vielleicht antwortet er mit einem der dieser Sätze:

✔ **Nou, er komt wat familie, zaterdagavond.** (*nau ärr kommt watt fa-mie-lie saa-tèr-dach-aa-vonnt*, Naja, am Samstagabend kommt meine Familie.)

✔ **Ja, er komen vanavond wat mensen. Als je ook wilt komen, ben je welkom.** (*jaa ärr koo-mèn vann-naa-vonnt watt männ-ßèn allß jè ook willt koo-mèn bänn jè wäll-komm*, Ja, heute Abend kommen ein paar Leute. Wenn du auch kommen möchtest, bist du herzlich willkommen.)

✔ **Nee, ik doe niets speciaals, ik hoop dat mijn dochter vanavond komt.** (*nee ick du nietß ßpee-ßjaalß ick hoop datt mäijn doch-tèr vann-naa-vonnt kommt*, Nein, ich mache nichts Besonderes; ich hoffe, meine Tochter kommt heute Abend.)

✔ **Ja, ik ga vanavond uit eten met mijn partner.** (*jaa ick chaa vann naa vonnt èüjt ee tèn mätt mäijn parrt-nèr*, Ja, ich gehe heute Abend mit meinem Partner essen.)

- **Ja, ik heb zaterdagavond een etentje met wat goede vrienden.** (*jaa ick häpp saa-tèr-dach aa-vonnt èn ee-tèn-tjè mätt watt chu-dè vrien-dèn,* Ja, ich habe für Samstagabend ein kleines Essen mit Freunden geplant.)
- **Nee, ik doe dit jaar niets. Ik ben niet in de stemming.** (*nee ick du ditt jaar nietß. ick bänn niet inn dè stämm-ming,* Nein, dieses Jahr mache ich nichts. Ich bin nicht in der Stimmung dafür.)

Sie können mit einem der folgenden Sätze antworten:

- **Oké, veel plezier.** (*o-kee, veel plè-sier,* Okay, viel Spaß!)
- **Dank je, ik kom vanavond langs.** (*dangk jè ick komm vann-naa-vonnt langß,* Danke, ich komme heute Abend vorbei.)
- **Oké, veel plezier in ieder geval.** (*oo-kee veel plè-sier inn ie-dèr chè-vall,* Okay, viel Spaß auf jeden Fall!)

Sie sollten sich keineswegs ausgegrenzt fühlen, wenn man Sie nicht einlädt, denn ein Geburtstag ist eine sehr persönliche Angelegenheit.

Eingeladen werden

Wenn Sie **een uitnodiging voor een feestje** (*èn èüjt-noo-di-ching voor èn fee-schè,* eine Einladung zu einem Fest) bekommen, hören Sie vielleicht einen dieser Sätze:

- **Ik wil je graag uitnodigen voor een feestje.** (*ick will jè chraach èüjt-noo-di-chèn voor èn fee-schè,* Ich möchte dich gern zu einem Fest einladen.)
- **Ik geef een feestje, vind je het leuk om te komen?** (*ick cheef èn fee-schè vinnt jè èt löhk omm tè koo-mèn,* Ich gebe ein Fest, hast du Lust zu kommen?)

Bevor Sie zusagen können, müssen Sie zunächst wissen, wo und wann das Fest stattfinden soll. Um das zu erfahren, fragen Sie einfach:

- **Wanneer is het feest?** (*wann-neer iss èt feest,* Wann ist das Fest?)
- **Waar is het feest?** (*waar iss èt feest,* Wo ist das Fest?)

Eine Einladung ablehnen

Wenn Sie aus eine Einladung nicht annehmen können oder wollen, gibt es verschiedene Möglichkeiten, dankend abzusagen:

- **Nee, het spijt me, ik kan niet komen.** (*nee èt ßpäijt mè ick kann niet koo-mèn,* Nein tut mir leid, ich kann nicht kommen.)
- **Nee, ik kan niet komen, ik heb al iets anders.** (*nee ick kann niet koo-mèn ick häpp all ietß ann-dèrß,* Nein, ich kann nicht kommen. Ich habe schon etwas anderes vor.)

Eine Einladung annehmen

Wenn die Umstände es zulassen und Sie zusagen möchten, können Sie das mit einem der folgenden Sätze tun:

✔ **Dank je. Ik neem de uitnodiging graag aan.** (*dangk jè. ick neem dè èüjt-noo-di-ching chraach aan,* Vielen Dank. Ich nehme die Einladung gern an.)

✔ **Oké, ik vind het leuk om te komen. Moet ik iets meenemen?** (*oo-kee ick vinnt èt löhk omm tè koo-mèn,* Schön, ich komme gern. Soll ich noch etwas mitbringen?)

Auf die Frage, ob Sie etwas mitbringen sollen, könnte Ihnen der Gastgeber antworten:

✔ **Nee, het is niet nodig om iets mee te nemen. Voor eten en drinken wordt gezorgd.** (*nee èt iss niet noo-dèch omm ietß mee tè nee-mèn. voor ee-tèn änn dring-kèn worrt chè-sorrcht,* Nein, das ist nicht nötig. Für Essen und Trinken ist gesorgt.)

✔ **Het zou leuk zijn als je een salade meenam.** (*èt sau löhk säijn alls jè èn ßa-laa-dè mee-namm,* Es wäre schön, wenn Du einen Salat mitbringen könntest.)

✔ **Ja graag. Ik weet dat je heerlijke appeltaart bakt. Neem er eentje mee.** (*jaa chraach. ick weet datt jè heer-lè-kè app-pèl-taart backt. neem ärr een-tjè mee,* Ja gern. Ich weiß, dass du wunderbaren Apfelkuchen backst. Bring doch den mit.)

Sich über eine Party unterhalten

Wenn Sie jemand fragt: **Hoe was het feest?** (*hu wass èt feest,* Wie war die Party?), gibt es mehrere Möglichkeiten zu antworten:

✔ **Leuk, we zijn daar heel lang gebleven.** (*löhk wè säijn daar heel lang chè-blee-vèn,* Schön, wir sind sehr lange geblieben.)

✔ **Wij hebben het erg leuk gehad.** (*wäij häbb-bèn èt ärch löhk chè-hatt,* Wir hatten viel Spaß.)

✔ **Het feestje was …** (*hätt fee-schè wass,* Die Party war …)

- **erg gezellig** (*ärrch chè-säll-lèch,* sehr gesellig, lustig)
- **leuk** (*löhk,* schön)
- **te gek** (*tè chäck,* toll)
- **fantastisch** (*fann-tass-tieß,* fantastisch)
- **opwindend** (*opp-winn-dènt,* aufregend, aufsehenerregend)
- **nogal saai** (*noch-all ßaaij,* ziemlich langweilig)
- **erg vermoeiend** (*ärrch vèr-mui-jènt,* sehr ermüdend)

Raus aus der Stadt

Hier erfahren Sie, was man alles machen kann, wenn man mal nicht arbeitet. Die Niederländer haben durchschnittlich 20 bis 30 Urlaubstage im Jahr, zu denen noch die gesetzlichen Feiertage kommen. Die meisten Niederländer machen zwei- bis dreimal pro Jahr einen kürzeren Urlaub: Dann fliegen oder fahren sie in den Süden an den Strand, gehen vielleicht eine Woche tauchen oder fahren zum Wintersport. Einige sparen ihre Urlaubstage auch auf und machen eine Fernreise.

An Wochenenden renovieren und verschönern viele Niederländer Haus und Garten, andere erholen sich vom Stress der Woche durch Nichtstun. Die Bewohner des westlichen Teils der Niederlande zieht es am Wochenende auf Campingplätze und in Freizeitparks. Auch alle Arten von Wassersport sind in den Niederlanden sehr beliebt.

Über Interessen und Hobbys sprechen

Im Verlauf eines Gesprächs kommen oft Hobbys und persönliche Interessen zur Sprache. Hier finden Sie die nötigen Vokabeln und Redewendungen, um an solchen Gesprächen teilnehmen zu können.

»Verzamelen« (sammeln)

Manche mögen Dinge **sparen** (*ßpa-rèn*, sammeln). Wenn man erzählen möchte, auf welchem Gebiet man etwas sammelt, kann man sagen:

- **Ik verzamel ...** (*ick vèr-saa-mèl,* Ich sammle ...)

Den Satz beenden Sie mit dem Objekt Ihrer Sammelleidenschaft, wie zum Beispiel:

- **bierviltjes bierviltjes** (*bier-vill-tjèß,* Bierdeckel)
- **antieke poppen** (*ann-tie-kè popp-pèn,* alte Puppen)
- **koekblikken** (*kuck-blick-kèn,* Keksdosen)
- **munten** (*mönn-tèn,* Münzen)
- **postzegels** (*posst-see-chèlß,* Briefmarken)

Jemandem von Ihrem Hobby erzählen

Viele Menschen machen in der Freizeit gern etwas selbst, sei es etwas Kreatives oder etwas Handwerkliches. Wenn Sie über dieses Hobby sprechen wollen, beginnen Sie mit:

- **Mijn hobby is ...** (*mäijn hobb-bie iss ...,* Mein Hobby ist ...)

und vervollständigen dann den Satz mit der entsprechenden Tätigkeit:

- **koken** (*koo-kèn,* Kochen)
- **tuinieren** (*tèüj-nie-rèn,* Gärtnern)

- ✔ **doe-het-zelven** (*du-èt-säll-fen,* Heimwerken)
- ✔ **tekenen** (*tee-kè-nèn,* Zeichnen)
- ✔ **schilderen** (*ßchill-dè-rèn,* Malen)

Jonge gezinnen (*jong-è chè-sinn-nèn,* junge Familien) und **drukke mensen** (*dröck-kè männ-ßèn,* stark beschäftigte Menschen) haben wenig Zeit für Hobbys. Wenn Sie sie fragen, was sie in ihrer Freizeit machen, antworten sie vielleicht:

- ✔ **Ik onstpan me met televisiekijken.** (*ick onnt-ßpann mè mätt tee-lè-vie-sie käij-kèn,* Ich entspanne mich vorm Fernseher.)
- ✔ **Ik vermaak me met de kinderen.** (*ick vèr-maak mè mätt dè kinn-dè-rèn,* Ich unternehme etwas mit den Kindern.)
- ✔ **Ik verwen mezelf met een sauna.** (*ick vèr-wänn mè-sällf mätt een ßau-naa,* Ich verwöhne mich und gehe in die Sauna.)
- ✔ **Ik veroorloof me een ochtend op het voetbalveld.** (*ick vèr-oor-loof mè èn och-tènt opp èt vutt-ball-vällt,* Ich gönne mir einen Vormittag auf dem Fußballplatz.)

In allen Antworten wurde ein reflexives Verb gebraucht. Mehr dazu erfahren Sie im Folgenden.

Reflexive Verben: »zich ontspannen«

Einige niederländische Verben sind reflexiv, das heißt, sie sind fest mit einem Reflexivpronomen (rückbezügliches Fürwort) wie **zich** (*sich,* sich), **me** (*mè,* mir/mich), **je** (*jè,* dir/dich), **ons** (*ons,* uns) oder **je** (*jè,* euch) verbunden. Man nennt diese Verben **wederkerende werkwoorden** oder reflexive Verben. Hier die Konjugation des Verbs **zich ontspannen** (*sich ont-spann-nèn,* sich entspannen):

Konjugation	Aussprache
ik ontspan me	*ick onnt-ßpann mè*
jij ontspant je	*jäij onnt-ßpannt jè*
hij ontspant zich	*häij onnt-ßpannt sich*
zij ontspant zich	*säij onnt-ßpannt sich*
u ontspant zich	*ü onnt-ßpannt sich*
wij ontspannen ons	*wäij onnt-ßpann-nèn onnß*
jullie ontspannen je	*jöll-lie onnt-ßpann-nèn jè*
zij ontspannen zich	*säij onnt-ßpann-nèn sich*

Die am häufigsten gebrauchten reflexiven Verben im Niederländischen sind **zich schamen** (*sich ßchaa-mèn,* sich schämen), **zich vergissen** (*sich vèr-chiss-sèn,* sich irren), **zich vervelen** (*sich vèr-vee-lèn,* langweilen), **zich herinneren** (*sich härr-rinn-nè-rèn,* sich erinnern), **zich** bemoeien met (*sich bè-mui-jèn mätt,* sich einmischen) und **zich gedragen** (*sich chè-draa-chèn,* sich benehmen):

- ✔ **Ik schaam me vreselijk.** (*ick ßchaam mè vree-sè-lèk,* Ich schäme mich schrecklich.)
- ✔ **Je vergist je.** (*jè vèr-chisst jè,* Du irrst dich.)
- ✔ **Ik herinner me zijn naam.** (*ick härr-rinn-nèr mè säijn naam,* Ich erinnere mich an seinen Namen.)
- ✔ **Ik verveel me nooit.** (*ick vèr-veel mè nooijt,* Ich langweile mich nie.)
- ✔ **Ik bemoei met niet met haar zaken.** (*ick bè-muij mè niet mätt haar saa-kèn,* Ich mische mich nicht in ihre Angelegenheiten ein.)
- ✔ **Gedraag je!** (*chè-draach jè,* Benimm dich!)

Einige Verben können sowohl als normales Verb als auch als reflexives Verb verwendet werden: **Ik was mijn haar** (*ick wass mäijn haar,* Ich wasche meine Haare) ist genauso möglich wie **Ik was me** (*ick wass mè,* Ich wasche mich), es bedeutet aber etwas anderes. Man kann sagen: **De verpleegkundige scheert de patiënt** (*dè vèr-pleech-könn-dè-chè ßcheert dè pass-schännt,* Die Krankenschwester rasiert den Patienten), aber auch: **Ik scheer me twee keer per dag** (*ick ßcheer mè twee keer pärr dach,* Ich rasiere mich zwei Mal am Tag). **Ergeren** (*ärr-chèr-rèn*) kann in **Die man ergert me** (*die mann ärr-chèrt mè,* Der Mann ärgert mich) verwendet werden, aber auch als reflexives Verb: **Ik erger me aan die man** (*ick ärr-chèr mè aan die mann,* Ich ärgere mich über diesen Mann). **Het kind vermaakt me** (*hätt kinnt vèr-maakt mè,* Das Kind amüsiert mich) hat eine etwas andere Bedeutung als **Ik vermaak me met mijn kind** (*ick vèr-maak mè mätt mäijn kinnt,* Ich amüsiere mich mit meinem Kind). Schauen Sie sich einmal die vollständige Konjugation von **zich vermaken** (*sich vèr-maa-kèn,* sich amüsieren) an:

Konjugation	Aussprache
ik vermaak me	*ick vèr-maak mè*
hij/zij/het vermaakt zich	*häij/säij/hätt vèr-maakt sich*
u vermaakt zich	*ü vèr-maakt sich*
wij vermaken ons	*wäij vèr-maa-kèn onnß*
jullie vermaken je	*jöll-lie vèr-maa-kèn jè*
zij vermaken zich	*säij vèr-maa-kèn sich*

Der Stadt entfliehen

Möchten auch Sie manchmal dem hektischen Stadtleben entfliehen und ins Grüne fahren? Sogar innerhalb der sogenannten **Randstad** (*rannt-ßtatt,* dem Ballungsgebiet im Westen der Niederlande) kann man schöne Gegenden für Spaziergänge finden. Ein See oder ein Wäldchen, in dessen Umgebung man einmal durchatmen kann, findet sich in der Nähe fast jeder Stadt.

Einen Spaziergang machen

Een eindje wandelen (*èn ein-tjè wann-dè-lèn,* einen kleinen Spaziergang machen) ist die beliebteste Beschäftigung am Wochenende. Die meisten Menschen gehen dafür in einen Park oder in ein Wäldchen in der Nähe ihres Wohnorts oder sie fahren ein Stück mit dem Auto, um in ein Erholungsgebiet zu gelangen.

Größere Erholungsgebiete, in denen man auch einen ganzen Tag verbringen kann, gibt es in verschiedenen Teilen des Landes. Der größte Naturpark der Niederlande ist **de Veluwe** (*dè vee-lü-wè*) im Herzen des Landes. Die ausgedehnten Waldflächen sind nicht natürlich gewachsen, sondern von Menschenhand angelegt. Überall werden Sie Fuß- und Fahrradwege vorfinden. Beliebt sind die Parks und Wälder auch bei den Hundebesitzern, die dort mit ihren vierbeinigen Begleitern spazieren gehen, jedoch fast immer **aangelijnd** (*aan-chè-läijnt,* an der Leine).

Unter Wanderfreunden bekannt und beliebt ist ein historischer Wanderweg, der den Süden mit dem Norden des Landes verbindet: **het Pieterpad** (*hätt pie-tèr-patt).* Die Route, die unter Naturschutz steht, verläuft entlang der landschaftlich schönsten und ruhigsten Gebiete der Niederlande. Die Niederländer nehmen sich für diesen Wanderweg Zeit: Sie bewältigen die Strecke in Abschnitten, oft am Wochenende oder in den Ferien. Entlang des Wanderwegs gibt es mehrere Pensionen, die Übernachtungen mit Frühstück anbieten. Ausführliche Beschreibungen und Informationen über den Verlauf des **Pieterpad** finden Sie im Internet (`www.pieterpad.nl`).

Fahrrad fahren: »fietsen«

An zweiter Stelle der Beliebtheitsskala steht **een eind fietsen** (*èn eint fie-zèn,* eine Runde Fahrrad fahren) oder **een fietstocht maken** (*èn fietß-tocht maa-kèn,* eine Fahrradtour machen). In den Niederlanden gibt es mehr Fahrräder als Einwohner (18 Millionen Räder im Vergleich zu 16 Millionen Einwohnern) und 40 Prozent dieser Fahrräder werden in der Freizeit genutzt. Jedes Jahr werden über eine Million Fahrräder verkauft – und 750.000 gestohlen. Sichern Sie Ihr Fahrrad also immer gut, wenn Sie es abstellen, besonders in den Städten. **Een fietstocht** (*èn fietß-tocht,* eine Fahrradtour) ist im Sommer ein schöner Zeitvertreib am Sonntag. So können Sie die Teile des Landes entdecken, die für den Autoverkehr gesperrt sind.

Niederländer unternehmen Fahrradtouren meistens in der Gegend, in der sie auch wohnen, oder sie laden die Räder aufs Auto und nehmen sie in Regionen mit, die sie weniger gut kennen. Auch zum Campen werden die Räder mitgenommen. Tausende **fietspaden** (*fietß-paa-dèn,* Fahrradwege) und **paddenstoelen** (*padd-dè-ßtu-lèn,* kleine weiße Begrenzungssteine, die sogenannten »Pilze«) machen es einfach, die Wege zu finden.

An nahezu allen Bahnhöfen kann man Räder mieten. Aber Vorsicht. Wer nicht gewohnt ist, Fahrrad zu fahren, sollte sich nicht gleich in den niederländischen Straßenverkehr begeben.

Einen Freizeitpark besuchen

Speeltuinen (*ßpeel-tèüj-nèn,* Spielplätze) und **pretparken** (*prätt-parr-kèn,* Vergnügungsparks) sind bei Familien sehr beliebt. Im Internet können Sie entsprechende Adressen finden.

An den Strand gehen

Die Niederlande verfügen über kilometerlange Sandstrände entlang der Nordseeküste. Manche mögen das Strandleben besonders und buchen alljährlich zwei Wochen Nordsee-Urlaub in einem der vielen Badeorte. Wenn die Sonne scheint, kann man ein Sonnenbad nehmen oder sich in der Nordsee abkühlen. Scheveningen bei Den Haag und Zandvoort bieten neben den vielen Biergärten, Bars, Restaurants und Diskotheken für all diejenigen, die ihr Geld anderweitig ausgeben möchten, ein Casino.

Diejenigen, die **het strandleven** (*hätt ßtrannt-lee-vèn,* das Strandleben) lieben, mieten **een strandhuisje** (*èn ßtrannt-hèüj-schè,* eine Strandhäuschen) für ein paar Wochen und vergnügen sich mit **zwemmen** (*swämm-mèn,* schwimmen) und **zonnebaden** (*sonn-nè-baa-dèn,* sich sonnen). Die Kinder mögen **pootjebaden** (*poo-tjè-baa-dèn,* planschen), **schelpen zoeken** (*ßchäll-pèn su-kèn,* Muscheln suchen) und **zandkastelen bouwen** (*sannt-kass-tee-lèn bau-wèn,* Sandburgen bauen) bei **eb** (*äpp,* Ebbe). Bei **vloed** (*vlutt,* Flut) wird die Sandburg wahrscheinlich weggespült, das geschieht zweimal **per etmaal** (*pärr ätt-maal,* alle 24 Stunden). Sie sollten wissen, dass die Temperatur der Nordsee auch in den Sommermonaten 17 Grad Celsius kaum übersteigt. **Surfen** (*sörr-fèn,* Windsurfen) und **vliegeren** (*vlie-chè-rèn,* Drachen steigen lassen) ist nur an bestimmten Orten möglich.

An sonnigen Tagen mit Temperaturen über 25 Grad Celsius sind die Straßen in Richtung Küste hoffnungslos überfüllt. Gut vorbereitete Niederländer nehmen deshalb das Fahrrad, den Bus oder den Zug, um zum Strand zu gelangen. Ausgerüstet sind sie mit **een handdoek** (*èn hannt-duck,* einem Handtuch), **zwembroek** (*swämm-bruck,* Badehose), **bikini** (*bie-kie-nie,* Bikini) und **zonnebrandcrème** (*sonn-nè-brannt-krääm,* Sonnenschutzcreme). Das alles befindet sich in ihrer **strandtas** (*ßtrannt-tass,* Strandtasche).

Der Strand ist **openbaar** (*oo-pèn-baar,* öffentlich zugänglich) und man kann **een strandstoel** (*èn ßtrannt-ßtull,* eine Sonnenliege) bei einem der vielen **strandpaviljoens** (*ßtrannt-pa-vill-junß,* Strandpavillons) mieten. Manchmal gibt es auch **kleedhokjes** (*kleet-hock-kjèß,* Umkleidekabinen).

Einige ziehen sich nach dem Baden um, andere behalten ihre Badesachen die ganze Zeit an. **Toiletten** (*tua-lätt-tèn*), **douches** (*du-schès,* Duschen), **een kinderbadje** (*èn kinn-dèr-batt-tjè,* ein Planschbecken), **met of zonder toezicht** (*mätt off sonn-dèr tu-sicht,* mit oder ohne Aufsicht) gibt es in allen Badeorten, ebenso wie **de reddingsbrigade** (*dè rädd-dingß-brie-chaa-dè,* die Rettungsmannschaft).

De reddingsbrigade ist dazu da, Sie zu retten, wenn Sie bei **gevaarlijke stroming** (*chè-vaar-lè-kè ßtroo-ming,* gefährlicher Strömung) nicht mehr aus eigener Kraft an Land kommen. Auch wenn Sie **een goede zwemmer** (*èn chu-dè swämm-mèr,* ein guter Schwimmer) sind, sollten Sie nur so weit hinausschwimmen, wie Sie noch stehen können. Besonders der **oostenwind** (*oo-ßtèn-winnt,* Ostwind, vom Land kommend) ist sehr gefährlich und bringt obendrein viele **kwallen** (*kwall-lèn,* Quallen). Wenn Sie noch mehr über **het strandleven** (*hätt ßtrannt-lee-vèn,* das Strandleben) erfahren möchten, sollten Sie sich einmal diese Frageformulierungen anschauen:

- ✔ **Is hier een zwembad?** (*iss hier èn swämm-batt,* Gibt es hier ein Schwimmbad?)

✔ **Is hier een overdekt zwembad?** (*iss hier èn oo-vèr-däckt swämm-batt,* Gibt es hier ein Hallenbad?)

✔ **Is hier een nudistenstrand in de buurt?** (*iss hier èn nü-diss-tèn-strannt inn dè büürt,* Gibt es hier in der Nähe einen FKK-Strand?)

✔ **Wanneer wordt het eb?** (*wann-neer worrt èt äpp,* Wann ist Ebbe?)

✔ **Wanneer wordt het vloed?** (*wann-neer worrt èt vlutt,* Wann ist Flut?)

✔ **Mag je hier zwemmen?** (*mach jè hier swämm-mèn,* Darf man hier schwimmen?)

✔ **Zijn hier gevaarlijke stromingen?** (*säijn hier chè-vaar-lè-kè ßtroo-ming-èn,* Gibt es hier gefährliche Strömungen?)

Sie werden eine der folgenden Antworten bekommen:

✔ **De zee is rustig/ de zee is woest.** (*dè see iss röss-tèch/dè see iss wußt,* Das Meer ist ruhig/ aufgewühlt.)

✔ **De golven zijn hoog.** (*dè choll-vèn säijn hooch,* Die Wellen sind hoch.)

✔ **Er komt storm.** (*ärr kommt ßtorrm,* Ein Sturm zieht auf.)

✔ **Het water is te koud.** (*hätt waa-tèr iss tè kaut,* Das Wasser ist zu kalt.)

✔ **Je mag hier niet zwemmen.** (*jè mach hier niet swämm-mèn,* Man darf hier nicht schwimmen.)

Das Meer beobachten

Unabhängig vom Wetter eignen sich die Nordseeküste und die ausgestreckte Dünenlandschaft immer für **een strandwandeling** (*èn ßtrannt-wann-dè-ling,* eine Strandwanderung). Manche mögen die Küste beonders, wenn es stürmisch ist. Versuchen Sie erst gar nicht, eine Strandwanderung bei über 25 Grad Celsius zu unternehmen: Straßen, Dünen und Strände sind dann total überfüllt. In so einem Fall gehen Sie lieber ganz früh am Morgen schwimmen oder versuchen Sie es am späten Abend.

Zu einer westfriesischen Insel wandern

Die Monate Juli und August können ziemlich regnerisch sein. Am sonnigsten ist es während des Sommers auf den westfriesischen Inseln im Norden des Landes. Die Inseln bieten auch sehr gute Möglichkeiten zum Wandern und Fahrradfahren, allerdings wird man dabei nie allein sein. Falls Sie es etwas abenteuerlicher mögen, sollten Sie es bei Ebbe einmal mit einer Wanderung vom Festland nach **Texel** (*täss-ßèl*), **Vlieland** (*vlie-lannt*), **Terschelling** (*tärr-ßchäll-ling),* **Ameland** (*aa-mè-lannt*) oder **Schiermonnikoog** (*ßchier- monn-nick-ooch*) versuchen. Sie sollten solche Wanderungen jedoch nie unvorbereitet und auf eigene Faust unternehmen. Mit einem Führer wird **wadlopen** (*watt-loo-pèn,* eine Wattwanderung) garantiert zu einer unvergesslichen Naturerfahrung.

Sport, Sport und nochmals Sport

Sport ist auch in den Niederlanden eine beliebte Freizeitaktivität. Viele Niederländer sind Mitglied in einer **sportschool** (*dè ßporrt-ßchool,* Sportclub), die sie ein-, zwei- oder dreimal die Woche besuchen. Fußball ist vor allem bei Jungen und Männern beliebt. Eine Million Männer sind Mitglied in einem niederländischen Fußballverein. Auf Platz zwei und drei stehen Tennis und Hockey mit jeweils 750.000 Mitgliedern. Volleyball und Beachvolleyball nehmen den vierten und fünften Platz bei den Vereinssportarten ein.

Die beliebteste Sportart: »voetbal«

Männer wollen nicht nur **voetbal kijken** (*vutt-ball käij-kèn,* Fußball im Fernsehen sehen), sondern auch selbst **voetballen** (*vutt-ball-lèn,* Fußball spielen). Jugendliche fangen an mit dem **voetbal spelen**, wenn sie vier Jahre alt sind und ihre Eltern am Fußballfeldrand stehen. Fußball im Fernsehen während **de Europese kampioenschappen** (*dè öh-roo-pee-ßè kamm-pie-jun-ßchapp-pèn,* der Europameisterschaft) oder **de Wereldkampioenschappen** (*dè wee-rèlt- kamm-pie-jun-ßchapp-pèn,* der Weltmeisterschaft) ist ein Massenphänomen, bei dem auch die niederländischen Frauen ihren Männern Gesellschaft leisten. Bis zu 2,5 Millionen Niederländer schauen sich die Spiele im Fernsehen an und mitunter bringt das sogar das Arbeitsleben durcheinander.

Een prachtige bal (*èn prach-tè-chè ball,* ein fantastischer Schuss), **een doelpunt maken** (*èn dull-pönnt maa-kèn,* ein Tor schießen) in **de eerste/tweede helft** (*dè eer-ßtè / twee-dè hällft,* in der ersten/zweiten Halbzeit), **een misser** (*èn miss-ßer,* verfehlter Torschuss) oder **de linksvoor** (*dè lingkß-voor,* der Linksaußen)**, de rechtsvoor** (*dè rechtß-voor,* der Rechtsaußen)**, de middenvelder** (*dè midd-dèn-väll-dèr,* der Mittelfeldspieler) oder **de doelman** (*dè dull-mann,* der Torwart) und **strafschoppen** (*ßtraff-ßchop-pèn,* Strafschüsse) **voor de rust** (*voor dè rösst,* vor der Halbzeitpause) und **na de rust** (*naa dè rösst,* nach der Halbzeitpause) sind dann Tagesgespräch. Fußballfans dekorieren bei Länderspielen ihre Häuser und manchmal ganze Straßenzüge mit orangefarbenen Fähnchen und Girlanden. Sollten Sie der Kollege oder Partner eines Fußballfans sein, werden diese Fragen für Sie von Interesse sein:

- ✔ **Wie spelen er vanavond?** (*wie ßpee-lèn ärr vann-naa-vonnt,* Wer spielt heute Abend?)
- ✔ **Wie zitten er in de finale?** (*wie sit-tèn ärr in dè fie-naa-lè,* Wer ist im Finale?)
- ✔ **Zal Nederland/Duitsland vanavond winnen?** (*sall nee-dèr-lannt/dèüjtß-lannt vann-naa-vonnt winn-nèn,* Werden die Niederlande/Wird Deutschland heute Abend gewinnen?)

Wenn Sie sich am nächsten Tag erkundigen, wie das Spiel war, hören Sie vielleicht:

- ✔ **De wedstrijd was** (*dè wätt-ßträijt wass,* Das Spiel war):
  - **spannend** (*ßpann-nènt,* spannend)
  - **waardeloos** (*waar-dè-looß,* hoffnungslos schlecht)
- ✔ und die bevorzugte Mannschaft:
  - **... heeft gewonnen** (... *heeft chè-wonn-nèn,* hat gewonnen)

- **... heeft verloren** (... *heeft vèr-loo-rèn,* hat verloren)
- **... gaat door naar de finale** (... *chaat door naar dè fie-naa-lè,* ... kommt ins Finale)

»Nederland heeft gewonnen«: Wann verwendet man das Perfekt?

Der Gebrauch des Perfekt und des Imperfekt ist im Deutschen und im Niederländischen nahezu gleich. Das heißt, das Perfekt wird viel häufiger verwendet als das Imperfekt. Meistens wird es gebraucht, um auszudrücken, dass eine Handlung oder ein Ereignis abgeschlossen ist.

Im Niederländischen gibt es mehrere Begriffe für diese Zeitform. Der vielleicht einfachste und ausdrucksstärkste ist **de voltooide tijd** (*dè voll-tooij-dè täijt,* die vollendete Zeitform). **Voltooid** bedeutet »vollendet/ abgeschlossen«. Mithilfe des Perfekt beschreibt man etwas, das in der Vergangenheit begonnen hat und bereits abgeschlossen ist, das heißt, die Handlung reicht nicht bis in die Gegenwart. **Nederland heeft gewonnen.** (*nee-dèr-lannt heeft chè-wonn-nèn,* Die Niederlande haben gewonnen.) bedeutet, dass das Spiel beendet ist und die Niederlande gewonnen haben.

Man verwendet das Perfekt auch als Einleitung für eine Geschichte über etwas in der Vergangenheit: **Nederland heeft gewonnen.** (*nee-dèr-lannt heeft chè-wonn-nèn,* Die Niederlande haben gewonnen.) Nach dieser Einleitung könnte die Geschichte im Imperfekt weitergehen: **In de tweede helft scoorde ...** (*inn dè twee-dè hällft ßkoor-dè ...,* In der zweiten Halbzeit gab es einen Treffer für/von ...). In Kapitel 2 erfahren Sie mehr über die Bildung des Perfekt. In Kapitel 2 und Kapitel 15 gibt es nähere Erläuterungen zur Bildung und zum Gebrauch des Imperfekt.

Schlittschuh laufen: »schaatsen«

Nur wenn es das Wetter gut meint, kann man in den Niederlanden auch auf echtem Eis Schlittschuh laufen. Es muss nur drei oder vier Tage **vriezen** (*frie-sèn,* frieren) und schon sind die niederländischen **sloten en kanalen** (*sloo-tèn änn ka-naa-lèn,* Wassergräben und Kanäle) voller Kinder, die mit ihren Eltern jede freie Minute nutzen, um auf dem Eis zu sein. Wenn es kein helfendes oder stützendes Elternteil beim Erlernen des Eislaufens gibt, behelfen sich Kinder auch mit einem alten Stuhl, den sie vor sich herschieben. Und wer weiß, vielleicht wird eben dieses Kind später einmal die legendäre **Elfstedentocht** (*ällf-ßtee-dèn-tocht*) gewinnen. Mehr zu diesem Thema finden Sie in Kapitel 3.

Auf dem Boot: »varen en zeilen«

Varen (*vaa-rèn,* Boot fahren) und besonders **zeilen** (*säij-lèn,* segeln) erfordern **inzicht** (*inn-sicht,* Einsicht), **vooruitzien** (*voor-èüjt-sien,* Voraussicht) und **reactiesnelheid** (*ree-jack-ßie-ßnäll-häijt,* Reaktionsschnelligkeit). Viele Niederländer haben **een boot** (*èn boot,* ein Boot) oder **een schip** (*èn ßchipp,* eine Jacht), auf dem beziehungsweise der sie jedes **weekeinde/ weekend** (*week-äijn-dè/wieck-ännt,* Wochenende) von April bis September verbringen. Während **het weekend** ist das Boot meistens in den Gewässern um den **haven** (*dè haa-vèn,* Hafen) unterwegs, in den Ferien erkunden die Freizeitkapitäne der etwas größeren Boote aber auch die entfernter gelegenen niederländischen, belgischen, französischen oder britischen **wateren** (*waa-tè-rèn,* Gewässer) und **zeeën** (*see-jèn,* Meere).

Die meisten **zeilschepen** (*säijl-ßchee-pèn,* Segelboote) haben **een motor** (*èn moo-tèr,* einen Motor), der **in geval van nood** (*inn chè-vall vann noot,* im Notfall) auf **drukke vaarroutes** (*dröck-kè vaar-ru-tèß,* vielbefahrenen Abschnitten) und **bij windstilte** (*bäij winnt-ßtill-tè,* bei Windstille) eingesetzt werden kann. **Motorboten** (*moo-tèr-boo-tèn,* Motorboote) haben nur einen Motor. **Watersporters** (*waa-tèr-ßporr-tèrß,* Wassersportler) schauen sich die Niederlande gern vom Wasser an und verbringen ihren Tag an Deck eines Schiffes oder Bootes. Die besondere Atmosphäre im Hafen und die stimmungsvollen Ausflugslokale **op de wal** (*opp dè wall,* am Kai) sind der Lohn für einen langen Tag auf rauer See.

Golf spielen: »golfen«

Golf (*chollf,* Golf) ist unter Geschäftsleuten, Rentnern und zunehmend auch bei jüngeren Menschen sehr beliebt. In den meisten Regionen in den Niederlanden werden Sie einen Golfplatz finden.

Das Verb zum Thema Spielen: »spelen«

Spelen (*ßpee-lèn,* spielen) ist ein regelmäßiges Verb. Um den langen Klang des Stammvokals **e** zu erhalten, muss er in allen Singularformen mit **ee** verdoppelt werden:

Konjugation	Aussprache
ik speel	*ick ßpeel*
jij speelt	*jäij ßpeelt*
hij/zij/het speelt	*häij/säij/hätt ßpeelt*
u speelt	*ü ßpeelt*
wij spelen	*wäij ßpee-lèn*
jullie spelen	*jöll-lie ßpee-lèn*
zij spelen	*säij ßpee-lèn*

Das Verb **spelen** kann mit allen Ballsportarten kombiniert werden: **Ik speel voetbal** (*ick ßpeel vutt-ball*), **ik speel tennis** (*ick ßpeel tänn-nissc*), **ik speel hockey** (*ick ßpeel hock-kie*), **ik speel volleyball** (*ick ßpeel voll-lie-ball*).

Sportarten, die aus dem Englischen kommen

Im Niederländischen gibt es relativ viele Sportarten, die ursprünglich aus dem Englischen stammen. Schauen Sie sich einmal das Beispiel **racen** (*ree-ßèn,* Rennen fahren) an:

Konjugation	Aussprache
racen	*ree-ßèn*
ik race	*ick reeß*
jij racet	*jäij reeßt*
hij/zij/het racet	*häij/säij/hätt reeßt*
u racet	*ü reeßt*
wij racen	*wäij ree-ßèn*
jullie racen	*jöll-lie ree-ßèn*
zij racen	*säij ree-ßèn*

Anstelle von **hockey spelen** (*hock-kie ßpee-lèn*, Hockey spielen) werden Sie auch auf das Verb **hockeyen** (*hock-kie-jèn*) stoßen, bei dem aus einem Substantiv ein Verb gebildet wurde, das den gleichen Regeln folgt:

Konjugation	Aussprache
hockeyen	*hock-kie-jèn*
ik hockey	*ick hock-kie*
jij hockeyt	*jäij hock-kiet*
hij/zij/het hockeyt	*häij/säij/hätt hock-kiet*
u hockeyt	*ü hock-kiet*
wij hockeyen	*wäij hock-kie-jèn*
jullie hockeyen	*jöll-lie hock-kie-jèn*
zij hockeyen	*säij hock-kie-jèn*

Golfen (*chol-fèn*, Golf spielen), **tennissen** (*tänn-niss-ßèn*, Tennis spielen) und **joggen** (*dschogg-gèn*, laufen/joggen) werden ebenfalls nach dem gleichen Prinzip gebildet und gebeugt. Zum Abschluss des Trainings wird Ihr Trainer vielleicht zu Ihnen sagen:

✔ **Nu gaan we stretchen.** (*nü chaan wè ßträh-tschèn*, Jetzt machen wir ein paar Dehnungsübungen.)

Und Sie sagen danach:

✔ **Ik voel me heel relaxed.** (*ick vull mè heel rie-läckßt*, Ich fühle mich ganz entspannt).

Wenn Sie arbeiten müssen

In diesem Kapitel

- Telefonieren
- Im Büro kommunizieren
- Geschäftsbeziehungen mit Niederländern pflegen

9

Ein persönliches Gespräch ist nur eine Möglichkeit der Kommunikation. Sicher möchten Sie auch in der Lage sein, telefonisch oder per E-Mail über verschiedene Themen mit anderen Menschen zu kommunizieren – und zwar auf Niederländisch.

Telefonieren

Mobieltjes (*moo-biel-tjèß*) oder **GSM's** (*chee-äss-ämmß*, Handys) haben die Umgangsformen beim Telefonieren verändert. Wenn es sich um privat genutzte Handys handelt, melden sich die Besitzer nur mit dem Vornamen, wenn sie **een telefoontje krijgen** (*èn tee-lè-foon-tjè kräij-chèn*, einen Anruf erhalten). Um auszudrücken, dass man anrufen möchte oder dass man angerufen wird, reicht das Verb **bellen** (*bäll-lèn*) oder die etwas längere Form dieses Verbs **opbellen** (*opp-bäll-lèn*, anrufen). **Ik bel je** (*ick bäll jè*, ich rufe dich an) oder **we bellen** (*wè bäll-lèn*, wir telefonieren) ist inzwischen eine Floskel beim Abschied geworden.

Konjugation	Aussprache
ik bel	*ick bäll*
jij belt	*jäij bällt*
hij/zij/het belt	*häij/säij/hätt bällt*
u belt	*ü bällt*
wij bellen	*wäij bäll-lèn*
jullie bellen	*jöll-lie bäll-lèn*
zij bellen	*säij bäll-lèn*

Opbellen (*opp-bäll-lèn*, anrufen) ist ein sogenanntes trennbares Verb, das im Präsens und im Imperfekt in zwei Wortteile zerlegt wird. Abhängig von der Wortfolge im Satz können weitere Wörter zwischen diese beiden Teile geschoben werden. Im Deutschen funktioniert das genauso, daher werden Sie es automatisch richtig machen:

- ✔ **Ik bel hem op.** (*ick bäll hämm opp*, Ich rufe ihn an.)
- ✔ **Jij belt haar vaak op.** (*jäij bällt haar vaak opp*, Du rufst sie oft an.)

Die Objektformen des Personalpronomens

Die geläufigsten Formen des Personalpronomens sind die, bei denen das Personalpronomen als Subjekt verwendet wird. Das geschieht immer am Satzanfang und in Verbindung mit einem Verb: **ik** (*ick*, ich), **jij/je** (*jäij/jè*, du), **hij** (*häij*, er), **zij/ze** (*säij/sè*, sie), **u** (*ü*, Sie), **wij/we** (*wäij/wè*, wir), **jullie** (*jöll-lie*, ihr), **zij/ze** (*säij/sè*, sie). Personalpronomen können innerhalb eines Satzes jedoch (wie im Deutschen) unterschiedliche Funktionen haben. Schauen Sie sich an, was passiert, wenn das Personalpronomen nicht mehr die Funktion des Subjekts in einem Satz hat, sondern die des Objekts. In der Funktion als Objekt wandert das Personalpronomen ans Satzende. In folgender Übersicht sehen Sie die Veränderungen des Pronomens und entsprechende Beispielsätze:

Subjektform	Objektform	Beispiel
ik	mij, me	**Cilla belt me.** (*ßill-laa bällt mè,* Cilla ruft mich an.)
jij/je	jou, je	**Cilla belt je.** (*ßill-laa bällt jè,* Cilla ruft dich an.)
hij	hem	**Cilla belt hem.** (*ßill-laa bällt hämm,* Cilla ruft ihn an.)
zij	haar	**Cilla belt haar.** (*ßill-laa bällt haar,* Cilla ruft sie an.)
u	u	**Cilla belt u.** (*ßill-laa bällt ü,* Cilla ruft Sie an.)
wij	ons	**Cilla belt ons.** (*ßill-laa bällt onnß,* Cilla ruft uns an.)
jullie	jullie, je	**Cilla belt jullie.** (*ßill-laa bällt jöll-lie,* Cilla ruft euch an.)
zij/ze	hen, ze	**Cilla belt hen/Cilla belt ze.** (*ßill-laa bällt hänn/ßill-laa bällt sè,* Cilla ruft sie an.)

Die Objektformen des Personalpronomen werden auch nach einer Präposition benutzt. Mehr dazu finden Sie in Kapitel 4.

Ein Telefongespräch annehmen

Viele Menschen haben ein **mobieltje van de zaak** (*moo-biel-tjè vann dè saak*, ein dienstliches Handy), das sie sowohl für dienstliche als auch für private Telefongespräche nutzen. Wenn sie einen dienstlichen Anruf erwarten, werden sie sich mit dem Namen der Firma gefolgt von ihrem vollständigen Namen melden: **Biz Accountants, Raymond van Dieren** (*biss èk-kaun-tèntß ree-monnt vann die-rèn*, Biz Accountants, Raymond van Dieren).

Ältere Menschen und Personen in Führungspositionen nennen nur ihren Nachnamen: **Lease Consult, Van der Jagt** (*lies konn-ßöllt vann därr jacht,* Lease Consult, Van der Jagt). Manche (ältere) Damen nennen sich sozusagen selbst **mevrouw** (*mè-vrau*, Frau) und kombinieren dies mit ihrem Familiennamen: **Biz Accountants, mevrouw Harskamp** (*biss èk-kaun-tèntß, mè-vrau harrß-kammp*, Biz Accountants, Frau Harskamp).

Mitarbeiter eines Sekretariats oder einer Rezeption beginnen immer mit **Goedemorgen** (*chu-dè-morr-chèn,* Guten Morgen) oder **goedemiddag** (*chu-dè-midd-dach*, Guten Tag): **Goedemor-**

gen, Lease Consult, Cilla Vermeent (*chu-dè-morr-chèn lies konn-söllt ßill-laa vèr-meent,* Guten Morgen, Lease Consult, Cilla Vermeent).

In kleineren Dienstleistungsbetrieben oder Geschäften wie etwa einem Kosmetikstudio, beim Friseur oder im Fitnessclub melden sich die Mitarbeiter oft nur mit dem Vornamen: **Beautysalon Welling, met Sonja** (*bju-tie-ßaa-lonn wäll-ling mätt ßonn-jaa,* Kosmetikstudio Welling, Sie sprechen mit Sonja).

Jemanden anrufen

Wenn Sie jemanden zu Hause anrufen und der Gewünschte nicht gleich am Telefon ist, müssen Sie nach ihm fragen und sich mit Ihrem Namen melden:

✔ **Hallo, met René.** (*hall-loo mätt rè-nee,* Hallo, hier ist René.)

Dann fragen Sie:

✔ **Is Sandra thuis?** (*iss ßann-draa tèüjß,* Ist Sandra zu Hause?)

✔ **Kan ik Sandra spreken?** (*kann ick ßann-draa ßpree-kèn,* Kann ich Sandra sprechen?)

In einem dienstlichen Gespräch werden Sie sich förmlicher melden, indem Sie zum Beispiel erst »Guten Tag« sagen:

✔ **Goedemorgen, met Raymond van Dieren** (*chu-dè-morr-chèn mätt ree-monnt vann die-ren,* Guten Morgen, Raymond van Dieren)

Meistens wird bei einem dienstlichen Gespräch nach der gewünschten Person so gefragt:

✔ **Is de heer … aanwezig?** (*iss dè heer… aan-wee-sèch,* Ist Herr … da?)

✔ **Is mevrouw … bereikbaar?** (*iss mè-vrau harrß-kammp bè-räijk-baar,* Ist Frau … zu sprechen?)

Jemanden auf etwas hinweisen

Wenn jemand zu schnell spricht und Sie ihm deshalb nicht folgen können, empfiehlt sich eine der folgenden Formulierungen:

✔ **Kunt u wat langzamer praten?** (*könnt ü watt lang-saa-mèr praa-tèn,* Können Sie bitte etwas langsamer sprechen?)

✔ **Kunt u dat herhalen?** (*könnt ü datt härr-haa-lèn,* Können Sie das bitte wiederholen?)

Viele Niederländer werden Ihnen auf Englisch oder vielleicht sogar auf Deutsch antworten. Immerhin lernen sie beide Sprachen in der Schule und sie sind es daher nicht gewohnt, dass sich jemand die Mühe macht, ihre Sprache zu erlernen. Wenn Sie nicht möchten, dass man Ihnen in einer anderen Fremdsprache antwortet, sagen Sie einfach:

✔ **Ik ben Nederlands aan het leren, wilt u Nederlands praten?** (*ick bänn nee-dèr-lanntß aan èt lee-rèn willt ü nee-dèr-lanntß praa-tèn,* Ich lerne gerade Niederländisch, würden Sie bitte Niederländisch sprechen?)

Sich mit jemandem verbinden lassen

Nachdem Sie bei einer Firma oder Behörde angerufen und Ihr Anliegen vorgetragen haben, wird man Sie mit der zuständigen Person verbinden oder Ihnen etwas so etwa antworten:

- **Daar spreekt u mee.** (*daar ßpreekt ü mee,* Mit dem/der sprechen Sie.)
- **Ik verbind u door.** (*ick vèr-binnt ü door,* Ich stelle Sie durch.)
- **Een momentje alstublieft, ik verbind u door.** (*èn moo-männ-tjè all-ßtü-blieft ick vèr-binnt ü door,* Einen Augenblick bitte, ich verbinde.)
- **De lijn is bezet.** (*dè läijn iss bè-sätt,* Die Leitung ist besetzt.)

Niemand zu erreichen – wie immer

Leider ist es oft nicht möglich, gleich beim ersten Versuch denjenigen zu erreichen, mit dem man sprechen möchte. Sie werden dann einen der folgenden Sätze hören:

- **Mevrouw ... is op dit moment aan de telefoon, wilt u wachten?** (*mè-vrau ... iss opp ditt moo-männt aan dè tee-lè-foon willt ü wach-tèn,* Frau ... telefoniert gerade, möchten Sie warten?)
- **Mevrouw ... is telefonisch in gesprek.** (*mè-vrau ... iss tee-lè-foo-nieß inn chè-ßpräck,* Frau ... spricht noch.)
- **Mevrouw ... is in bespreking. Kunt u over een uur terugbellen?** (*mè-vrau ... iss inn bè-ßpree-king. könnt ü oo-vèr èn üür tröch-bäll-lèn,* Frau ... ist in einer Besprechung. Können Sie in einer Stunde noch einmal anrufen?)
- **Mevrouw ... is in bespreking. Kan zij u terugbellen?** (*mè-vrau ... iss inn bè-ßpree-king. kann säij ü tröch-bäll-lèn,* Frau ... ist in einer Besprechung. Kann sie zurückrufen?)
- **Het spijt me, mevrouw ... is niet op haar plek.** (*hätt ßpäijt mè mè-vrau ... iss niet opp haar pläck,* Es tut mir leid, Frau ... ist nicht an ihrem Arbeitsplatz.)
- **Mevrouw ... neemt niet op.** (*mè-vrau ... neemt niet opp,* Frau ... nimmt nicht ab.)
- **Zou u later terug kunnen bellen?** (*sau ü laa-tèr tröch könn-nèn bäll-lèn,* Könnten Sie es später noch einmal versuchen?)
- **Mag ik uw telefoonnummer?** (*mach ick üu tee-lè-foon-nömm-mèr,* Könnte ich Ihre Telefonnummer haben?)

Diese Ausdrücke helfen Ihnen weiter, wenn die Verbindung nicht in Ordnung ist:

- **Het is een slechte lijn.** (*hätt iss èn ßläch-tè läijn,* Die Verbindung ist schlecht.)
- **Ik versta u slecht.** (*ick vèr-ßtaa ü ßlächt,* Ich kann Sie schlecht verstehen.)

Einen Termin vereinbaren

Immer mehr Geschäfte werden telefonisch beziehungsweise per E-Mail abgewickelt, aber manchmal ist es auch notwendig, sich persönlich zu verabreden und miteinander zu sprechen. Hier ein paar einleitende Sätze, um einen Termin zu vereinbaren:

- ✔ **Ik wil graag een afspraak maken.** (*ick will chraach èn aff-ßpraak maa-kèn*, Ich würde gern einen Termin vereinbaren.)
- ✔ **Kan ik mijn afspraak verzetten?** (*kann ick mäijn aff-ßpraak vèr-sätt-tèn*, Kann ich meinen Termin verschieben?)

Und mögliche Antworten darauf sind:

- ✔ **Wanneer komt het u uit?** (*wann-neer kommt èt ü èüjt*, Wann passt es Ihnen?)
- ✔ **Wat denkt u van woensdag elf uur?** (*watt dängkt ü vann wunß-dach ällf uür*, Wie wäre es mit Mittwoch, elf Uhr?)
- ✔ **Er is deze week geen ruimte meer voor een afspraak.** (*ärr iss dee-sè week cheen rèüjm-tè meer voor èn aff-ßpraak*, In dieser Woche ist kein Termin mehr möglich.)
- ✔ **De eerste gelegenheid is volgende week.** (*dè eer-ßte chè-lee-chèn-häijt iss voll-chèn-dè week*, Der erste mögliche Termin ist nächste Woche.)

Track 19: Im Gespräch

Petra Harskamp möchte einen Termin bei einem Kosmetikstudio vereinbaren. Sie spricht mit einer Angestellten.

Sonja: **Beautysalon Welling, met Sonja.**

bju-tie-ßaa-lonn wäll-ling mätt ßonn-jaa

Kosmetikstudio Welling, Sie sprechen mit Sonja.

Petra Harskamp: **Goedemorgen Sonja, ik wil een afspraak maken voor een behandeling. Heb je plek op zaterdagmiddag?**

chu-dè-morr-chèn ßonn-jaa ick will èn aff-ßpraak maa-kèn voor èn bè-hann-dè-ling. häpp jè pläck opp saa-tèr-dach-midd-dach

Guten Morgen Sonja, ich würde gern einen Termin für eine Behandlung vereinbaren. Hast du am Samstagnachmittag noch etwas frei?

Sonja: **Goedemorgen mevrouw Harskamp. Wat voor behandeling wilt u: zoals gebruikelijk?**

chu-dè-morr-chèn mè-vrau harrß-kammp. watt voor bè-hann-dè-ling willt ü: so-allß chè-brèüj-kè-lèk

Guten Morgen Frau Harskamp. Was für eine Behandlung möchten Sie, so wie immer?

Petra Harskamp: **Ja, en ik wil ook een uitgebreide make-up. Ik heb die avond een feest.**

jaa änn ick will ook èn èüjt-chè-bräij-dè meek-köpp. ick häpp die aa-vonnt èn feeßt

Ja, und ich möchte auch noch ein großes Abend- Make-up. Ich gehe zu einem Fest.

Sonja: **U bedoelt niet komende zaterdag, hoop ik?**

ü bè-dult niet koo-mèn-dè saa-tèr-dach hoop ick

Sie meinen doch hoffentlich nicht diesen Samstag?

Petra Harskamp: **Nee, het is zaterdag de 14de.**

nee èt iss saa-tèr-dach dè veer-tien-dè

Nein, es ist Samstag, der 14.

Sonja: **Oké, we hebben nog een plekje. Komt half drie goed uit?**

oo-kee wè häbb-bèn noch een pläck-kjè. kommt hallf drie chutt èüjt

Okay, wir haben noch was frei. Passt es um halb drei?

Petra Harskamp: **Dat is goed.**

datt iss chutt

Das ist gut.

Sonja: **Ik noteer een afspraak van twee uur voor u. Dus zaterdag 14 september, half drie.**

ick noo-teer èn aff-ßpraak vanv twee üür voor ü. döss saa-tèr-dach veer-tien ßäpp-tämm-bèr hallf drie

Ich notiere einen zweistündigen Termin für Sie. Also Samstag, 14. September um halb drei.

Petra Harskamp: **Bedankt. Tot dan.**

bedangkt. tott dann

Vielen Dank. Bis dann.

Sonja: **Nog een prettige dag, mevrouw Harskamp.**

noch èn prätt-tè-chè dach mè-vrau harrß-kammp

Schönen Tag noch, Frau Harskamp.

Kleiner Wortschatz

Niederländisch	Aussprache	Deutsch
een behandeling	*èn bè-hann-dè-ling*	eine Behandlung
zoals gebruikelijk	*soo-allß chè-brèüj-kè-lèk*	wie immer
uitgebreid	*èüjt-chè-bräijt*	ausführlich, groß
noteren	*noo-tee-rèn*	notieren

Zwei besondere Verben: »kunnen« und »zullen«

Kunnen (*könn-nèn*, können) und **zullen** (*söll-lèn*, sollen, wollen) sind unregelmäßige Verben. Da man sie jedoch sehr oft benutzt, werden Sie sie bald beherrschen:

Konjugation	Aussprache	Konjugation	Aussprache
kunnen	*könn-nèn*	**zullen**	*söll-lèn*
ik kan	*ick kann*	**ik zal**	*ick sall*
jij kan /jij kunt	*jäij kann /jäij könnt*	**jij zal/ zult**	*jäij sall/jäij söllt*
u kunt	*ü könnt*	**u zult**	*ü söllt*
hij/het kan	*häij/hätt kann*	**hij/het zal**	*häij /hätt sall*
wij kunnen	*wäij könn-nèn*	**wij zullen**	*wäij söll-lèn*
jullie kunnen	*jöll-lie könn-nèn*	**jullie zullen**	*jöll-lie söll-lèn*
zij kunnen	*säij könn-nèn*	**zij zullen**	*säij söll-lèn*

Diese beiden Verben werden sehr oft, aber nicht immer als Hilfsverb in Verbindung mit einem anderen Vollverb oder einem Infinitiv gebraucht:

- ✔ **Kan ik mijn afspraak verzetten?** (*kann ick mäijn aff-ßpraak vèr-sätt-tèn*, Kann ich meinen Termin verschieben?)
- ✔ **Ik zal eens kijken.** (*ick sall ènß käij-kèn*, Ich muss mal schauen.)

Nach den gleichen Regeln können auch die Verben **willen** (*will-lèn*, möchten, wollen) und **mogen** (*moo-chèn*, dürfen) verwendet werden:

- ✔ **Ik wil een afspraak maken.** (*ick will èn aff-ßpraak maa-kèn*, Ich möchte einen Termin machen.)
- ✔ **Mag ik u iets vragen?** (*mach ick ü ietß vraa-chèn*, Darf ich Sie etwas fragen?)

In den oben genannten Sätzen lauten die Infinitive der Verben **verzetten, kijken, maken** und **vragen** und sie stehen immer am Satzende.

Sich am Telefon verabschieden

Wenn Sie ein Geschäft verlassen, ist es üblich, **tot ziens** (*tott sienß,* Auf Wiedersehen) zu sagen, unabhängig davon, ob Sie dieses Geschäft jemals wieder betreten werden. Am Telefon ist das etwas anders. Sie können dann auch **tot horens** (*tott hoo-rènß,* Auf Wiederhören) oder einfach **dag** (*dach,* Guten Tag) sagen. Diese Verabschiedungen sind eher informell. Im dienstlichen Umfeld verabschiedet man sich etwas anders, vor allem wenn Sie gerade einen Termin mit der betreffenden Person vereinbart haben. Dann sagen Sie beispielsweise: **tot woensdag** (*tott wunß-dach,* bis Mittwoch). In anderen Situationen kann man sich immer mit einem neutralen Gruß verabschieden, wie zum Beispiel: **goedemiddag** (*chu-dè-midd-dach,* Guten Tag (nachmittags)) oder etwas persönlicher: **prettige dag nog** (*prätt-tè-chè dach noch,* einen schönen Tag noch).

Track 20: Im Gespräch

Raymond van Dieren möchte Herrn van der Jagt sprechen. Er ruft bei der Rezeption von Lease Consult an.

Rezeptionistin: **Goedemorgen, Lease Consult, receptie.**

chu-dè-morr-chèn ließ konn-ßöllt rè-ßäpp-ßie

Guten Morgen, Lease Consult, die Rezeption.

Raymond van Dieren: **Goedemorgen, is de heer Van der Jagt telefonisch bereikbaar?**

chu-dè-morr-chèn iss dè heer vann därr jacht tee-lè-foo-nieß bè-räijk-baar

Guten Morgen, ist Herr van der Jagt zu sprechen?

Rezeptionistin: **Het spijt me, maar de heer Van der Jagt zit in een bespreking. Kan ik u doorverbinden met zijn secretaresse?**

hätt ßpäijt mè maar dè heer vann därr jacht sitt inn èn bè-ßpree-king. kann ick ü door-vèr-binn-dèn mätt säijn ßee-krè-taa-räss-ßè

Das tut mir leid, Herr van der Jagt ist in einer Besprechung. Kann ich Sie mit seiner Sekretärin verbinden?

Raymond van Dieren: **Ik wil hem graag zelf spreken.**

ick will hämm chraach sällf ßpree-kèn

Ich möchte ihn gern persönlich sprechen.

Rezeptionistin: **Kan hij u terugbellen?**

kann häij ü tröch-bäll-lèn

Kann er Sie zurückrufen?

Raymond van Dieren: **Ja, als dat voor twee uur is, want ik ben er vanmiddag niet.**

jaa allß datt voor twee uür iss wannt ick bänn ärr vann-midd-dach niet

Ja, möglichst vor 14 Uhr, denn heute Nachmittag bin ich nicht erreichbar.

Rezeptionistin: **Ik zal dat aan zijn secretaresse doorgeven. Wat zijn uw naam en telefoonnummer?**

ick sall datt aan säijn ßee-krè-taa-räss-ßè door-chee-vèn. watt säijn üu naam änn tee-lè-foon-nömm-mèr

Ich werde das an seine Sekretärin weiterleiten. Wie ist Ihr Name und Ihre Telefonnummer?

Raymond van Dieren: **Raymond van Dieren. Mijn nummer is 020 654 32 10.**

ree-monnt vann die-rèn. mäijn nömm-mèr iss nöll twinn-tèch säss väijf vier drie twee een nöll

Raymond van Dieren. Meine Nummer ist: 020 654 32 10.

Rezeptionistin: **Dank u, meneer Van Dieren en nog een prettige dag.**

dangk ü mè-neer vann die-rèn änn noch èn prätt-tè-chè dach

Vielen Dank, Herr van Dieren, und noch einen schönen Tag.

Eine Nachricht hinterlassen

Bei großen Firmen muss man es mit seinem Anruf noch mal versuchen, wenn man die gewünschte Person nicht erreicht hat. Bei kleineren Unternehmen kann man mitunter auch eine Nachricht hinterlassen. Dann wird einer dieser Ausdrücke für Sie nützlich sein:

✔ **Kan ik een bericht aan u doorgeven?** (*kann ick èn bè-richt aan ü door-chee-vèn*, Kann ich Ihnen eine Nachricht hinterlassen?)

✔ **Kan ik een bericht voor ...achterlaten?** (*kann ick èn bè-richt voor haar ach-tèr-laa-tèn*, Kann ich eine Nachricht für ... hinterlassen?)

✔ **Mevrouw ... kan me bereiken op nummer ...** (*mè-vrau ... kann mè bè-räij-kèn opp nömm-mèr ...*, Frau ... kann mich unter ... erreichen.)

Track 21: Im Gespräch

Hans van der Jagt ruft bei Biz Accountants an und fragt nach Raymond van Dieren.

Rezeptionistin: **Goedemorgen, Biz Accountants, receptie.**

chu-dè-morr-chèn biss èk-kaun-tèntß rè-ßäpp-ßie

Guten Morgen, Biz Accountants, die Rezeption.

Hans van der Jagt: **Goedemorgen, met Van der Jagt. Kunt u mij doorverbinden met de heer Van Dieren?**

chu-dè-morr-chèn mätt vann därr jacht. könnt ü mäij door-vèr-binn-dèn mätt dè heer vann die-rèn

Guten Morgen, van der Jagt. Könnten Sie mich mit Herrn van Dieren verbinden?

Receptionistin: **Het spijt me, maar de heer Van Dieren zit in een bespreking. Wilt u een boodschap achterlaten?**

hätt ßpäijt mè maar dè heer vann die-rèn sitt inn èn bè-ßpree-king. willt ü èn boot-ßchapp ach-tèr-laa-tèn

Tut mir leid, aber Herr van Dieren ist in einer Besprechung. Möchten Sie eine Nachricht hinterlassen?

Hans van der Jagt: **Ja, of hij me terug wil bellen. Mijn naam is Van der Jagt en mijn telefoonnummer is 020 654 32 11.**

jaa off häij mè tröch will bäll-lèn. Mäijn naam iss vann därr jacht änn mäijn tee-lè-foon-nömm-mèr iss nöll twin-tèch säss väijf vier drie twee een een

Ja, ob er mich bitte zurückrufen kann. Mein Name ist van der Jagt und meine Telefonnummer 020 654 32 11.

Rezeptionistin: **Oké, dank u. Ik zal meneer Van Dieren vragen of hij u terugbelt.**

oo-kee dangk ü. ick sall mè-neer vann die-rèn vraa-chèn off häij ü tröch-bällt

Okay, vielen Dank. Ich werde Herrn van Dieren bitten, Sie zurückzurufen.

Hans van der Jagt: **Dank u, goedemiddag.**

dangk ü chu-dè-midd-dach

Vielen Dank und guten Tag.

Rezeptionistin: **Goedemiddag meneer Van der Jagt.**

chu-dè-midd-dach mè-neer vann därr jacht

Guten Tag, Herr van der Jagt.

Den Namen buchstabieren: Das niederländische Alphabet am Telefon

Internationale Unternehmen, deren Geschäftssprache Englisch ist, benutzen beim Buchstabieren von Namen am Telefon das englische Alphabet. Die meisten Niederländer benutzen jedoch ihr eigenes, niederländisches Alphabet, wenn sie gefragt werden: **Kunt u dat spellen?** (*könnt ü datt ßpäll-lèn*, Können Sie das buchstabieren?) Es kann auch Ihnen gute Dienste leisten:

- ✔ **de a van Anton** (*dè aah vann ann-tonn*)
- ✔ **de b van Bernard** (*dè beej vann bärr-narrt*)
- ✔ **de c van Cornelis** (*dè ßeej vann corr-nee-liss*)
- ✔ **de d van Dirk** (*dè deej vann dirrk*)
- ✔ **de e van Eduard** (*dè eej vann ee-dü-warrt*)
- ✔ **de f van Ferdinand** (*dè äff vann färr-die-nannt*)
- ✔ **de g van Gerrit** (*dè cheej vann chärr-ritt*)
- ✔ **de h van Hendrik** (*dè haah vann hänn-drick*)
- ✔ **de i van Isaac** (*dè ie vann ie-saak*)
- ✔ **de j van Johan** (*dè jeej vann joo-hann*)
- ✔ **de k van Karel** (*dè kaah vann kaa-rèll*)
- ✔ **de l van Lodewijk** (*dè äll vann loo-dè-wäijk*)
- ✔ **de m van Marie** (*dè ämm vann ma-rie*)
- ✔ **de n van Nico** (*dè änn vann nie-koo*)
- ✔ **de o van Otto** (*dè ooh vann ott-too*)
- ✔ **de p van Pieter** (*dè peej vann pie-tèr*)
- ✔ **de q van Quotiënt** (*dè kü vann kwoo-schännt*)
- ✔ **de r van Rudolf** (*dè ärr vann rü-dollf*)
- ✔ **de s van Simon** (*dè äss vann ßie-monn*)
- ✔ **de t van Theodoor** (*dè teej vann tee-joo-door*)
- ✔ **de u van Utrecht** (*dè ü vann ü-trächt*)
- ✔ **de v van Victor** (*dè veej vann vick-torr*)
- ✔ **de w van Willem** (*dè weej vann will-lèm*)
- ✔ **de x van Xantippe** (*dè ickß vann kßann-tipp-pè*)
- ✔ **de ij van IJmuiden** (*dè äij vann äij-mèüj-dèn*)
- ✔ **de y van Ypsylon** (*dè äij vann ipp-pßie-lonn*)
- ✔ **de z van Zaandam** (*dè sätt vann saan-damm*)

Schicken Sie am besten eine E-Mail

Welche Rolle E-Mail für die Kommunikation spielt, hängt natürlich immer von der Art des Unternehmens ab. In einigen Branchen, wie etwa in der Baubranche, werden Termine und geschäftliche Vereinbarungen vor allem telefonisch besprochen und danach per Fax bestätigt. In vielen anderen Branchen laufen die Kommunikation und die Informationsbeschaffung fast ausschließlich über das Internet. Das Telefon wird hauptsächlich für persönliche und detaillierte Auskünfte verwendet.

Für die meisten Niederländer gehört im Arbeitsleben die Kommunikation per E-Mail zum Alltag: Man stellt Fragen, berät sich, macht Termine und trifft Vereinbarungen. Auch das Home-Office, bei dem man von zu Hause arbeitet, wird immer beliebter. Viele haben einen vollen Terminkalender; wenn Sie sie erreichen wollen, dann am besten per E-Mail.

Im Schriftverkehr im klassischen Sinn werden noch Verkäufe sowie Anzeigen und Werbung abgehandelt. Die Papierform ist vor allem dann geeignet, wenn es darauf ankommt, etwas sehr aufmerksam zu lesen, oder wenn ein Schriftstück durch eine Unterschrift rechtskräftig wird. Dienstliche E-Mails sind in den Niederlanden kurz und bündig formuliert.

Folgende Anreden sind höflich und neutral, sie können für jede Gelegenheit verwendet werden:

✔ **Geachte heer Van Dieren/Geachte mevrouw Vermeent,** (*chè-ach-tè heer vann die-rèn/ chè-ach-tè mè-vrau vèr-meent,* Sehr geehrter Herr van Dieren/Sehr geehrte Frau Vermeent,)

Wenn Sie die Person nicht kennen, benutzen Sie:

✔ **Geachte heer/mevrouw,** (*chè-ach-tè heer/mè-vrau,* Sehr geehrte Damen und Herren,)

Ein zu lockerer Umgangsstil könnte Ihren Geschäftskontakten schaden. Auch wenn der Umgang unter Niederländern oft sehr zwanglos erscheint, wird immer eine gewisse Distanz gewahrt, um gegebenenfalls rein geschäftlich reagieren zu können. Viele Geschäftspartner nennen einander beim Vornamen und sagen **je** (*jè,* du) zueinander. Wenn es aber zu schriftlichen Angeboten oder Geschäftsabschlüssen kommt, ist der Ton formell und man spricht sich mit **u** (*ü,* Sie) und in seiner Funktion an. Daher werden Verträge und amtliche Dokumente immer als Anhang zu einer E-Mail verschickt und nicht als E-Mail selbst.

Wenn Sie mit Ihrem Geschäftspartner zwar per Du sind, jedoch eine gewisse Distanz wahren wollen, eignet sich diese Anrede in der E-Mail:

✔ **Raymond,** (*ree-monnt,* Raymond,)

Wenn Sie sich zu mehr Vertraulichkeit veranlasst sehen oder die angesprochene Person ohnehin zu Ihrem Bekanntenkreis gehört, wählen Sie folgende Anrede:

✔ **Beste Raymond,/Beste Cilla,** (*bäss-tè ree-monnt/bäss-tè ßill-laa,* Lieber Raymond,/Liebe Cilla,)

E-Mails sind fast immer sehr kurz (zwei bis sechs Zeilen). Niederländer gliedern gern ihren Text, indem sie zwischen jedem Inhaltspunkt eine Leerzeile lassen. Die hier abgedruckte

E-Mail zeigt solch eine für Niederländer typische geschäftliche Korrespondenz. Sie ist zurückhaltend informell mit geschäftlichem Bezug.

to: info@author.nl

from: Wardy@theEditor.com

Margreet,

Je hebt beloofd iedere week twee hoofdstukken op te sturen. In de maand november hebben we slechts vier hoofdstukken ontvangen. Ik maak me zorgen of het boek wel op tijd af komt.

Ik wil nu sluitende afspraken maken over de deadline.

Ik hoor graag van je,

Wardy

(marr-chreet,

jè häppt bè-looft ie-dè-rè week twee hooft-ßtöck-kèn opp tè ßtü-rèn. inn dè maant noo-vämm-bèr häbb-bèn wè ßlächtß vier hooft-ßtöck-kèn ont-vang-èn. ick maak mè sorr-chèn off èt buck wäll opp täijt aff kommt.

ick will nü ßlèüj-tèn-dè aff-ßpraa-kèn maa-kèn oo-vèr dè dätt-lein

ick hoor chraach vann jè

warr-die)

Margreet,

Du hast versprochen, jede Woche zwei Kapitel zu schicken. Im November haben wir aber nur vier Kapitel bekommen. Ich mache mir Sorgen, ob das Buch noch rechtzeitig fertig wird.

Ich möchte nun verbindliche Absprachen zum Abgabetermin/zur Deadline treffen.

Ich würde mich freuen, von Dir zu hören,

Wardy

Die einleitenden Sätze bei einer geschäftlichen E-Mail erläutern meistens noch einmal den Stand der Dinge, fassen die gegenwärtige Situation kurz zusammen oder enthalten ein paar Worte des Dankes dafür, was die andere Person getan hat. Im mittleren Teil der E-Mail legen Sie kurz dar, worum es sich handelt beziehungsweise welche Fragen beantwortet werden sollen. Im letzten Satz machen Sie deutlich, was Sie von der anderen Person erwarten. Wenn Sie eine Reaktion benötigen, sind folgende Ausdrücke wichtig:

- ✔ **Ik kijk uit naar uw antwoord.** (*ick käijk èüjt naar üu annt-woort,* Ich freue mich auf Ihre Antwort.)
- ✔ **Ik hoor graag van u.** (*ick hoor chraach vann ü,* Ich würde mich freuen, von Ihnen zu hören.)
- ✔ **Ik wacht uw antwoord af.** (*ick wacht üu annt-woort aff,* In Erwartung Ihrer Antwort.)

- **Ik hoor graag van je.** (*ick hoor chraach vann jè*, Ich würde mich freuen, von dir zu hören.)
- **Graag een reactie.** (*chraach èn ree-jack-ßie*, formell und etwas kurz angebunden: Mit der Bitte um Antwort.)

Nicht alle E-Mails bedürfen einer Antwort. Viele Menschen benutzen im geschäftlichen E-Mail-Verkehr deshalb die Option **leesbevestiging** (*leeß-bè-väss-tè-ching*, Lesebestätigung). Wenn der Empfänger diese Möglichkeit wählt, weiß der Absender, dass seine E-Mail gelesen wurde. Wenn Sie also keine Reaktion auf Ihre E-Mail benötigen, können Sie mit einem der dieser Sätze schließen:

- **Met vriendelijke groet,** (*mätt vrien-dè-lè-kè chrutt*, Mit freundlichem Gruß)
- **Vriendelijke groeten,** (*vrien-dè-lè-kè chru-tèn*, Mit freundlichen Grüßen)
- **Groeten,** (*chru-tèn*, Grüße)
- und, nur in E-Mails verwendet und nicht besonders herzlich, **Groet,** (*chrutt*, Gruß)
- **Groetjes,** (*chru-tjèß*, Liebe Grüße) wird unter Freunden und Verwandten benutzt

Die Vermischung von Dienstlichem und Privatem

Wenn Sie eine Führungsposition bekleiden, sollten Sie vorsichtig mit der Vermischung von Dienstlichem und Privatem umgehen. Liebe am Arbeitsplatz kann zu großen Komplikationen und zum Verlust der Arbeitsstelle führen. Vermeiden Sie daher die Anrede **lieve** (*lie-vè*, Liebe) bei dienstlicher Korrespondenz, sie ist zu persönlich:

Lieve Cilla, (als ik je zo noemen mag)

Wij hebben elkaar vanochtend ontmoet toen ik een bespreking had met Hans van der Jagt. Ik zou je graag beter willen leren kennen.

Heb je zin in een etentje?

Wil je mij bellen na jouw werk? Ik werk iedere maandag-, dinsdag- en donderdagavond tot 21.00 u op mijn kantoor. Mijn privé-nummer is 06-536 68 723.

Raymond van Dieren

Directeur Biz Accountants

lie-vè ßill-laa (allß ick jè so nu-mèn mach)

wäij häbb-bèn äll-kaar vann-noch-tènt onnt-mutt tunn ick èn bè-ßpree-king hatt mätt hannß vann därr jacht. ick sau jè chraach bee-tèr will-lèn lee-rèn känn-nèn.

häpp jè sinn inn èn ee-tèn-tjè?

will jè mäij bäll-lèn na jau wärrk? ick werk ie-dè-rè maan-dach dinns-dach änn donn-dèr-dach-aa-vonnt tott nee-chèn üür opp mäijn kann-toor. mäijn prie-vee-nömm-mer iss nöll-säss väijf drie säss säss acht see-vèn twee drie.

ree-monnt vann die-rèn

die-räck-töhr biss èk-kaun-tèntß

Liebe Cilla (wenn ich Dich so nennen darf),

wir haben uns heute Morgen, als ich eine Besprechung mit Hans van der Jagt hatte, getroffen. Ich würde Dich gern näher kennenlernen.

Hast Du Lust, mal mit mir Essen zu gehen?

Würdest Du mich nach der Arbeit anrufen? Ich bin jeden Montag, Dienstag und Donnerstag abends bis 21 Uhr im Büro. Meine Privatnummer ist 06-536 68 72.

Raymond van Dieren

Geschäftsführer Biz Accountants

Im Büro

Die meisten Firmen haben **een kantoor** (*èn kann-toor*, ein Büro). Wenn Sie Ihr Haus verlassen, um dorthin zu gehen, können Sie sagen: **Ik ga naar kantoor** (*ick chaa naar kann-toor*). Wenn Sie gefragt werden, was Sie machen werden, könnten Sie sagen: **Ik ben tot vanavond negen uur op kantoor.** (*ick bänn tott vann-naa-vonnt nee-chèn üür opp kann-toor*, Ich bin heute Abend bis neun Uhr im Büro.)

Die Büros in den Niederlanden sind zumeist gut durchorganisiert. Das muss auch so sein, schließlich wird ein Großteil der Arbeit von Teilzeitkräften erledigt. Die Hauptarbeitszeit eines Büros liegt in den Vormittagsstunden. Nach dem Mittag beziehungsweise gegen 15 Uhr verlassen die meisten Teilzeitkräfte ihre Arbeitsstelle. Um den täglichen Staus zu den Stoßzeiten entgegenzuwirken und Eltern, die ihre Kinder in den Kindergarten oder die Schule bringen und auch wieder abholen müssen, zu helfen, bieten viele Arbeitgeber flexible Arbeitszeiten an. Die Mitarbeiter können dann innerhalb einer Gleitzeit kommen und gehen, wann sie wollen.

Der Schreibtisch und seine Utensilien

Folgende Dinge finden Sie auf **het bureau** (*hätt bü-roo*, dem Schreibtisch):

- ✔ **de computer** (*dè komm-pju-tèr*, der Computer)
- ✔ **papieren en mappen** (*pa-pie-rèn änn mapp-pèn*, Papier und Ordner)

Meist teilen sich mehrere Kollegen **de printer** (*dè prinn-tèr*, den Drucker).

Vergessen Sie nicht **Waar is/zijn ...?** (*waar iss/zäijn*, Wo ist/sind ...?) zu fragen, wenn Sie etwas im Büro suchen:

- ✔ **de balpen** (*dè ball-penn*, der Kugelschreiber)
- ✔ **het potlood** (*hätt pott-loot*, der Bleistift)

- **de nietmachine** (*dè niet-ma-schie-nè*, der Klammeraffe)
- **het printpapier** (*hätt prinnt-pa-pier*, das Druckerpapier)
- **de cartridges** (*dè karr-tridd-dschèß*, der Toner)

Der Einsatz von Computertechnik hat die Effektivität bei Büroarbeiten enorm gesteigert, aber wenn es Probleme mit dem System gibt, kann es eine Menge Zeit und viel Geduld kosten, um den Fehler zu beheben. In großen Unternehmen gibt es meist keinen persönlichen Kontakt mehr zum Helpdesk, das bedeutet, dass Probleme telefonisch gelöst werden müssen. Wenn Sie gut Englisch sprechen, könnte Ihnen das von Nutzen sein, da viele Computerfachleute ebenfalls nicht Niederländer sind.

In vielen Büros ist der Kaffeeautomat der Ort, an dem man Kollegen treffen und sich kurz miteinander unterhalten kann. Am Kaffeeautomat beginnt man seinen Arbeitstag frohen Mutes und man wird im Laufe des Tages noch ein paarmal mehr oder weniger fröhlich dorthin zurückkehren. Sie mögen keinen Kaffee? Es gibt auch Tee oder einen Wasserspender. In manchen Büros gehört es zum guten Ton, den Kollegen folgende Frage zu stellen:

- **Zal ik u/je een kopje koffie brengen?** (*sall ick ü/jè èn kopp-pjè koff-fie bräng-èn*, Soll ich Ihnen/dir eine Tasse Kaffee mitbringen?)

Klein ist schön: Der Diminutiv

Kaffeetrinken bietet eine willkommene und angenehme Unterbrechung des Tagesablaufs und die Möglichkeit einer kurzen Unterhaltung mit Kollegen. Die Niederländer nennen solche positiven, angenehmen Momente des Zusammenseins **gezellig** (*chè-säll-lèch*). Es muss aber nicht nur solch ein Moment sein, fast alles kann **gezellig** sein: Ein Abend kann **een gezellige avond** (*èn chè-säll-lè-chè aa-vonnt*, ein netter Abend), eine Person **een gezellige prater** (*èn chè-säll-lè-chè praa-tèr*, ein unterhaltsamer Erzähler), die Bedienung im Café **een gezellige vrouw** (*èn chè-säll-lè-chè vrau*, eine nette Frau) und ein Raum **een gezellige kamer** (*èn chè-säll-lè-chè kaa-mèr*, ein gemütliches Zimmer) sein. Frischverliebte sagen mitunter auch: **We hebben het zo gezellig samen.** (*wè häbb-bèn èt soo chè-säll-lèch ßaa-mèn*, Wir haben es so schön miteinander.)

Niederländer schwatzen gern mit einer Tasse Kaffee in der Hand: **gezellig kletsen met een kopje koffie** (*chè-säll-lèch klätt-zèn mätt èn kopp-pjè koff-fie*). Um diesem Gefühl der **gezelligheid** noch mehr Ausdruck zu verleihen, verwenden die Niederländer sehr viele Diminutive, die man nicht immer mit Verkleinerungsformen ins Deutsche übersetzen kann, da sie sonst lächerlich wirken würden:

- **het kopje koffie** (*hätt kopp-pjè koff-fie*, das Tässchen Kaffee)
- **het leuke feestje** (*hätt löh-kè fee-schè*, die schöne Party)
- **het gezellige hoekje** (*hèt chè-sel-li-chè huk-jè*, die gemütliche Ecke)
- **een ritje in uw nieuwe auto** (*èn ritt-tjè inn üu nieju-wè oo-too*, eine kleine Fahrt, eine Spritztour in Ihrem neuen Auto)

Im Grunde genommen fügt man einem Wort, das auf einen Konsonanten endet, nur ein **-je** hinzu:

- **de kop** (*dè kopp*, die Tasse)

  het kopje (*hätt kopp-pjè*, das Tässchen)
- **het feest** (*hätt feest*, die Party/das Fest)

  het feestje (*hätt fee-schè*, die kleine Party/das kleine Fest)
- **de hoek** (*dè huck*, die Ecke)

  het hoekje (*hätt huck-kjè*, das Eckchen)
- **de rit** (*dè ritt*, die Fahrt)

  het ritje (*hätt ritt-tjè*, die kleine Fahrt)

Wörter, die auf **l, n, w** oder **r** oder die Vokale **a, e, i, o, u** enden, brauchen als Verkleinerungsform: -**tje**:

- **het ei** (*hätt äij*, das Ei)

  het eitje (*hätt äij-tjè*, das kleine Ei).
- **de la** (*dè laa*, die Schublade)

  het laatje (*hätt laa-tjè*, die kleine Schublade)
- **de auto** (*dè au-too*, das Auto)

  het autootje (*hätt au-too-tjè*, das kleine Auto)

Nach **m** kommt **-pje**:

- **de boom** (*dè boom*, der Baum)

  het boompje (*hätt boom-pjè*, das Bäumchen)
- **het raam** (*hätt raam*, das Fenster)

  het raampje (*hèt raam-pjè*, das Fensterchen)

Es gibt auch ein paar unregelmäßige Diminutive:

- **de brug** (*dè bröch*, die Brücke)

  het bruggetje (*hätt bröch-chè-tjè*, die kleine Brücke)
- **de weg** (*dè wech*, der Weg)

  het weggetje (*hätt wäch-chè-tjè*, der kleine Weg)

Beachten Sie, dass alle Diminutive **het**-Wörter sind!

Der Umgang mit Geschäftspartnern

Der richtige Umgang mit niederländischen Geschäftspartnern ist eigentlich keine Frage der Sprache, sondern eher der Kultur. Wenn Sie vorübergehend in den Niederlanden arbeiten, wird Ihre Geschäftssprache vielleicht Englisch sein. Die meisten Niederländer sprechen Englisch und einige auch Deutsch, Französisch oder Spanisch. In diesem Abschnitt finden Sie Hinweise für diejenigen, die sich nicht nur während einer Geschäftsreise in den Niederlanden aufhalten, sondern dort leben und versuchen, die kulturellen Fettnäpfchen zu vermeiden.

Wenn Sie einen geschäftlichen Termin mit einem Niederländer haben, sollten Sie versuchen, pünktlich zu sein, das heißt nicht zu früh und nicht zu spät erscheinen. Sollten Sie zu früh zu einem Termin kommen, bleiben Sie noch kurz in Ihrem Auto sitzen oder warten Sie irgendwo draußen.

Sorgen Sie dafür, dass der Termin mit Ihrem Geschäftspartner nicht länger als eine Stunde in Anspruch nimmt. Sollten Sie von weit her angereist sein, um wichtige Dinge zu besprechen, empfiehlt es sich, den Gastgeber vorab über die benötigte Zeit zu informieren. So können Sie peinliche Situationen vermeiden. Denn wenn nichts anderes vereinbart wurde, wird eine niederländische Sekretärin eine Stunde für einen Geschäftstermin im Terminplan ihres Chefs reservieren.

Bereiten Sie sich darauf vor, Ihrem Geschäftspartner formell zu begegnen. Mehr dazu erfahren Sie in Kapitel 4, in dem über die Arbeit gesprochen wird.

Findet Ihr Geschäftstermin tagsüber statt? Zu einem warmen Mittagessen wird man Sie nur bitten, wenn Sie wirklich wichtig sind. Normalerweise gibt es in den Niederlanden zum Mittagessen belegte Brötchen und ein Glas Milch. Sehr oft wird das während der Besprechung angeboten, das nennt man **een werklunch** (*èn wärrk-lönsch*, ein Arbeitsessen). Mehr über die Essgewohnheiten der Niederländer erfahren Sie in Kapitel 6.

Urlaub auf Niederländisch

Urlaubstage sind ein wichtiges Thema unter niederländischen Arbeitnehmern. Da viele Arbeitnehmer, darunter vor allem Frauen mit Kindern, in Teilzeit arbeiten, verlangen die Schulferien von den Eltern zusätzliche Lösungen für die Betreuung der Kinder. Immer mehr junge Väter entschließen sich daher, einen Tag pro Woche zu Hause zu bleiben: Am sogenannten **pappadag** (*papp-paa-dach*) übernehmen sie die Betreuung der Kinder. **Tweeverdieners** (*twee-vèr-die-nèrß*, Doppelverdiener) sind auf die durch den Arbeitgeber zugestandenen Urlaubstage angewiesen. Das gesetzliche Minimum liegt bei 20 Tagen im Jahr, der Durchschnitt bei 23 Tagen. Im öffentlichen Dienst gibt es Regelungen für zusätzliche Urlaubstage, hauptsächlich für ältere Arbeitnehmer. Große Unternehmen sind als Arbeitgeber besonders attraktiv, da sie flexible Arbeitszeiten und die Möglichkeit anbieten, ein Sabbatjahr zu nehmen. Lehrer haben die längsten Ferien: Sie arbeiten 40 Wochen im Jahr.

Etwas tun: Das Verb »doen«

Arbeiten bedeutet, etwas zu tun. Wie fast alle häufig verwendeten Verben ist auch **doen** (*dun*, tun) ein unregelmäßiges Verb:

Konjugation	Aussprache
ik doe	*ick du*
Jij doet	*jäij dutt*
hij, zij, het doet	*häij/säij/hätt dutt*
u doet	*ü dutt*
wij doen	*wäij dunn*
jullie doen	*jöll-lie dunn*
zij doen	*säij dunn*

Diese Sätze zeigen Ihnen den Gebrauch des Verbs **doen**:

- ✔ **Zij doet haar e-mail twee keer per dag.** (*säij dutt haar ie-meel twee keer pärr dach*, Sie kümmert sich zweimal am Tag um ihre E-Mails.)
- ✔ **Ik doe 's ochtends het meest.** (*ick du ßoch-tèntß èt meeßt*, Ich mache morgens das meiste.)
- ✔ **Wil je dat alsjeblieft voor me doen?** (*will jè datt all-schè-blieft voor mè dunn*, Würdest du das bitte für mich tun?)

»Maken«: Das Verb zum Thema Machen

Obwohl die Bedeutung der Kommunikation im Büro zunimmt, bleibt die Produktion weiterhin sehr wichtig. Um über die Produktion sprechen zu können, brauchen Sie das Verb **maken** (*ma-kèn*, machen). Dieses Verb ist zwar regelmäßig, es bedarf jedoch einer Anpassung in der Schreibweise, damit der Klang des Stammvokals **a** bei der Konjugation erhalten bleibt:

Konjugation	Aussprache
ik maak	*ick maak*
jij maakt	*jäij maakt*
hij/zij/het maakt	*häij/säij/hätt maakt*
wij maken	*wäij maa-kèn*
jullie maken	*jöll-lie maa-kèn*
zij maken	*säij maa-kèn*

Die Automatisierung beeinflusst nicht nur Handlungsabläufe im Büro, auch in der niederländischen Sprache findet diese Entwicklung ihren Widerklang. Immer mehr Verben englischen Ursprungs finden Eingang in den niederländischen Sprachgebrauch: **printen** (*prinn-tèn*, drucken), **faxen** (*fack-ßèn,* faxen), **plannen** (*plänn-nèn,* planen) sind nur einige Beispiele. Erläuterungen zur Konjugation englischer Verben im Niederländischen finden Sie in Kapitel 8. Diese Sätze verdeutlichen Ihnen den Gebrauch dieser Verben:

- ✔ **Ik print mijn rapport wel op de printer boven.** (*ick prinnt mäijn rapp-porrt wäll op dè prinn-tèr boo-vèn,* Ich drucke meinen Bericht dann auf dem Drucker oben aus.)
- ✔ **Cilla faxt de getekende overeenkomst naar Nadine van Lease Consult.** (*ßill-laa fackßt dè chè-tee-kèn-dè oo-vèr-een-kommßt naar naa-dien vann ließ konn-ßöllt,* Cilla faxt den unterschriebenen Vertrag an Nadine von Lease Consult.)
- ✔ **Cilla plant de bespreking van Hans van der Jagt met Raymond van Dieren.** (*ßill-laa plännt dè bè-ßpree-king vann hannß vann därr jacht mätt ree-monnt vann die-rèn,* Cilla plant die Besprechung von Hans van der Jagt mit Raymond van Dieren.)

Begrüßung und Abschied

Wie man sich begrüßt oder verabschiedet, hängt sowohl von der Art des Unternehmens als auch vom sozialen Status der Person ab. Unter gleichrangigen Kollegen ist jede Begrüßung möglich: **hallo** (*hall-loo,* Hallo), **hoi** (*heu,* Hi), **dag** (*dach,* Grüß dich) oder **goeiemorgen** (*chu-jè-morr-chèn,* Guten Morgen).

Wenn ein formellerer Umgang von Ihnen erwartet wird, empfiehlt sich: **goedemorgen** (*chu-dè-morr-chèn,* Guten Morgen) unter Hinzufügung des Namens der Person, die Sie grüßen: **Goedemorgen Petra** (*chu-dè-morr-chèn pee-traa*) oder: **Goedemorgen mevrouw Harskamp** (*chu-dè-morr-chèn mè-vrau harrß-kammp*).

Wenn Sie gehen, genügt ein informelles **dag!** (*dach,* Tschüss!). Oder, sehr informell, **doei!** (*duij,* Mach's gut) und in manchen Gegenden ein **doei doei** (*duij duij*), das ebenfalls sehr informell ist. Manche Begrüßungen und Verabschiedungen werden entweder lokal bedingt oder abhängig vom sozialen Umfeld benutzt, wie das vertrauliche **doeg** (*duch*), das man nur unter Freunden verwendet. Gut zu wissen ist, dass im Norden der Niederlande **hoi** gesagt wird, wenn man weggeht, während **hoi** in den übrigen Teilen des Landes »Hallo« zur Begrüßung bedeutet. In manchen Gegenden im Süden des Landes ist **houdoe** (*hau-du*) sehr beliebt. Achten Sie am besten darauf, was die anderen sagen, und passen Sie sich den Gegebenheiten an. **Tot morgen** (*tott morr-chèn*) und **prettig weekend** (*prätt-tèch wieck-kännt*) versteht man überall.

Wenn Sie gleichzeitig formell, freundlich und persönlich sein wollen, ist **Dag Cilla** (*dach ßill-laa*), **Dag mevrouw Vermeent** (*dach mè-vrau vèr-meent*), **Tot morgen Cilla** (*tott morr-chèn ßill-laa*) oder **Tot morgen mevrouw Vermeent** (*tott morr-chèn me-vrau vèr-meent*) das Richtige.

Der Umgang mit Kollegen

Im Unterschied zu vielen deutschen Unternehmen ist der Umgang in niederländischen Firmen weniger hierarchisch. Wenn Sie nicht gerade in einem internationalen Unternehmen arbeiten, sondern bei einer niederländischen Firma oder Behörde, werden Sie feststellen, dass der Umgang locker und die Kleiderordnung leger ist.

Egal ob Sie nun einen niederländischen oder einem internationalen Arbeitgeber haben, im Umgang mit den Kollegen ist allen eines gemein: Niederländer lassen sich nicht herumkommandieren. Zu den Grundfesten der niederländischen Gesellschaft gehört die Überzeugung, dass alle Menschen gleich sind, unabhängig davon, wie viel sie verdienen oder wer sie sind.

In den Niederlanden sehen Sekretärinnen sich selbst eher als Beraterin und Beistand eines Chefs, dem sie eine viel größere Hilfe sein können, wenn man ihnen mit Respekt begegnet. Anstatt zu sagen: **Kopieer dat voor mij.** (*koo-pjeer datt voor mäij*, Kopiere das für mich.), sollten Sie lieber sagen: **Wil je dat alsjeblieft voor me kopiëren?** (*will jè datt all-schè-blieft voor mè koo-pjee-rèn*, Kannst du das bitte für mich kopieren?) Wenn man eine gute Sekretärin hat, wird sie sich ihre Arbeit selbst einteilen. In so einem Fall ist es besser zu sagen: **Wil je dit op een geschikt moment voor me kopiëren?** (*will jè ditt opp èn chè-ßchickt moo-männt voor mè koo-pjee-rèn*, Kannst du das zu geeigneter Zeit für mich kopieren?) Ihre Mitarbeiter werden viel besser arbeiten, wenn Sie einer Frage **alsjeblieft** und **wil je** hinzufügen.

Track 22: Im Gespräch

Herr van der Jagt ist heute früher im Büro, da er einen wichtigen Termin hat. Er unterhält sich mit seiner Sekretärin Cilla Vermeent und bespricht mit ihr seine heutigen Termine.

Hans van der Jagt: **Goedemorgen Cilla.**
chu-dè-morr-chèn ßill-laa
Guten Morgen, Cilla.

Cilla Vermeent: **Goedemorgen Hans.**
chu-dè-morr-chèn hannß
Guten Morgen, Hans.

Hans van der Jagt: **Is Allan Sturmey al binnen?**
iss äll-lèn ßtörr-mie all binn-nèn
Ist Allan Sturmey schon da?

Cilla Vermeent: **Ja, hij staat bij de koffiemachine.**
jaa häij ßtaat bäij dè koff-fie-ma-schie-nè
Ja, er steht am Kaffeeautomat.

Hans van der Jagt: **Ik moet dringend met hem praten.**
ick mutt dring-ènt mätt hämm praa-tèn
Ich muss dringend mit ihm sprechen.

Cilla Vermeent: **Oké. En Raymond van Dieren van Lease Consult heeft net gebeld.**

	oo-<u>kee</u>. änn <u>ree</u>-monnt vann <u>die</u>-rèn vann ließ konn-<u>ßöllt</u> heeft nätt chè-<u>bällt</u>
	Okay. Und Raymond van Dieren von Lease Consult hat gerade angerufen.
Hans van der Jagt:	**Dank je, ik ga hem meteen bellen. Heb je tijd om deze documenten te kopiëren?**
	dangk jè. ick chaa hämm mè-<u>teen</u> <u>bäll</u>-lèn. häpp jè täijt omm <u>dee</u>-sè doo-kü-<u>männ</u>-tèn tè koo-<u>pjee</u>-rèn
	Danke, ich rufe ihn gleich zurück. Hast du Zeit, diese Unterlagen zu kopieren?
Cilla Vermeent:	**Heb je ze nu of zo meteen nodig?**
	häpp jè sè nü off soo mè-<u>teen</u> <u>noo</u>-dèch
	Brauchst du sie gleich oder erst später?
Hans van der Jagt:	**Ik heb ze om vier uur nodig, dus er is geen haast bij.**
	ick häpp sè omm vier üür <u>noo</u>-dèch, döss ärr iss cheen haaßt bäij
	Ich brauche sie um 16 Uhr, es hat also keine Eile.
Cilla Vermeent:	**Oké, geen probleem. Ze liggen om vier uur op je bureau.**
	oo-<u>kee</u> cheen proo-<u>bleem</u>. sè <u>lich</u>-chèn omm vier üür opp jè bü-<u>roo</u>
	Okay, kein Problem. Um 16 Uhr liegen sie auf deinem Schreibtisch.

Kleiner Wortschatz

Niederländisch	Aussprache	Deutsch
de koffiemachine	*dè <u>koff</u>-fie-ma-schie-nè*	der Kaffeeautomat
zo meteen	*soo mè-<u>teen</u>*	nachher, später
de documenten	*dè doo-kü-<u>männ</u>-tèn*	die Unterlagen/Dokumente
zich haasten	*sich <u>haaß</u>-tèn*	sich beeilen
het bureau	*hätt bü-<u>roo</u>*	der Schreibtisch

Teil III

Niederländisch für unterwegs

In diesem Teil …

In diesem Teil finden Sie alle Redewendungen, die Sie benötigen, wenn Sie unterwegs sind. Hier erfahren Sie auch, wie Sie sich bei einem Besuch einer Bank, einer Post, in Hotels oder am Bahnhof verständlich machen können. Und für den Fall der Fälle erklären wir auch, was Sie bei einem Notfall sagen sollten.

Geld, Banken und Postämter

10

In diesem Kapitel

- Geld wechseln
- Geld am Geldautomaten abheben
- Wissen, worüber man spricht: **die**, **dat**, **wat**
- In der Bank
- Beim Postamt

In diesem Kapitel erfahren Sie alles rund um das Thema Geld – angefangen bei einem Gespräch mit dem Bankangestellten bei der Bank bis zu einer Unterhaltung unter Freunden über Finanzen. Mit einigen Begriffen und Redewendungen werden Sie sich zurechtfinden und entspannt mit dem Thema Geld auf Niederländisch umgehen.

Geld wechseln

Am Flughafen finden Sie **wisselkantoren** (*wiss-ßèl-kann-too-rèn*, Wechselstuben), die Ihre **euro's** (*öh-rooß*, Euro) entgegennehmen und Sie mit **vreemde valuta** (*vreem-dè vaa-lü-taa*, Fremdwährung) versorgen, falls Sie einmal eine Reise in Nicht-EU-Länder planen. Bei den meisten Banken ist **geld wisselen** (*chällt-wiss-ßè-lèn*, Geld wechseln) ebenfalls möglich.

In der Bank oder Wechselstube sehen Sie eine Schautafel mit dem **wisselkoers** (*wiss-ßèl-kurß*, Wechselkurs) oder dem **dagkoers** (*dach-kurß*, Tageskurs). Schauen Sie sich die Spalte **aankoop** (*aan-koop*, Ankauf) an, der Bankangestellte **aan de balie** (*aan dè baa-lie*, am Schalter) wird Ihnen das Geld an Ort und Stelle auszahlen oder Sie zur **kassa** (*kass-ßa*, Kasse) schicken. Sie müssen lediglich sagen:

- ✔ **Ik wil graag euro's in … wisselen.** (*ick will chraach öh-rooß in … wiss-ßè-lèn*, Ich möchte gern Euro in … wechseln).
- ✔ **Wat is de wisselkoers?** (*watt iss dè wiss-ßèl-kurß*, Wie ist der Wechselkurs?)
- ✔ **Neemt u ook munten aan?** (*neemt ü ook mönn-tèn aan*, Nehmen Sie auch Münzen an?)

Wenn Sie Geld wechseln wollen, fragt man Sie vielleicht nach **een identiteitsbewijs** (*èn ie-dänn-tie-teitß-bè-wäijs*, einem Personalausweis) oder **een paspoort** (*èn pass-poort*, einem Reisepass). Der Mitarbeiter am Schalter wird Sie fragen:

- ✔ **Heeft u een identiteitsbewijs?** (*heeft ü èn ie-dänn-tie-teitß-bè-wäijß*, Haben Sie einen Personalausweis?)

Nachdem der Kassierer Ihre Personalien überprüft hat, wird er Sie fragen, in welcher Stückelung Sie das Geld haben wollen:

- ✔ **Hoe wilt u het geld hebben?** (*hu willt ü èt chällt häbb-bèn,* Wie möchten Sie das Geld haben?)

Einer der folgenden Beispielsätze wird Ihnen dabei helfen:

- ✔ **Ik wil graag vijf bankbiljetten van 100 euro.** (*ick will chraach väijf bangk-bill-jätt-tèn,* Ich hätte gern fünf 100-Euro-Scheine.)
- ✔ **In briefjes van tien/ twintig/vijftig/honderd graag.** (*inn brief-jèß van tien/twinn-tèch/väijf-tèch/honn-dèrt chraach,* Bitte Scheine zu 10, 20, 50 und 100 Euro.)
- ✔ **... en de rest in kleingeld** (*änn dè rässt inn kläijn-chällt,* ... und den Rest in Münzen)

Dezimalzahlen auf Niederländisch

Niederländer verwenden ebenso wie die Deutschen das Komma, um eine Dezimalstelle anzuzeigen. In Beträgen über 1.000 wird nach der Tausenderstelle ein Punkt gesetzt, sodass Eintausendsechsundsechzig Euro und vier Cent geschrieben werden als Euro 1.066,04. Das Eurozeichen steht dabei, anders als im Deutschen, immer vor dem Betrag.

Track 23: Im Gespräch

Kent, ein amerikanischer Tourist, geht zu einer niederländischen Bank und möchte dort Geld wechseln.

Kent: **Hallo. Ik wil graag Amerikaanse dollars wisselen. Wat is de wisselkoers op dit moment?**

hall-loo. ick will chraach aa-mee-rie-kaan-ßè doll-larrß wiss-ßè-lèn. watt iss dè wiss-ßèl-kurß opp ditt moo-männt

Hallo. Ich würde gern US-Dollar wechseln. Wie steht momentan der Kurs?

Bankangestellter: **Goedemorgen. Een ogenblikje alstublieft. U krijgt voor een dollar 0,84 Euro.**

chu-dè-mor-chèn. een o-chèn-blick-je als-tü-blieft. ü kräijcht voor een dol-lar vier-èn tach-tich ö-ro-ßent

Guten Morgen. Einen Augenblick bitte. Für einen Dollar bekommen Sie 0,84 Euro.

Kent: **Ik wil graag 200 dollar in euro's wisselen.**

ick will chraach twee-honn-dèrt doll-larr – inn öh-rooß wiss-ßè-lèn

Ich würde gern 200 Dollar in Euro wechseln.

Bankangestellter:	**Geen probleem. Heeft u een identiteidsbewijs bij u?**
	cheen proo-bleem. heeft ü een ie-dänn-tie-täijtß-bè-wäijß bäij ü
	Kein Problem. Haben Sie einen Ausweis dabei?
Kent:	**Hier is mijn paspoort.**
	hier iss mäijn pass-poort
	Hier ist mein Pass.
Bankangestellter:	**Voor 200 dollar krijgt u 168 Euro 54. Daar gaat 2 Euro 50 aan kosten vanaf. Dat wordt dan 166 Euro 4.**
	voor twee-honn-dèrt doll-larr kräijcht ü honn-dèrt-ach-tèn-säss-tèch öh-roo vier-èn-väijf-tèch. daar chaat twee öh-roo väijf-tich aan koss-tèn vann-aff. datt worrt dann honn-dèrt-säss-èn-säss-tèch öh-roo änn vier ßännt
	Für 200 Dollar bekommen Sie 168,54 Euro. Davon werden 2,50 Euro Wechselgebühr erhoben. Das macht dann 166,04 Euro.
Kent:	**Dank u.**
	dangk ü
	Vielen Dank.

Kleiner Wortschatz

Niederländisch	Aussprache	Deutsch
Amerikaanse dollar	*aa-mee-rie-kaan-sè doll-larr*	US-Dollar
een ogenblikje alstublieft	*èn oo-chèn-blick-kjè all-ßtü-blieft*	einen Augenblick bitte
alstublieft	*all-ßtü-blieft*	bitte
een /geen probleem	*èn/cheen proo-bleem*	ein/kein Problem

Von PINs and Chips

Bei allen Banken bekommt man **een pinpas** (*een pinn-pass*, EC-Karte) oder **betaalpas** (*bè-taal-pass*, Bankpass).

Mit der EC-Karte können Sie von Ihrem **bankrekening** (*bangk-ree-kè-ning* Bankkonto) Geld abheben. **Geldautomaten** (*chällt-au-too-maa-tèn*), bei denen man **geld opnemen** (*chällt opp-nee-mèn*, Geld abheben) kann, gibt es überall: bei den Banken, in Bahnhöfen, Einkaufszentren und Postämtern. Ein beliebter Ausdruck für **geld opnemen** ist **geld uit de muur trekken** (*chällt èüjt dè müür träck-kèn,* Geld aus der Wand ziehen), wenn man den **geldautomaat** benutzt.

An den Geldautomaten bekommen Sie auch Geld mit einer Karte von **de Postbank** (*dè posst-bangk,* niederländische Postbank) und anderen nationalen und internationalen Banken. Der Höchstbetrag kann jedoch von Bank zu Bank variieren und es können **extra kosten** (*äck-ßtraa koss-tèn,* zusätzliche Servicegebühren) erhoben werden. Schauen Sie außerdem auf die Symbole am Geldautomaten, um sicherzugehen, dass Ihre Karte dort auch akzeptiert wird. Abhängig von den Geschäftsbedingungen der jeweiligen Bank, wird Ihnen der Höchstbetrag auf dem Bildschirm des Automaten angezeigt.

Wenn Sie Glück haben, bietet der Geldautomat Ihnen eine Sprachauswahl für das Menü an, unter der sich meist auch Deutsch befindet. Wenn Niederländisch jedoch die einzige Möglichkeit ist, sollten Sie vorbereitet sein, damit Sie sich durch den Vorgang durcharbeiten können und wissen, was Sie da gerade tun. Eine typische Abfolge von Aufforderungen beim Geldabheben sieht wie folgt aus:

- ✔ **Voer uw pas in.** (*vuur üu pass inn,* Führen Sie Ihre Karte ein.)
- ✔ **Kies uw taal.** (*kieß üu taal,* Wählen Sie die Sprache.)
- ✔ **Voer uw pincode in.** (*vuur üu pinn-koo-dè inn,* Geben Sie Ihre Geheimzahl ein.)
- ✔ **Voer het bedrag in.** (*vuur èt bè-drach inn,* Geben Sie den Betrag ein.)
- ✔ **Bevestig het bedrag.** (*bè-väss-tèch èt bè-drach,* Bestätigen Sie den Betrag.)
- ✔ **Neem uw pas terug.** (*neem üu pass tè-röch,* Entnehmen Sie Ihre Karte.)
- ✔ **Neem uw geld uit.** (*neem üu chällt èüjt,* Entnehmen Sie Ihr Geld.)

Der Vorgang ist nun beendet, jetzt sollten Sie mit **contant geld** (*konn-tannt chällt,* Bargeld) versorgt sein. Es sei denn, irgendwas funktioniert nicht. Ist der Geldautomat kaputt, erscheint auf dem Bildschirm die Nachricht:

- ✔ **Buiten gebruik.** (*bèüj-tèn chè-brèüjk,* Außer Betrieb.)

Vielleicht spuckt der Automat die Karte auch ohne Auszahlung wieder aus. Dann erhalten Sie die Nachricht:

- ✔ **Uw pas is ongeldig.** (*üu pass iss onn-chäll-dèch,* Ihre Karte ist ungültig.)

Wenn Ihre Karte akzeptiert wurde, Sie die Geheimzahl eingegeben haben und trotzdem kein Geld kommt, könnte die Nachricht lauten:

- ✔ **Ongeldige pincode.** (*onn-chäll-dè-chè pinn-koo-dè,* Geheimzahl falsch.)

Im schlimmsten Falle zieht der Automat Ihre Karte ein und teilt Ihnen mit:

- ✔ **Storing. Bel ...** (*ßtoo-ring. bäll...,* Störung. Bitte rufen Sie ... an.)

Zahlung mit PIN und Chipkarte wohin man schaut

Contante betaling (*konn-tann-tè bè-taa-ling*, Barzahlung), **pinnen** (*pinn-nèn*, mit der EC-Karte bezahlen) und **chippen** (*tschipp-pèn*, mit einer aufladbaren Chipkarte für kleinere Beträge bezahlen) sind die gängigsten Zahlungsweisen in den Niederlanden. Kreditkarten werden vor allem in größeren oder exklusiven Geschäften akzeptiert.

Wenn Sie ein Konto bei einer Bank oder der Postbank eröffnen, wird man Ihnen für alle **geldopnames** (*chällt-opp-naa-mèß*, Abhebungen) und alle **banktransacties** (*bangk-trann-ßack-ßieß*, Transaktionen) eine Karte mit Ihrer Geheimnummer, bestehend aus **een persoonlijke viercijferige code** (*èn pèr-ßoon-lè-kè vier-ßäij-fèr-rè-chè koo-dè*, einer persönlichen vierstelligen Zahl) ausstellen.

In den Niederlanden werden sehr oft Karten für den elektronischen Zahlungsverkehr eingesetzt. Wie in Deutschland gibt es in den Niederlanden neben der EC-Karte auch noch die aufladbare Chipkarte für kleinere Beträge. Mit der Chipkarte können Sie an Parkautomaten bezahlen, in Supermärkten einkaufen oder Fahrkarten am Bahnhof und Flughafen lösen. Die Kreditkarte wird vor allem im Restaurant und bei Geschäften im Internet eingesetzt. Jede Karte für den Zahlungsverkehr hat eine eigene PIN (Personal Identification Number) und einen vierstelligen Zahlencode.

Abhängig von den Geschäftsbedingungen der jeweiligen Bank, kann es sein, dass Ihre Scheckkarte an eine **creditcard** (*krädd-ditt-karrt*, Kreditkarte) gekoppelt ist. Die Karte gehört zu **een privé-rekening** (*èn prie-vee-ree-kè-ning*, Privatkonto) oder **particuliere rekening** (*parr-tie-kü-lie-rè ree-kè-ning*, persönliches Konto). Außer bei Kreditkartenzahlung werden die bezahlten oder abgehobenen Beträge sofort von Ihrem Konto **afgeschreven** (*aff-chè-ßchree-vèn*, abgebucht). Die gleiche Karte, in manchen Fällen auch eine eigens dafür ausgestellte Chipkarte, kann durch **opladen** (*opp-laa-dèn*, aufladen) als eine Art elektronisches Portemonnaie für kleinere Beträge fungieren, das nennt man **chippen** (*tschipp-pèn*).

Immer weniger Menschen zahlen bar, vor allem in Städten, wo es nicht ratsam ist, zu viel Bargeld bei sich zu tragen. Selbst viele Ladenbesitzer ziehen es vor, nur wenig Bargeld in den Kassen zu haben und lieber in **pinautomaten** (*pinn-au-too-maa-tèn*, Kartenlesegeräte für elektronische Zahlung) zu investieren. Sie werden die weiß-blauen Schilder mit der Aufschrift **PIN** in nahezu allen Geschäften finden. In einigen Städten kann man an **parkeerautomaten** (*parr-keer-au-too-maa-tèn*, Parkautomaten die Parkgebühr nicht mehr mit Münzen, sondern ausschließlich mit der **chip card** (*tschipp-karrt*) bezahlen**.**

Wissen, wovon die Rede ist: »die«, »dat«, »wat«

Kommen wir nun zu den Relativpronomen. Wie die Konjunktionen (Bindewörter) verbinden auch Relativpronomen zwei Teile eines Satzes miteinander. Anders als die Konjunktion bezieht sich das Relativpronomen auf ein Wort im ersten Teil des Satzes. Dieses Wort nennt man **antecedent** (*ann-tè-ßè-dännt*, Beziehungswort). Im ersten Beispielsatz ist **die** (*die*, die) das Relativpronomen zum Beziehungswort **de creditcard.** Wenn man sich auf ein **de**-Wort bezieht, verwendet man immer das Relativpronomen **die**.

Schauen Sie sich diese Beispiele an:

- **de creditcard die gestolen is** (*dè krädd-ditt-karrt die chè-ßtoo-lèn iss*, die Kreditkarte, die gestohlen wurde)
- **een creditcard die gestolen is** (*èn krädd-ditt-karrt die chè-ßtoo-lèn iss*, eine Kreditkarte, die gestohlen wurde)
- **de geldautomaat die buiten gebruik is** (*dè chällt-au-too-maat die bèüj-tèn chè-brèüjk iss*, der Geldautomat, der außer Betrieb ist)
- **een geldautomaat die buiten gebruik is** (*èn chällt-au-too-maat die bèüj-tèn chè-brèüjk iss*, ein Geldautomat, der außer Betrieb ist)
- **de man die kaal is** (*dè mann die kaal iss*, der Mann, der kahl ist)
- **de mannen die kaal zijn** (*dè mann-nèn die kaal säijn*, die Männer, die kahl sind)
- **de jongen die verliefd is** (*dè jong-èn die vèr-lieft iss*, der Junge, der verliebt ist)
- **de jongens die verliefd zijn** (*dè jong-ènß die vèr-lieft säijn*, die Jungen, die verliebt sind)

Für **het-**Wörter verwendet man das Relativpronomen **dat:**

- **het kind dat geboren is** (*hätt kinnt datt chè-boo-rèn iss*, das Kind, das geboren wurde)
- **een kind dat geboren is** (*èn kinnt datt chè-boo-rèn iss*, ein Kind, das geboren wurde)
- **het meisje dat gevallen was** (*hätt mäij-schè datt chè-vall-lèn wass*, das Mädchen, das gefallen war)
- **een meisje dat gevallen was** (*èn mei-schè datt chè-vall-lèn wass*, ein Mädchen, das gefallen war)

Die Pluralformen, also auch die der **het**-Wörter, erhalten immer den Artikel **de**. Das Relativpronomen für alle **de**-Wörter ist **die**. Schauen Sie sich diese Beispiele an:

- **het boek dat verkocht is** (*hätt buck datt vèr-kocht iss*, das Buch, das verkauft wurde)
- **de boeken die verkocht zijn** (*dè bu-kèn die vèr-kocht säijn*, die Bücher, die verkauft wurden)
- **het glas dat gebroken is** (*hätt chlass datt chè-broo-kèn iss*, das Glas, das zerbrochen ist)
- **de glazen die gebroken zijn** (*dè chlaa-sèn die chè-broo-kèn säijn*, die Gläser, die zerbrochen sind)

Wenn Sie sich nicht nur auf ein Wort, sondern auf einen ganzen Satz beziehen, benutzen Sie das Relativpronomen **wat:**

- **De bank is 's avonds gesloten, wat ik niet handig vind.** (*dè bangk iss ßaa-vonntß chè-ßloo-tèn watt ick niet hann-dèch vinnt,* Die Bank ist abends geschlossen, was ich nicht praktisch finde.)

Um herauszufinden, welches Wort oder welcher Satzteil das Beziehungswort ist, genügt es, den zweiten Teil des Satzes in eine Frage umzuwandeln. Zum Beispiel so:

»Was findest du unpraktisch?« »Die Tatsache, dass die Bank abends geschlossen ist.«

Die Antwort (»Die Tatsache, dass die Bank abends geschlossen ist.«) ist das Beziehungswort, auf das sich das Relativpronomen **wat** bezieht:

✔ **Ik kreeg een fles wijn, wat een verrassing voor me was.** (*ick kreech èn fläss wäijn watt èn vèr-rass-ßing voor mè wass,* Ich bekam eine Flasche Wein, was überraschend für mich kam.)

»Was kam überraschend für Sie?« »Die Tatsache, dass ich eine Flasche Wein bekam.«

✔ **Mijn fiets ging kapot, wat nogal vervelend was.** (*mäijn fietß ching ka-pott watt noch-all vèr-vee-lènt wass,* Mein Fahrrad ging kaputt, was ziemlich nervig für mich war.)

»Was war ziemlich nervig für Sie?« »Die Tatsache, dass mein Fahrrad kaputtging.«

Das Relativpronomen **wat** wird auch mit den Beziehungswörtern **alles, iets, weinig, niets** und **veel** eingesetzt. Schauen Sie sich einmal die folgenden Sätze an:

✔ **Alles wat je over wisselkoersen wilt weten, kan je vinden op internet.** (*all-lèß watt jè oo-vèr wiss-ßèl-kur-ßèn willt wee-tèn kann jè vinn-dèn opp inn-tèr-nätt,* Alles, was du über Wechselkurse wissen möchtest, findest du im Internet.)

✔ **Dat is iets wat ik altijd nog eens wil leren.** (*datt iss ietß watt ick all-täijt noch ènß will lee-rèn,* Das ist etwas, was ich noch mal lernen möchte.)

✔ **Er is weinig wat hij nog niet heeft.** (*ärr iss wäij-nèch watt häij noch niet heeft,* Es gibt wenig, was er noch nicht hat.)

✔ **Er is niets wat ik meer haat dan in de rij staan.** (*ärr iss nietß watt ick meer haat dann inn dè räij ßtaan,* Es gibt nichts, was ich mehr hasse, als Schlange zu stehen.)

✔ **Veel van wat je niet weet, kan je vinden op internet.** (*veel vanv watt jè niet weet kann jè vinn-dèn opp inn-tèr-nätt,* Viel von dem, was du nicht weißt, kannst du im Internet finden.)

In der Bank

Wenn Sie **een bankrekening** (*èn bangk-ree-kè-ning,* ein Girokonto) bei einer niederländischen Bank eröffnen wollen, müssen Sie zunächst einige Papiere vorlegen: Ihren Pass oder Personalausweis, aber auch eine Meldebestätigung von **de Gemeentelijke Basisadministratie Persoonsgegevens** (*dè chè-meen-tè-lè-kè baa-siss-att-mie-nie-ßtraa-zie pèr-ßoonß-chè-chee-vènß,* Einwohnermeldeamt) sowie eine Einkommensbescheinigung und Ihre **sofinummer** (*ßoo-fie-nömm-mèr,* Sozialversicherungsnummer).

Internet-Banking

In den Niederlanden wickelt inzwischen über ein Drittel der Bevölkerung den Geldverkehr übers Internet ab, auf Niederländisch **internetbankieren** (*inn-tèr-nätt-bang-kie-rèn*). Mittlerweile bieten alle großen Banken Internet-Banking an. So können Sie Ihren **saldo** (*ßall-doo,* Kontostand) selbst überprüfen, **een spaarrekening** (*èn ßpaar-ree-kè-ning,* ein Sparkonto) eröffnen oder am Computer **geld overmaken** (*chällt-oo-vèr-maa-kèn,* Geld überweisen) – und das alles, ohne eine Bank zu betreten.

Überweisungen und automatische Abbuchungen

De acceptgiro (*dè ack-ßäppt-chie-roo,* der Überweisungsträger) wird immer seltener eingesetzt, seitdem viele Zahlungen über das Internet abgewickelt werden. Für die Bezahlung von Arztrechnungen oder für die Zahlung von Abonnements wird man Ihnen eine Rechnung mit beiliegendem **acceptgiro** zuschicken, den Sie dann unterschrieben zur Bank oder Postbank bringen. Auf dem Überweisungsträger müssen Sie auch die Nummer Ihres **girorekening** (*chie-roo-ree-kè-ning,* Postbankkonto) oder **bankrekening** (*bangk-ree-kè-ning,* Bankkonto der Banken ABN AMRO, ING, Rabobank oder Fortis) eintragen. Bei der Energie- und Wasserversorgung wird oft **een automatische overschrijving** (*èn au-too-maa-tie-ßè oo-vèr-ßchräij-ving,* Lastschriftverfahren) gewählt. Dazu müssen Sie zunächst **een formulier** (*èn forr-mü-lier,* ein Formular) ausfüllen und dieses an das Unternehmen zurückschicken. Eine Durchschrift des Formulars behalten Sie, damit Sie gegebenenfalls **de afschrijvingen** (*dè aff-ßchräij-ving-èn,* die Abbuchungen) stornieren können.

Geld opnemen (*chällt-opp-nee-mèn,* Geld abheben) am Bankschalter ist zwar noch möglich, aber gebührenpflichtig. Diese Redewendungen werden Sie dazu brauchen:

- ✔ **Ik wil graag Euro ... opnemen.** (*ick will chraach ... öh-roo opp-nee-mèn,* Ich würde gern ... Euro abheben.)
- ✔ **Mag ik uw paspoort/betaalpas zien?** (*mach ick üu pass-poort/bè-taal-pass sien,* Kann ich Ihren Reisepass/Ihre Scheckkarte sehen?)
- ✔ **Wilt u hier tekenen?** (*willt ü hier tee-kè-nèn,* Würden Sie bitte hier unterschreiben?)
- ✔ **Waar moet ik tekenen?** (*waar mutt ick tee-kè-nèn,* Wo muss ich unterschreiben?)
- ✔ **U kunt het geld krijgen bij de kas.** (*ü könnt èt chällt kräij-chèn bäij dè kass,* Sie können das Geld an der Kasse bekommen.)

Im Postamt

Der E-Mail-Verkehr hat einen Teil des Schriftverkehrs per **brief** (*brief,* Brief) übernommen. Dennoch bringt uns **de postbode** (*dè posst-boo-dè,* der Postbote) täglich unsere **zakelijke post** (*saa-kè-lè-kè posst,* Geschäftspost), **pakjes** (*pack-kjèß,* Pakete), **verjaardagskaarten** (*vèr-jaar-dachß-kaar-tèn,* Geburtstagskarten) und **kerstkaarten** (*kärrßt-kaar-tèn,* Weihnachtskarten). Wenn Sie etwas verschicken möchten, sollten Sie beachten, dass trotz der gleichen Währung deutsche Briefmarken in den Niederlanden keine Gültigkeit besitzen.

Wenn Sie Ihrem Liebsten etwas schicken wollen, müssen Sie sich zunächst erkundigen:

✔ **Waar is een brievenbus?** (*waar iss èn brie-vèn-böss*, Wo ist der Briefkasten?)

Wenn Sie den Briefkasten gefunden haben, steht vielleicht darauf:

✔ **De volgende lichting is om 17.00 uur.** (*dè voll-chèn-dè lich-ting iss omm väijf üür*, Die nächste Leerung ist um 17 Uhr.)

Oder:

✔ **Lichting 2 is geschied.** (*lich-ting twee iss chè-ßchiet*, Zweite Leerung hat stattgefunden.)

Wenn Sie zur Post müssen, stellen Sie folgende Fragen:

✔ **Waar is het dichtstbijzijnde postkantoor?** (*waar iss èt dichßt-bäij-säijn-dè posst-kann-toor*, Wo ist das nächstgelegene Postamt?)

✔ **Wat zijn de openingstijden van het postkantoor?** (*watt säijn dè oo-pè-ningß-täij-dèn vann èt posst-kann-toor*, Wie sind die Öffnungszeiten des Postamts?)

Einige niederländische Postämter haben **balies** (*baa-ließ*, offene Tresen) und andere **loketten** (*loo-kätt-tèn*, geschlossene Schalter). Wenn es auf der Post sehr voll ist, müssen Sie darauf achten, dass Sie sich am richtigen Schalter anstellen. Die Schalter haben folgende Bezeichnungen:

✔ **alle lokethandelingen** (*all-lè loo-kätt-hann-dè-ling-èn*, alle Dienstleistungen)

✔ **postpakketten** (*posst-pack-kätt-tèn*, Postpakete)

✔ **uitbetalingen** (*èüjt-bè-taa-ling-èn*, Zahlungsverkehr)

✔ **aangetekende stukken** (*aan-chè-tee-kèn-dè stöck-kèn*, Einschreiben)

✔ **zegelverkoop** (*see-chèl-vèr-koop*, Briefmarkenverkauf)

✔ **telefoon** (*tee-lè-foon*, Telefon)

Wenn Sie an der Reihe sind, stellen Sie dem Postangestellten folgende Fragen:

✔ **Hoeveel moet er op een ansichtkaart**? (*hu-veel mutt ärr opp èn ann-sicht-kaart*, Wie viel Porto muss auf eine Ansichtskarte?)

✔ **Hoeveel moet er op drukwerk ?** (*hu-veel mutt ärr opp dröck-werk*, Wie viel kostet eine Büchersendung?)

✔ **Moet dit per pakketpost?** (*mutt ditt pärr pack-kätt-posst*, Muss das als Paket verschickt werden?)

✔ **Hoeveel moet er op een brief naar Duitsland?** (*hu-veel mutt ärr opp èn brief naar dèüjtß-lannt*, Wie viel Porto muss auf einen Brief nach Deutschland?)

Wenn Sie etwas kaufen wollen, sagen Sie:

✔ **Drie postzegels van ... cent alstublieft.** (*drie posst-see-chèlß vann ... ßännt all-ßtü-blieft*, Drei Briefmarken für ... Cent, bitte.)

Sollten Sie ein Liebhaber der **filatelie** (*fie-laa-tè-lie*, Philatelie) sein, versuchen Sie es mit den folgenden Sätzen:

- **Heeft u ook bijzondere postzegels?** (*heeft ü ook bie-sonn-dè-rè posst-see-chèlß*, Haben Sie auch Sondermarken?)
- **Ik wil graag deze serie.** (*ick will chraach dee-sè ßee-rie*, Ich hätte gern diese Serie.)

Natürlich wissen Sie, wie man einen Brief adressiert: Auf **de envelop** (*dè änn-vè-lopp*, dem Briefumschlag) sollte **de geadresseerde** (*dè chè-aa-dräss-ßeer-dè*, der Empfänger), **de straat** (*dè ßtraat*, die Straße) und **het huisnummer** (*hätt hèüjß-nömm-mèr*, die Hausnummer), gegebenenfalls **de postbus** (*dè posst-böss*, das Postfach), **de postcode** (*dè posst-koo-dè*, die Postleitzahl), **de stad** (*dè ßtatt*, die Stadt) und, wenn der Brief ins Ausland geht, **het land** (*hätt lannt*, das Land) stehen. Der Brief sollte außerdem mit **een postzegel** (*èn posst-see-chèl*, einer Briefmarke) und dem Namen des **afzender** (*dè aff-sänn-dèr*, Absender) versehen sein. Sie können den Brief **aangetekend** (*aan-chè-tee-kènt*, als Einschreiben) oder **per luchtpost** (*pärr löcht-posst*, mit Luftpost) verschicken.

Im Gespräch

Cilla Vermeent ist im Postamt. Sie möchte Sondermarken für ihre Weihnachtspost kaufen. Sie hat lange in der Schlange stehen müssen und als sie an der Reihe ist, versucht eine Dame sich vorzudrängeln.

Cilla: **Ik ben aan de beurt, ik sta al een hele tijd te wachten.**

ick bänn aan dè böhrt ick ßtaa all èn hee-lè täijt tè wach-tèn

Ich bin an der Reihe, ich stehe hier schon sehr lange.

Dame: **Ik heb haast.**

ick häpp haaßt

Ich habe es eilig.

Postangestellter: (zu der Dame) **U kunt achteraan sluiten**

ü könnt ach-tèr-aan ßlèüj-tèn

Sie müssen sich hinten anstellen.

(zu Cilla) **Nu bent u aan de beurt**

nü bännt ü aan dè böhrt

Jetzt sind Sie dran.

Cilla: **Ik wil graag 30 decemberzegels.**

ick will chraach därr-tèch dee-ßämm-bèr-see-chèlß

Ich hätte gern 30 Weihnachtsmarken.

Postangestellter: **We verkopen ze in vellen van 20. Wilt u er 20 of 40?**

wè vèr-koo-pèn sè inn väll-lèn vann twinn-tèch. willt ü ärr twinn-tèch off veer-tèch

Wir verkaufen sie in Bogen zu 20. Wollen Sie 20 oder 40?

Cilla: **Geef er maar 40.**

cheef ärr maar veer-tèch

Geben Sie mir dann 40.

Postangestellter: **Wilt u een BTW-bon?**

willt ü èn bee-tee-wee-bonn

Möchten Sie eine Quittung mit ausgewiesener Steuer?

Cilla: **Nee, dat is niet nodig, het is privé.**

nee datt iss niet noo-dèch èt iss prie-vee

Nein, nicht nötig, es ist privat.

Postangestellter: **Wilt u pinnen?**

willt ü pinn-nèn

Möchten Sie mit Karte bezahlen?

Cilla: **Ja graag**

jaa chraach

Ja gern.

Postangestellter: **De magneetstrip aan de andere kant graag. Ja, zo ... U kunt nu uw code intoetsen.**

dè mach-neet-ßtripp aan dè ann-dè-rè kannt chraach. jaa soo ... ü könnt nü üu koo-dè inn-tu-zèn.

Den Magnetstreifen bitte an die andere Seite. Ja, so ... Jetzt können Sie Ihre Geheimzahl eingeben.

Alstublieft, uw bon en fijne feestdagen.

all-ßtü-blieft üu bonn änn fäij-nè feeßt-daa-chèn

Bitte, hier ist Ihr Bon und schöne Feiertage.

Kleiner Wortschatz

Niederländisch	Aussprache	Deutsch
ik ben aan de beurt	*ick bänn aan dè böhrt*	Ich bin dran
achter aansluiten	*ach-tèr aan-ßlèüj-tèn*	sich hinten anstellen
een vel	*èn väll*	einen Bogen/ein Blatt
privé	*prie-vee*	privat
pinnen	*pinn-nèn*	mit Karte bezahlen
de magneetstrip	*dè mach-neet-ßtripp*	der Magnetstreifen

Nach dem Weg fragen

11

In diesem Kapitel

- Nach Norden, Süden, Westen oder Osten gehen
- In die angegebene Richtung laufen: **rechts**, **links**, **rechtdoor**
- Mit dem Zug, dem Auto, dem Bus oder dem Flugzeug: **gaan**

Um in einem unbekannten Umfeld zurechtzukommen, ist es wichtig zu wissen, wie man wohin kommt. Dabei ist es hilfreich, sich vorab zu informieren, wo der der gesuchte Ort ist. Wenn Sie außerdem noch unterwegs nach dem Weg oder der Richtung auf Niederländisch fragen können, kann eigentlich nichts mehr schiefgehen. Wer dennoch befürchtet, sich zu verirren, dem wird dieses Kapitel helfen, wieder auf den richtigen Weg zu kommen.

Nach Norden, Süden, Westen oder Osten gehen

In diesem Abschnitt lernen Sie einige nützliche Begriffe, die Ihnen helfen, den richtigen Weg zu finden. Die Himmelsrichtungen heißen auf Niederländisch wie folgt:

- ✔ **het noorden** (*hätt noor-dèn*, der Norden)
- ✔ **het zuiden** (*hätt sèüj-dèn*, der Süden)
- ✔ **het oosten** (*hätt ooß-tèn*, der Osten)
- ✔ **het westen** (*hätt wäss-tèn*, der Westen)

Die Himmelsrichtungen werden mit **in** verbunden:

- ✔ **Groningen ligt in het noorden.** (*chroo-ning-èn licht inn èt noor-dèn*, Groningen liegt im Norden.)
- ✔ **Maastricht ligt in het zuiden.** (*maaß-tricht licht inn èt sèüj-dèn*, Maastricht liegt im Süden.)
- ✔ **Den Haag ligt in het westen.** (*dänn-haach licht inn èt wäss-tèn*, Den Haag liegt im Westen.)
- ✔ **Nijmegen ligt in het oosten.** (*näij-mee-chèn licht inn èt ooß-tèn*, Nijmegen liegt im Osten.)

Wenn Sie mit dem Auto in den Niederlanden unterwegs sind und kein GPS haben, sollten Sie vorher auf eine Straßenkarte schauen und sich die Namen der Städte und die Nummern der Straßen notieren, die in der Richtung Ihres Ziels liegen. Die Ausschilderung auf der Autobahn orientiert sich in den Niederlanden, genau wie in Deutschland, an den Namen der großen Städte.

Wenn man etwas nicht finden kann

Glücklicherweise ist es recht einfach, auf Niederländisch nach dem Weg zu fragen. Der Schlüssel zum Geheimnis ist das Fragewort **waar** (*waar*). Sie beginnen also Ihre Frage mit:

- **Waar is ...?** (*waar iss*, Wo ist ...?)

Am Satzende fügen Sie dann einfach den gesuchten Ort hinzu, zum Beispiel:

- **het station** (*hätt ßta-schonn*, der Bahnhof)
- **de taxistandplaats** (*dè tack-kßie-ßtannt-plaatß*, der Taxistand)
- **het metrostation** (*hätt mee-troo-ßta-schonn*, der U-Bahnhof)
- **de bushalte** (*dè böss-hall-tè*, die Bushaltestelle)
- **het vliegveld** (*hätt vliech-vällt*, der Flughafen)
- **de haven** (*dè haa-vèn*, der Hafen)
- **het hotel** (*hätt hoo-täll*, das Hotel)
- **de kerk** (*dè kärrk*, die Kirche)
- **het postkantoor** (*hätt posst-kann-toor*, das Postamt)
- **de markt** (*dè marrkt*, der Markt)
- **het museum** (*hätt mü-see-jömm*, das Museum)
- **het park** (*hätt parrk*, der Park)

Wenn Sie in einer großen Stadt fragen »Wo ist der Bahnhof?« oder »Wo ist die Kirche?«, wird man Sie wahrscheinlich verwundert anschauen, weil es verschiedene Bahnhöfe und Kirchen gibt. Sie müssen Ihre Frage also präzisieren, zum Beispiel indem Sie den Namen der Kirche oder des Bahnhofs dazu nennen. Das könnte dann so klingen:

- **Waar is het station WTC?** (*waar iss èt ßta-schonn weej-teej-ßeej*, Wo ist der WTC Bahnhof?)
- **Waar is de Sint Nicolaaskerk?** (*waar iss dè ßinnt-nie-koo-laaß-kärrk*, Wo ist die Sint Nicolaas Kirche?)

Wenn Sie die genaue Bezeichnung dessen, was Sie suchen, nicht kennen, etwa einen bestimmten Park, können Sie auch nach dem nächstgelegenen Park fragen. Setzen Sie dazu einfach **dichtstbijzijnde** (*dichßt-bäij-säijn-dè*, nächstgelegene) nach **de** oder **het** und vor der Bezeichnung des Gesuchten ein. Schauen Sie sich einmal die Beispielsätze mit **dichtstbijzijnde** an:

- **Waar is het dichtstbijzijnde park?** (*waar iss èt dichßt-bäij-säijn-dè parrk*, Wo ist der nächstgelegene Park?)
- **Waar is het dichtstbijzijnde station?** (*waar iss èt dichßt-bäij-säijn-dè ßta-schonn*, Wo ist der nächstgelegene Bahnhof?)

Wie weit ist es?

Um entscheiden zu können, ob Sie nun am besten zu Fuß, mit dem Bus oder dem Taxi irgendwohin gelangen, ist es wichtig zu wissen, wie weit Ihr Ziel von Ihrem Ausgangspunkt entfernt ist. Es gibt verschiedene Möglichkeiten herauszufinden, ob sich etwas in der Nähe oder weiter weg befindet. Die entscheidenden Wörter sind dabei: **dichtbij** (*dicht-bäij*) oder **vlakbij** (*vlack-bäij*, beide bedeuten nahe, in der Nähe) und **ver** (*värr*, weit) oder **ver weg** (*värr wäch*, weit weg).

Sie stellen die Frage wie folgt:

✔ **Is ... ver weg?** (*iss ... värr wäch*, Ist ... weit weg?)

Setzen Sie dabei einfach den Namen oder die Bezeichnung des Ortes, nach dem Sie sich erkundigen, ein. Wenn Sie zum Beispiel den WTC Bahnhof suchen, fragen Sie:

✔ **Is het station WTC ver weg?** (*iss èt ßta-schonn weej-teej-ßeej värr wäch*, Ist der WTC Bahnhof weit weg?)

Die Antwort könnte sein:

✔ **Nee, het station WTC is niet ver weg. Het is vlakbij.** (*nee èt ßta-schonn weej-teej-ßeej iss niet värr wäch. èt iss vlack-bäij*, Nein, der WTC Bahnhof ist nicht weit weg. Er ist in der Nähe.)

Die hilfreiche Person wird Ihnen nun eine ausführliche Wegbeschreibung geben. Die wichtigsten Wörter und Redewendungen für Wegbeschreibungen finden Sie im Abschnitt »Den Ort oder die Lage beschreiben« weiter hinten in diesem Kapitel.

Man kann die Frage auch andersherum stellen und fragen, wie nahe etwas ist, indem man das Wort **dichtbij** verwendet. Sie fragen also:

✔ **Is het station WTC dichtbij?** (*iss èt ßta-schonn weej-teej-ßeej dicht-bäij*, Ist der WTC Bahnhof in der Nähe?)

Das Wort **dichtbij** wird vor allem in Fragen verwendet, während man in Antworten häufiger **vlakbij** hört:

✔ **Ja, het station WTC is vlakbij.** (*ja èt ßta-schonn weej-teej-ßeej iss vlack bäij*, Ja, der WTC Bahnhof ist in der Nähe.)

Wenn Sie sich nach etwas erkundigen, wovon Sie nicht sicher wissen, ob es das überhaupt in der Nähe gibt, verwenden Sie folgende Formulierung:

✔ **Is er een station in de buurt?** (*iss ärr èn ßta-schonn inn dè büürt*, Gibt es in der Nähe einen Bahnhof?)

Anstatt zu sagen, dass Sie den Weg nicht kennen, geht auch:

✔ **Ik ben hier niet bekend.** (*ick bänn hier niet bè-kännt*, Ich kenne mich hier nicht aus.)

Wenn Sie dies höflicher ausdrücken wollen, machen Sie daraus:

- **Het spijt me, ik ben hier niet bekend.** (*hätt ßpäijt mè ick bänn hier niet bè-kännt,* Entschuldigung/Es tut mir leid, ich kenne mich hier nicht aus.)

Nach »hier« und »daar« gehen

Die Begriffe **hier** (*hier,* hier) und **daar** (*daar,* dort) sind bei Wegbeschreibungen wichtig, denn sie machen das Ganze oft etwas konkreter. Schauen Sie sich einmal folgende Sätze an, dann sehen Sie, wie **hier** und **daar** bei Wegbeschreibungen funktionieren:

- **Het station is hier niet ver vandaan.** (*hätt ßta-schonn iss hier niet värr vann-daan,* Der Bahnhof ist nicht weit von hier.)
- **De bushalte Rembrandtstraat is hier niet ver vandaan.** (*dè böss-hall-tè rämm-brannt-ßtraat iss hier niet värr vann-daan,* Die Bushaltestelle Rembrandtstraat ist nicht weit von hier.)

Häufig verwendete Ausdrücke sind:

- **Dat is hier.** (*datt iss hier,* Das ist hier.)
- **Dat is daar.** (*datt iss daar,* Das ist dort.)

Eine andere mögliche Formulierung ist:

- **Dat is hier recht tegenover.** (*datt iss hier rächt tee-chèn-oo-vèr,* Das ist hier genau gegenüber.)
- **Dat is daar recht tegenover.** (*datt iss daar rächt tee-chèn-oo-vèr,* Das ist dort genau gegenüber.)

Fragen, wie man dorthin kommt

Wenn Sie fragen möchten »Wie komme ich dorthin?«, brauchen Sie das Verb **komen** (*koo-mèn,* kommen) in Verbindung mit einer Präposition. Das Verb **komen** wird wie folgt konjugiert:

Konjugation	Aussprache
ik kom	*ick komm*
jij komt	*jäij kommt*
hij/zij/het komt	*häij/säij/hätt kommt*
u komt	*ü kommt*
wij komen	*wäij koo-mèn*
jullie komen	*jöll-lie koo-mèn*
zij komen	*säij koo-mèn*

Das Grundschema der Frage lautet dabei:

✔ **Hoe kom ik ...** (*hu komm ick,* Wie komme ich ...)

Zum Beenden der Frage wird eine Präposition benötigt, zum Beispiel **in** oder **naar,** und der gesuchte Ort.

✔ **Hoe kom ik in het centrum?** (*hu komm ick inn èt ßänn-trömm,* Wie komme ich ins Zentrum?)

Oder:

✔ **Hoe kom ik naar Zaandam?** (*hu komm ick naar saan-damm,* Wie komme ich nach Zaandam?)

Den Ort oder die Lage beschreiben

Wenn Sie nach dem Weg fragen, müssen Sie auch die möglichen Antworten verstehen. Bei einer Lagebeschreibung werden oft bekannte oder weithin sichtbare Punkte als Orientierungshilfe eingesetzt. Dazu benötigen Sie folgende Präpositionen:

✔ **voor** (*voor,* vor/bevor)

✔ **na** (*naa,* nach)

✔ **bij** (*bäij,* bei)

✔ **op** (*opp,* auf)

✔ **in** (*inn,* in)

Vielleicht begegnet Ihnen, wenn Sie nach dem Weg fragen, einer der folgenden Sätze:

✔ **U gaat voor het park rechtsaf.** (*ü chaat voor èt parrk rächtß- aff,* Vor dem Park gehen Sie nach rechts.)

✔ **U gaat na het park rechtsaf.** (*ü chaat naa èt parrk rächtß-aff,* Nach dem Park gehen Sie nach rechts.)

✔ **U gaat bij het eerste stoplicht rechtsaf.** (*ü chaat bäij èt eer-ßtè ßtopp-licht rächtß-aff,* Bei der ersten Ampel gehen Sie nach rechts.)

✔ **U rijdt dan op de A7.** (*ü räijt dann opp dè aah see-vèn,* Sie fahren dann auf die A7.)

✔ **U bent dan al in Zaandam.** (*ü bännt dann all in saan-damm,* Sie sind dann schon in Zaandam.)

Die Präposition »naar«

Die Präposition **naar** (*naar,* nach, zum, zur) verwendet man, wenn eine Richtung angegeben wird:

✔ **Hoe kom ik naar het Centaal Station?** (*hu komm ick naar èt ßänn-traal ßta-schonn,* Wie komme ich zum Hauptbahnhof?)

- **Ik probeer naar het Centraal Station te komen.** (*ick proo-beer naar èt ßänn-traal ßta-schonn tè koo-mèn,* Ich versuche, zum Hauptbahnhof zu kommen.)
- **Morgen ga ik naar het strand.** (*morr-chèn chaa ick naar èt ßtrannt,* Morgen gehe ich zum Strand.)
- **Laten we naar Den Haag gaan.** (*laa-tèn wè naar dänn-haach chaan,* Lass uns nach Den Haag gehen.)

Mehr zum Thema Präpositionen finden Sie in Kapitel 2.

Track 24: Im Gespräch

Raymond van Dieren reist geschäftlich nach Utrecht. Da er zwei Termine in der Innenstadt hat, hat er den Zug genommen. Der erste Termin ist am Morgen, der zweite am Nachmittag. Nach seiner ersten Besprechung unterhält er sich mit einer Rezeptionistin. Er fragt sie, ob sie ein gutes Restaurant in der Nähe kennt.

Raymond: **Mag ik u vragen: weet u een goed restaurant in de buurt voor vanavond? Ik heb een afspraak in het centrum.**

mach ick u vraa-chèn weet ü èn chutt räss-too-rannt inn dè büürt voor vann-naa-vonnt. ick häpp èn aff-ßpraak inn èt ßänn-trömm

Darf ich Sie fragen, ob Sie ein gutes Restaurant hier in der Nähe kennen, in das ich heute Abend gehen kann. Ich habe einen Termin in der Innenstadt.

Rezeptionistin: **Op de Oude Gracht zijn veel restaurants.**

opp dè au-dè chracht säijn veel räss-too-ranntß

An der Oude Gracht gibt es viele Restaurants.

Raymond: **Ik ben hier niet bekend. Hoe kom ik daar?**

ick bänn hier niet bè-kännt. hu komm ick daar

Ich kenne mich hier nicht aus. Wie komme ich dorthin?

Rezeptionistin: **Ziet u die kerk daar? Na de kerk gaat u links. U komt dan op een plein.**

siet ü die kärrk daar. naa dè kärrk chaat ü linkß. ü kommt dann opp èn pläijn

Sehen Sie die Kirche dort? Hinter der Kirche gehen Sie nach links. Sie kommen dann auf einen Platz.

U loopt een smal straatje door en dan bent u op de Oude Gracht.

ü loopt èn ßmall ßtraa-tjè door änn dann bännt ü opp dè au-dè chracht

Sie gehen durch eine schmale Gasse und dann sind Sie auf der Oude Gracht.

Raymond: **Dus na de kerk links en na het plein moet ik door een nauw straatje. Kunt u mij misschien een restaurant aanbevelen?**

döss naa dè kärrk linkß änn naa èt plein mutt ick door èn nau ßtraa-tjè. könnt ü mäij miss-ßchien èn räss-too-rannt aan-bè-vee-lèn

Also nach der Kirche links und nach dem Platz muss ich noch durch eine enge Gasse. Können Sie mir vielleicht ein Restaurant empfehlen?

Rezeptionistin: **Nou, dat is een kwestie van smaak. Op het Domplein zijn ook een paar restaurants.**

nau datt iss èn kwäss-tie vann ßmaak. opp èt domm-pläijn säijn ook èn paar räss-too-ranntß

Na ja, das ist eine Frage des Geschmacks. Auf dem Domplatz gibt es auch ein paar Restaurants.

Raymond: **Hoe kom ik op het Domplein?**

hu komm ick opp èt domm-pläijn

Wie komme ich zum Domplatz?

Rezeptionistin: **Dat is het plein bij de kerk.**

datt iss èt pläijn bäij dè kärrk

Das ist der Platz vor der Kirche.

Raymond: **Oké, bedankt.**

o-kee bè-dankt

Okay, vielen Dank.

Rezeptionistin: **Graag gedaan en eet smakelijk vanavond!**

chraach chè-daan änn eet ßmaa-kè-lèk vann-naa-vonnt

Gern geschehen und guten Appetit heute Abend!

Kleiner Wortschatz

Niederländisch	Aussprache	Deutsch
het plein	*hätt pläijn*	der Platz
smaken verschillen	*smaa-kèn vèr-ßchill-lèn*	Über Geschmack lässt sich streiten
eet smakelijk	*eet ßmaa-kè-lèk*	guten Appetit
de straat	*dè ßtraat*	die Straße

Den Weg finden: »rechts«, »links«, »rechtdoor«

Wenn Sie auf Niederländisch eine Wegbeschreibung bekommen, werden Sie auch ohne Niederländischkenntnisse das meiste verstehen: Die Begriffe »rechts« und »links« sind die gleichen wie im Deutschen und Ableitungen daraus kommen einem zumindest bekannt vor. Es gibt nur einen kleinen Stolperstein, und das ist der Begriff **rechtdoor**, der auf Deutsch »geradeaus« bedeutet.

Links und rechts

Wenn Sie jemandem den Weg erklären müssen, sind die Begriffe **links** (*linkß,* links), **rechts** (*rächtß,* rechts) und **rechtdoor** (*rächt-door,* geradeaus) unumgänglich.

Um angeben zu können, dass sich etwas links oder rechts von etwas befindet, verwendet man im Niederländischen wie im Deutschen die Präposition **van** (*vann,* von).

- **Links van** (*linkß vann,* links von), zum Beispiel:

  De kerk is links van het museum. (*dè kärrk iss linkß vann èt mü-see-jömm,* Die Kirche befindet sich links vom Museum.)

- **Rechts van** (*rächtß vann,* rechts von), zum Beispiel:

  Het museum is rechts van de kerk. (*hätt mü-see-jömm iss rächtß vann dè kärrk,* Das Museum befindet sich rechts von der Kirche).

Manchmal hört man auch den Ausdruck **aan uw linkerhand** (*aan üu ling-kèr hannt,* zu Ihrer Linken (Hand)), was das Gleiche bedeutet wie **aan de linkerkant** (*aan dè ling-kèr kannt,* an der linken Seite) oder einfach **links** (*linkß,* links).

- **De kerk is aan uw linkerhand** (*dè kärrk iss aan üu ling-kèr hannt,* Die Kirche befindet sich zu Ihrer Linken) oder **De kerk is aan de linkerkant** (*dè kärrk iss aan dè ling-kèr kannt,* Die Kirche befindet sich an der linken Seite) oder **De kerk is links** (*dè kärrk iss linkß,* Die Kirche ist links).
- **Het museum is aan uw rechterhand** (*hätt mü-see-jömm iss aan üu räch-tèr-hannt,* Das Museum befindet sich zu Ihrer Rechten (Hand)) oder **Het museum is aan de rechterkant** (*hätt mü-see-jömm iss aan dè räch-tèr-kannt,* Das Museum befindet sich an der rechten Seite) oder **Het museum is rechts** (*hätt mü-see-jömm iss rächtß,* Das Museum befindet sich rechts).

Weitere nützliche Ausdrücke sind:

- **Sla linksaf.** (*ßlaa linkß-aff,* Biege links ab.) und, häufiger,
- **Na het museum linksaf.** (*naa èt mü-see-jömm linkß-aff,* Nach dem Museum links.)
- **Sla rechtsaf.** (*ßlaa rächtß-aff,* Biege rechts ab.) und
- **Na de kerk rechtsaf.** (*naa dè kärrk rächtß-aff,* Nach der Kirche rechts.)
- **Na de kerk gaat u rechtsaf.** (*naa dè kärrk chaat ü rächtß-aff,* Nach der Kirche gehen Sie rechts.)

✔ **U loopt rechtdoor tot u een kerk ziet.** (*ü loopt rächt-door tott ü èn kärrk siet,* Sie gehen geradeaus, bis Sie eine Kirche sehen.)

Auf der Autobahn

Obwohl viele Begriffe, die Sie bislang gelernt haben, sowohl beim Gehen als auch beim Fahren angewendet werden können, um einen Weg oder eine Richtung zu beschreiben, gibt es doch auch einige Ausdrücke, die vor allem Autofahrer benötigen. Autofahrer werden zum Beispiel **knooppunten** (*knoop-pönn-tèn,* Verkehrsknotenpunkte), **rotondes** (*roo-tonn-dèß,* Kreisverkehre) und **kruispunten** (*krèüjß-pönn-tèn,* Kreuzungen) passieren und die Autobahn bei **afslag 32** (*aff-ßlach twee-jèn-därr-tèch,* Abfahrt 32) in **richting ...** (*rich-ting,* Richtung ...) verlassen. Beachten Sie, dass die **maximumsnelheid** (*mack-kßie-mömm-ßnäll-häijt,* Höchstgeschwindigkeit) auf niederländischen Autobahnen 120 Kilometer pro Stunde beträgt. Falls Sie kein Navigationssystem benutzen, sondern lieber einen niederländischen **routeplanner** (*ru-tè-plänn-nèr,* Routenplaner) aus dem Internet, werden Sie dort garantiert einen dieser Sätze lesen:

✔ **U neemt de rotonde driekwart.** (*ü neemt dè roo-tonn-dè drie kwarrt,* Sie fahren drei Viertel des Kreisverkehrs.)

✔ **Op de rotonde neemt u de eerste rechts** (*opp dè roo-tonn-dè neemt ü dè eer-ßtè rächtß,* Im Kreisverkehr nehmen Sie die erste nach rechts.)

✔ **Vervolgens neemt u bij knooppunt de Nieuwe Meer de A10 West richting Zaanstad-Leeuwarden.** (*vèr-voll-chènß neemt ü bäij knoop-pönnt dè niju-wè meer dè aah-tien wässt richting saan-ßtatt lee-ju-warr-dèn,* Im Anschluss nehmen Sie beim Knotenpunkt Nieuwe Meer die A10 West in Richtung Zaanstad-Leeuwarden.)

✔ **U gaat onder het viaduct door.** (*ü chaat onn-dèr èt vie-jaa-döckt door,* Sie fahren unter der Überführung durch.)

✔ **Over de brug rechtsaf.** (*oo-vèr dè bröch rächtß-aff,* Über die Brücke und dann rechts.)

Wenn es etwas zu überqueren gilt

Wenn Ihnen jemand hilft, den richtigen Weg zu finden, werden Sie ein paar dafür typische Verben hören. **Afslaan** (*aff-ßlaan,* abbiegen) wird immer mit **links** oder **rechts** kombiniert. Da das Verb **afslaan** trennbar ist, wird es im Präsens in zwei Teile zerlegt und die Begriffe **rechts** und **links** werden mit dem abgetrennten Teil **af** zusammengefügt: **u slaat rechtsaf** (*ü ßlaat rächtß-aff,* Sie biegen rechts ab) und **u slaat linksaf** (*ü slaat links-af,* Sie biegen links ab).

✔ **Na de kerk slaat u rechtsaf.** (*naa dè kärrk ßlaat ü rächtß-aff,* Nach der Kirche biegen Sie links ab.)

✔ **Bij de manege slaat u linksaf.** (*bäij dè maa-nee-zschè ßlaat ü linkß-aff,* An der Reithalle biegen Sie links ab.)

Als Fußgänger müssen Sie oft **oversteken** (*oo-vèr-ßtee-kèn,* die Straße überqueren). Sie bekommen dann zum Beispiel den Hinweis **Steek de straat over** (*ßteek dè ßtraat oo-vèr,* Überqueren Sie die Straße) oder **Steek het plein over** (*ßteek èt pläijn oo-vér,* Überqueren Sie den

Platz). Man schlägt Ihnen vielleicht auch vor: **Steek de brug over** (*ßteek dè bröch oo-vèr,* Überqueren Sie die Brücke). Wenn Sie eine Brücke überqueren müssen, sagt man auch: **Ga de brug over** (*chaa dè bröch oo-vèr,* Gehen Sie über die Brücke). Wenn Sie in die falsche Richtung gefahren oder gelaufen sind, wird man Ihnen sagen: **U moet terug.** (*ü mutt tè-röch,* Sie müssen zurück.)

Alles schön der Reihe nach: »eerst«, »dan«, »daarna«

Um sich zurechtzufinden, müssen Sie die Dinge in der richtigen Reihenfolge tun. Die benötigten Wörter dafür sind: **eerst** (*eerßt,* erst), **dan** (*dann,* dann) oder **vervolgens** (*vèr-voll-chènß,* anschließend) und **daarna** (*daar-naa,* danach). Sehen Sie sich einmal das folgende Beispiel an:

- **U gaat eerst rechtdoor** (*ü chaat eerßt rächt-door,* Sie gehen erst geradeaus), **dan neemt u de eerste straat rechts** (*dann neemt ü dè eer-ßtè ßtraat rächtß,* dann nehmen Sie die erste Straße rechts) **en daarna steekt u de brug over** (*änn daar-naa ßteekt ü dè bröch oo-vèr,* und danach überqueren Sie die Brücke).

Track 25: Im Gespräch

Cilla hat sich mit Raymond, der geschäftlich in Utrecht zu tun hat, verabredet. Sie wollen sich in einer Bar in der Nähe des Bahnhofs treffen. Cilla kennt zwar den Namen der Straße und sie weiß auch, dass sich die Bar in der Innenstadt befindet, den genauen Weg dorthin kennt sie jedoch nicht. Mit dem Zug ist sie nach Utrecht gefahren, nach dem Verlassen des Bahnhofs fragt sie jemanden nach dem Weg.

Cilla: **Bent u hier bekend?**

bännt ü hier bè-kännt

Kennen Sie sich hier aus?

Mann: **Ja, dat ben ik.**

jaa datt bänn ick

Ja, schon.

Cilla: **Kunt u me vertellen waar de Lange Nieuwstraat is?**

könnt ü mè vèr-täll-lèn waar dè lang-è nijuw-ßtraat iss

Können Sie mir sagen, wo die Lange Nieuwstraat ist?

Mann: **Ja, die is vlakbij. Als u het station uitkomt, gaat u rechtsaf. Dan steekt u over en neemt u de eerste straat links.**

jaa die iss vlack- bäij. allß ü èt ßta-schonn èüjt-kommt chaat ü rächtß-aff. dann ßteekt ü oo-vèr änn neemt ü dè eer-ßtè ßtraat linkß

Ja, die ist ganz in der Nähe. Wenn Sie aus dem Bahnhof kommen, gehen Sie nach rechts. Dann gehen Sie auf die andere Straßenseite und nehmen die erste Straße links.

Cilla: **Hoe heet die straat?**

hu heet die ßtraat

Wie heißt die Straße?

Mann: **Dat weet ik niet. Maar hij gaat naar het centrum en je kunt hem niet missen. Daarna kruist u een gracht, dat is de Oude Gracht.**

datt weet ick niet. maar häij chaat naar èt ßänn-trümm änn jè könnt hämm niet miss-ßèn. daar-naa krèüjßt ü èn chracht datt iss dè au-dè chracht

Das weiß ich nicht, aber sie führt zum Zentrum und man kann sie nicht verfehlen. Danach geht man noch über eine Gracht, das ist die Oude Gracht.

Cilla: **O ja, die gracht ken ik. Daar zijn allemaal terrasjes.**

ooh jaa die chracht känn ick. daar säijn all-lè-maal tärr-rass-schèß

Oh ja, diese Gracht kenne ich. Dort gibt es viele Cafés mit Terrassen.

Mann: **Als u dan nog even rechtdoor loopt, komt u in de Lange Nieuwstraat.**

allß ü dann noch ee-vèn rächt-door loopt kommt ü inn dè lang-è nijuw-ßtraat

Wenn Sie dann noch ein Stück weiter geradeaus laufen, kommen Sie in die Lange Nieuwstraat.

Cilla: **Hartelijk bedankt.**

harr-tè-lèk bè-dankt

Vielen Dank.

Kleiner Wortschatz

Niederländisch	Aussprache	Deutsch
Ik weet het niet	*ick weet èt niet*	Ich weiß nicht
Je kunt hem niet missen	*jè könnt hämm niet miss-ßèn*	es ist nicht zu verfehlen
de terrasjes	*dè tärr-rass-schèß*	die Cafés mit Terrassen

In Bewegung kommen

Wenn Sie sich nach dem Weg erkundigt haben, lautet die Antwort oft **u neemt ...** (*ü neemt,* Sie nehmen ...). Wegbeschreibungen werden auch auf Niederländisch immer im Präsens gegeben: **u neemt ...** (*ü neemt,* Sie nehmen ...) **u gaat** (*ü chaat,* Sie gehen ...) und **u slaat linksaf** (*ü ßlaat linkß-aff,* Sie biegen links ab). Weitaus seltener werden Sie die Befehlsform, die auch im Deutschen üblich ist, hören: nimm, gehe, biege in die erste Straße und so weiter. In schriftlichen Anweisungen wird mitunter der Infinitiv verwendet: **bij het stoplicht rechtdoor rijden** (*bäij èt ßtopp-licht rächt-door räij-dèn,* an der Ampel geradeaus fahren), **over de brug de eerste rechts nemen** (*oo-vèr dè bröch dè eer-ßtè rächtß nee-mèn,* nach der Brücke die erste (Straße) rechts nehmen).

Wörter wie **de eerste** (*dè eer-ßtè,* die/der erste), **de tweede** (*dè twee-dè,* der/die zweite), **de derde** (*dè därr-dè,* der/die dritte) nennt man Ordnungszahlen. Sie geben eine Rangordnung an und beantworten die Frage: Welche(r)? So können Sie auf die Frage »Welche Straße?« mit einer Ordnungszahl antworten: »die erste links«. Mehr über Ordnungszahlen finden Sie in Kapitel 3.

Haben Sie sich verirrt? Egal, ob Sie zu Fuß oder motorisiert unterwegs sind, der nächste Satz trifft es immer:

- ✔ **Ik ben de weg kwijt.** (*ick bänn dè wäch kwäijt,* Ich habe mich verlaufen/verfahren.)

Mit dem Auto, Zug, Bus oder Flugzeug: »gaan«

Im Niederländischen kann man das Verb **gaan** (*chaan,* gehen) für viele Dinge verwenden. Hier folgen alle Formen im Präsens. Wie bei den meisten **veelgebruikte werkwoorden** (*veel-chè-brèüjk-tè wärrk-woor-dèn,* häufig verwendeten Verben) ist auch die Konjugation von **gaan** unregelmäßig:

Konjugation	Aussprache
ik ga	*ik chaa*
jij gaat	*jäij chaat*
hij/zij/het gaat	*häij/säij/hätt chaat*
u gaat	*ü chaat*
wij gaan	*wäij chaan*
jullie gaan	*jöll-lie chaan*
zij gaan	*säij chaan*

Mit diesem Verb drücken Sie die verschiedenen Formen der Fortbewegung aus:

- ✔ **Ik ga vanmiddag naar Den Haag.** (*ick chaa vann-midd-dach naar dänn-haach,* Ich gehe/fahre heute Nachmittag nach Den Haag.)
- ✔ **Mijn dochter gaat naar school.** (*mäijn doch-tèr chaat naar ßchool,* Meine Tochter geht zur Schule.)

✔ **Ik ga vanmiddag naar de supermarkt.** (*ick chaa vann-midd-dach naar dè sü-pèr-marrkt,* Ich gehe heute Nachmittag zum Supermarkt.)

Mit dem Verb **gaan** ist aber nicht nur »zu Fuß gehen« gemeint, sondern man kann auch mit dem Auto, dem Zug, dem Bus oder anderen Transportmitteln irgendwohin »gehen«. Wenn Sie Ihre Aussage präzisieren möchten, fügen Sie das Verkehrsmittel einfach hinzu:

✔ **Ik ga vanmiddag met de auto naar Den Haag.** (*ick chaa vann-midd-dach mätt dè oo-too naar dänn-haach,* Ich gehe/fahre heute Nachmittag mit dem Auto nach Den Haag.)

✔ **Mijn dochter gaat met de bus naar school.** (*mäijn doch-tèr chaat mätt dè böss naar ßchool,* Meine Tochter geht/fährt mit dem Bus zur Schule.)

✔ **Ik ga met de fiets naar de supermarkt.** (*ick chaa mätt dè fietß naar dè sü-pèr-marrkt,* Ich gehe/fahre mit dem Rad zum Supermarkt.)

Im Deutschen verwendet man eigentlich immer das Verb »fahren«, wenn man sich mithilfe eines Fahrzeugs fortbewegt. Das können Sie auch im Niederländischen machen, jedoch nur, wenn der Genannte auch wirklich selbst mit einem Fahrzeug fährt:

✔ **Vanmiddag rijd ik naar Den Haag.** (*vann-midd-dach räij ick naar dänn-haach,* Heute Nachmittag fahre ich nach Den Haag.)

✔ **Mijn dochter rijdt naar school.** (*mäijn doch-tèr räijt naar ßchool,* Meine Tochter fährt zur Schule.)

✔ **Ik rijd vanmiddag naar de supermarkt.** (*ick räij vann-midd-dach naar dè sü-pèr-marrkt,* Ich fahre heute Nachmittag zum Supermarkt.)

Auch wenn Sie mit dem Flugzeug unterwegs sind, verwenden Sie das Verb **gaan**:

✔ **Volgend jaar gaan we naar Cuba.** (*voll-chènd jaar chaan wè naar kü-baa,* Nächstes Jahr gehen/reisen wir nach Kuba.)

✔ **Volgende maand ga ik naar New York.** (*voll-chèn-dè maant chaa ick naar nijuw-jorrk,* Nächsten Monat gehe/reise ich nach New York.)

✔ **Ik ga naar Londen.** (*ick chaa naar lonn-dèn,* Ich gehe/reise nach London.)

Aus diesen Sätzen ist nicht ersichtlich, ob Sie eine Reise dorthin machen oder ob Sie die Absicht haben, dort zu leben. Das hängt vom Zusammenhang ab.

Wenn Sie deutlich machen wollen, dass Sie weder mit dem Auto noch mit dem Schiff reisen werden, sondern mit dem Flugzeug, verwenden Sie das Verb **vliegen** (*vlie-chèn,* fliegen).

✔ **Volgende week vlieg ik naar Madrid.** (*voll-chèn-dè week vliech ick naar maa-dritt,* Nächste Woche fliege ich nach Madrid.)

✔ **Volgende maand vlieg ik naar Londen.** (*voll-chèn-dè maant vliech ck naar lonn-dèn,* Nächsten Monat fliege ich nach London.)

Track 26: Im Gespräch

Cilla Vermeent möchte am Wochenende einen Freund besuchen, der seine Ferien in einem kleinen Dorf in Zeeland verbringt. Es ist Freitagabend und Cilla befindet sich schon ganz in der Nähe des Dorfes, sie hat sich aber verfahren. Cilla hält bei einer Tankstelle an und erkundigt sich dort nach dem Weg.

Cilla: **Sorry, kunt u me de weg wijzen naar Oude Tonge?**

sorr-rie könnt ü mè dè wäch wäij-sèn naar au-dè tong-è

Entschuldigung, können Sie mir sagen, wie ich nach Oude Tonge komme?

Angestellter: **Komt u van de A15?**

kommt ü vann dè aah väijf-tien

Kommen Sie von der A15?

Cilla: **Ja, maar ik denk dat ik de weg kwijt ben.**

jaa maar ick dänk datt ick dè wech kwäijt bänn

Ja, aber ich denke, dass ich mich verfahren habe.

Angestellter: **U heeft de verkeerde afslag genomen. Dit is afslag 33.**

ü heeft dè vèr-keer-dè aff-ßlach chè-noo-mèn. ditt iss aff-ßlach drie-jèn-därr-tèch

Sie haben die falsche Abfahrt genommen. Das hier ist Abfahrt 33.

U moet terug naar de A15 richting Hoogvliet. Als u weer op de A15 bent, neemt u afslag 34 richting Zierikzee.

ü mutt tè-röch naar dè aah väijf-tien rich-ting hooch-vliet. allß ü weer opp dè aah väijf-tien bännt neemt ü aff-ßlach vier-èn-därr-tèch rich-ting sie-rick-see

Sie müssen zurück auf die A15 in Richtung Hoogvliet. Wenn Sie wieder auf der A15 sind, nehmen Sie die Abfahrt 34 in Richtung Zierikzee.

Cilla: **Maar ik moet naar Oude Tonge.**

maar ick mutt naar au-dè tong-è

Ich muss aber nach Oude Tonge.

Angestellter: **Ja, als u afslag 34 heeft genomen, rijdt u alsmaar richting Zierikzee. U ziet dan borden met Oude Tonge en het volgende dorp is Oude Tonge.**

jaa allß ü aff-ßlach vier-èn-därr-tich heeft chè-noo-mèn räijt ü allß-maar rich-ting sie-rick-see. ü siet dann borr-dèn mätt au-dè tong-è änn èt voll-chèn-dè dorrp iss au-dè tong-è

Ja, wenn Sie die Abfahrt 34 genommen haben, fahren Sie immer weiter in Richtung Zierikzee. Sie sehen dann Hinweisschilder mit Oude Tonge und das nächste Dorf ist Oude Tonge.

Cilla: **Oké, ik hoop dat ik het nu vind. Hartelijk bedankt.**

o-kee ick hoop datt ick èt nü vinnt. harr-tè-lèk bè-dankt

Okay, ich hoffe, ich finde es jetzt. Herzlichen Dank!

Angestellter: **Graag gedaan en nog een fijne avond!**

chraach chè-daan änn noch een fäij-nè aa-vonnt

Gern geschehen und schönen Abend noch!

Kleiner Wortschatz

Niederländisch	Aussprache	Deutsch
Ik ben de weg kwijt	*ick bänn dè wäch kwäijt*	Ich habe mich verlaufen/verfahren
de afslag	*dè aff-ßlach*	die Abfahrt
de borden	*dè borr-dèn*	die Straßenschilder

Im Hotel

12

In diesem Kapitel

- Ein Hotel suchen
- Im Hotel einchecken
- Die Rechnung bezahlen und abreisen

Egal ob Sie geschäftlich unterwegs sind oder nur Urlaub machen, Sie müssen irgendwo übernachten. In diesem Kapitel finden Sie die Wörter und Sätze, die Sie brauchen, um ein Hotel oder eine Pension zu finden, dort ein Zimmer zu reservieren, sich nach der Ausstattung zu erkundigen sowie die Anmelde- und Zahlungsformalitäten abzuwickeln – und das alles auf Niederländisch.

Ein Hotel suchen

Wenn Sie Hilfe bei der Suche nach einem Hotel benötigen, können Sie einen im Buchhandel erhältlichen Hotelführer kaufen. Sie können aber auch im Internet surfen. Außerdem bieten die Touristeninformationen in den Städten **de VVV** (*dè veej-veej-veej*) Informationen zu Hotels an.

Vielleicht möchten Sie sich bei jemandem, den Sie kennen, erkundigen, ob er Ihnen ein Hotel empfehlen kann. Dann fragen Sie:

✔ **Kunt u een hotel aanbevelen?** (*könnt ü èn hoo-täll aan-bè-vee-lèn*, Können Sie ein Hotel empfehlen?)

Der Begriff für »Hotel« ist auch im Niederländischen **het hotel** (*hätt hoo-täll*, das Hotel). Es gibt viele Arten von Hotels mit eigener Atmosphäre und eigenen Standards. Manche Hotels werden anders benannt, da sie in von den herkömmlichen Hotels abweichen. **Motels** (*moo-tällß*, Motels) liegen zum Beispiel immer an der Autobahn. Für diejenigen, die beabsichtigen über einen längeren Zeitraum zu bleiben, ist **een apartmentenhotel** (*èn aa-parr-tè-männ-tèn-hoo-täll*, Hotel mit Appartements) geeignet.

Wer es abenteuerlicher und trotzdem persönlich mag, fühlt sich möglicherweise am wohlsten in **een Bed and Breakfast** (*èn bätt änn bräck-fässt*, einem Bed and Breakfast; Pension). **Een jeugdherberg** (*èn jöhcht-härr-bärrch*, eine Jugendherberge) bietet zwar keinen Luxus, dafür ist sie preiswert und daher besonders bei Jugendlichen beliebt. Außerhalb der Städte gibt es jede Menge **vakantiehuisjes** (*va-kann-zie-hèüj-schèß*, Ferienhäuser), die man vorher reservieren sollte. **Vakantiehuisjes** befinden sich immer in eigens angelegten Parks, die manchmal über gemeinschaftlich genutzte Restaurants oder Swimmingpools verfügen.

Ein Zimmer reservieren

Reservieren Sie Ihr Zimmer immer vor der Anreise, vor allem während der Hochsaison, an Feiertagen und zu besonderen Events. Sonst ist es gut möglich, dass alle Hotels ausgebucht sind. Sollten Sie kein freies Zimmer mehr finden, können Sie eventuell ein Zimmer außerhalb der Stadt bekommen. Bitten Sie die Mitarbeiter von **de VVV** (die Touristeninformation) Ihnen bei der Suche behilflich zu sein.

In Kapitel 9 finden Sie alles zum Thema Telefonate, bevor Sie ein Hotel wegen einer Reservierung anrufen. Wenn die Rezeption Ihren Anruf entgegennimmt, machen Sie mit diesen Sätzen deutlich, weshalb Sie anrufen:

- **Ik wil graag een kamer reserveren.** (*ick will chraach èn kaa-mèr ree-ßärr-vee-rèn,* Ich würde gern ein Zimmer reservieren.)

Wenn Sie mehr als ein Zimmer reservieren möchten, fügen Sie die Anzahl der Zimmer hinzu und verwenden den Plural:

- **Ik wil graag twee kamers reserveren.** (*ick will chraach twee kaa-mèrß ree-ßärr-vee-rèn,* Ich würde gern zwei Zimmer reservieren.)

Mitteilen, wann man ankommt und wie lange man bleiben wird

Die für Reservierungen zuständige Person wird Ihnen einige Fragen stellen, um die Reservierung im Hotel zu vervollständigen. Dafür brauchen Sie Zahlen und Daten (wie Sie die ausdrücken, erfahren Sie in Kapitel 3). Eine der ersten Fragen kann lauten:

- **Voor wanneer wilt u een kamer reserveren?** (*voor wann-neer willt ü èn kaa-mèr ree-ßärr-veer-èn,* Für wann möchten Sie ein Zimmer reservieren?)

Oder:

- **Van wanneer tot wanneer wilt u een kamer reserveren?** (*vann wann-neer tott wann-neer willt ü èn kaa-mèr ree-ßärr-vee-rèn,* Von wann bis wann möchten Sie ein Zimmer reservieren?)

Um mitzuteilen, wie viele Nächte Sie bleiben werden oder für welches Datum Sie reservieren möchten, verwenden Sie einen dieser Sätze:

- **Ik wil een kamer reserveren voor … nachten.** (*ick will èn kaa-mèr ree-ßärr-vee-rèn voor … nach-tèn,* Ich möchte ein Zimmer für … Nächte reservieren.)
- **Ik wil graag een kamer reserveren van 2 tot 4 september.** (*ick will chraach èn kaa-mèr ree-ßärr-vee-rèn vann twee tott vier ßäpp-tämm-bèr,* Ich würde gern ein Zimmer vom 2. bis 4. September reservieren.)

Was für ein Zimmer möchten Sie?

Die Person, die Ihre Reservierung entgegennimmt, wird Sie vielleicht nach Ihren Zimmerwünschen fragen:

✔ **Wat voor soort kamer wilt u hebben?** (*watt voor ßoort kaa-mèr willt ü häbb-bèn,* Welche Art von Zimmer möchten Sie gern haben?)

Sie können aber auch gleich sagen, was für ein Zimmer Sie wünschen:

✔ **Ik wil graag ...** (*ick will chraach ...,* Ich hätte gern ...)

- **een eenpersoonskamer** (*èn een-pèr-ßoonß-kaa-mèr,* ein Einzelzimmer)
- **een tweepersoonskamer** (*èn twee-pèr-ßoonß-kaa-mèr,* ein Doppelzimmer)
- **een rookvrije kamer** (*èn rook-vräij-jè kaa-mèr,* ein Nichtraucherzimmer)
- **een kamer op de eerste verdieping** (*èn kaa-mèr opp dè eer-ßtè vèr-die-ping,* ein Zimmer im ersten Stock)

✔ **Ik wil graag een kamer met ...** (*ick will chraach èn kaa-mèr mätt,* Ich hätte gern ein Zimmer mit ...)

- **douche** (*dusch,* Dusche)
- **bad** (*batt,* Bad)
- **een tweepersoonsbed** (*èn twee-pèr-ßoonß-bätt,* Doppelbett)
- **twee eenpersoonsbedden** (*twee een-pèr-ßoonß-bädd-dèn,* zwei Einzelbetten)

Wat voor een? (*watt voor èn,* Was für ein?) – Aus diesen drei Wörtern besteht die Frage, die man Ihnen im Hotel, bei der Touristeninformation oder bei anderer Gelegenheit stellen wird, um herauszufinden, was Sie sich genau vorgestellt haben:

✔ **Wat voor een kamer wilt u?** (*watt voor èn kaa-mèr willt ü,* Was für ein Zimmer möchten Sie?)

✔ **Wat voor een hotel zoekt u?** (*watt voor èn hoo-täll sukt ü,* Was für ein Hotel suchen Sie?)

✔ **Wat voor een wijn wilt u? Witte of rode?** (*watt voor èn wäijn willt ü. witt-tè off roo-dè,* Welchen Wein möchten Sie? Roten oder weißen?)

Nach dem Preis fragen

Bestimmt möchten Sie auch wissen, wie viel das Hotelzimmer kostet. Dafür gibt es mehrere Möglichkeiten: Sie können nach dem Preis pro Nacht fragen oder nach dem Gesamtpreis inklusiv aller Leistungen.

✔ **Hoeveel kost de kamer per nacht?** (*hu-veel kosst dè kaa-mèr pärr nacht,* Wie viel kostet das Zimmer pro Nacht?)

- **Hoeveel is één overnachting met ontbijt?** (*hu-veel iss een oo-vèr-nach-ting mätt onnt-bäijt,* Wie teuer ist eine Übernachtung mit Frühstück?)
- **Hoeveel is een kamer met volpension?** (*hu-veel iss èn kaa-mèr mätt voll-pänn-schonn,* Wie teuer ist ein Zimmer mit Vollpension?)
- **Hoeveel is een kamer met halfpension?** (*hu-veel iss èn kaa-mèr mätt hallf-pänn-schonn,* Wie teuer ist ein Zimmer mit Halbpension?)

Die Reservierung abschließen

Wenn Sie mit allem einverstanden sind, beenden Sie die Reservierung mit folgenden Worten:

- **Wilt u de kamer voor mij reserveren?** (*willt ü dè kaa-mèr voor mäij ree-ßärr-vee-rèn,* Würden Sie bitte das Zimmer für mich reservieren?)

Track 27: Im Gespräch

Cilla Vermeent und ihr Partner Rob planen ein langes Wochenende auf der niederländischen Insel Vlieland. Cilla ruft ein Hotel dort an.

Rezeptionistin: **Hotel De Meeuw, goedemorgen, Denise de Haan.**

hoo-täll dè mee-ju chu-dè-morr-chèn dè-nie-sè dè haan

Hotel De Meeuw, guten Morgen. Sie sprechen mit Denise de Haan.

Cilla: **Goedemorgen, met Cilla Vermeent. Heeft u een kamer vrij voor het eerste weekend van september, dus 3 en 4 september?**

chu-dè-morr-chèn mätt ßill-laa vèr-meent. heeft ü èn kaa-mèr vräij voor èt eer-ßte wiek-ännt vann ßäpp-tämm-bèr döss drie änn vier ßäpp-tämm-bèr

Guten Morgen, Cilla Vermeent. Haben Sie ein freies Zimmer am ersten Wochenende im September, also vom 3. bis 4. September?

Rezeptionistin: **Eens even kijken. Wat voor kamer wilt u reserveren?**

ènß ee-vèn käij-kèn. watt voor kaa-mèr willt ü ree-ßärr-vee-rèn

Mal schauen. Was für ein Zimmer möchten Sie reservieren?

Cilla: **Ik wil een tweepersoonskamer reserveren.**

ick will èn twee-pèr-ßoonß-kaa-mèr ree-ßärr-vee-rèn

Ich möchte ein Doppelzimmer reservieren.

Rezeptionistin: **U boft. We hebben precies één tweepersoonskamer over.**

ü bofft. wè häbb-bèn prè-ßieß een twee-pèr-ßoonß-kaa-mèr oo-vèr

Sie haben Glück. Wir haben noch genau ein Doppelzimmer frei.

Cilla: **Is dat een kamer met bad?**

iss datt èn kaa-mèr mätt batt

Ist das ein Zimmer mit Bad?

Rezeptionistin: **Het is een kamer met een tweepersoonsbed en met een douche. Er is geen bad. Is dat een probleem?**

hätt iss èn kaa-mèr mätt èn twee-pèr-ßoonß-bätt änn mätt èn dusch. ärr iss cheen batt. iss datt èn proo-bleem

Es ist ein Zimmer mit Doppelbett und Dusche. Es gibt keine Badewanne. Ist das ein Problem?

Cilla: **Dat hangt er vanaf. Wat is de prijs voor twee nachten?**

datt hangt ärr vann-aff. watt iss dè präijß voor twee nach-tèn

Das kommt darauf an. Was kostet es für zwei Nächte?

Rezeptionistin: **Voor een weekend van twee nachten is het 227 Euro 50 per persoon**

voor èn wiek-ännt vann twee nach-tèn iss èt twee-honn-dèrt see-vèn-èn-twinn-tèch öh-ro väijf-tèch pärr pèr-ßoon.

Für ein Wochenende mit zwei Übernachtungen macht das 227,50 Euro pro Person.

Cilla: **O, dat is veel duurder dan ik dacht.**

ooh datt iss veel düür-der dann ick dacht

Oh, das ist viel mehr, als ich erwartet hatte.

Rezeptionistin: **We zitten nog in het hoogseizoen.**

wè sitt-tèn noch inn èt hooch-ßäij-sunn

Es ist noch Hochsaison.

Cilla: **Oké, maar ik wil eerst met mijn partner overleggen.**

oo-kee maar ick will eerßt mätt mäijn parrt-nèr oo-vèr-läch-chèn

Okay, aber ich möchte erst noch einmal mit meinem Partner darüber sprechen.

Rezeptionistin: **Wacht niet te lang als u wilt boeken. Vanwege het mooie weer op dit moment krijgen we veel telefoontjes.**

wacht niet tè lang allß ü willt bu-kèn. vann-wee-chè èt mooij-jè weer opp ditt moo-männt kräij-chèn wè veel tee-lè-foon-tjèß

Warten Sie nicht zu lange, wenn Sie noch buchen möchten. Wegen des schönen Wetters bekommen wir im Moment viele Anfragen.

Cilla: **Ik bel u over een halfuur terug. Bedankt voor de informatie in ieder geval.**

ick bäll ü oo-vèr èn hallf üür tè-röch. bè-dankt voor dè inn-forr-maa-zie inn ie-dèr chè-vall

Ich rufe Sie in einer halben Stunde zurück. Auf jeden Fall vielen Dank für die Information.

Rezeptionistin: **Graag gedaan. Fijne dag nog.**

chraach chè-daan. fäij-nè dach noch

Gern geschehen. Einen schönen Tag noch.

Cilla: **Ja, hetzelfde.**

ja hätt-sällf-dè

Ja, ebenfalls.

Kleiner Wortschatz

Niederländisch	Aussprache	Deutsch
boffen	*boff-fèn*	Glück haben
duur	*düür*	teuer
het hoogseizoen	*hätt hooch-ßäij-sunn*	die Hochsaison
de partner	*dè parrt-nèr*	der Partner
overleggen	*oo-vèr-läch-chèn*	etwas besprechen
boeken	*bu-kèn*	buchen
de informatie	*dè inn-forr-maa-zie*	die Information

Im Hotel einchecken

Wenn Sie im Hotel ankommen, müssen Sie sich an **de receptie** (*dè rè-ßäpp-ßie,* der Rezeption) anmelden. Um deutlich zu machen, dass Sie reserviert haben, sagen Sie:

✔ **Ik heb een kamer gereserveerd.** (*ick häpp èn kaa-mèr chè-ree-ßärr-veert,* Ich habe ein Zimmer reserviert.)

✔ **Mijn naam is ...** (*mäijn naam iss,* Mein Name ist ...)

Wie lange bleiben Sie?

Falls Sie nicht reserviert haben oder falls der Mitarbeiter an der Rezeption wissen möchte, wie lange Sie bleiben wollen, wird man Sie fragen:

✔ **Hoeveel nachten blijft u?** (*hu-veel nach-tèn bläijft ü,* Wie viele Nächte bleiben Sie?)

Sie erwidern auf diese Frage:

✔ **Ik blijf ...** (*ick bläijf,* Ich bleibe ...)

- **maar één nacht** (*maar een nacht,* nur eine Nacht)
- **drie nachten** (*drie nach-tèn,* drei Nächte)
- **een week** (*èn week,* eine Woche)
- **tot de 28e** (*tott dè ach-tèn-twinn-tèch-stè,* bis zum 28.)

Die Anmeldung ausfüllen

Man wird Sie bitten, **een formulier** (*èn forr-mü-lier,* ein Formular) an der Rezeption zur Anmeldung auszufüllen. Das Formular wird Ihnen mit folgenden Worten ausgehändigt:

✔ **Wilt u alstublieft dit formulier invullen?** (*willt ü all-ßtü-blieft ditt forr-mü-lier inn-völl-lèn,* Würden Sie dieses Formular bitte ausfüllen.)

Was in so einem Formular gefragt wird, ist von Hotel zu Hotel unterschiedlich. Mitunter genügen Name und Anschrift, manchmal sind auch weitere Angaben erforderlich:

✔ **naam** (*naam,* Nachname)

✔ **voornamen** (*voor-naa-mèn,* Vornamen)

✔ **straat en huisnummer** (*ßtraat änn hèüjß-nömm-mèr,* Straße und Hausnummer)

✔ **postcode** (*poßt-koo-dè,* Postleitzahl)

✔ **woonplaats** (*woon-plaatß,* Wohnort)

✔ **geboortedatum** (*chè-boor-tè-daa-tömm,* Geburtsdatum)

✔ **geboorteplaats** (*chè-boor-tè-plaatß,* Geburtsort)

✔ **nationaliteit** (*na-ßio-naa-lie-täijt,* Nationalität)

✔ **beroep** (*bè-rupp,* Beruf)

- **paspoortnummer** (*pass-poort-nömm-mèr*, Passnummer)
- **kenteken auto** (*känn-tee-kèn oo-too*, Autokennzeichen)
- **plaats en datum** (*plaatß änn daa-tömm*, Ort und Datum)
- **handtekening** (*hannt-tee-kè-ning*, Unterschrift)

Wenn Sie eingecheckt haben, wird man Ihnen Ihre Zimmernummer nennen:

- **U heeft kamer nummer 25.** (*ü heeft kaa-mèr nömm-mèr väijf-èn-twinn-tèch*, Sie haben Zimmer Nummer 25.)

Sie werden vom Mitarbeiter an der Rezeption entweder einen elektronischen Schlüssel (das heißt eine Chipkarte für Ihr Zimmer) oder einen herkömmlichen Zimmerschlüssel mit Anhänger vom Hotel bekommen.

In Hotels mit herkömmlichen Schlüsseln müssen Sie den Schlüssel beim Verlassen des Hotels an der Rezeption abgeben. Wenn Sie ins Hotel zurückkommen, brauchen Sie natürlich diesen Schlüssel wieder. Sie bitten mit einem dieser Sätze um Ihren Zimmerschlüssel:

- **Mag ik mijn sleutel hebben? Nummer 25.** (*mach ick mäijn ßlöh-tèl häbb-bèn. nömm-mèr väijf-èn-twinn-tèch*, Könnte ich meinen Schlüssel haben? Nummer 25.)
- **De sleutel van kamer 25 alstublieft.** (*dè ßlöh-tèl vann kaa-mèr väijf-èn-twinn-tèch all-ßtü-blieft*, Den Schlüssel von Zimmer 25, bitte.)

Sie werden wahrscheinlich auch Gepäck bei sich haben, **een koffer** (*èn koff-fèr*, einen Koffer) oder auch **een paar koffers** (*èn paar koff-fèrß*, ein paar Koffer). Um alles zusammenzufassen, verwendet man das Wort **de bagage** (*dè ba-chaa-zschè*, das Gepäck). Falls Sie Hilfe beim Transport brauchen, fragen Sie:

- **Kan iemand mij met mijn bagage helpen?** (*kann ie-mannt mäij mätt mäijn ba-chaa-zschè häll-pèn*, Kann mir jemand mit meinem Gepäck helfen?)

Possessivpronomen: »mijn«, »jouw« und der Rest

Possessivpronomen geben an, *wem* etwas gehört:

- **Ik heb bagage. Dat is mijn bagage.**

  ick häpp ba-chaa-zschè. datt iss mäijn ba-chaa-zschè

  Ich habe Gepäck. Das ist mein Gepäck.
- **Jij hebt bagage. Dat is jouw bagage.**

  jäij häppt ba-chaa-zschè. datt iss jau ba-chaa-zschè

  Du hast Gepäck. Das ist dein Gepäck.
- **U heeft bagage. Dat is uw bagage.**

  ü heeft ba-chaa-zschè. datt iss üu ba-chaa-zschè

  Sie haben Gepäck. Das ist Ihr Gepäck.

✔ **Hij heeft bagage. Dat is zijn bagage.**

häij heeft ba-chaa-zschè. datt iss säijn ba-cha-zschè

Er hat Gepäck. Das ist sein Gepäck.

✔ **Zij heeft bagage. Dat is haar bagage.**

säij heeft ba-chaa-zschè. datt iss haar ba-chaa-zschè

Sie hat Gepäck. Das ist ihr Gepäck.

✔ **Wij hebben bagage. Dat is onze bagage.**

wäij häbb-bèn ba-chaa-zschè. datt iss onn-sè ba-chaa-zschè

Wir haben Gepäck. Das ist unser Gepäck.

✔ **Jullie hebben bagage Dat is jullie bagage.**

jöll-lie häbb-bèn ba-chaa-zschè. datt iss jöll-lie ba-chaa-zschè

Ihr habt Gepäck. Das ist euer Gepäck.

✔ **Zij hebben bagage. Dat is hun bagage.**

säij häbb-bèn ba-chaa-zschè. datt iss hönn ba-chaa-zschè

Sie haben Gepäck. Das ist ihr Gepäck.

Personalpronomen	Possessivpronomen
ik	**mijn/m'n**
jij/je	**jouw/je**
u	**uw**
hij	**zijn**
zij/ze	**haar**
wij/we	**ons/onze**
jullie	**jullie/je**
zij/ze	**hun**

Beachten Sie, dass **mijn** unveränderlich ist und sich nicht dem Geschlecht des folgenden Substantivs anpasst. Dies gilt übrigens für alle Possessivpronomen, außer **ons.** Man verwendet **m'n** nur in der Umgangssprache. **Jouw** endet auf **w**, genauso wie die Höflichkeitsform **uw.** In beiden Fällen ist das **w** jedoch bei der Aussprache nicht hörbar. In der Schriftsprache verwendet man meistens **jouw: Dank voor jouw mail.** (*dank voor jau meel,* Danke für deine E-Mail.) oder wenn ein Gegensatz zum Ausdruck gebracht werden soll: **Dit is mijn boek, en waar is jouw boek?** (*ditt iss mäijn buck, änn waar iss jau buck,* Dies ist mein Buch und wo ist dein Buch?)

Umgangssprachlich verwenden Niederländer im Allgemeinen **je: Ik heb je mailtje gelezen.** (*ick häpp je meel-tjè chè-lee-sèn,* Ich habe deine E-Mail gelesen.) Das Gleiche gilt für **jullie/je.**

In der Schriftsprache sagt man korrekterweise: **Hoe was jullie vakantie?** (*hu wass jöll-lie va-kann-zie,* Wie war euer Urlaub?) Wenn man sich mit mehreren Leuten unterhält, wird man jedoch eher sagen: **Hoe was je vakantie?** (*hu wass jè va-kann-zie,* Wie war euer Urlaub?)

Da **jullie** sowohl als Possessivpronomen als auch als Personalpronomen in der Objekt- und der Subjektform gleich lautet, kann man in einem Satz immer das zweite **jullie** durch **je** ersetzen, um somit ein doppeltes **jullie** zu vermeiden. Man kann also sagen: **Waar hebben jullie jullie boeken?** (*waar häbb-bèn jöll-lie jöll-lie bu-kèn,* Wo habt ihr eure Bücher?) oder: **Waar hebben jullie je boeken?** (*waar häbb-bèn jöll-lie jè bu-kèn,* Wo habt ihr eure Bücher?)

Das Personalpronomen **wij** hat zwei Possessivformen: **ons** und **onze**. Um beide Formen richtig anwenden zu können, müssen Sie wissen, ob es sich auf ein **de**-Wort oder auf ein **het**-Wort bezieht. **De**-Wörter erhalten als Possessivpronomen **onze** während **het**-Wörter die Form **ons** erfordern:

- **de vakantie** wird zu **onze vakantie**

  dè va-kann-zie > onn-sè va-kann-zie

  der Urlaub > unser Urlaub

- **de sleutel** wird zu **onze sleutel**

  dè ßlöh-tèl > onn-sè ßlöh-tèl

  der Schlüssel > unser Schlüssel

- **het bad** wird zu **ons bad**

  hätt batt > onnß batt

  das Bad > unser Bad

- **het uitzicht** wird zu **ons uitzicht**

  hätt èüjt-sicht > onnß èüjt-sicht

  die Aussicht > unsere Aussicht

Ausstattung und Extras

Vielleicht möchten Sie wissen, was zur Ausstattung des Hotels gehört. Hat Ihr Zimmer eine Minibar? Haben Sie Internetzugang? Gibt es einen Wäscheservice?

Wenn Sie sich über die Ausstattung der Zimmer informieren möchten, beginnen Sie Ihre Frage mit:

- **Heeft de kamer ...?** (*heeft dè kaa-mèr,* Hat das Zimmer ...?)
  - **kabeltelevisie** (*kaa-bèl-tee-lè-vie-sie,* Kabelfernsehen)
  - **satelliettelevisie** (*ßa-tè-liet-tee-lè-vie-sie,* Satellitenfernsehen)
  - **een minibar** (*èn mie-nie-barr,* eine Minibar)
  - **internet** (*inn-tèr-nätt,* Internet)

- **airco** (*ärr-koo*, Klimaanlage)
- **uitzicht op zee** (*èüjt-sicht opp see*, Meerblick)

Falls Sie einfach nur ungestört schlafen wollen, sollten Sie in Ihrem Zimmer nach einem Schild mit folgender Aufschrift suchen:

✔ **Niet storen** (*niet ßtoo-rèn*, Bitte nicht stören.)

Im Hotel

Viele Hotels bieten zusätzliche Leistungen an. Normalerweise finden Sie eine Mappe oder eine Liste in Ihrem Zimmer, in der die besonderen Leistungen aufgeführt sind. Sollten Sie jedoch keine schriftlichen Informationen entdecken, rufen Sie die Rezeption an und fragen Sie nach:

✔ **Heeft het hotel ...?** (*heeft èt hoo-täll*, Hat das Hotel ...?)

Sie fragen nach einer dieser Dienstleistungen, indem Sie die oben stehende Frage mit folgenden Wörtern abschließen:

✔ **een sauna** (*èn ßau-naa*, eine Sauna)

✔ **een zwembad** (*èn swämm-batt*, einen Swimmingpool)

✔ **een fitnesszaal** (*èn fitt-nèß-saal*, einen Fitnessraum)

✔ **een wasservice** (*èn wass-ßörr-viss*, einen Wäscheservice)

Die nächsten Sätze sollten Sie parat haben, wenn Sie Fragen zum Frühstück oder zum Zimmerservice haben:

✔ **Hoe laat is het ontbijt?** (*hu laat iss èt onnt-bäijt*, Wann gibt es Frühstück?)

✔ **Kan ik roomservice krijgen?** (*kann ick rumm-ßörr-viss kräij-chèn*, Kann ich Zimmerservice bekommen?)

Manchmal ist es sehr praktisch, wenn jemand eine Nachricht für Sie im Hotel hinterlegen kann. Wenn Sie wissen wollen, ob eine Nachricht für Sie hinterlegt wurde, fragen Sie:

✔ **Heeft iemand een boodschap voor mij achtergelaten?** (*heeft ie-mannt èn boot-ßchapp voor mäij ach-tèr-chè-laa-tèn*, Hat jemand eine Nachricht für mich hinterlassen?)

Track 28: Im Gespräch

Cilla Vermeent und ihr Partner Rob kommen in ihrem Hotel auf Vlieland an. Sie gehen zur Rezeption, um einzuchecken.

Cilla: **Goedenavond, ik ben Cilla Vermeent. Wij hebben een tweepersoonskamer gereserveerd.**

chu-dè-naa-vonnt ick bänn ßill-laa vèr-meent. wäij häbb-ben èn twee-pèr-ßoonß-kaa-mèr chè-ree-ßärr-veert

Guten Abend, ich bin Cilla Vermeent. Wir haben ein Doppelzimmer reserviert.

Rezeptionistin: **Goedenavond. U heeft een tweepersoonskamer met bad gereserveerd voor twee nachten.**

chu-dè-naa-vonnt. ü heeft èn twee-pèr-ßoonß-kaa-mèr mätt batt chè-ree-ßärr-veert voor twee nach-tèn.

Guten Abend. Sie haben ein Doppelzimmer mit Bad für zwei Nächte reserviert.

Cilla: **Dat klopt.**

datt kloppt

Das stimmt.

Rezeptionistin: **Wilt u dit formulier invullen?**

willt ü ditt forr-mü-lier inn-völl-lèn

Würden Sie bitte dieses Formular ausfüllen?

Cilla: **Morgen willen we gaan fietsen. Moeten we de fietsen nu reserveren?**

morr-chèn will-lèn wè chaan fie-zèn. mu-tèn wè dè fie-zèn nü ree-ßärr-vee-rèn

Morgen möchten wir Rad fahren. Müssen wir die Räder jetzt reservieren?

Rezeptionistin: **Ik reserveer nu twee fietsen voor u. U vindt ze morgen aan de achterkant van het hotel.**

ick ree-ßärr-veer nü twee fie-zèn voor ü. ü vinnt sè morr-chèn aan dè ach-tèr-kannt vann èt hoo-täll

Ich reserviere jetzt zwei Räder für Sie. Sie finden sie morgen hinter dem Hotel.

Cilla: **Mooi, dank u.**

mooij dank ü

Schön, vielen Dank.

Rezeptionistin: **Hier is de sleutel van uw kamer, nummer 25. De kamer is op de eerste verdieping, met uitzicht op zee.**

hier iss dè ßlöh-tèl vann üu kaa-mèr nömm-mèr väijf-èn-twinn-tèch. dè kaa-mèr iss opp dè eer-ßtè vèr-die-ping mätt èüjt-sicht opp see

Hier ist der Schlüssel für Ihr Zimmer, Nummer 25. Das Zimmer ist auf der ersten Etage und hat Meerblick.

Cilla: **Hoe laat is het ontbijt?**

hu laat iss èt onnt-bäijt

Wann gibt es Frühstück?

Rezeptionistin: **Van zeven tot tien.**

vann see-vèn tott tien

Von sieben bis zehn Uhr.

Cilla: **Dank u.**

dank ü

Danke.

Rezeptionistin: **Graag gedaan.**

chraach chè-daan

Gern geschehen.

Kleiner Wortschatz

Niederländisch	Aussprache	Deutsch
het formulier	*hätt forr-mü-lier*	das Formular
de fiets	*dè fietß*	das Fahrrad
de sleutel	*dè ßlöh-tèl*	der Schlüssel
de zee	*dè see*	das Meer

Die Rechnung bezahlen und auschecken

Weder im Niederländischen noch im Deutschen gibt es ein Wort für »checking out«. Deshalb benutzt man in beiden Sprachen das halbenglische Wort **uitchecken** (*èüjt-tschäck-kèn,* auschecken). Mehr über englische Verben mit niederländischer Konjugation finden Sie in Kapitel 8. Wenn Sie wissen möchten, wann Sie das Zimmer bei der Abreise spätestens verlassen müssen, fragen Sie:

✔ **Hoe laat moeten we uit de kamer zijn?** (*hu laat mu-tèn wè èüjt dè kaa-mer säijn,* Wann müssen wir das Zimmer räumen?)

Nach der Rechnung fragen

Wenn es Zeit ist abzureisen, wird das Verb **vertrekken** (*vèr-träck-kèn*, abreisen, starten) benutzt. Wenn Sie abreisen wollen, gehen Sie mit Ihrem Schlüssel zur Rezeption und sagen:

✔ **Ik vertrek/wij vertrekken.** (*ick vèr-träck/wäij vèr-träck-kèn*, Ich/wir reise(n) ab.)

Nach dieser Ankündigung wird man an der Rezeption Ihre Rechnung fertig machen. Sollte dies nicht der Fall sein, bitten Sie mit folgendem Satz darum:

✔ **Mag ik de rekening alstublieft?** (*mach ick dè ree-kè-ning all-ßtü-blieft*, Kann ich bitte die Rechnung haben?)

Nach zusätzlichen Leistungen fragen

Sollten Sie zusätzliche Serviceleistungen in Anspruch genommen haben, wird man Ihnen die auch berechnen. So möchten Sie vielleicht wissen, wie viel der Wäscheservice kostet oder Sie möchten an der Rezeption Bescheid geben, dass Sie etwas der Minibar entnommen haben. Hier erfahren Sie, wie man das macht:

✔ **Hoeveel is de wasservice?** (*hu-veel iss dè wass-ßörr-viss*, Wie viel kostet der Wäscheservice?)

✔ **Ik heb … uit de minibar genomen** (*ick häpp … èüjt dè mie-nie-barr chè-noo-mèn*, Ich habe … aus der Minibar genommen.)

Trennbare Verben im Perfekt und Imperfekt

Im Niederländischen kennt man viele Verben, die sich in zwei Teile zerlegen lassen. Sie beginnen oft mit einer Präposition, wie zum Beispiel **achter**-, **in**- oder **uit**-:

✔ **achterlaten** (*ach-tèr-laa-tèn*, zurücklassen)

✔ **invullen** (*inn-völl-lèn*, ausfüllen)

✔ **uitchecken** (*èüjt-tschäck-kèn*, auschecken)

Nicht alle Verben, die mit einer Präposition oder einem Präfix beginnen, sind auch trennbar. Denken Sie an **ontbijten** (*onnt-bäij-tèn*, frühstücken) oder **voorkómen** (*voor-koo-mèn*, verhindern), die nicht trennbar sind. Entscheidend ist dabei immer die Betonung innerhalb des Wortes. Nur wenn die Betonung auf dem ersten Verbteil, also dem Präfix beziehungsweise der Präposition liegt, ist das Verb trennbar. In Kapitel 3 finden Sie mehr zum Thema Präpositionen.

Denken Sie daran, dass trennbare Verben im Deutschen und im Niederländischen nicht in allen Zeitformen getrennt werden. Im Präsens ist das jedoch der Fall:

✔ **Ik laat mijn bagage achter.** (*ick laat mäijn ba-chaa-zschè ach-tèr*, Ich lasse mein Gepäck zurück.)

✔ **Ik vul het formulier in.** (*ick völl èt forr-mü-lier inn*, Ich fülle das Formular aus.)

✔ **Wij checken uit.** (*wäij tschäck-kèn èüjt*, Wir checken aus.)

Trennbare Verben werden im Perfekt nicht in zwei Teile zerlegt. Das Partizip, das Sie zur Bildung des Perfekts als Zeitform benötigen, besteht aus nur einem Wort. Folgendes Beispiel zeigt Ihnen, wie Sie das Partizip Perfekt der trennbaren Verben bilden:

✔ **achterlaten** wird zu **achtergelaten**

Ik heb de bagage achtergelaten. (*ick häpp dè ba-chaa-zschè ach-tèr-chè-laa-tèn,* Ich habe das Gepäck zurückgelassen.)

✔ **invullen** wird zu **ingevuld**

Ik heb het formulier ingevuld. (*ick häpp èt forr-mü-lier inn-chè-völlt,* Ich habe das Formular ausgefüllt.)

✔ **uitchecken** wird zu **uitgechekt**

Wij hebben uitgecheckt. (*wäij häbb-bèn èüjt-chè-tschäckt,* Wir haben ausgecheckt.)

Sie beginnen also mit der Präposition **achter-**, **in-**, **uit-**, der die Silbe **ge** folgt, die für das Partizip typisch ist. Nach **ge** kommt der Rest des Verbs. Das ist sozusagen der Unterschied zum »normalen« Partizip Perfekt, das immer mit **ge-** beginnt:

✔ **werken** wird zu **gewerkt**

Ik heb gewerkt. (*ick häpp chè-wärrkt,* Ich habe gearbeitet.)

✔ **studeren** wird zu **gestudeerd**

Ik heb gestudeerd. (*ick häpp chè-ßtü-deert,* Ich habe studiert.)

Trennbare Verben werden außer im Präsens auch noch im Imperfekt in zwei Teile zerlegt. Schauen Sie sich dazu diese Beispielsätze an:

✔ **Ik laat de bagage achter.** (*ick laat dè ba-chaa-zschè ach-tèr,* Ich lasse das Gepäck zurück.)

✔ **Ik liet de bagage achter.** (*ick liet dè ba-chaa-zschè ach-tèr,* Ich ließ das Gepäck zurück.)

✔ **Ik vul het formulier in.** (*ick völl èt forr-mü-lier inn,* Ich fülle das Formular aus.)

✔ **Ik vulde het formulier in.** (*ick völl-dè èt forr-mü-lier inn,* Ich füllte das Formular aus.)

✔ **Wij checken uit.** (*wäij tschäck-kèn èüjt,* Wir checken aus.)

✔ **Wij checkten uit.** (*wäij tschäck-tèn èüjt,* Wir checkten aus.)

Abreise

Wenn Sie das Zimmer morgens räumen müssen, aber erst später abreisen möchten, können Sie Ihr Gepäck ein paar Stunden im Hotel lassen. In den meisten Hotels geht das problemlos. Mit folgendem Satz fragen Sie danach:

✔ **Kan ik hier de bagage achterlaten tot … uur?** (*kann ick hier dè ba-chaa-zschè ach-tèr-laa-tèn tott … üür,* Kann ich das Gepäck bis … Uhr hierlassen?)

Wenn Sie später zurückkommen, um das Gepäck abzuholen, sagen Sie:

- ✔ **Mag ik alstublieft mijn bagage?** (*mach ick all-ßtü-blieft mäijn ba-chaa-zschè,* Kann ich bitte mein Gepäck haben?)
- ✔ **Mogen wij alstublieft onze bagage?** (*moo-chèn wäij all-ßtü-blieft onn-sè ba-chaa-zschè,* Können wir bitte unser Gepäck haben?)

Wenn Sie zum Flughafen oder zum Zug mit einem Taxi gebracht werden wollen, fragen Sie an der Rezeption:

- ✔ **Kunt alstublieft een taxi bellen?** (*könnt ü all-ßtü-blieft èn tack-kßie bäll-lèn,* Können Sie bitte ein Taxi rufen?)

Bevor man ein Taxi für Sie bestellt, wird man Sie fragen, wohin die Fahrt gehen soll. Daher sollten Sie die genaue Bezeichnung des Ziels parat haben, wenn die folgende Frage kommt:

- ✔ **Waar moet u naartoe?** (*waar mutt ü naar-tu,* Wo müssen Sie hin?)

Track 29: Im Gespräch

Cilla und Rob wollen abreisen. Sie gehen im Hotel De Meeuw zur Rezeption und checken aus.

Cilla: **Goedemorgen. Wij gaan vertrekken. Mag ik misschien de rekening?**

chu-dè-morr-chèn. Wäij chaan vèr-träck-kèn. Mach ick miss-ßchien dè ree-kè-ning?

Guten Morgen. Wir reisen ab. Kann ich vielleicht die Rechnung haben?

Rezeptionistin: **Natuurlijk, een ogenblikje alstublieft. Heeft u het naar uw zin gehad?**

na-tüür-lèk èn oo-chèn-blick-kjè all-ßtü-blieft. heeft ü èt naar üu sinn chè-hatt?

Natürlich, einen Moment bitte. Hat es Ihnen gefallen?

Cilla: **Jazeker. We waren erg blij met de fietsen vanwege het prachtige weer.**

jaa-see-kèr. wè waa-rèn ärrch bläij mätt dè fie-zèn vann-wee-chè èt prach-tè-chè weer

Ja, absolut. Wir waren sehr froh über die Fahrräder, wegen des schönen Wetters.

Rezeptionistin: **Ja, u heeft geluk gehad met het weer. Heeft u nog iets uit de minibar genomen?**

jaa ü heeft chè-löck chè-hatt mätt èt weer. heeft ü noch ietß èüjt dè mie-nie-barr chè-noo-mèn

Ja, Sie hatten Glück mit dem Wetter. Haben Sie noch etwas aus der Minibar genommen?

Cilla: **Nee, maar we hebben wel extra wijn genomen bij het eten.**

nee maar wè häbb-bèn wäll äck-ßtraa wäijn chè-noo-mèn bäij èt ee-tèn

Nein, aber wir haben noch Wein zum Essen bestellt.

Rezeptionistin: **Ja, dat heb ik doorgekregen van het restaurant. Alstublieft, hier is de rekening.**

jaa datt häpp ick door-chè-kree-chèn vann èt räss-too-rannt. all-ßtü-blieft hier iss dè ree-kè-ning

Ja, das hat das Restaurant schon weitergegeben. Bitte, hier ist die Rechnung.

Cilla: **Hoeveel is de huur van de fietsen?**

hu-veel iss dè hüür vann dè fie-zèn

Wie hoch ist die Gebühr für die Räder?

Rezeptionistin: **De fietsen waren inbegrepen.**

dè fie-zèn waa-rèn inn-bè-chree-pèn

Die Fahrräder waren schon im Preis inbegriffen.

Cilla: **Alstublieft.**

all-ßtü-blieft

Bitte.

Rezeptionistin: **Wilt u hier tekenen? Dank u en goede reis terug!**

willt ü hier tee-kè-nèn. dank ü änn èn chu-dè räijß tè-röch

Würden Sie bitte hier unterschreiben? Vielen Dank und gute Heimreise!

Cilla: **Tot ziens.**

tott sienß

Auf Wiedersehen.

Transport

In diesem Kapitel

- Auf dem Flughafen
- Unterwegs mit dem Auto
- Unterwegs mit dem Zug
- Unterwegs mit Bus, Straßenbahn, Metro oder Taxi

13

In diesem Kapitel werden Sie mit Bus und Bahn, Auto und Flugzeug reisen. Nachdem Sie es gelesen haben, werden Sie problemlos mit dem Personal am Flughafen, mit Bus- und Taxifahrern und mit Mitarbeitern von Mietwagenfirmen kommunizieren können.

Am Flughafen

Am Flughafen zu sein, bedeutet zunächst Schlange stehen. Das beginnt meistens schon beim Kauf oder Abholen der Tickets und geht dann so weiter bis Sie am Gate sind. Selbst wenn Sie ein eTicket haben, müssen Sie mit langen Schlangen beim Check-in und bei den Sicherheitskontrollen rechnen. Planen Sie daher immer genügend Zeit ein. Amsterdam Schiphol ist ein Großflughafen, das bedeutet, dass die Wege zwischen der Empfangshalle und den Gates sehr weit sein können.

Hier finden Sie die Redewendungen, mit denen Sie sich nach der Abflugzeit und nach der richtigen Schlange zum Anstellen erkundigen, ebenso wie die Frage, wie Sie zu Ihrem Gate kommen.

Die meisten Flughafenangestellten sprechen mehrere Sprachen, Englisch ist in jedem Fall dabei, Deutsch meistens auch. Wenn Sie nur kurz in den Niederlanden sind oder auf Niederländisch nicht mehr weiterwissen, können Sie auch Englisch sprechen.

Sie sind also auf dem Flughafen und haben **het ticket** (*hätt tick-kèt*, das Ticket) und vermutlich auch **het retourticket** (*hätt rè-tur-tick-kèt*, das Rückflugticket) für **de retourvlucht** (*dè rè-tur-vlöcht*, den Rückflug) erhalten. Wenn Sie einchecken, bekommen Sie Ihre **instapkaart** (*inn-ßtapp-kaart*, Bordkarte).

Das Ticket erhalten

Wenn das Ticket Ihnen nicht schon per Post zugestellt wurde oder Sie ein eTicket haben, werden Sie zunächst einmal zum Ticketschalter gehen und dort Ihre Reise-Unterlagen abholen. Wenn Sie den Schalter nicht finden, fragen Sie jemanden:

- ✔ **Waar is de ticketbalie?** (*waar iss dè tick-kèt-baa-lie*, Wo ist der Ticketschalter?)

Wenn Sie dort angekommen sind, können Sie eine dieser Redewendungen verwenden:

- ✔ **Ik kom mijn ticket ophalen.** (*ick komm mäijn tick-kèt opp-haa-lèn,* Ich möchte mein Ticket abholen.)

Wenn Sie Ihr Ticket erhalten haben, möchten Sie vielleicht wissen: **Hoe laat kan ik inchecken?** (*hu laat kann ick inn-tschäck-kèn,* Wie spät kann ich einchecken?) Sie könnten auch fragen: **Hoeveel mag ik meenemen?** (*hu-veel mach ick mee-nee-mèn,* Wie viel darf ich mitnehmen?) oder **Hoeveel kilo is toegestaan?** (*hu-veel kie-loo iss tu-chè-ßtaan,* Wie viele Kilo sind erlaubt?), um herauszufinden, wie viel Handgepäck Sie ins Flugzeug mitnehmen dürfen.

Beim Check-in

Beim Einchecken wird **het grondpersoneel** (*hätt chronnt-pärr-ßoo-neel,* das Bodenpersonal) Ihnen diese Fragen stellen:

- ✔ **Heeft u bagage?** (*heeft ü ba-chaa-zschè,* Haben Sie Gepäck?)
- ✔ **Wilt u uw bagage op de band zetten?** (*willt ü üu ba-chaa-zschè opp dè bannt sätt-tèn,* Würden Sie das Gepäck bitte auf Band stellen?)
- ✔ **Is dit uw handbagage?** (*iss ditt üu hannt-ba-chaa-zschè,* Ist das Ihr Handgepäck?)

Nach dem Wiegen Ihres Gepäcks wird man Ihnen vielleicht Folgendes sagen:

- ✔ **Uw overbagage is twee kilo.** (*üu oo-vèr-ba-chaa-zschè iss twee kie-loo,* Sie haben zwei Kilo Übergepäck.)
- ✔ **Uw overbagagetarief is 50 euro.** (*üu oo-vèr-ba-chaa-zschè taa-rief iss väijf-tèch öh-roo,* Ihr Übergepäck kostet 50 Euro.)

Beim Ausstellen Ihrer Bordkarte wird man Sie sicherlich fragen:

- ✔ **Wilt u bij het raam zitten of bij het gangpad?** (*willt ü bäij èt raam sitt-tèn off bäij èt chang-patt,* Möchten Sie am Fenster sitzen oder am Gang?)

Als Antwort auf diese Frage erwidern Sie einfach **bij het raam** (*bäij èt raam,* am Fenster) oder **bij het gangpad** (*bäij èt chang-patt,* am Gang).

Vielleicht wollen Sie Näheres zum Flug wissen und deshalb fragen:

- ✔ **Hoe lang duurt de vlucht?** (*hu lang düürt dè vlöcht,* Wie lange dauert der Flug?)
- ✔ **Wanneer vertrekt het vliegtuig?** (*wann-neer vèr-träckt èt vliech-tèüjch,* Wann startet das Flugzeug?)

Wenn Sie am Flughafen sind, um jemanden zu treffen, der mit einem anderen Flug kommt, fragen Sie:

- ✔ **Wanneer komt het vliegtuig uit Berlijn aan?** (*wann-neer kommt èt vliech-tèüjch èüjt bärr-läijn aan,* Wann kommt das Flugzeug aus Berlin an?)

Falls Sie unerwartet länger warten müssen, fragen Sie:

- ✔ **Heeft het vliegtuig vertraging?** (*heeft èt vliech-tèüjch vèr-traa-ching,* Hat das Flugzeug Verspätung?)

Track 30: Im Gespräch

Hans van der Jagt von Lease Consult muss geschäftlich nach Edinburgh fliegen. In Fughafenhalle geht er auf direktem Weg zum Schalter von KLM, um sein Ticket abzuholen.

Hans: **Goedemorgen, ik kom mijn ticket ophalen.**

chu-dè-morr-chèn ick komm mäijn tick-kèt opp-haa-lèn

Guten Morgen, ich komme, um mein Ticket abzuholen.

Mitarbeiter KLM: **Uw naam alstublieft.**

üu naam all-ßtü-blieft

Ihren Namen bitte.

Hans: **Van der Jagt.**

vann därr jacht

Van der Jagt.

Mitarbeiter KLM: **Alstublieft, meneer Van der Jagt, uw ticket naar Edinburgh, vlucht KL128. U kunt doorlopen naar de check-in balie.**

all-ßtü-blieft mè-neer vann därr jacht üu tick-kèt naar ädd-dinn-börch vlöcht kaah-äll honn-dèrt ach-tèn-twinn-tèch. ü könnt door-loo-pèn naar dè tschäck-inn-baa-lie

Bitte Herr Van der Jagt, Ihr Ticket nach Edinburgh, Flug KL128. Sie können damit zum Check-in-Schalter gehen.

Hans van der Jagt kommt zum Abflugschalter:

Bodenpersonal: **Goedemorgen, heeft u bagage?**

chu-dè-morr-chèn heeft ü ba-chaa-zschè

Guten Morgen, haben Sie Gepäck?

Hans: **Ik heb deze laptop als handbagage.**

ick häpp dee-sè läpp-topp allß hannt-ba-chaa-zschè

Ich habe diesen Laptop als Handgepäck.

Bodenpersonal: **Wilt u een plaats bij het raam of bij het gangpad?**

willt ü èn plaatß bäij èt raam off bäij èt chang-patt

Wollen Sie einen Fensterplatz oder einen Platz am Gang?

Hans:	**Bij het raam graag.**
	Bäij èt raam chraach.
	Am Fenster bitte.
Bodenpersonal:	**Hier is uw instapkaart. U heeft stoel B158, bij het raam.**
	hier iss üu inn-ßtapp-kaart. ü heeft ßtull beeh honn-dèrt-ach-tèn-väijf-tèch bäij èt raam
	Hier ist Ihre Bordkarte. Sie haben Platz B158, am Fenster.
Hans:	**Is de vlucht op tijd?**
	iss dè vlöcht opp täijt
	Ist das Flugzeug pünktlich?
Bodenpersonal:	**Ja, hij is op tijd. U vertrekt om 11:20 uur precies. U kunt nu meteen doorlopen naar gate 10. Goede reis.**
	jaa häij iss opp täijt. ü vèr-träckt omm tien voor hallf twaalf prè-ßieß. ü könnt nü mè-teen door-loo-pèn naar geet tien. chu-dè reiß
	Ja, es ist pünktlich. Sie fliegen genau um 11.20 Uhr. Sie können jetzt gleich durchgehen zu Flugsteig 10. Gute Reise.
Hans:	**Dank u.**
	dank ü
	Danke.

Durch die Passkontrolle gehen

Wenn Sie an Ihrem Zielflughafen angekommen sind, müssen Sie zunächst durch **de paspoortcontrole** (*dè pass-poort-konn-tro-lè*, die Passkontrolle). Es gibt dort zwei Reihen: eine für **EU-onderdanen** (*eeh-ü -onn-dèr-daa-nèn*, EU-Bürger) und eine für **niet-EU-onderdanen** (*niet-eeh-ü -onn-dèr-daa-nèn*, Nicht-EU-Bürger). Wenn Sie durch die Passkontrolle gegangen sind, bekommen Sie Ihr Gepäck und gehen zur **douane-afhandeling** (*du-waa-nè-aff-hann-dè-ling*, Zollkontrolle), wo man eventuell Ihr Gepäck überprüft.

An der Grenze

Wenn Sie mit dem Auto oder der Bahn in die Niederlande einreisen oder wieder ausreisen, werden Sie kaum merken, dass Sie die Grenze passiert haben. Im Gegensatz zum Flughafen gibt es hier nahezu keine Zoll- und Grenzkontrollen mehr. Im Zug gehen zwar noch Beamte mit einem Hund durch die Gänge, kontrolliert wird aber nur noch stichprobenartig oder bei einem begründeten Verdacht auf Verstoß gegen das Betäubungsmittelgesetz. Wenn Sie also die Grenze zwischen zwei Ländern der **Europese Unie** (*öh-roo-pee-ßè ü-nie*, Europäischen Union) passiert haben, werden Sie das vor allem an den Aufschriften der Verkehrsschilder merken.

Wenn Sie endlich an Ihrem Ziel angekommen sind, möchten Sie den Flughafen natürlich so schnell wie möglich verlassen. Diese Vokabeln können Ihnen helfen, wenn Sie durch **de pascontrole** (*dè pass-konn-tro-lè,* die Passkontrolle) gehen:

- ✔ **het paspoort** (*hätt pass-poort,* der Pass)
- ✔ **onderdaan van de Europese Unie** (*onn-dèr-daan vann dè öh-roo-pee-ßè ü-nie,* Bürger der Europäischen Union)
- ✔ **andere nationaliteiten** (*ann-dè-rè na-ßioo-naa-lie-täij-tèn,* andere Nationalitäten)

Sollten Sie nach dem Zweck Ihres Aufenthalts gefragt werden, können Sie mit einem der folgenden Sätze antworten:

- ✔ **Ik ben hier voor een vakantie.** (*ick bänn hier voor èn va-kann-zie,* Ich mache hier Urlaub.)
- ✔ **Ik ben hier voor zaken.** (*ick bänn hier voor saa-kèn,* Ich habe hier geschäftlich zu tun.)
- ✔ **Ik ben op doorreis naar Amerika.** (*ick bänn opp door-räijß naar a-mee-rie-kaa,* Ich bin auf der Durchreise nach Amerika.)

Durch den Zoll gehen

Nachdem Sie die Passkontrolle hinter sich gelassen haben, holen Sie Ihr Gepäck ab und gehen durch **de douane** (*dè du-waa-nè,* den Zoll), wo Sie eventuell Ihre Gepäckstücke zur Kontrolle öffnen müssen. Beim Zoll gibt es immer zwei Möglichkeiten: Entweder gehen Sie zum Schalter **Aangifte** (*aan-chiff-tè,* zu verzollende Waren), oder Sie nehmen den Durchgang **Niets aan te geven** (*nietß aan tè chee-vèn,* nichts zu verzollen).

Der Zollbeamte fragt Sie vielleicht:

- ✔ **Heeft u iets aan te geven?** (*heeft ü ietß aan tè chee-vèn,* Haben Sie etwas zu deklarieren?)

Ihre Antwort könnte sein:

- ✔ **Ik wil dit graag aangeven.** (*ick will ditt chraach aan-chee-vèn,* Ich möchte dies gern deklarieren.)

Der Zollbeamte kann Sie auffordern, Ihr Gepäck zu öffnen:

- ✔ **Wilt u deze koffer/deze tas openmaken?** (*willt ü dee-sè koff-fèr/dee-sè tass oo-pèn maa-kèn,* Würden Sie bitte diesen Koffer/ diese Tasche aufmachen?)

Wenn der Zollbeamte Sie fragt, was Sie mit den mitgebrachten Gegenständen vorhaben, können Sie sagen:

- ✔ **Het is voor persoonlijk gebruik.** (*hätt iss voor pèr-ßoon-lèk chè-brèüjk,* Das ist für den persönlichen Gebrauch.)
- ✔ **Het is een cadeautje.** (*hätt iss èn ka-doo-tjè,* Das ist ein Geschenk.)

Sollte der Zollbeamte etwas finden, dessen Einfuhr nicht gestattet ist, wird er sagen:

- ✔ **U mag dit niet invoeren.** (*ü mach ditt niet inn-vu-rèn,* Sie dürfen das nicht einführen.)

- **U mag dit niet uitvoeren.** (*ü mach ditt niet èüjt-vu-rèn,* Sie dürfen das nicht ausführen.)
- **U moet hiervoor invoerrechten betalen.** (*ü mutt hier-voor èüjt-vur-räch-tèn bè-taa-lèn,* Dafür müssen Sie eine Einfuhrsteuer bezahlen.)

Sie könnten daraufhin fragen:

- **Hoeveel moet ik betalen?** (*hu-veel mutt ick bè-taa-lèn,* Wie viel muss ich bezahlen?)

Wenn Sie die Gebühren bezahlt haben und alles erledigt ist, sagt der Beamte: **U mag doorlopen.** (*ü mach door-loo-pèn,* Sie können durchgehen.)

Unterwegs mit dem Auto

Die größten und wichtigsten Verbindungsstraßen in den Niederlanden sind **de snelwegen** (*dè ßnäll-wee-chèn,* die Autobahnen). Obwohl die niederländischen Autobahnen gut ausgebaut sind und über vier beziehungsweise sechs **rijbanen** (*räij-baa-nèn,* Fahrspuren) verfügen, werden Sie nicht ohne **files** (*fie-lèß,* Staus) unterwegs sein.

Garantiert mit Stau rechnen müssen Sie **in het spitsuur** (*inn èt ßpittß-üür,* in der Stoßzeit), die nach 9 Uhr morgens allmählich abklingt und nach 15 Uhr wieder zunimmt. Außerdem werden Sie immer **in de file staan** (*inn dè fie-lè ßtaan,* im Stau stehen), wenn etwas Unvorhergesehenes passiert: **een ongeluk** (*èn onn-chè-löck,* ein Unfall), **regen** (*ree-chèn,* Regen), **mist** (*misst,* Nebel) oder **sneeuw** (*ßnee-juh,* Schnee). **Wegwerkzaamheden** (*wäch-wärrk-saam-hee-dèn,* Straßenbaumaßnahmen), vor allem **onderhoud** (*onn-dèr-haut,* Reparaturen), finden grundsätzlich im Sommer nachts und an den Wochenenden statt. Auch dann ist es nicht sicher, ob Sie **doorrijden** (*door-räij-dèn,* durchfahren) können.

Einige wichtige Autobahnen in den Niederlanden sind:

- **de A1** (*dè aah-een*), die von Westen nach Osten verläuft, von Amsterdam über Enschede nach Deutschland.
- **de A2** (*dè aah-twee*), die von Norden nach Süden verläuft, von Amsterdam nach Maastricht.
- **de A4** (*dè aah-vier*), die von Amsterdam über Den Haag nach Rotterdam führt.

Wenn Sie mehr vom Land sehen wollen, sollten Sie die **Provinciale wegen** (*proo-vinn-ßiaa-lè wee-chèn,* regionale Verbindungsstraßen) benutzen, die alle N-Nummern tragen und zwei- oder vierspurig sind. Es ist nicht sinnvoll, diese Straßen zu wählen, um **verkeersopstoppingen** (*vèr-keerß-opp-ßtopp-ping-èn,* zu hohes Verkehrsaufkommen) zu vermeiden, denn es wird Sie genauso viel Zeit kosten. Sie möchten nicht im Stau stehen? Versuchen Sie außerhalb der Stoßzeiten zu fahren, also zwischen 9 und 15 Uhr.

Ein Auto mieten

Wenn Sie beschlossen haben, ein Auto in den Niederlanden zu mieten, müssen Sie sich zu **een autoverhuurbedrijf** (*èn oo-too-värr-hüür-bè-dräijf,* einer Mietwagenfirma) begeben. Hier ein paar nützliche Sätze, die Sie brauchen können:

✔ **Ik wil graag een auto huren.** (*ick will chraach èn oo-too hü-rèn,* Ich möchte gern ein Auto mieten.)

Der Mitarbeiter wird Sie fragen, was für einen Autotyp Sie mieten wollen:

✔ **Wat voor soort auto wilt u huren?** (*watt voor ßoort oo-too willt ü hü-rèn,* Was für einen Wagentyp möchten Sie mieten?)

Worauf Sie wie folgt antworten können:

✔ **een personenwagen** (*èn pèr-ßoo-nèn-waa-chèn,* einen PKW)

✔ **een busje** (*èn böss-schè,* einen Kleinbus)

✔ **een stationcar** (*èn ßtee-schèn-karr,* einen Kombi)

✔ **een automaat** (*èn oo-too-maat,* einen mit Automatik)

✔ **een diesel** (*èn die-ßèl,* einen Diesel)

Die Autos sind in Preisklassen unterteilt. Folgende Extras stehen zur Auswahl:

✔ **een kinderzitje** (*èn kinn-dèr-sitt-tjè,* ein Kindersitz)

✔ **een bagagerek** (*èn ba-chaa-zschè-räck,* ein Dachgepäckträger)

✔ **een navigatiesysteem** (*èn na-vie-chaa-zie-ßieß-teem,* ein Navigationssystem)

Folgende Fragen könnte man Ihnen auch stellen:

✔ **Voor hoe lang wilt u de auto huren?** (*voor hu lang willt ü dè oo-too hü-rèn,* Für wie lange wollen Sie das Auto mieten?)

✔ **Tot wanneer wilt u de auto huren?** (*tott wann-neer willt ü dè oo-too hü-rèn,* Bis wann wollen Sie das Auto mieten?)

✔ **Wanneer brengt u de auto terug?** (*wann-neer brängt ü dè oo-too tè-röch,* Wann bringen Sie den Wagen zurück?)

Und Sie könnten antworten:

✔ **Ik heb de auto op 30 december nodig.** (*ick häpp dè oo-too opp därr-tèch dee-ßämm-bèr noo-dèch,* Ich brauche das Auto am 30. Dezember.)

✔ **Ik wil graag een auto huren vanaf 30 december.** (*ick will chraach èn oo-too hü-rèn vann-aff därr-tèch dee-ßämm-bèr,* Ich würde gern ab dem 30. Dezember ein Auto mieten.)

✔ **Ik wil graag een auto huren tot 10 januari.** (*ick will chraach èn oo-too hü-rèn tott tien ja-nü-waa-rie,* Ich würde gern bis zum 10. Januar ein Auto mieten.)

✔ **Ik breng de auto terug op 10 januari.** (*ick bräng dè oo-too tè-röch opp tien ja-nü-waa-rie,* Ich bringe das Auto am 10. Januar zurück.)

Beim Besprechen der Einzelheiten könnte Folgendes eine Rolle spielen:

✔ **de verzekering** (*dè vèr-see-kè-ring,* die Versicherung)

✔ **een schadeverzekering** (*èn ßchaa-dè-vèr-see-kè-ring,* Vollkasko)

- **een verzekering tegen diefstal** (*èn vèr-see-kè-ring tee-chèn dief-ßtall,* eine Versicherung gegen Diebstahl)
- **een aansprakelijkheidsverzekering** (*èn aan-ßpraa-kè-lèk-häijtß-vèr-see-kè-ring,* eine Haftpflichtversicherung)
- **inclusief** (*inn-klü-ßief,* inklusive)
- **plaatselijke belastingen** (*plaa-zè-lè-kè bè-lass-ting-en,* örtliche Steuern)
- **het rijbewijs** (*hätt räij-bè-wäijß,* der Führerschein)
- **zonder kilometerbeperking** (*sonn-dèr kie-loo-mee-tèr-bè-pärr-king,* ohne Kilometerbeschränkung)

Im Gespräch

Marc Lambinet kommt gerade aus Brüssel und ist auf dem Flughafen Schiphol gelandet. Er geht auf direktem Wege zu einer Mietwagenagentur. Dort spricht er mit einem Mitarbeiter.

Marc: **Goedemorgen, ik wil een auto huren.**

chu-dè-morr-chèn ick will èn oo-too hü-rèn

Guten Morgen, ich möchte ein Auto mieten.

Mitarbeiter: **Wat voor type auto wilt u?**

watt voor tie-pè oo-too willt ü

Was für einen Wagentyp möchten Sie?

Marc: **Een personenwagen klasse F. Kan ik die in Brussel afleveren?**

èn pèr-ßoo-nèn-waa-chèn klass-ße äff. kann ick die inn bröss-ßèl aff-lee-vèr-èn

Einen PKW der Klasse F. Kann ich den in Brüssel abgeben?

Mitarbeiter: **Dat kan. Voor hoe lang wilt u de auto huren?**

datt kann. voor hu lang willt ü dè oo-too hü-rèn

Das geht. Für wie lange möchten Sie das Auto mieten?

Marc: **Voor twee dagen. Ik lever hem af op 2 januari.**

voor twee daa-chèn. ick lee-vèr hämm aff opp twee ja-nü-waa-rie

Für zwei Tage. Ich gebe ihn am 2. Januar ab.

Mitarbeiter: **We kunnen u een Mercedes C320-CDI meegeven. Dat is een erg sportieve wagen.**

wè könn-nèn ü èn märr-ßee-dèß ßeej drie-honn-dèrr-twinn-tèch ßeej-deej-ie mee-chee-vèn. datt iss èn ärrch ßporr-tie-vè waa-chèn

Wir können Ihnen einen Mercedes C320-CDI geben. Das ist ein sehr sportlicher Wagen.

Marc: **Wat is bij de prijs inbegrepen?**

watt iss bäij dè präijß inn-bè-chree-pèn

Was ist im Preis inbegriffen?

Mitarbeiter: **Belastingen, u heeft een schadeverzekering met een eigen risico van 750 Euro en het aantal kilometers is onbeperkt.**

bè-lass-ting-èn ü heeft èn ßchaa-dè-vèr-see-kè-ring mätt èn äij-chèn rie-sie-koo vann see-vèn-honn-dèrt-väijf-tèch öh-roo änn èt aan-tall kie-loo-mee-tèrß iss onn-bè-pärrkt

Steuern, Sie haben eine Vollkaskoversicherung mit 750 Euro Eigenbeteiligung und unbeschränkt freie Kilometer.

Het totaalbedrag komt op Euro 515,13. Heeft u een creditcard?

hätt too-taal-bè-drach kommt opp väijf-honn-dèrdt-väijf-tien öh-roo därr-tien. heeft ü èn krädd-ditt-karrt

Der Gesamtbetrag wäre 515,13 Euro. Haben Sie eine Kreditkarte?

Marc: **Ik reken toch af na afloop?**

ick ree-kèn toch aff naa aff-loop

Ich zahle doch erst bei Abgabe?

Mitarbeiter: **Wij schrijven de gemaakte kosten af van uw creditcard. Daarom willen wij graag uw creditcardgegevens.**

wäij ßchräij-vèn dè chè-maak-tè koss-tèn aff vann üu krädd-ditt-karrt. daa-romm will-lèn wäij chraach üu krädd-ditt-karrt-chè-chee-vènß.

Wir buchen den fälligen Betrag von Ihrer Kreditkarte ab. Deshalb möchten wir gern Ihre Daten.

Marc: **Heeft de auto een navigatiesysteem?**

heeft dè oo-too èn na-vie-chaa-zie-ßieß-teem

Hat das Auto ein Navigationssystem?

Mitarbeiter: **Ja, maar dat is dan Euro 10,- per dag extra.**

jaa maar datt iss dann tien öh-roo pärr dach äck-ßtraa

Ja, aber das macht dann zehn Euro extra pro Tag.

Marc: **Dat wil ik er graag bij. Ik ben niet bekend in Nederland.**

datt will ick ärr chraach bäij. ick bänn niet bè-kännt inn nee-dèr-lannt

Das möchte ich gern dazunehmen. Ich kenne mich nämlich in den Niederlanden nicht aus.

Mitarbeiter: **Doen we. Mag ik uw creditcard?**

dunn wè. mach ick üu krädd-ditt-karrt

Wird gemacht. Kann ich Ihre Kreditkarte haben?

Marc: **Natuurlijk. Ik zie dat de auto op 2 januari om 9.00 uur terug moet zijn. Dan sta ik in de file bij Brussel!**

na-tüür-lèk. ick sie datt dè oo-too opp twee ja-nü-waa-rie omm nee-chèn üür tè-röch mutt säijn. dann ßtaa ick inn dè fie-lè bäij bröss-ßèl

Natürlich. Ich sehe gerade, dass das Auto am 2. Januar um neun Uhr zurückgegeben werden muss. Dann stehe ich in Brüssel im Stau.

Mitarbeiter: **U kunt de auto op elk gewenst moment afleveren, ook 's nachts als u wilt.**

ü könnt dè oo-too opp ällk chè-wännßt moo-männt aff-lee-vè-rèn ook ßnachtß allß ü willt

Sie können das Auto zu jeder Zeit zurückgeben, auch nachts wenn Sie wollen.

Kleiner Wortschatz

Niederländisch	Aussprache	Deutsch
sportief	*ßporr-tief*	sportlich
het eigen risico	*hätt äij-chèn rie-sie-koo*	das eigene Risiko
onbeperkt	*onn-bè-pärrkt*	unbeschränkt
na afloop	*naa aff-loop*	nach Beendigung
de kosten	*dè koss-tèn*	die Kosten
natuurlijk	*na-tüür-lèk*	natürlich

Ausschilderungen und Straßenkarten verstehen

Auch wenn Sie ein Navigationssystem besitzen, sollten Sie Karten lesen können. Mit einer guten Karte wird schnell klar, wo man sich gerade befindet und wie man weiterkommt. Landkarten sind sehr anschaulich und auch ohne große Niederländischkenntnisse gut zu verstehen. Trotzdem sollten Sie folgende Begriffe kennen, die die unterschiedlichen Karten bezeichnen, falls Sie einmal eine brauchen und danach fragen wollen:

- **de wegenkaart** (*dè wee-chèn-kaart,* die Straßenkarte)
- **een stadsplattegrond** (*èn ßtattß-platt-tè-chronnt,* der Stadtplan)

Auf einer Straßenkarte finden Sie unter anderem Folgendes:

- ✔ **autosnelwegen** (*oo-too-ßnäll-wee-chèn*, Autobahnen), zum Beispiel **A1**
- ✔ **nationale hoofdwegen** (*na-ßio-naa-lè hooft-wee-chèn*, wichtige Autostraßen) zum Beispiel die **N31**
- ✔ **provinciale wegen** (*pro-vinn-ßiaa-lè wee-chèn*, regionale Verbindungsstraßen), zum Beispiel die **N266**
- ✔ **genummerde afritten** (*chè-nömm-mèr-dè aff-ritt-tèn*, nummerierte Ausfahrten), zum Beispiel Ausfahrt **23**
- ✔ **viaducten** (*vie-jaa-döck-tèn*, Überführungen)
- ✔ **tankstations met nachtservice** (*tännk-ßta-schonnß mätt nacht-ßörr-viss*, Tankstellen mit 24-Stunden-Service)

Wenn Sie zu Ihrem Vergnügen unterwegs sind und Sie die Niederlande mit dem Auto entdecken möchten, können Ihnen die kleinen Symbole auf der Karte helfen, **bezienswaardigheden** (*bè-sienß-waar-dèch-hee-dèn*, Sehenswürdigkeiten) wie **kastelen** (*kass-tee-lèn*, Schlösser) und **ruïnes** (*rü-wie-nèß*, Ruinen) zu finden. Wenn Sie lieber wandern, sollten Sie auf die Hinweise **duinen** (*dèüj-nèn*, Dünen), **heide** (*häij-dè*, Heide) und **bos** (*boss*, Wald) achten.

Für diejenigen, die geschäftlich unterwegs sind: **industrieterreinen** (*inn-döss-trie-tärr-räij-nèn*, Industriegebiete) sind ebenfalls eingezeichnet.

Nederland – Waterland

Auf Landkarten können Sie auch Symbole für **gemaal** (*chè-maal*, Pumpstation) und **sluis** (*ßlèüjß*, Schleuse) finden. Beide sind charakteristisch für die Niederlande und haben etwas mit den geografischen Gegebenheiten des Landes zu tun – dem ewigen Kampf gegen das Wasser. Der Name **de Lage Landen** (*dè laa-chè lann-dèn*, der niedere/flache Landstrich) bezeichnete ursprünglich den Westen des Landes. Große Teile dieser Gebiete standen unter Wasser. Vielleicht sind Sie mit dem Flugzeug auf dem Flughafen Schiphol in Amsterdam gelandet, dann waren Sie in einem Gebiet, das unter dem Meeresspiegel liegt. Früher gab es dort einen See; seitdem er trockengelegt ist, nennt man ihn **polder** (*poll-dèr*, Polder). **Het Cruquius Gemaal** (*krü-kie-jöss chè-maal*, die nach dem Ingenieur Cruquius benannte Pumpstation) musste damals drei Jahre lang Wasser aus dem **Haarlemmermeer** (*haar-lämm-mèr-meer*, Haarlemmer See) pumpen, um es trockenzulegen. Heute befindet sich an dieser Stelle der Flughafen Schiphol und die Pumpstation ist inzwischen ein technisches Denkmal. Jeder **polder** in den Niederlanden hat mittlerweile eine elektrische **gemaal**, um das neu entstandene Land dauerhaft trocken zu halten.

Segelboote und Jachten, die auf den **binnenwateren** (*binn-nèn-waa-tè-rèn*, Binnengewässern) unterwegs sind, müssen viele **sluizen** (*ßlèüj-sèn*, Schleusen) passieren, um die Höhenunterschiede von bis zu vier Metern auf den **ringvaarten** (*ring-vaar-tèn*, ringförmige Kanäle am Rand der Polder) und den Gewässern der unter dem Meeresspiegel liegenden Gebiete zu überwinden. Falls Sie einmal so einen Schleusvorgang beobachten können, sollten Sie sich die Zeit dafür nehmen, es lohnt sich.

Stadtpläne

Wenn Sie eine Stadt kennenlernen wollen, sollten Sie sich als Erstes einen Stadtplan kaufen. Auf einem Stadtplan sehen Sie nicht nur **straten** (*ßtraa-tèn*, Straßen) und **pleinen** (*pläij-nèn*, Plätze), sondern auch:

- **het stadhuis** (*hätt ßtatt-hèüjß*, das Rathaus)
- **het postkantoor** (*hätt posst-kann-toor*, das Postamt)
- **het politiebureau** (*hätt poo-lie-zie-bü-roo*, die Polizeiwache)

Anhand des Stadtplans sehen Sie, dass das **centrum** (*ßänn-trömm*, Zentrum) einer Stadt zu einer **voetgangerszone** (*vutt-chang-èrß-soo-nè*, Fußgängerzone) umgestaltet wurde. Wenn Sie das Zentrum besuchen wollen, sollten Sie vorher Ihr Auto auf einem **parkeerplaats** (*parr-keer-plaatß*, Parkplatz) oder in einer **parkeergarage** (*parr-keer-cha-raa-zschè*, Parkhaus) abstellen. Wenn Sie durch die kleinen Straßen schlendern, werden Sie den Charme des historischen Stadtkerns entdecken.

In kleineren Städten kann man meistens mit dem Auto bis ins Zentrum fahren. Überall stehen **parkeermeters** (*parr-keer-mee-tèrß*, Parkautomaten), vergessen Sie also nicht, dort **geld in te werpen** (*chällt inn tè wärr-pèn*, Geld einzuwerfen). Der **inworp per uur** (*inn-worrp pärr üür*, Gebühr/Einwurf pro Stunde) variiert zwischen 1 und 5 Euro **op werkdagen tot 18:00** (*opp wärrk-daa-chèn tott säss üür*, an Werktagen bis 18 Uhr) **met uitzondering van feestdagen** (*mätt èüjt-sonn-dè-ring vann feeßt-daa-chèn*, mit Ausnahme an Feiertagen).

Wenn Sie aus dem Parkhaus fahren, werden Sie ein Schild mit der Aufschrift **alle richtingen** (*all-lè rich-ting-èn*, alle Richtungen) sehen. Es wird Sie zum **rondweg** (*ronnt-wäch*, zum Ringweg/-straße) oder **ring** (*ring*, Stadtring) leiten: der Straße, die um das Stadtzentrum herum führt. Von dort gibt es Verbindungen zu den Hauptstraßen in alle Richtungen.

In großen Städten mit historischem Stadtkern sollten Sie beim Parken auf der Hut vor kleinen privaten Garagen sein, die selbst in den engsten Gassen verborgen sein können. Damit man Ihr Auto nicht kostenpflichtig abschleppt oder mit einer großen Parkkralle versieht, sollten Sie sich immer erst vergewissern, ob Sie kein kleines rot-weißes Schild mit der Aufschrift **uitrit vrijlaten** (*èüjt-ritt vräij-laa-tèn*, Ausfahrt frei halten) an Ihrem Parkplatz sehen.

Die Schilder

- **Verboden toegang** (*vèr-boo-dèn tu-chang*, Zugang verboten)

und

- **Verboden toegang voor onbevoegden.** (*vèr-boo-dèn tu-chang voor onn-bè-vuch-dèn*, Unbefugten ist der Zugang verboten.)

gelten für alle möglichen Bereiche; sie werden Ihnen oft begegnen.

Im Gespräch

Raymond van Dieren möchte zum Friseur gehen. Er versucht, einen Termin bei seinem Friseur in **de Pijp** (*dè päijp*, ein innerstädtischer Bezirk in Amsterdam, wörtlich »die Pfeife«) zu vereinbaren. Der Friseur ist nur ein paar Straßen vom bekannten Tagesmarkt **Albert Cuyp** (*all-bèrt kèüjp*) entfernt.

Raymond: **Hallo Ilse, ik wil graag morgenochtend geknipt worden.**

hall-loo ill-sè ick will chraach morr-chèn-noch-tènt chè-knippt worr-dèn

Hallo Ilse, ich hätte gern morgen früh die Haare geschnitten.

Ilse: **Morgenochtend heb ik nog één plekje over, om 11:00 u 's ochtends, is dat goed?**

morr-chèn-noch-tènt häpp ick noch èn pläck-kje oo-vèr omm ällf üür ßoch-tèntß iss datt chutt

Morgen Vormittag habe ich nur noch einen freien Termin, um elf Uhr, geht das?

Raymond: **Nou, ik moet om 12:30 bij een collega zijn in Amstelveen. Halen we dat?**

nau ick mutt omm hallf een bäij èn ko-lee-chaa säijn inn amm-ßtèl-veen. haa-lèn wè datt

Naja, ich muss um 12.30 Uhr bei einem Kollegen in Amstelveen sein. Schaffen wir das?

Ilse: **Dus dan kom je met de auto?**

döss dann komm jè mätt dè oo-too

Das heißt, du kommst mit dem Auto?

Raymond: **Ja, denk je dat ik een parkeerplaats vind?**

jaa dänk jè datt ick èn parr-keer-plaatß vinnt

Ja, meinst du, dass ich einen Parkplatz finde?

Ilse: **Op zaterdag is het altijd erg druk op de markt.**

opp saa-tèr-dach iss èt all-täijt ärrch dröck opp dè marrkt

Samstags ist es immer sehr voll auf dem Markt.

Raymond: **Oké, zaterdag kunnen we dus wel vergeten. Wat denk je van maandag 10:00 uur?**

oo-kee saa-tèr-dach könn-nèn wè döss wäll vèr-chee-tèn. watt dänk jè vann maan-dach tien üür

Okay, Samstag können wir also vergessen. Wie wäre es mit Montag, um zehn Uhr?

Ilse: **Je weet dat ik op maandag niet werk.**

jè weet datt ick opp maan-dach niet wärrk

Montags arbeite ich nicht, wie du weißt.

Raymond: **Ben je op dinsdag open?**

bänn jè opp dinnß-dach oo-pèn

Hast du am Dienstag geöffnet?

Ilse: **Ja, je kunt dan de eerste zijn, om 10:00 uur. Op dat tijdstip vind je ook wel een parkeerplaats langs de Amstel, vlakbij.**

jaa jè könnt dann dè eer-ßtè säijn omm tien üür. opp datt täijt-ßtipp vinnt jè ook wäll èn parr-keer-plaatß langß dè amm-ßtèl vlack-bäij

Ja, du kannst dann gleich um zehn Uhr der Erste sein. Um diese Zeit findest du auch noch einen Parkplatz an der Amstel, das ist nicht weit.

Raymond: **Afgesproken, dinsdag 10.00 uur.**

aff-chè-ßproo-kèn dinnß-dach tien üür

Gut, dann also Dienstag zehn Uhr.

Kleiner Wortschatz

Niederländisch	Aussprache	Deutsch
de markt	*dè marrkt*	der Markt
druk	*dröck*	voll, hektisch
werken	*wärr-kèn*	arbeiten
het tijdstip	*hätt täijt-ßtipp*	der Zeitpunkt

Straßenschilder

Sie werden die Straßenschilder in den Niederlanden richtig deuten können, die Symbole sind schließlich international festgelegt. Es ist also unwahrscheinlich, dass Sie mit überhöhter Geschwindigkeit verkehrt herum in eine Einbahnstraße fahren. Dennoch gibt es ein paar Schilder, die mit niederländischen Aufschriften versehen sind und die Ihnen zu verstehen geben, dass Sie umkehren müssen:

- **afgesloten** (*aff-chè-ßloo-tèn,* abgesperrt)
- **afgesloten voor** (*aff-chè-ßloo-tèn voor,* gesperrt für)
- **gesloten** (*chè-ßloo-tèn,* geschlossen/gesperrt)
- **doodlopende weg** (*doot-loo-pèn-dè wäch,* Sackgasse)
- **geen doorgaand verkeer** (*cheen door-chaant vèr-keer,* für den Durchgangsverkehr gesperrt)
- **doorgaand rijverkeer gestremd** (*door-chaant räij-vèr-keer chè-ßtrammt,* keine Durchfahrt)
- **eenrichtingsverkeer** (*een-rich-tingß-vèr-keer,* Einbahnstraße)

In **de bebouwde kom** (*dè bè-bau-dè komm*, geschlossene Ortschaft) beträgt die **maximumsnelheid** (*mack-kßie-mömm-ßnäll-häijt*, Höchstgeschwindigkeit) 50 Kilometer pro Stunde. Vor allem in kleinen Dörfern, durch die Sie kommen werden, wenn Sie auf den regionalen Verbindungsstraßen unterwegs sind, hat man **flitspalen** (*flittß-paa-lèn*, Radarfallen/Blitzer) aufgestellt.

Wenn man Sie wegen einer Geschwindigkeitsüberschreitung geblitzt hat, erhalten Sie nach sechs Wochen ein **acceptgiro** (*ack-ßäppt-chie-roo*, Überweisungsträger) mit dem Bußgeld. Sollten Sie **binnen de bebouwde kom** (*binn-nèn dè bè-bau-dè komm*, innerhalb geschlossener Ortschaften) 30 Kilometer pro Stunde zu schnell gefahren sein, wird man 170 Euro von Ihnen verlangen. Bei einer Geschwindigkeitsüberschreitung von 30 Kilometer pro Stunde auf der Autobahn sind es 160 Euro.

Wider das Gesetz

Wenn Sie beim **te snel rijden** (*tè ßnäll räij-dèn*, zu schnell fahren), **geen richting aangeven** (*cheen rich-ting aan-chee-vèn*, beim Fahrbahnwechsel nicht blinken) oder **verkeerd inhalen** (*vèr-keert inn-haa-lèn*, auf der falschen Spur überholen) erwischt werden, müssen Sie ein Bußgeld zahlen. Die Polizei wird Ihnen zunächst folgen, Sie dann überholen und mit einem Leuchtschild auffordern: **Stop, politie** (*ßtopp poo-lie-zie*, Stopp, Polizei). Die Beamten werden Ihnen freundlich, aber bestimmt mitteilen, was Sie falsch gemacht haben, und selbst wenn Sie sich dafür entschuldigen, das betreffende Verkehrsschild übersehen zu haben, wird Sie das Ganze mindestens 100 Euro kosten.

Auf der Autobahn

Wenn Sie auf den Verbindungsstraßen unterwegs sind und zur Autobahn kommen, könnten Sie das Schild **Ga terug** (*chaa tè-röch*, Geh zurück!) sehen. Es steht immer am Ende einer Ausfahrt von der Autobahn, um zu vermeiden, dass jemand aus Versehen die Ausfahrt als Auffahrt benutzt. **Spookrijders** (*spook-räij-ders*, Geisterfahrer) würden auf der Autobahn unvorbereitet auf **tegenliggers** (*tee-chèn-li-chers*, Gegenverkehr) stoßen.

Wenn man öfter auf der Autobahn fährt, ist man immer überrascht, wenn auf den Leuchttafeln über der Fahrbahn **A1 filevrij** (*aah-een fie-lè-vräij*, Autobahn A1 staufrei) zu lesen ist. Wahrscheinlicher ist es aber, **A1 tot knooppunt Hoevelaken 8 kilometer file** (*aah-een tott knoop-pönnt hu-vè-laa-kèn acht kie-loo-mee-tèr fie-lè*, A1 bis Dreieck Hoevelaken 8 Kilometer Stau) zu lesen.

Wenn Sie sich in **een opstopping** (*èn opp-ßtopp-ping*, großes Verkehrsaufkommen) befinden und Sie **van richting veranderen** (*vann rich-ting vèr-ann-dè-rèn*, die Fahrbahn wechseln) wollen, sollten Sie rechtzeitig **invoegen** (*inn-vu-chèn*, sich einordnen), auch wenn alle anderen **langzaam rijden** (*lang-saam räij-dèn*, langsam fahren). Hoffentlich bleibt Ihnen **een omleiding** (*èn omm-läij-ding*, eine Umleitung) erspart. Sollte es trotzdem dazu kommen, hilft Ihnen das Schild **volg route nummer 1** (*vollch ru-tè nömm-mèr een*), was bedeutet: Folgen Sie der Route Nummer 1. Hat schlechtes Wetter Sie überrascht? Bei **hagel** (*haa-chèl*, Hagel) gilt: **Lichten ontsteken!** (*lich-tèn onnt-ßtee-kèn*, Scheinwerfer an!) und vorsichtig fahren wegen der **slipgevaar** (*ßlipp-chè-vaar*, Rutschgefahr).

Track 31: Im Gespräch

Raymond van Dieren unterhält sich mit seiner Frau Renate. Er hatte heute einen anstrengenden Tag.

Renate: **Hoe was je dag vandaag?**

hu wass jè dach vann-daach

Wie war dein Tag heute?

Raymond: **Een ramp.**

èn rammp

Eine Katastrophe.

Renate: **Hoezo dat?**

hu-soo datt

Wieso denn?

Raymond: **Het verkeer was erger dan ooit. Ik moest om 11.00 uur in Amersfoort zijn maar bij knooppunt Diemen zat ik al vast.**

hätt vèr-keer wass ärr-chèr dann ooijt. ick musst omm ällf üür inn aa-mèrß-foort säijn maar bäij knoop-pönnt die-mèn satt ick all vasst

Der Verkehr war schlimmer denn je. Ich sollte um elf Uhr in Amersfoort sein, aber beim Dreieck Diemen steckte ich schon fest.

Renate: **Zo vroeg al. Wat was er aan de hand?**

so vruch all. watt wass ärr aan dè hannt

So früh schon. Was war denn los?

Raymond: **Er was een omleiding want er zat een vrachtwagen vast onder een viaduct. Je kon alleen maar heel langzaam rijden.**

ärr wass èn omm-läij-ding wannt ärr satt èn vracht-waa-chèn vasst onn-dèr èn vie-jaa-döckt. jè konn all-leen maar heel lang-saam räij-dèn

Es gab eine Umleitung, weil ein Lastwagen unter einer Überführung steckengeblieben war. Man konnte nur ganz langsam fahren.

Renate: **Kon je niet met de trein naar Amersfoort?**

konn jè niet mätt dè träijn naar aa-mèrß-foort

Konntest du nicht mit dem Zug nach Amersfoort?

Raymond: **Ik wist niet dat dit zou gebeuren. Op de terugweg had ik gelukkig geen problemen.**

ick wisst niet datt ditt sau chè-böh-rèn. opp dè tè-röch-wäch hatt ick chè-löck-kèch cheen proo-blee-mèn

Ich wusste nicht, dass so etwas passieren würde. Zum Glück hatte ich auf dem Rückweg keine Probleme.

Renate: **Hebben jullie wel eens aan een teleconferentie gedacht?**

häbb-bèn jöll-lie wäll ènß aan èn tee-lè-konn-fè-ränn-zie chè-dacht

Habt ihr schon mal an eine Telefonkonferenz gedacht?

Raymond: **Daar hebben we het wel eens over gehad, maar nu moeten we er maar eens werk van maken…**

daar häbb-bèn wè èt wäll ènß oo-vèr chè-hatt maar nü mu-tèn wè ärr maar ènß wärrk vann maa-kèn

Darüber haben wir schon mal gesprochen, aber jetzt muss endlich mal etwas geschehen …

Kleiner Wortschatz

Niederländisch	Aussprache	Deutsch
de ramp	*dè rammp*	die Katastrophe
vroeg	*vruch*	früh
de vrachtwagen	*dè vracht-waa-chèn*	der Lkw
het viaduct	*hätt vie-jaa-döckt*	die Überführung
de problemen	*dè proo-blee-mèn*	die Probleme

Verben in der Vergangenheitsform: Beispiele für unregelmäßige Verbformen

Die Niederländer benutzen die Vergangenheitsform ebenso selten und in den gleichen Gesprächssituationen wie die Deutschen. Das heißt, man setzt das Imperfekt ein, um etwas zu beschreiben, über Gewohnheiten zu sprechen oder eine Aufeinanderfolge von Ereignissen und Fakten zu benennen.

Raymonds Geschichte über seine Fahrt nach Amersfoort ist so eine Aufzählung von Ereignissen und deshalb erzählt er das vorwiegend in der Vergangenheitsform: **was**, **moest**, **zat**, **kon**, **wist** und **had.** Dabei verwendet er einige unregelmäßige Verben. Im Niederländischen gibt es mehrere, bei denen einem nichts anderes übrig bleibt, als sie auswendig zu lernen. Sie werden daher als Erstes die Verben lernen, die am häufigsten benutzt werden, einfach weil Sie sie in der Sprachpraxis so oft hören.

Zunächst zum Imperfekt der regelmäßigen Verben. Dafür brauchen Sie die Ich-Form beziehungsweise den Wortstamm, dem Sie für die Singularformen ein -**de** oder -**te** hinzufügen:

- **Stamm + de/te**

Die meisten Verben erhalten ein -**de.** Verben, deren Stamm jedoch auf die Konsonanten **t, k, f, s, ch** oder **p** endet, wird ein -**te** hinzugefügt. Schauen Sie sich folgende Beispiele an:

Verb	Stamm	Imperfekt	Bedeutung
wonen	woon	woon**de**	wohnen
bloeden	bloed	bloed**de**	bluten
gooien	gooi	gooi**de**	werfen
zeilen	zeil	zeil**de**	segeln
klagen	klaag	klaag**de**	klagen
praten	praat	praat**te**	sprechen
hakken	hak	hak**te**	hacken
blaffen	blaf	blaf**te**	bellen
eisen	eis	eis**te**	fordern
lachen	lach	lach**te**	lachen
stappen	stap	stap**te**	steigen

Um sich die Endkonsonanten besser merken zu können, hat man sich das Wort **'T KoFSCHiP** als Eselsbrücke ausgedacht. Sollten Sie dieses Wort zu schwierig finden, können Sie sich auch **PaKeTSCHIFF** merken, es erfüllt denselben Zweck.

Unregelmäßige Verben folgen diesem Schema nicht, daher gibt es auch keine andere Möglichkeit, als sie auswendig zu lernen. Hier ein paar häufig verwendete Verben im Imperfekt:

zijn (sein)

Konjugation	Aussprache
ik was	*ick wass*
jij was	*jäij wass*
u was	*ü was*
hij/zij/het was	*häij/säij/hätt wass*
wij waren	*wäij waa-rèn*
jullie waren	*jöll-lie waa-rèn*
zij waren	*säij waa-rèn*

moeten (müssen)

Konjugation	Aussprache
ik moest	*ick musst*
jij moest	*jäij musst*
u moest	*ü must*
hij/zij/het moest	*häij/säij/hätt musst*
wij moesten	*wäij muss-tèn*
jullie moesten	*jöll-lie muss-tèn*
zij moesten	*säij muss-tèn*

zitten (sitzen)

Konjugation	Aussprache
ik zat	*ick satt*
jij zat	*jäij satt*
u zat	*ü satt*
hij/zij/het zat	*häij/säij/hätt satt*
wij zaten	*wäij saa-tèn*
jullie zaten	*jöll-lie saa-tèn*
zij zaten	*säij saa-tèn*

kunnen (können)

Konjugation	Aussprache
ik kon	*ick konn*
jij kon	*jäij konn*
u kon	*ü konn*
hij/zij/het kon	*häij/säij/hätt konn*
wij konden	*wäij konn-dèn*
jullie konden	*jöll-lie konn-dèn*
zij konden	*säij konn-dèn*

weten (wissen)

Konjugation	Aussprache
ik wist	*ick wisst*
jij wist	*jäij wisst*
u wist	*ü wisst*
hij wist	*häij/säij/hätt wisst*
wij wisten	*wäij wiss-tèn*
jullie wisten	*jöll-lie wiss-tèn*
zij wisten	*säij wiss-tèn*

hebben (haben)

Konjugation	Aussprache
ik had	*ick hatt*
jij had	*jäij hatt*
u had	*ü hatt*
hij had	*häij/säij/hätt hatt*
wij hadden	*wäij hadd-dèn*
jullie hadden	*jöll-lie hadd-dèn*
zij hadden	*säij hadd-dèn*

Zur Arbeit kommen

Etwa 60 Prozent der Niederländer fahren **met de auto** (*mätt dè oo-too*, mit dem Auto) zur Arbeit, 10 Prozent **neemt de train** (*neemt dè träijn*, nehmen den Zug) oder ein anderes Verkehrsmittel des **openbaar vervoer** (*oo-pèn-baar vèr-vur*, öffentlichen Verkehrs), 25 Prozent **gaat op de fiets** (*chaat opp dè fietß*, mit dem Rad fahren) und nur 5 Prozent gehen zu Fuß. Die **fietsers** (*fiet-zèrß*, Radfahrer) kommen am schnellsten an: Sie benötigen durchschnittlich nur 15 Minuten. **Fietsen** (*fiet-zèn*, Fahrrad fahren) ist vor allem in den Städten und an Orten mit kurzen Entfernungen beliebt. In den Städten ziehen oft Kolonnen von Radfahrern an den wartenden Autofahrern vorbei.

Wer sich in den Niederlanden in den öffentlichen Verkehr begibt, könnte leicht den Eindruck gewinnen, dass Fahrradfahrer selbstmörderische Neigungen haben. Obwohl sie gegenüber anderen Fahrzeugen recht ungeschützt sind, würden sie keinem Auto freiwillig Vorfahrt gewähren, schon aus Prinzip nicht. Radfahrer müssen einen Richtungswechsel mit ausgestreckter rechter oder linker Hand angeben, das sieht man jedoch nur bei älteren Leuten. Das Ignorieren von Ampeln ist ebenfalls allgemein üblich.

In größeren Städten müssen Autofahrer ihre Augen überall haben, besonders beim Aussteigen. Seien Sie auf der Hut, wenn Sie durch enge Straßen fahren, Radfahrer können rechts und links an Ihnen vorbeifahren. Schauen Sie besonders sorgfältig nach hinten, wenn Sie rechts abbiegen wollen: Radfahrer können mit Tempo 20 und mehr angerast kommen und Sie könnten einen Radfahrer leicht im Rückspiegel übersehen.

Racefietsers (*reeß-fiet-zèrß*, Radsportler) bevorzugen **fietspaden** (*fietß-paa-dèn*, Radwege) entlang der regionalen Verbindungsstraßen. An Sommerabenden und an Wochenenden sind oft ganze Trupps unterwegs. Das Schild **Fietsers oversteken** (*fiet-zèrß oo-vèr-ßtee-kèn*, Radfahrer hier Seite wechseln) zeigt Radfahrern an, dass sie die Straße überqueren müssen, da **het fietspad** auf der anderen Seite der Straße weitergeht. Autofahrer sollten hier besonders aufmerksam sein.

Mopeds und Scooter

Jugendliche fahren mit 16 Jahren, vor allem bei längeren Strecken, mit **bromfietsen** (*bromm-fiet-zèn*, Mopeds) und **scooters** (*ßku-tèrß*, Scooter haben etwas mehr PS als Mopeds). In den Städten fahren **fietsers** und **bromfietsers** manchmal auf der Straße, manchmal aber auch **op het fietspad**. **Brommers** (*bromm-mèrß*, das ist üblicherweise die Bezeichnung für alle Zweiradtypen) ist es deshalb manchmal gestattet, auf dem **fietspad** zu fahren.

Moped fahren kann ziemlich riskant sein: Jedes Jahr sterben 75 Menschen durch Unfälle und 2.000 werden ernsthaft verletzt. Mopedfahrer sind verpflichtet, einen Helm zu tragen. Für Radfahrer besteht keine Helmpflicht. **Racefietsers** und **mountainbikers** (*maun-tèn-bei-kèrß*) tragen jedoch oft einen Helm. Bei einem Unfall kann ein Helm das Leben retten.

Ein Rad von der Firma hält fit

Arbeitsausfälle wegen Krankheit sind für jeden Arbeitgeber unangenehm. In den Niederlanden müssen Arbeitgeber im Krankheitsfall ihren Angestellten bis zu zwei Jahre die Bezüge weiterzahlen. Deshalb ist **de baas** (*dè baaß*, der Chef) sehr daran interessiert, dass seine Mitarbeiter gesund bleiben und sich mit **een lunchwandeling** (een *lönnsch-wann-dè-ling*, Mittagsspaziergang) fit halten. Große Firmen bieten ihren Mitarbeitern auch eine **stoelmassage** (*ßtull-mass-ßaa-zschè*, eine Massage am Arbeitsplatz) oder einen Zuschuss für den **fitnessclub** (*fitt-nèß-klöbb*, Fitnessclub) an. Die gesetzlichen Bestimmungen erlauben Arbeitgebern auch, ihren Angestellten alle drei Jahre **een bedrijfsfiets** (*èn bè-dräijfß-fietß*, ein Firmenrad) steuerfrei im Wert von 750 Euro zur Verfügung zu stellen. Man kann sogar ein **bedrijfsfiets** leasen.

Track 32: Im Gespräch

Marcel Westendorp von Biz Accounts hat um 9 Uhr eine Besprechung mit seiner Kollegin Petra Harskamp, die in der Buchhaltung arbeitet. Marcel kommt wie immer zu spät.

Marcel: **Hallo Petra, heb je op mij gewacht?**

hall-loo pee-traa häpp jè opp mäij chè-wacht

Hallo Petra, hast du auf mich gewartet?

Petra: **Ik ben gewoon begonnen, maar je weet dat ik een paar dingen met je moet bespreken.**

ick bänn chè-woon bè-chonn-nèn maar jè weet datt ick èn paar ding-èn mätt jè mutt bè-ßpree-kèn

Ich habe schon mal angefangen, aber wie du weißt, muss ich ein paar Dinge mit dir besprechen.

Marcel: **Sorry, ik stond in de file.**

ßorr-rie ick ßtonnt inn dè fie-lè

Entschuldigung, ich stand im Stau.

Petra: **Je staat elke ochtend in de file. Waarom neem je de metro niet?**

jè ßtaat äll-kè och-tènt inn dè fie-lè. waa-romm neem jè dè mee-troo niet

Du stehst jeden Morgen im Stau. Warum kommst du nicht mit der U-Bahn?

Marcel: **Dan moet ik een kwartier lopen.**

dann mutt ick èn kwarr-tier loo-pèn

Dann muss ich eine Viertelstunde laufen.

Petra: **Dat is niet verkeerd. Er moeten meer redenen zijn waarom je altijd de auto neemt.**

datt iss niet vèr-keert. ärr mu-tèn meer ree-dè-nèn säijn waa-romm jè all-täijt dè oo-too neemt

Das ist doch nicht schlimm. Es muss noch andere Gründe geben, weshalb du immer mit dem Auto kommst.

Marcel: **Zoals je weet moet ik vaak klanten bezoeken en dan heb ik een auto nodig.**

soo-allß jè weet mutt ick vaak klann-tèn bè-su-kèn änn dann häpp ick èn oo-too noo-dèch

Wie du weißt, muss ich oft Kunden besuchen und dann brauche ich das Auto.

Petra: **Die bezoeken kan je wat beter plannen en op de andere dagen kom je dan met het openbaar vervoer.**

die bè-su-kèn kann jè watt bee-tèr plänn-nèn änn opp dè ann-dè-rè daa-chèn komm jè dann mätt èt oo-pèn-baar vèr-vur

Die Besuche kannst du etwas besser planen und an den anderen Tagen mit den öffentlichen Verkehrsmitteln kommen.

Marcel: **Je hebt gelijk, ik heb genoeg van de A10. Ik wou dat ik net zoals jij fietsen kon naar mijn werk!**

jè häppt chè-läijk ick häpp chè-nuch vann dè aah-tien. ick wau datt ick nätt so-allß jäij fiet-zèn konn naar mäijn wärrk

Du hast recht, ich habe die Nase voll von der A10. Ich wünschte, ich könnte so wie du mit dem Rad zur Arbeit fahren.

Petra: **Ja en als het regent, kom ik met de bus.**

jaa änn allß èt ree-chènt komm ick mätt dè böss

Ja, und wenn es regnet, komme ich mit dem Bus.

Kleiner Wortschatz

Niederländisch	Aussprache	Deutsch
bespreken	*bè-ßpree-kèn*	besprechen
de metro	*dè mee-troo*	die U-Bahn
bezoeken	*bè-su-kèn*	besuchen
de klant	*dè klannt*	der Kunde
de bus	*dè böss*	der Bus
genoeg hebben van ...	*chè-nuch häbb-bèn vann*	die Nase voll haben von ...

Am Bahnhof

Mit dem Zug zu reisen kann sehr komfortabel sein. Wären da nicht die Betriebsstörungen und -ausfälle, Herbstlaub auf den Schienen und der erste Schnee, die allesamt Verspätungen von mehreren Stunden verursachen können. **De Intercities** (*dè inn-tèr-ßitt-tieß,* Intercity-Züge) eignen sich besonders für lange Strecken, sie sind schnell und modern. **De sneltrein** (*dè ßnäll-träijn,* EC-Zug) hält öfter und ist deshalb weniger schnell und komfortabel. Wie der Name schon sagt, hält **de stoptrein** (*dè ßtopp-träijn,* die Regionalbahn) an vielen Bahnhöfen, auch den kleineren. Nachts kommt man mit **de nachtnettrein** (*dè nacht-nätt-träijn,* dem

Nachtverkehr) in die großen Städte der Randstad ebenso wie zum Flughafen Schiphol. Internationale Züge halten an den großen Bahnhöfen des Landes.

Fahrkarten kaufen

Wenn Sie eine Fahrkarte für eine Zugfahrt innerhalb des Landes kaufen wollen, können Sie das am Bahnhof erledigen. Dennoch kann ein Blick vorab auf die Website der **Nederlandse Spoorwegen** (*nee-dèr-lann-zè ßpoor-wee-chèn*, Niederländische Bahn), abgekürzt **de NS** (*dè änn-äss*), viel Zeit sparen.

Nur die großen Bahnhöfe unterhalten noch täglich geöffnete Schalter mit Personal für den Fahrkartenverkauf und für Reiseinformationen. Auf den kleineren Bahnhöfen der Niederlande werden Sie vergeblich nach jemandem suchen, die Ihnen eine Fahrkarte verkauft. Dafür gibt es überall Fahrkartenautomaten. Wenn Sie nicht genau wissen, welche Zugverbindung die richtige für Sie ist und Sie noch nie solch einen Automaten bedient haben, sollten Sie Ihre Reise lieber in aller Ruhe zu Hause am Computer vorbereiten.

Angenommen, Sie wissen schon, welchen Zug Sie nehmen müssen, und Sie stehen bereits vor dem Fahrkartenautomaten, dann sollten Sie diese Redewendungen kennen:

✔ **een enkeltje naar Zutphen** (*èn äng-kèl-tjè naar sött-fèn,* eine einfache Fahrt nach Zutphen)

✔ **een retourtje Leiden** (*èn rè-tur-tjè läij-dèn*, eine Hin- und Rückfahrkarte nach Leiden)

Sie müssen keine zusätzlichen Angaben machen, wenn Sie zweiter Klasse reisen möchten. Der Automat wird Ihnen automatisch eine Fahrkarte zweiter Klasse ausstellen. Sollten Sie jedoch Wert auf mehr Komfort und Ruhe legen, können Sie einen Fahrschein erster Klasse lösen, indem Sie bei der Auswahl hinzufügen:

✔ **eerste klas** (*eer-ßtè klass*, erste Klasse)

De NS hat verschiedene Angebote und Ermäßigungen. Sollten Sie öfter mit der Bahn unterwegs sein, könnte solch ein Angebot für Sie interessant sein. Da viele Niederländer zu ermäßigten Preisen reisen, könnte es sein, dass man Sie bei der Bestellung Ihrer Fahrkarte fragt:

✔ **Heeft u een kortingkaart?** (*heeft ü èn korr-tingß-kaart*, Haben Sie einen Ermäßigungsausweis/eine Bahncard?)

✔ **Met korting of de volle prijs?** (*mätt korr-ting off dè voll-lè präijß,* Ermäßigt oder voller Preis?)

Ihre Antwort könnte lauten:

✔ **zonder korting** (*sonn-dèr korr-ting*, ohne Ermäßigung)

✔ **met korting** (*mätt korr-ting*, mit Ermäßigung)

✔ **Ik heb een kortingkaart.** (*ick häpp èn korr-tingß-kaart*, Ich habe einen Ermäßigungsausweis/eine Bahncard.)

Manche Leute, die ihren Fahrschein zum Normaltarif lösen oder eine etwas kompliziertere Reise unternehmen wollen, kaufen ihre Fahrkarten einige Tage vor der Abreise. Deshalb könnte es sein, dass man am Schalter von Ihnen wissen möchte:

- ✔ **Reist u vandaag?** (*reißt ü vann-daach*, Fahren Sie heute?)
- ✔ **Wanneer reist u?** (*wann-neer reißt ü*, Wann fahren Sie?)

Wenn Sie wissen möchten, wie viel die Fahrkarte kosten wird, fragen Sie:

- ✔ **Hoeveel kost een enkeltje naar Almere?** (*hu-veel kosst èn äng-kèl-tjè naar all-mee-rè*, Wie viel kostet eine einfache Fahrt nach Almere?)

Die Fahrkartenautomaten

Die niederländische Bahn hat auf Bahnhöfen, an denen es keine Schalter mehr gibt, Fahrkartenautomaten aufgestellt. Hier kann man mit Karte oder mit Bargeld zahlen. Die neueren Modelle verfügen über einen Bildschirm, auf dem Sie durch Berühren der Oberfläche bei der Wahl der Fahrkarte weitergeleitet werden. Bei diesen Automaten kann der Kunde auch die gewünschte Sprache wählen: Niederländisch, Deutsch, Englisch oder Französisch stehen zur Verfügung.

Sollten Sie Probleme beim Kauf eines Fahrscheins am Automaten haben, können Sie andere Reisende um Hilfe bitten. Sie können sich aber auch in Ruhe von zu Hause aus mit dem Fahrscheinautomaten vertraut machen. Schauen Sie sich dazu die Website der niederländischen Bahn an unter `www.ns.nl`. Die **NS website** (Nederlandse Spoorwegen-Website) bietet außerdem einen nützlichen Fahrtenplaner: Man gibt einfach den Start- und Zielbahnhof sowie die gewünschte Reisezeit ein und erhält dann alle relevanten Zugverbindungen.

Seien Sie immer rechtzeitig am Bahnhof und planen Sie genügend Zeit für den Fahrkartenkauf ein. Am Fahrkartenschalter kann es zu Wartezeiten kommen und wenn der geschlossen ist, steht meistens eine lange Schlange vor den Automaten. Ohne gültigen Fahrschein dürfen Sie nicht einsteigen und es ist auch nicht möglich, im Zug nachzulösen. Der Kontrolleur wird von Ihnen ein Bußgeld von 65 Euro verlangen, egal warum Sie keine Fahrkarte haben. Bei Fahrten von einer Stunde und länger wird man übrigens mehrmals kontrolliert.

Internationale Züge und Zuschläge

Für die Benutzung internationaler Züge können Sie Informationen an den großen Bahnhöfen oder aber über das Internet einholen. Am Bahnhof wird die gedruckte Version des Fahrplans **het spoorboekje** (*hätt ßpoor-buck-kje*) verkauft. Darin finden Sie zunächst eine Übersichtskarte mit allen Bahnverbindungen in den Niederlanden und im Anhang eine Karte mit den Transportmöglichkeiten nach Verlassen des Bahnhofs.

Vielleicht müssen Sie für Ihren Zug **een toeslag** (*èn tu-ßlach*, einen Zuschlag), der für internationale Züge erhoben wird, bezahlen. In diesem Fall steht das Wort **toeslag** bei den Symbolen neben der **aankomsttijd** (*aan-kommßt-täijt*, Ankunftszeit) und **vertrektijd** (*vèr-träck-täijt*,

Abfahrtszeit) der Züge. Wenn Sie sich nach einem möglichen Zuschlag erkundigen möchten, fragen Sie:

- ✔ **Moet ik toeslag betalen voor de trein naar Keulen?** (*mutt ick tu-ßlach bè-taa-lèn voor dè träijn naar köh-lèn*, Muss ich einen Zuschlag für den Zug nach Köln bezahlen?)

Die Mitarbeiter der Fahrgastinformation könnten antworten:

- ✔ **Ja, u moet toeslag betalen.** (*jaa ü mutt tu-ßlach bè-taa-lèn*, Ja, Sie müssen einen Zuschlag zahlen.)
- ✔ **Nee, u hoeft geen toeslag te betalen.** (*nee ü hufft cheen tu-ßlach tè bè-taa-lèn*, Nein, Sie brauchen keinen Zuschlag zu zahlen.)

Track 33: Im Gespräch

Marcel befindet sich auf dem Bahnhof Amsterdam Centraal Station und möchte Fahrkarten für eine etwas umständliche Reise kaufen. Am Freitagmorgen möchte er zunächst nach Den Haag fahren, da er dort an einer Weiterbildung teilnehmen wird. Von dort aus will er zu einem Freund nach Enschede im Osten des Landes reisen. Er wird über das Wochenende bei ihm bleiben und dann am Sonntagabend nach Amsterdam zurückfahren. Marcel hat beschlossen, mit dem Zug zu fahren, da er am Freitagmorgen auf der Autobahn nach den Haag sicherlich im Stau stehen würde.

Marcel: **Volgende week ga ik een ingewikkelde reis maken en ik wil nu alvast de kaartjes kopen.**

voll-chèn-dè week chaa ick èn inn-chè-wick-kèl-dè räijß maa-kèn änn ick will nü all-vasst dè kaar-tjèß koo-pèn

Ich werde nächste Woche eine etwas umständliche Reise machen und möchte deshalb jetzt schon mal meine Fahrkarten kaufen.

Fahrkartenverkäufer: **Oké, waar gaat de reis naartoe?**

oo-kee waar chaat dè räijß naar-tu

Okay, wo soll die Fahrt hingehen?

Marcel: **Op vrijdagochtend moet ik om 9.00 uur in het centrum van Den Haag zijn. Aan het eind van de middag ga ik door naar Enschede.**

opp vräij-dach-och-tènt mutt ick omm nee-chèn üür inn èt ßänn-trömm vann dänn-haach säijn. aan èt eint vann dè midd-dach chaa ick door naar änn-ßchè-dee

Am Freitag muss ich um 9 Uhr im Zentrum von Den Haag sein. Am späten Nachmittag will ich dann nach Enschede weiterfahren.

Fahrkartenverkäufer: **Gaat u diezelfde dag nog terug?**

chaat ü die-sällf-dè dach weer tè-röch

Fahren Sie noch am selben Tag zurück?

Marcel: **Nee, ik blijf in Enschede tot zondagavond. Dan reis ik terug naar Amsterdam.**

nee ick bläijf inn änn-ßchè-dee tott sonn-dach-aa-vonnt. dann räijß ick tè-röch naar amm-ßtèr-damm

Nein, ich bleibe bis Sonntagabend in Enschede. Dann fahre ich nach Amsterdam zurück.

Fahrkartenverkäufer: **Dus een enkeltje Amsterdam Centraal-Den Haag Centraal. Dan een enkeltje Den Haag Centraal-Enschede. Ten slotte nog een enkeltje Enschede-Amsterdam Centraal.**

döss èn äng-kèl-tjè amm-ßtèr-damm dänn-haach ßänn-traal. dann èn äng-kèl-tjè dänn-haach ßänn-traal änn-ßchè-dee. tänn ßlott-tè noch èn äng-kèl-tjè änn-ßchè-dee amm-ßtèr-damm ßänn-traal

Also eine Hinfahrt von Amsterdam Hauptbahnhof nach Den Haag Hauptbahnhof. Dann eine Hinfahrt von Den Haag Hauptbahnhof nach Enschede. Und zum Schluss noch eine Fahrt von Enschede nach Amsterdam Hauptbahnhof.

Ik maak ze zonder datum, dan kunt u ze op de dag zelf afstempelen. Met of zonder korting?

ick maak sè sonn-dèr daa-tömm dann könnt ü sè opp dè dach sällf aff-ßtämm-pè-lèn. mätt off sonn-dèr korr-ting

Ich setze noch kein Datum ein, dann können Sie die Karten am betreffenden Tag selbst abstempeln. Mit oder ohne Ermäßigung?

Marcel: **Zonder. Hoeveel keer moet ik overstappen?**

sonn-dèr. hu-veel keer mutt ick oo-vèr-ßtapp-pèn

Ohne. Wie oft muss ich umsteigen?

Fahrkartenverkäufer: **Ik maak eerst dit af, dan maak ik een reisplan voor u. Dat is dan 38 Euro 50 bij elkaar.**

ick maak eerßt ditt aff dann maak ick èn räijß-plann voor ü. datt iss dann ach-tèn-därr-tèch öh-roo väijf-tèch bäij äll-kaar

	Ich mache das erst fertig und dann erstelle ich eine Reiseübersicht für Sie. Das sind dann zusammen 38,50 Euro.
Marcel:	**Oké.**
	oo-kee
	Gut.
Fahrkartenverkäufer:	**Hier is uw reisplan, met alle vertrek- en aankomsttijden, de perrons en de overstappen.**
	hier iss üu räijß-plann mätt all-lè vèr-träck änn aan-komßt-täij-dèn dè pärr-ronnß änn dè oo-vèr-ßtapp-pèn
	Hier ist die Reiseübersicht mit allen Abfahrts- und Ankunftszeiten, den Bahnsteigen und Umsteigebahnhöfen.
Marcel:	**Oké, bedankt.**
	oo-kee bè-dankt
	Gut, vielen Dank.
Fahrkartenverkäufer:	**Goede reis.**
	chu-dè räijß
	Gute Reise.

Kleiner Wortschatz

Niederländisch	Aussprache	Deutsch
ingewikkeld	*inn-chè-wick-kèlt*	kompliziert, umständlich
de datum	*dè daa-tömm*	das Datum
afstempelen	*aff-ßtämm-pè-lèn*	abstempeln
overstappen	*oo-vèr-ßtapp-pèn*	umsteigen
afmaken	*aff-maa-kèn*	fertigstellen
het perron	*hätt pärr-ronn*	der Bahnsteig

Fahrpläne lesen

An jedem Bahnhof werden Sie Aushänge und Anzeigetafeln mit **de vertrektijden** *dè vèr-träck-täij-dèn*) den Abfahrtszeiten) finden. Wenn Sie sich damit nicht auskennen, könnte es schwierig werden, alles richtig zu verstehen. Deshalb ist es sinnvoll, einige Wörter und Begriffe vorab zu klären:

- **het vertrek** (*hätt vèr-träck*, die Abfahrt)
- **de aankomst** (*dè aan-kommßt,* die Ankunft)
- **via** (*vie-jaa*, über)
- **op werkdagen** (*opp wärrk-daa-chèn*, werktags)
- **doorgaande trein** (*door-chaan-dè träijn*, durchgehender Zug)
- **overstappen** (*oo-vèr-ßtapp-pèn*, umsteigen)
- **zon- en feestdagen** (*sonn änn feeßt-daa-chèn*, Sonn- und Feiertage)

Es gibt außerdem Anzeigetafeln mit den Ankunftszeiten internationaler Züge unter Angabe des Bahnsteigs.

Informationen einholen

Wenn Sie Fragen haben, können Sie auf dem Bahnhof jemanden vom Ticketschalter oder der Reiseinformation ansprechen, im Zug hilft Ihnen der Kontrolleur weiter. Sie könnten eine der folgenden Fragen stellen:

- **Van welk perron/Van welk spoor vertrekt de trein naar Groningen?** (*vann wällk pärr-ronn/vann wällk ßpoor vèr-träckt dè träijn naar chroo-ning-èn*, Von welchem Bahnsteig/welchem Gleis fährt der Zug nach Groningen?)
- **Op welk perron/Op welk spoor komt de trein uit Rotterdam aan?** (*opp wällk pärr-ronn/opp wällk ßpoor kommt dè träijn èüjt rott-tèr-damm aan*, Auf welchem Bahnsteig/Gleis kommt der Zug aus Rotterdam an?)
- **Heeft de trein vertraging?** (*heeft dè täijin vèr-traa-ching*, Hat der Zug Verspätung?)
- **Gaat er een doorgaande trein van Nijmegen naar Leiden?** (*chaat ärr èn door-chaan-dè trä-ijn vann näij-mee-chèn naar läij-dèn*, Gibt es einen durchgehenden Zug von Nijmegen nach Leiden?)

Die Antwort auf die meisten dieser Fragen wird eine Zeitangabe oder eine Nummer sein. Auf die letzte Frage könnte man Ihnen jedoch auch antworten, dass es keine durchgehenden Züge gibt:

- **Nee, u moet overstappen in Duivendrecht.** (*nee ü mutt oo-vèr-ßtapp-pèn inn dèüj-vèn-drächt*, Nein, Sie müssen in Duivendrecht umsteigen.)

Mit dem Bus, der Straßenbahn, der U-Bahn oder dem Taxi fahren

In größeren Städten gibt es einen gut ausgebauten öffentlichen Nahverkehr. Die U-Bahn und verschiedene Regionalbahnen bringen Sie von den Außenbezirken ins Zentrum, wo man sich mit Bussen und Straßenbahnen weiter fortbewegen kann.

Mit dem Bus fahren

Sollten Sie bei der Suche nach dem richtigen Bus oder der Straßenbahn Hilfe benötigen, können Sie den **buschauffeur** (*dè böss-schoo-föhr,* Busfahrer) oder **tramconducteur** (*trämm-konn-döck-töhr,* Straßenbahnschaffner) fragen. Ansonsten können Sie auch versuchen, sich an der aushängenden Karte in **het bushokje** (*hätt böss-hock-kje,* das Buswartehäuschen) zu orientieren, falls es ein solches gibt. Denn **de bushalte** (*dè böss-hall-tè,* die Bushaltestelle) besteht oft nur aus einem Schild mit der Nummer der Buslinie und einem Fahrplan des betreffenden Busses. **De tramhalte** (*dè trämm-hall-tè,* die Straßenbahnhaltestelle) bietet mitunter auch ein paar Informationen. Sollten Sie dennoch Fragen haben, können Sie andere Wartende mit folgenden Worten ansprechen:

- ✔ **Welke bus gaat naar het centrum?** (*wäll-kè böss chaat naar èt ßänn-trömm,* Welcher Bus fährt ins Zentrum?)
- ✔ **Is dit de goede tram naar het station?** (*iss ditt dè chu-dè trämm naar èt ßta-schonn,* Ist das die richtige Straßenbahn zum Bahnhof?)
- ✔ **Stopt deze bus bij het Amstelstation?** (*ßtoppt dee-sè böss bäij èt amm-ßèl-ßta-schonn,* Hält dieser Bus am Bahnhof Amsterdam Amstel?)
- ✔ **Waar moet ik overstappen?** (*waar mutt ick oo-vèr-ßtapp-pèn,* Wo muss ich umsteigen?)

Track 34: Im Gespräch

Cilla möchte mit dem Bus fahren, sie weiß aber nicht genau, welchen Bus sie nehmen muss. Deshalb fragt sie eine Dame, die an der Haltestelle wartet.

Cilla: **Weet u ook of lijn 148 hier stopt?**

weet ü ook off läijn honn-dèrt-ach-tèn-veer-tèch hier ßtoppt

Wissen Sie, ob die Linie 148 hier auch hält?

Dame: **Nee, hier komt alleen lijn 149. Waar wil je naartoe?**

nee hier kommt all-leen läijn honn-dèrt-nee-chèn-èn-veer-tèch. waar will jè naar-tu

Nein, hier fährt nur die Linie 149. Wo willst du hin?

Cilla: **Naar het Centraal Station.**

naar èt ßänn-traal ßta-schonn

Zum Hauptbahnhof.

Dame: **Je kunt lijn 149 naar het Amstelstation nemen. Daar stap je over op lijn 56 naar het Centraal Station.**

jè könnt läijn honn-dèrt-nee-chèn-èn-veer-tèch naar èt amm-ßtèl-ßta-schonn nee-mèn. daar ßtapp jè oo-vèr opp läijn säss-èn-väijf-tèch naar èt ßänn-traal ßta-schonn

Du kannst die Linie 149 bis zum Bahnhof Amsterdam Amstel nehmen. Dort musst du umsteigen in die Linie 56 zum Hauptbahnhof.

Cilla: **Weet u ook hoe laat bus 149 komt?**

weet ü ook hu laat böss honn-dèrt-nee-chèn-èn-veer-tèch kommt

Wissen Sie auch wann der Bus 149 kommt?

Dame: **Over een paar minuten.**

oo-vèr èn paar mie-nü-tèn

In ein paar Minuten.

Cilla: **En is het dan nog ver naar het Centraal Station?**

änn iss èt dann noch värr naar èt ßänn-traal ßta-schonn

Und ist es dann noch weit bis zum Hauptbahnhof?

Dame: **Nee, misschien tien minuten. Er gaan veel bussen naar het Centraal Station, dus je hoeft niet lang te wachten.**

nee miss-ßchien tien mie-nü-tèn. ärr chaan veel böss-ßèn naar èt ßänn-traal ßta-schonn döss jè hufft niet lang tè wach-tèn

Nein, vielleicht zehn Minuten. Viele Busse fahren zum Hauptbahnhof, du brauchst also nicht lange zu warten.

Cilla: **Bedankt voor uw hulp.**

bè-dankt voor üu höllp

Vielen Dank für Ihre Hilfe.

Kleiner Wortschatz

Niederländisch	Aussprache	Deutsch
de lijn	*dè läijn*	die Linie
stoppen	*ßtopp-pèn*	stoppen, anhalten
nemen	*nee-mèn*	nehmen
hoe laat?	*hu laat*	wie spät?
over een paar minuten	*oo-vèr èn paar mie-nü-tèn*	in ein paar Minuten
lang wachten	*lang wach-tèn*	lange warten

Ein Taxi nehmen

Diejenigen, die mitunter ein Taxi auf der Straße heranwinken, müssen sich in den Niederlanden umstellen. Denn in den Niederlanden nehmen Taxis Fahrgäste nur an festen Taxistandplätzen mit. Sie finden einen **taxistandplaats** (*tack-ßie-ßtannt-plaatß*, Taxistandplatz) meistens in der Nähe von öffentlichen Gebäuden wie Bahnhöfen oder Konzerthäusern und Museen.

Sollte vor Ihrem Hotel oder der Bar kein Taxi stehen, können Sie auch die Mitarbeiter an der Rezeption bitten, Ihnen eines zu rufen. Da die **taxicentrales** (*tack-ßie-ßänn-traa-lèß*, Taxizentralen) ihre Fahrten planen und deshalb genaue Angaben benötigen, wird man Sie an der Rezeption fragen, wohin Sie fahren möchten.

Wenn Sie im Taxi sitzen, wird **de taxichauffeur** (*dè tack-ßie-schoo-föhr*, der Taxifahrer) den Taxameter anstellen. Wenn Sie angekommen sind, zahlen Sie den angezeigten Betrag und ein Trinkgeld.

Wenn Sie wissen wollen, wo der nächstgelegene Taxistand ist, fragen Sie:

- ✔ **Waar is de dichtstbijzijnde taxistandplaats?** (*waar iss dè dichßt-bäij-säijn-dè tack-ßie-ßtannt-plaatß*, Wo ist der nächstgelegene Taxistand?)

Wenn Sie eingestiegen sind, wird der Taxifahrer Sie fragen:

- ✔ **Waar wilt u naartoe?** (*waar willt ü naar-tu*, Wo wollen Sie hin?)

Notfälle erfolgreich meistern

14

In diesem Kapitel

- Bei Notfällen oder einem Unfall um Hilfe bitten
- Mit dem Arzt sprechen
- Ein Besuch beim Zahnarzt
- Mit der Polizei sprechen

Wir hoffen, dass die Redewendungen und Ausdrücke, die wir in diesem Kapitel vorstellen nie brauchen werden. Allerdings könnten sie im Notfall oder bei einem Gespräch mit der Polizei sehr hilfreich sein und deshalb sollten Sie sich auch dieses Kapitel sorgfältig lesen. In diesem Kapitel finden Sie das nötige Vokabular für Notfälle, vom Arztbesuch bis zur Meldung eines Diebstahls.

Bei Notfällen oder einem Unfall um Hilfe bitten

Bei einem Unglück kommt es vor allem darauf an, einen kühlen Kopf zu bewahren, um der Polizei, dem Arzt oder der Krankenschwester in Ruhe das Problem schildern zu können. Versuchen Sie also ruhig zu bleiben. Meistens können Sie sich auch auf Englisch oder Deutsch verständlich machen, ein paar niederländische Begriffe werden Ihnen jedoch mehr Sicherheit im Verständnis des Gesagten geben.

Um Hilfe rufen

Folgende Ausdrücke sind nützlich, wenn Sie um Hilfe rufen müssen:

✔ **Help!** (*hällp*, Hilfe!)

Im Falle eines Feuers:

✔ **Brand!** (*brannt*, Feuer!)

Alle Mitgliedsstaaten der EU haben dieselbe, kostenfreie Rufnummer für Notfälle: 112, egal ob man damit die Polizei, die Feuerwehr, einen Notarzt oder den Krankenwagen rufen will. Man wird Ihnen in der Landessprache antworten, Sie können mit der Zentrale aber auch auf Englisch und manchmal auch auf Deutsch kommunizieren. Man wird Sie in der Zentrale fragen, welche Hilfe Sie benötigen, und Sie dann mit der entsprechenden Stelle in Ihrer Nähe verbinden.

Wenn Sie jemanden auffordern wollen, die Notrufnummer anzurufen, sagen Sie einfach:

✔ **Bel 112.** (*bäll een-een-<u>twee</u>*, Rufen Sie 112 an.)

Wenn Sie die Nummer in der Aufregung vergessen haben, können Sie auch rufen:

- **Bel de politie.** (*bäll dè poo-lie-zie,* Rufen Sie die Polizei.)
- **Bel een ambulance.** (*bäll èn amm-bü-lann-ßè,* Rufen Sie einen Krankenwagen.)
- **Bel de brandweer.** (*bäll dè brannt-weer,* Rufen Sie die Feuerwehr.)
- **Haal een dokter!** (*haal èn dock-tèr,* Holen Sie einen Arzt.)

Ein Problem schildern

Wenn Sie jemandem einen Vorfall schildern wollen oder wenn Sie mitteilen möchten, dass es Verletzte gibt, können Ihnen diese einfachen Sätze weiterhelfen:

- **Er is een ongeluk gebeurd.** (*ärr iss èn onn-chè-löck chè-böhrt,* Es gab einen Unfall.)
- **Er is een ongeluk gebeurd op de A10.** (*ärr iss èn onn-chè-löck chè-böhrt opp dè aah-tien,* Auf der A10 gab es einen Unfall.)
- **Ik ben gewond.** (*ick bänn chè-wonnt,* Ich bin verletzt.)
- **Er zijn gewonden.** (*ärr säijn chè-wonn-dèn,* Es gibt Verletzte.)

Auch auf andere Zwischenfälle sollten Sie vorbereitet sein, zum Beispiel Raub oder Diebstahl:

- **Ik wil aangifte doen van diefstal.** (*ick will aan-chiff-tè dunn vann dieff-ßtall,* Ich möchte einen Diebstahl melden.)
- **Houd de dief.** (*haut dè dieff,* Haltet den Dieb.)

In der eigenen Sprache um Hilfe bitten

Wenn Sie zu aufgeregt oder zu schwach sind, um noch in einer Fremdsprache zu kommunizieren, können Sie sich auch danach erkundigen, ob jemand Ihre Sprache spricht:

- **Spreekt er iemand Duits?** (*ßpreekt ärr ie-mannt dèüjtß,* Spricht hier jemand Deutsch?)
- **Spreekt er iemand Frans?** (*ßpreekt ärr ie-mannt frannß,* Spricht hier jemand Französisch?)
- **Spreekt er iemand Engels?** (*ßpreekt ärr ie-mannt äng-èlß,* Spricht hier jemand Englisch?)

Der Umgang mit Problemen auf der Autobahn

Obwohl die meisten von uns immer ein Handy dabeihaben, können Sie entlang der Autobahn auch die gelben **praatpalen** (*praat-paa-lèn,* Notfalltelefone) benutzen. Sie sind ganz einfach zu handhaben: Wenn Sie auf den darauf befindlichen Knopf drücken, wird sich jemand von der **Alarmcentrale** (*aa-larrm-ßänn-traa-lè,* Notfallzentrale) melden und Sie fragen, wo Sie Hilfe benötigen. Obwohl die Zentrale auf einem Bildschirm sehen kann, von welchem **praatpaal** Sie gerade sprechen, müssen Sie den Standort, an dem Sie Hilfe benötigen noch genauer angeben. Es ist daher ratsam, sich vor dem Telefonat kurz umzuschauen. Außerdem wird man Sie fragen, was für einen Notfall Sie melden möchten. Falls Sie die Hilfe der Polizei und der Feuerwehr brauchen oder einen Krankenwagen, wird man Sie mit den Diensten in der näheren Umgebung telefonisch verbinden. Sie werden Ihnen die gleichen Fragen dann noch einmal stellen.

Sollten Sie eine Autopanne haben, wird die **Alarmcentrale** Sie nach dem Kennzeichen Ihres Autos und Ihrer Mitgliedschaft im **ANWB** (*aah-änn-weej-beej*, der niederländische ADAC) fragen. Auch wenn Sie kein Mitglied sind, wird man Ihnen dort weiterhelfen. Mitglieder zahlen jedoch weniger oder gar nichts, je nachdem, worum es sich handelt.

Nach Klärung der Mitgliedschaft wird man Ihnen mitteilen, wie lange es dauert, bis der Pannendienst bei Ihnen ist. Außerdem wird man Sie nach Ihrer Handynummer fragen und Ihnen empfehlen, außerhalb Ihres Wagens hinter der Leitplanke auf den Pannendienst zu warten. Die Notfalltelefone entlang der Autobahn sind übrigens auch dazu da, Unfälle oder gefährliche Situationen zu melden. Der Pannendienst hat auch immer eine **verkeerd getankt-installatie** (*vèr-keert chè-tänkt-inn-ßta-laa-zie*, Gerät zum Austauschen von Treibstoff) bei sich, falls der Tank einmal geleert werden muss, wenn der falsche Kraftstoff getankt wurde.

Mit dem Arzt sprechen

Höchstwahrscheinlich wird der behandelnde Arzt ein wenig Deutsch verstehen, trotzdem sind folgende Redewendungen nützlich, wenn Sie sich nicht wohlfühlen:

✔ **de huisarts** (*dè hèüjß-arrtß*, der Hausarzt)

✔ **de arts** (*dè arrtß*, der Arzt)

✔ **het ziekenhuis** (*hätt sie-kèn-hèüjß*, das Krankenhaus)

✔ **de spoedopname** (*dè ßputt-opp-naa-mè*, die Notaufnahme)

✔ **de artsenpraktijk** (*dè arrt-ßèn-prack-täijk*, das Ärztehaus/die Praxis)

Wenn Sie medizinische Hilfe benötigen, fragen Sie nach einem Arzt oder aber nach einem Krankenhaus beziehungsweise der Notaufnahme, indem Sie sagen:

✔ **Kunt u een ambulance voor me bellen?** (*könnt ü èn amm-bü-lann-ßè voor mè bäll-lèn*, Können Sie einen Krankenwagen für mich rufen?)

✔ **Ik moet snel naar een ziekenhuis.** (*ick mutt ßnäll naar èn sie-kèn-hèüjß*, Ich muss schnell ins Krankenhaus.)

✔ **Ik heb een arts nodig.** (*ick häpp èn arrtß noo-dèch*, Ich brauche einen Arzt.)

✔ **Waar is de dichtstbijzijnde EHBO-post?** (*waar iss dè dichßt-bäij-säijn-dè eej-haah-beej-ooh-posst*, Wo ist die nächste Notaufnahme?)

✔ **Waar is het dichtstbijzijnde ziekenhuis?** (*waar iss èt dichßt-bäij-säijn-dè sie-kèn-hèüjß*, Wo ist das nächste Krankenhaus?)

✔ **Waar is de polikliniek?** (*waar iss dè poo-lie-klie-niek*, Wo ist die Poliklinik?)

Wenn Sie die ärztliche Hilfe nicht so dringend brauchen, reicht die Frage:

- **Waar is de dichtsbijzijnde artsenpraktijk?**(*waar iss dè dichßt-bäij-säijn-dè arr-zèn-prack-täijk,* Wo ist die nächste Arztpraxis?)

Von Ärzten und Zahnärzten

In den Niederlanden haben die meisten **een huisarts** (*èn hèüjß-arrtß,* einen Hausarzt). Neu Zugezogene erkundigen sich bei ihrer **verzekeringsmaatschappij** (*vèr-see-kè-ringß-maat-ßchapp-päij,* Krankenversicherungsgesellschaft) nach einer Liste mit Ärzten in ihrer Umgebung. Viele Ärzte haben jedoch schon so viele Patienten, dass sie nur noch bedingt neue aufnehmen. Fragen Sie ruhig Freunde, Nachbarn oder Kollegen, ob sie Ihnen einen guten Arzt empfehlen können.

Eigentlich arbeiten Ärzte fast ausschließlich in ihren **spreekkamers** (*ßpreek-kaa-mèrß,* Praxen), in einem Notfall sollte der Hausarzt aber innerhalb von zehn Minuten bei Ihnen zu Hause sein können.

Sie können in der Arztpraxis anrufen, um einen Termin während **het spreekuur** (*hätt ßpreek-üür,* der Sprechstunde) zu vereinbaren, entweder am frühen Morgen oder am späten Nachmittag. Ein Arzt plant durchschnittlich zehn Minuten für einen Patienten ein, sollten Sie das Gefühl haben, mehr Zeit zu brauchen, erkundigen Sie sich vorab nach einem »doppelten Termin«. Hausbesuche werden nur bei Fieber, das mehrere Tage andauert, oder Transportunfähigkeit gemacht. Sollte Ihr Arzt gerade keine Sprechstunde haben, wird sein Anrufbeantworter Sie über andere diensthabende Ärzte informieren.

Einen Zahnarzt können Sie genau so wie einen Hausarzt finden: Fragen Sie Ihre Krankenversicherung nach einer Liste mit **tandartsen** (*tannt-arr-zèn,* Zahnärzten). Oder besser noch: Fragen Sie Freunde, Nachbarn und Kollegen nach Empfehlungen. Zahnärzte arbeiten nur mit Terminabsprachen und Wartelisten mit kleinen Freiräumen für Schmerzpatienten. Sollten Sie also einen Termin haben, empfiehlt es sich, ihn auch wahrzunehmen.

Beschreiben, was einem fehlt

Sie haben Bauchschmerzen? Der Nacken ist verspannt oder fühlen Sie sich gar hundeelend? Dann werden Sie froh sein, diesen Abschnitt gefunden zu haben. Hier erfahren Sie alles, was Sie brauchen, um ausdrücken zu können, dass Sie sich nicht wohlfühlen oder wo es schmerzt. Der Arzt könnte Ihnen diese Frage stellen:

- **Wat scheelt er aan?** (*watt ßcheelt ärr-aan,* Wo fehlt es?)

Mit einem dieser Sätze könnten Sie antworten:

- **Ik voel me niet lekker.** (*ick vull mè niet läck-kèr,* Ich fühle mich nicht wohl.)
- **Ik ben ziek.** (*ick bänn sieck,* Ich bin krank.)
- **Ik heb koorts.** (*ick häpp koorts,* Ich habe Fieber.)

✔ **Ik heb last van misselijkheid.** (*ick häpp lasst vann miss-ßè-lèk-häijt,* Mir ist übel.)

✔ **Ik kan mijn arm niet bewegen.** (*ick kann mäijn arrm niet bè-wee-chèn,* Ich kann meinen Arm nicht bewegen.)

✔ **Ik ben gebeten door een hond.** (*ick bänn chè-bee-tèn door èn honnt,* Ich wurde von einem Hund gebissen.)

Falls Sie irgendwo Schmerzen haben, beginnen Sie Ihren Satz mit:

✔ **Ik heb pijn in …** (*ick häpp päijn inn,* Ich habe Schmerzen in/an …)

- **mijn nek** (*mäijn näck,* meinem Nacken)
- **mijn buik** (*mäijn bèüjk,* meinem Bauch)
- **mijn rug** (*mäijn röch,* meinem Rücken)
- **mijn keel** (*mäijn keel,* meinem Hals)
- **mijn hoofd** (*mäijn hooft,* meinem Kopf)

✔ **Ik heb erge pijn in …** (*ick häpp ärr-chè päijn inn,* Ich habe starke Schmerzen in/an …)

Wenn der Arzt Sie fragt: »Was tut Ihnen weh?«, können Sie eines der folgenden Körperteile nennen:

✔ **de arm** (*dè arrm,* der Arm)

✔ **het been** (*hätt been,* das Bein)

✔ **de borstkas** (*dè borrßt-kass,* der Brustkorb)

✔ **de borst** (*dè borrßt,* die Brust)

✔ **de duim** (*dè dèüjm,* der Daumen)

✔ **de dij** (*dè däij,* der Oberschenkel)

✔ **de elleboog** (*dè äll-lè-booch,* der Ellenbogen)

✔ **de enkel** (*dè äng-kèl,* der Knöchel)

✔ **het gezicht** (*hätt chè-sicht,* das Gesicht)

✔ **de hand** (*dè hannt,* die Hand)

✔ **de heup** (*dè höhp,* die Hüfte)

✔ **het hoofd** (*hätt hooft,* der Kopf)

✔ **de kin** (*dè kinn,* das Kinn)

✔ **de knie** (*dè knie,* das Knie)

✔ **de kuit** (*dè kèüjt,* die Wade)

✔ **de mond** (*dè monnt,* der Mund)

- **de neus** (*dè nöhß,* die Nase)
- **de nek** (*dè näck,* der Nacken)
- **het oog** (*hätt ooch,* das Auge)
- **het oor** (*hätt oor,* das Ohr)
- **de rug** (*dè röch,* der Rücken)
- **de schouder** (*dè ßchau-dèr,* die Schulter)
- **de teen** (*dè teen,* die Zehe)
- **de vinger** (*dè ving-èr,* der Finger)
- **de voet** (*dè vutt,* der Fuß)

Innere Organe sind:

- **de blinde darm** (*dè blinn-dè darrm,* der Blinddarm)
- **de darmen** (*dè darr-mèn,* die Därme)
- **het hart** (*hätt harrt,* das Herz)
- **de keel** (*dè keel,* die Kehle)
- **de lever** (*dè lee-vèr,* die Leber)
- **de maag** (*dè maach,* der Magen)
- **de nier** (*dè nier,* die Niere)
- **de tong** (*dè tong,* die Zunge)

Besondere Umstände nennen

Für die richtige Behandlung ist es wichtig, dass Sie den Arzt oder Zahnarzt über Allergien oder sonstige besondere Umstände und Erkrankungen informieren. Um das zu tun, beginnen Sie einen Satz mit:

- **Ik ben ...** (*ick bänn,* Ich bin ...)
  - **zwanger** (*swang-èr,* schwanger)
  - **diabeet** (*die-jaa-beet,* Diabetiker)
  - **allergisch voor pollen** (*a-lärr-chieß voor poll-lèn,* Pollenallergiker)
- **Ik heb ...** (*ick häpp,* Ich habe ...)
  - **een hartprobleem** (*èn harrt-proo-bleem,* Probleme mit dem Herz)
  - **hoge bloeddruk** (*hoo-chè blutt-dröck,* hohen Blutdruck)
  - **astma** (*asst-maa,* Asthma)
  - **epilepsie** (*ee-pie-läpp-pßie,* Epilepsie)

Diese ergänzenden Sätze könnten ebenfalls nützlich sein:

- ✔ **Ik ben er al eerder voor behandeld.** (*ick bänn ärr all eer-dèr voor bè-hann-dèlt,* Ich war damit bereits in Behandlung.)
- ✔ **Ik ben er al eerder aan geopereerd.** (*ick bänn ärr all eer-dèr aan chè-oo-pèr-reert,* Ich wurde bereits daran operiert.)

Das Partizip Perfekt von Verben, die mit ont-, be-, ge-, her-, ver- und er- beginnen

Einige Verben im Niederländischen sind trennbar. Sie beginnen mit einem Präfix, das heißt einer Präposition wie zum Beispiel **in**- oder **aan**-. Diese Präposition oder das erste Glied des Verbs ist immer betont. Falls Sie nicht (mehr) genau wissen, was ein trennbares Verb ist und wie man es konjugiert, können Sie in Kapitel 6 dazu Näheres nachlesen. Es gibt im Niederländischen aber auch Verben, die mit einem unbetonten Präfix beginnen. Zu dieser Gruppe der untrennbaren Verben gehören Verben, die mit den unbetonten Vorsilben **ont-**, **be-**, **ge-**, **her-**, **ver-** oder **er-** beginnen. Beispiele dafür sind:

- ✔ **ontmoeten** (*onnt-mu-tèn,* sich treffen),
- ✔ **behandelen** (*bè-hann-dè-lèn,* behandeln)
- ✔ **gebruiken** (*chè-brèüj-kèn,* verwenden)
- ✔ **herinneren** (*härr-rinn-nè-rèn,* erinnern)
- ✔ **vertellen** (*vèr-täll-lèn,* erzählen)
- ✔ **ervaren** (*ärr-vaa-rèn,* erfahren, empfinden)

Diese Verben sind alle nicht trennbar. Das Präfix ist in allen Fällen unbetont.

Trennbare Verben lassen sich in den Zeitformen Präsens und Imperfekt in zwei Teile zerlegen, dies ist bei untrennbaren Verben dahingegen nicht möglich. Vergleichen Sie das trennbare Verb **opstaan** mit dem untrennbaren **ontmoeten**:

- ✔ **opstaan** (*opp-ßtaan,* aufstehen)
  - **ik sta op** (*ick ßtaa opp,* ich stehe auf)
  - **ik stond op** (*ick ßtonnt opp,* ich stand auf)
- ✔ **ontmoeten** (*onnt-mu-tèn,* treffen)
  - **ik ontmoet** (*ick onnt-mutt,* ich treffe)
  - **ik ontmoette** (*ick onnt-mu-tè,* ich traf)

Das Partizip Perfekt eines trennbaren Verbs bildet man, indem das grammatikalische Element **ge-** zwischen Vorsilbe und Verbteil gestellt wird:

- ✔ **opstaan** wird zu **op-ge-staan**
  - **Ik ben laat opgestaan.** (*ick bänn laat opp-chè-ßtaan,* Ich bin spät aufgestanden.)

Bei einem nicht trennbaren Verb fällt dieses **ge-** weg:

- **ontmoeten** wird zu **ontmoet**
  - **Ik heb hem nooit ontmoet.** (*ick häpp hämm nooijt onnt-mutt,* Ich habe ihn nie getroffen.)

Schauen Sie sich diese Beispiele nicht trennbarer Verben an:

- **De dokter heeft mij goed behandeld.** (*dè dock-tèr heeft mè chutt bè-hann-dèlt,* Der Arzt hat mich gut behandelt.)
- **Ik heb geen medicijnen gebruikt.** (*ick häpp cheen mee-die-ßäij-nèn chè-brèüjkt,* Ich habe keine Medikamente genommen.)
- **Mijn vrouw heeft me aan de afspraak herinnerd.** (*mäijn vrau heeft mè aan dè aff-ßpraak härr-rinn-nèrt,* Meine Frau hat mich an den Termin erinnert.)
- **Ik heb de dokter alles verteld.** (*ick häpp dè dock-tèr all-lèß vèr-tällt,* Ich habe dem Arzt alles erzählt.)
- **Ik heb dat niet zo ervaren.** (*ick häpp datt niet soo ärr-vaa-rèn,* Ich habe das nicht so empfunden.)

Untersucht werden

Wenn Sie im Behandlungszimmer sind, möchten Sie auch alle Anweisungen und Fragen des Arztes über Ihre Behandlung verstehen. Hier ein paar Fragen, die Ihnen der Arzt während der Untersuchung stellen könnte:

- **Wat zijn uw klachten?** (*watt säijn üu klach-tèn,* Welche Beschwerden haben Sie?)
- **Heeft u pijn?** (*heeft ü päijn,* Haben Sie Schmerzen?)
- **Waar doet het pijn?** (*waar dutt èt päijn,* Wo tut es weh?)
- **Doet dit pijn?** (*dutt ditt päijn,* Tut das weh?)
- **Hoe lang heeft u hier al last van?** (*hu lang heeft ü hier all lasst vann,* Wie lange haben Sie diese Beschwerden schon?)
- **Gebruikt u medicijnen?** (*chè-brèüjkt ü mee-die-ßäij-nèn,* Nehmen Sie Medikamente?)
- **Bent u ergens allergisch voor?** (*bännt ü ärr-chèn a-lärr-chieß voor,* Haben Sie Allergien?)

Und nun ein paar Anweisungen, die Ihnen der Arzt geben könnte:

- **Wilt u alstublieft uw mouw oprollen?** (*willt ü all-ßtü-blieft üu mau opp-roll-lèn,* Würden Sie bitte Ihren Ärmel hochkrempeln?)
- **Wilt u alstublieft uw trui uitdoen?** (*willt ü all-ßtü-blieft üu trèüj èüjt-dunn,* Würden Sie bitte Ihren Pullover ausziehen?)
- **Wilt u gaan liggen?** (*willt ü chaan lich-chèn,* Würden Sie sich bitte hinlegen?)

✔ **Wilt u uw mond opendoen?** (*willt ü üu monnt oo-pèn-dunn,* Würden Sie bitte Ihren Mund öffnen?)

✔ **Zucht eens diep.** (*söcht ènß diepp,* Tief ausatmen.)

Die Diagnose verstehen

Nach der Untersuchung wird der Arzt Ihnen seine **diagnose** (*die-jach-noo-sè,* Diagnose) mitteilen, in der Sie erfahren, was Ihnen fehlt.

Sie werden erleichtert sein, wenn er sagt:

✔ **U heeft kou gevat.** (*ü heeft kau chè-vatt,* Sie haben sich erkältet.)

Oder:

✔ **Het is niets ernstigs.** (*hätt iss nietß ärrn-ßtèchß,* Es ist nichts Ernsthaftes.)

Der Arzt könnte auch sagen:

✔ **U heeft ...** (*ü heeft,* Sie haben ...)

- **griep** (*chriepp,* Grippe)
- **een hersenschudding** (*èn härr-ßèn-ßchödd-ding,* eine Gehirnerschütterung)
- **een ontsteking** (*èn onnt-ßtee-king,* eine Entzündung)
- **een infectie** (*èn inn-fäck-kßie,* eine Infektion)
- **een blindedarmontsteking** (*èn blinn-dè-darrm-onnt-ßtee-king,* eine Blinddarmentzündung)
- **een longontsteking** (*èn long-onnt-ßtee-king,* eine Lungenentzündung)
- **ontstoken amandelen** (*onnt-ßtoo-kèn a-mann-dè-lèn,* entzündete Mandeln)
- **een voedselvergiftiging** (*èn vutt-zèl-vèr-chiff-ti-ching,* eine Lebensmittelvergiftung)

Der Arzt könnte ebenfalls sagen:

✔ **Uw bot ...** (*üu bott,* Ihr Knochen ...)

- **is gebroken** (*iss chè-broo-kèn,* ist gebrochen)
- **is gescheurd** (*iss chè-ßchöhrt,* ist angebrochen)
- **is gekneusd** (*iss chè-knöhßt,* ist geprellt)

✔ **U heeft een spier gescheurd.** (*ü heeft èn ßpier chè-ßchöhrt,* Sie haben einen Muskelriss.)

✔ **U heeft een spier verrekt.** (*ü heeft èn ßpier vèr-räckt,* Sie haben eine Muskelzerrung.)

Im Gespräch

Cilla Vermeent ist im Büro über ein Stuhlbein gestolpert. Ihr rechtes Fußgelenk ist geschwollen und tut furchtbar weh. Ihr Kollege bringt sie in die Notaufnahme eines Krankenhauses.

Krankenschwester: **Goedemiddag, wat zijn de klachten?**

chu-dè-midd-dach watt säijn dè klach-tèn

Guten Tag, was für Beschwerden haben Sie?

Cilla: **Ik ben gestruikeld op het werk.**

ick bänn chè-ßtrèüj-kèlt opp èt wärrk

Ich bin bei der Arbeit gestolpert.

Krankenschwester: **Ik zie het, je enkel is erg dik. Kun je erop staan?**

ick sie èt jè äng-kèl iss ärrch dick. könn jè ärr-opp ßtaan

Ich sehe schon, dein Knöchel ist sehr dick. Kannst du stehen?

Cilla: **Ja, maar het doet erg pijn en hij wordt steeds dikker. We houden hem koel met ijs en natte handdoeken.**

jaa maar èt dutt ärrch päijn änn häij worrt ßteetß dick-kèr. wè hau-dèn hämm kull mätt äijß änn natt-te hann-du-kèn

Ja, aber es tut sehr weh und er wird immer dicker. Wir kühlen ihn mit Eis und nassen Handtüchern.

Krankenschwester: (beginnt mit der Untersuchung)

Doet het hier pijn?

dutt èt hier päijn

Tut das weh?

Cilla: **Au, ja!**

au jaa

Au, ja!

Krankenschwester: **Je enkel is verstuikt. Het klinkt vreemd, maar je moet hem toch zoveel mogelijk bewegen.**

jè äng-kèl iss vèr-ßtèüjkt. hätt klinkt vreemt maar jè mutt hämm toch so-veel moo-chè-lèk bè-wee-chèn

Dein Knöchel ist verstaucht. Es klingt vielleicht komisch, aber du musst ihn so viel wie möglich bewegen.

Probeer vanaf morgen weer een beetje te lopen en beweeg als je zit de voet af en toe.

proo-beer vann-af morr-chèn weer èn bee-tjè tè loo-pèn änn bè-weech allß jè sitt dè vutt aff änn tu

Versuche ab morgen, wieder ein bisschen zu laufen, und bewege ihn ab und zu, wenn du sitzt.

Cilla: **Kan ik autorijden?**

kann ick oo-too-räij-dèn

Kann ich Auto fahren?

Krankenschwester: **Dat zal erg pijn doen. Vraag je collega om je naar huis te brengen.**

datt sall ärrch päijn dunn. vraach jè ko-lee-chaa omm jè naar hèüjß tè bräng-èn

Das wird sehr weh tun. Bitte lieber deine Kollegen, dich nach Hause zu fahren.

Cilla: **Hoe lang gaat het duren voordat ik weer gewoon kan lopen**?

hu lang chaat èt dü-rèn voor-datt ick weer chè-woon kann loo-pèn

Wie lange wird es dauern, bis ich wieder normal laufen kann?

Krankenschwester: **Dat hangt er vanaf. Je kunt het lopen langzaam opvoeren en met een week kan je weer naar je werk, als je zittend werk doet.**

datt hangt ärr vann-aff. jè könnt èt loo-pèn lang-saam opp-vu-rèn änn mätt èn week kann jè weer naar jè wärrk allß jè sitt-tènt wärrk dutt

Das kommt drauf an. Du kannst das Laufen langsam steigern und in einer Woche kannst du wieder zur Arbeit, wenn es eine sitzende Tätigkeit ist.

Ga naar de huisarts als de pijn na vier dagen nog niet minder wordt.

chaa naar dè hèüjß-arrtß allß dè päijn naa vier daa-chèn noch niet minn-dèr worrt

Geh noch mal zum Hausarzt, wenn die Schmerzen nach vier Tagen noch nicht nachlassen.

Cilla: **Komt het weer helemaal goed?**

kommt èt weer hee-lè-maal chutt

Wird es wieder völlig normal?

Krankenschwester: **De meeste mensen kunnen weer alles doen, maar bij te zware belasting kan de enkel weer pijn gaan doen.**

dè meeß-tè männ-ßèn könn-nèn weer all-lèß dunn maar bäij tè swaa-rè bè-lass-ting kann dè äng-kèl weer päijn chaan dunn

Die meisten Menschen können danach wieder alles machen, aber bei zu starker Belastung können am Knöchel wieder Schmerzen auftreten.

Kleiner Wortschatz

Niederländisch	Aussprache	Deutsch
struikelen	*ßtrèüj-kè-lèn*	stolpern
het ijs	*hätt äijß*	das Eis
de handdoek	*dè hann-duk*	das Handtuch

Eine Behandlung

Nachdem der Arzt Ihnen gesagt hat, was Sie haben, wird er Ihnen auch eine entsprechende Behandlung vorschlagen:

✔ **Ik schrijf u … voor.** (*ick ßchräijf ü… voor,* Ich schreibe Ihnen … auf.)

- **een pijnstiller** (*èn päijn-ßtill-lèr,* ein Schmerzmittel)
- **een kalmerend middel** (*èn kall-mee-rènt midd-dèl,* ein Beruhigungsmittel)
- **een slaapmiddel** (*èn ßlaap-midd-dèl,* ein Schlafmittel)
- **antibiotica** (*ann-tie-bie-joo-tie-kaa,* Antibiotika)

Oder der Arzt gibt Ihnen eine Überweisung:

✔ **U moet een röntgenfoto laten maken.** (*ü mutt èn rönnt-gèn-foo-too laa-tèn maa-kèn,* Sie müssen sich röntgen lassen.)

✔ **Ik moet u naar een specialist verwijzen.** (*ick mutt ü naar èn ßpee-ßjaa-lisst vèr-wäij-sèn,* Ich muss Sie zu einem Spezialisten schicken.)

Der Arzt wird Ihnen **een recept** (*èn rè-ßäppt,* ein Rezept) geben, das Sie in **een apotheek** (*èn a-poo-teek,* einer Apotheke) gegen die erforderlichen **medicijnen** (*mee-die-ßäij-nèn,* Medikamente) einlösen können.

Hier ein paar Redewendungen, die Ihnen zu verstehen helfen, wann und wie oft Sie das empfohlene Medikament einnehmen sollen:

✔ **U moet een tablet nehmen …** (*ü mutt èn ta-blätt nee-mèn,* Sie müssen eine Tablette … nehmen.)

- **drie keer per dag** (*drie keer pärr dach,* drei Mal täglich)
- **na elke maaltijd** (*naa äll-kè maal-täijt,* nach jeder Mahlzeit)
- **met wat water** (*mätt watt waa-tèr,* mit etwas Wasser)
- **voor het slapengaan** (*voor èt ßlaa-pèn-chaan,* vor dem Einschlafen)

In den Niederlanden sind einige Medikamente, wie Aspirin und Paracetamol, aber auch diverse Hustensäfte nicht apothekenpflichtig und daher in jeder **drogisterij** (*droo-chiss-tè-räij,* Drogerie) erhältlich. Diese Geschäfte gehören, wie in Deutschland auch, zu großen **winkelketens** (*wing-kèl-kee-tènß,* Ladenketten), deren Produkte von Zahnpasta über Putzmittel bis zu Strümpfen und Sonnenschirmen reichen.

Für verschreibungspflichtige Medikamente müssen Sie zur **apotheek** (*a-poo-teek,* Apotheke) gehen. **Apothekers** (*a-poo-tee-kèrß,* Apotheker) händigen Ihnen verschreibungspflichtige Medikamente nur gegen Vorlage eines Rezepts aus. Die Häufigkeit der Einnahme wird der Apotheker auf der Packung notieren oder Sie mündlich darauf hinweisen. Meist gehen niederländische Ärzte eher zurückhaltend mit der Verschreibung von Medikamenten um. Wundern Sie sich also nicht, wenn Sie ohne ein Rezept mit den Worten: »In einer Woche wird es Ihnen besser gehen« vom Arzt nach Hause geschickt werden. Einige Ärzte sind auch streng bei der Vergabe von Schlafmitteln, von denen sie höchstens fünf oder zehn Tabletten verschreiben.

Beim Zahnarzt

Falls Sie sich auf Niederländisch mit Ihrem Zahnarzt verständigen möchten, brauchen Sie folgende Sätze: Bevor Sie sich in seinen **tandartsstoel** (*tannt-arrtß-ßtull,* Behandlungsstuhl) setzen, könnte er Sie fragen:

✔ **Wat is het probleem?** (*watt iss èt proo-bleem,* Was für ein Problem haben Sie?)

Sie könnten dann eine der folgenden Antworten brauchen:

✔ **Ik heb kiespijn.** (*ick häpp kieß-päijn,* Ich habe Zahnschmerzen.)

✔ **Ik heb mijn vulling verloren.** (*ick häpp mäijn völl-ling vèr-loo-rèn,* Ich habe meine Füllung verloren.)

✔ **Ik heb mijn kunstgebit gebroken.** (*ick häpp mäijn könßt-chè-bitt chè-broo-kèn,* Mir ist mein Gebiss gebrochen).

Den Befund verstehen

Um Ihnen mitzuteilen, was Ihnen fehlt, könnte der Zahnarzt einen der folgenden Ausdrücke verwenden:

✔ **U heeft ...** (*ü heeft,* Sie haben ...)

- **een gaatje** (*èn chaat-jè,* ein kleines Loch)
- **een zenuwontsteking** (*èn see-nüu-onnt-ßtee-king,* einen entzündeten Nerv)

Die weitere Vorgehensweise des Zahnarztes verstehen

Wahrscheinlich hören Sie einen dieser Sätze, wenn Ihnen der Zahnarzt erklärt, was er nun unternehmen wird:

- **Ik geef u een ...** (*ick cheef ü èn*, Ich gebe/mache Ihnen eine ...)
  - **noodvulling** (*noot-völl-ling*, provisorische Füllung)
  - **wortelkanaalbehandeling** (*worr-tèl-ka-naal-bè-hann-dè-ling*, Wurzelkanalbehandlung)
  - **zenuwbehandeling** (*see-nüu-bè-hann-dè-ling*, Behandlung des Zahnnervs)
- **Ik moet deze kies trekken.** (*ick mutt dee-sè kieß träck-kèn*, Ich muss diesen Zahn ziehen.)
- **Ik moet deze kies vullen.** (*ick mutt dee-sè kieß völl-lèn*, Dieser Zahn benötigt eine Füllung.)

Mit der Polizei sprechen

Vielleicht haben Sie gerade entdeckt, dass bei Ihnen eingebrochen wurde. Viel wurde dabei gestohlen, aber der Einbrecher hat Ihr Buch *Niederländisch für Dummies* nicht mitgenommen. Sie haben Glück. Diese Sätze werden Ihnen weiterhelfen:

- **Waar is het politiebureau?** (*waar iss èt poo-lie-zie-bü-roo*, Wo ist die Polizeidienststelle?)

Falls Sie etwas melden beziehungsweise anzeigen möchten:

- **Ik wil aangifte doen van ...** (*ick will aan-chiff-tè dunn vann*, Ich möchte eine Anzeige erstatten wegen ...)
  - **diefstal** (*dieff-ßtall*, Diebstahl)
  - **zakkenrollerij** (*sack-kèn-roll-lè-räij*, Taschendiebstahl)
  - **inbraak** (*inn-braak*, Einbruch)
  - **het openbreken van mijn auto** (*hätt op-pèn-bree-kèn vann mäijn oo-too*, Aufbrechen meines Autos)
  - **vernieling** (*vèr-nie-ling*, Vandalismus)
  - **verlies** (*vèr-ließ*, Verlust)

Bei einem Einbruch wird die Polizei mit Ihnen persönlich sprechen wollen. Ein Polizeibeamter wird sich Ihre Schilderungen anhören und in einem **proces-verbaal** (*proo-ßäss värr-baal*, einer schriftliche Anzeige) niederlegen. Bei kleineren Delikten, wie dem Diebstahl eines Fahrrads, wird man Sie bitten, ein Formular auszufüllen. Der Polizist wird Sie fragen:

- **Wilt u dit formulier invullen?** (*willt ü ditt forr-mü-lier inn-völl-lèn*, Würden Sie dieses Formular bitte ausfüllen?)

Auch wenn Sie vielleicht meinen, dass es nicht wirklich sinnvoll ist, Delikte wie den Diebstahl Ihres Laptops aus dem Auto oder den Verlust des Fahrrads oder Mopeds bei der Polizei anzuzeigen, können Sie sicher sein, dass die Polizei an der Klärung solcher Vorfälle arbeitet. Oft stecken Banden dahinter, die irgendwann gefasst werden können. Je mehr Einzelheiten Sie der Polizei mitteilen können, desto größer werden die Chancen der Polizei sein, die oder den Täter zu fassen.

Beschreiben, was gestohlen wurde

Um anzugeben, dass Ihnen etwas entwendet wurde, sagen Sie:

✔ **Mijn … is gestolen.** (*mäijn … iss chè-ßtoo-lèn*, Mein(e) … wurde gestohlen.)

- **portefeuille** (*porr-tè-föüj-jè*, Brieftasche)
- **portemonnee** (*porr-tè-moo-nee*, Portemonnaie)
- **handtas** (*hann-tass*, Handtasche)
- **tas** (*tass*, Tasche)
- **digitale camera** (*die-chie-taa-lè kaa-mè-raa*, Digitalkamera)
- **videocamera** (*vie-die-joo-kaa-mè-raa*, Videokamera)
- **mobiele telefoon** (*moo-bie-lè tee-lè-foon*, Handy)
- **geld** (*chällt*, Geld)
- **pinpas** (*pinn-pass*, EC-Karte)
- **creditcard** (*krädd-ditt-karrt*, Kreditkarte)
- **reisdocumenten** (*räijß-doo-kü-männ-tèn*, Reiseunterlagen)
- **paspoort** (*pass-poort*, Reisepass)
- **baggage** (*ba-chaa-zschè*, Gepäck)
- **auto** (*oo-too*, Auto)

Wenn Sie genug Niederländisch verstehen, um ein Formular ausfüllen zu können, sollten Sie den Online-Service der niederländischen Polizei unter `www.politie.nl` nutzen. Wenn Sie einen Taschendiebstahl oder etwas Ähnliches melden wollen, sollten Sie den Hinweis **aangifte doen** (*aan-chiff-tè dunn*, Anzeige erstatten) suchen. Sie können auch telefonisch mit der Polizei Kontakt aufnehmen, wählen Sie dann (0900-8844).

Auf Fragen der Polizei antworten

Vielleicht konnten Sie den Dieb sehen und vielleicht haben Sie sogar noch **Help! Houd de dief.** (*hällp! haut dè dieff*, Hilfe! Haltet den Dieb!) gerufen. Wenn Sie dann später bei der Polizei Anzeige erstatten, wird man Ihnen viele Fragen zu den Einzelheiten des Vorfalls stellen.

War die Person klein oder eher groß, schlank oder beleibt, wie sahen die Haare aus oder hatte die Person vielleicht eine Glatze? Die Polizei könnte fragen:

- **Kunt u de persoon beschrijven?** (*könnt ü dè pèr-ßoon bè-ßchräij-vèn,* Können Sie die Person beschreiben?)

Beginnen Sie Ihre Beschreibung, indem Sie sagen:

- **De persoon had …** (*dè pèr-ßoon hatt …,* Die Person hatte …)
  - **blond haar** (*blonnt haar,* blonde Haare)
  - **zwart haar** (*swarrt haar,* schwarze Haare)
  - **rood haar** (*root haar,* rote Haare)
  - **grijs haar** (*chräijß haar,* graue Haare)
  - **een baard** (*èn baart,* einen Bart)
  - **geen baard** (*cheen baart,* keinen Bart)
  - **een snor** (*èn ßnorr,* einen Schnauzbart)
  - **geen snor** (*cheen ßnorr,* keinen Schnauzbart)
  - **een kaal hoofd** (*èn kaal hooft,* einen kahlen Kopf)
  - **een bril** (*èn brill,* eine Brille)

Oder Sie könnten sagen:

- **De persoon was …** (*dè pèr-ßoon wass …,* Die Person war …)
  - **groot** (*chroot,* groß)
  - **klein** (*kläijn,* klein)
  - **ongeveer 1,80 m groot** (*onn-chè-veer èn mee-tèr tach-tèch chroot,* ungefähr 1,80 Meter groß)
  - **ongeveer 20 jaar oud** (*onn-chè-veer twinn-tèch jaar aut,* ungefähr 20 Jahre alt)

Die Polizei wird Sie wahrscheinlich auch fragen, wann und wo es passiert ist:

- **Wanneer is dit gebeurd?** (*wann-neer iss ditt chè-böhrt,* Wann ist das passiert?)
- **Waar was u op dat moment**? (*waar wass ü opp datt moo-männt,* Wo waren Sie zu dem Zeitpunkt?)

Ihre Rechte im Ausland

Falls Sie einmal in Schwierigkeiten geraten sollten und Hilfe in rechtlichen Angelegenheiten benötigen, werden diese Sätze nützlich sein:

- **Ik heb een advocaat nodig.** (*ick häpp èn att-voo-kaat noo-dèch,* Ich möchte einen Anwalt.)

✔ **Ik wil graag de ambassade bellen.** (*ick will chraach dè amm-ba-saa-dè bäll-lèn,* Ich möchte die Botschaft anrufen.)

Track 35: Im Gespräch

Raymond van Dieren war mit dem Auto unterwegs, um wichtige Unterlagen zu einem Kunden zu bringen. Sein Auto hat er auf dem Parkplatz vor dem Gebäude abgestellt. Als er jedoch nach einer halben Stunde zurückkommt, ist das Auto aufgebrochen und sein Laptop gestohlen. Daraufhin sucht er die nächste Polizeistation auf, um Anzeige zu erstatten.

Raymond: **Goedemiddag, ik wil aangifte doen van diefstal. Mijn auto is opengebroken en mijn laptop is gestolen.**

chu-dè-midd-dach ick will aan-chiff-tè dunn vann dieff-ßtall. mäijn oo-too iss oo-pèn-chè-broo-kèn änn mäijn läpp-topp iss chè-ßtoo-lèn

Guten Tag. Ich möchte einen Diebstahl anzeigen. Mein Auto wurde aufgebrochen und mein Laptop gestohlen.

Polizist: **Wanneer is dat gebeurd?**

wann-neer iss datt chè-böhrt

Wann ist das passiert?

Raymond: **Tussen 11:00 en 11:30 uur vanochtend.**

töss-ßèn ällf üür änn hallf twaalf vann-noch-tènt

Heute Morgen, zwischen 11 und 11.30 Uhr.

Polizist: **Waar is dat gebeurd?**

waar iss datt chè-böhrt

Wo ist es passiert?

Raymond: **Hier vlakbij, op de Felserplaats.**

hier vlack-bäij opp dè fäll-ßèr-plaatß

Ganz in der Nähe, auf dem Felserplaats.

Polizist: **Was uw laptop van buitenaf zichtbaar?**

wass ü läpp-topp vann bèüj-tèn-aff sicht-baar

War Ihr Laptop von außen sichtbar?

Raymond: **Nee, natuurlijk niet, hij lag in de achterbak, uit het zicht. Ik laat mijn laptop nooit op de bank liggen.**

nee na-tüür-lèk niet häij lach inn dè ach-tèr-back èüjt èt sicht. ick laat mäijn läpp-topp nooijt opp dè bank lich-chèn

Nein, natürlich nicht. Er lag im Kofferraum und war nicht zu sehen. Ich lasse meinen Laptop niemals auf dem Rücksitz liegen.

Polizist: **Hoe kon de dief dan weten dat er iets waardevols in uw achterbak zat?**

hu konn dè dieff dann wee-tèn datt ärr ietß waar-dè-vollß inn üu ach-tèr-back satt

Wie konnte der Dieb dann wissen, dass in Ihrem Kofferraum etwas von Wert liegt?

Raymond: **Misschien heeft iemand gezien dat ik hem erin legde. Ik moest bij een bedrijf naast de sportschool zijn en daar stonden een paar mensen buiten met elkaar te praten.**

miss-ßchien heeft ie-mannt chè-sien datt ick hämm ärr-inn läch-dè. ick musst bäij èn bè-dräijf naaßt dè ßporrt-ßchool säijn änn daar ßtonn-dèn èn paar männ-ßèn bèüj-tèn mätt äll-kaar tè praa-tèn

Vielleicht hat jemand beobachtet, wie ich ihn hineingelegt habe. Ich war heute bei einer Firma, neben dem Sportklub, vor dem ein paar Leute standen und sich unterhielten.

Polizist: **Waarom heeft u de laptop niet mee naar binnen genomen?**

waa-romm heeft ü dè läpp-topp niet mee naar binn-nèn chè-noo-mèn

Warum haben Sie den Laptop nicht mit hineingenommen?

Raymond: **Ik dacht dat het vijf minuten zou duren, maar ik moest binnen wachten.**

ick dacht datt èt väijf mie-nü-tèn sau dü-rèn maar ick musst binn-nèn wach-tèn

Ich dachte, es würde nur fünf Minuten dauern, aber dann musste ich warten.

Polizist: **Heeft u uw auto goed afgesloten?**

heeft ü üu oo-too chutt aff-chè-ßloo-tèn

Haben Sie Ihr Auto gut abgeschlossen?

Raymond: **Altijd. De auto is opengebroken.**

all-täijt. dè oo-too iss oo-pèn-chè-broo-kèn

Ja, wie immer. Das Auto wurde aufgebrochen.

Polizist **Vult u dit formulier maar in.**

völlt ü ditt forr-mü-lier maar inn

Füllen Sie dieses Formular dann bitte aus.

Kleiner Wortschatz

Niederländisch	Aussprache	Deutsch
de diefstal	*dè dieff-ßtall*	der Diebstahl
de dief	*dè dieff*	der Dieb
de laptop	*dè läpp-topp*	der Laptop
van buitenaf	*vann bèüj-tèn-aff*	von außen
de achterbak	*dè ach-tèr-back*	der Kofferraum
het bedrijf	*hätt bè-dräijf*	die Firma
de sportschool	*dè ßporrt-ßchool*	der Sportclub

Teil IV

Der Top-Ten-Teil

In diesem Teil ...

Der Top-Ten-Teil fehlt in keinem ... *für Dummies*-Buch. Hier finden Sie praktische Tipps zur niederländischen Sprache. Wir geben zehn Tipps, wie Sie Niederländisch am schnellsten lernen können, erklären zehn sprachliche Fettnäpfchen, die Sie lieber vermeiden sollten, präsentieren zehn Redewendungen, die die Holländer gern benutzen, nennen die wichtigsten holländischen Feiertage und zeigen hilfreiche Redewendungen für den beruflichen Alltag.

Zehn Tipps, wie man sein Niederländisch schnell verbessert

15

Ob Sie nun Ihren Aufenthalt in den Niederlanden vorbereiten oder schon im Land sind, eines steht fest: Sie möchten Niederländisch lernen. In diesem Kapitel finden Sie zehn Tipps, wie Sie Ihre Sprachkenntnisse spielerisch verbessern können.

Auf der Straße und im Supermarkt lernt man Niederländisch

Sobald Sie in den Niederlanden sind, wird sich Ihr Wortschatz ständig vergrößern. Überall werden Sie Aufschriften sehen: auf dem Flughafen, im Straßenverkehr und natürlich im Supermarkt. Am Flughafen werden Sie noch viele Aufschriften in zwei Sprachen sehen, auf Niederländisch und Englisch, was Ihnen das Verstehen wahrscheinlich erleichtert.

Wenn Sie unterwegs sind, sehen Sie bestimmt Verkehrshinweise und Reklameschilder, die Sie stutzig machen. Einige dieser Verkehrshinweise erklären wir in Kapitel 13. Straßenkarten und das Internet werden Ihnen beim Verständnis anderer Straßenschilder helfen.

Im Supermarkt können Sie sich nicht nur mit neuen Lebensmitteln versorgen, sondern auch mit neuen Wörtern und Begriffen. Symbole und Abbildungen werden Ihnen helfen, genauso wie die Beschreibungen auf den Produkten selbst. Eine gute Übung beim Einkaufen ist übrigens ein selbst geschriebener Einkaufszettel.

Etwas im Wörterbuch nachschlagen

Wenn man mit dem Lernen einer Sprache anfängt, gibt es immer Wörter, die einem Kopfzerbrechen bereiten. Wenn Sie etwas nicht verstehen, sollten Sie das Wort im Wörterbuch nachschlagen oder im Anhang dieses Buches im Miniwörterbuch nachsehen. Beim Einprägen einer neuen Vokabel hilft es, sich nicht nur das Wort selbst zu merken, sondern einen Satz, in dem es vorkommt. Versuchen Sie dabei einen Satz zu wählen, der Sie interessiert beziehungsweise Ihnen gefällt.

Ein eigenes Wörterbuch anlegen

Wenn Sie ein unbekanntes Wort oder eine Redewendung im Wörterbuch nachgeschlagen haben, empfiehlt es sich, es in ein Vokabelheft einzutragen. Sprachwissenschaftler haben herausgefunden, dass wir ein neues Wort sieben Mal anwenden müssen, bis es wirklich »unser eigenes« ist. Die Anwendung kann aus Hören, Schreiben oder Sprechen bestehen.

Gefühle spielen beim Erinnern oder Vergessen eines Wortes ebenfalls eine Rolle. Wahrscheinlich werden Sie sich über sich selbst ärgern, wenn Sie ein Wort zum fünften Mal nachschlagen müssen. Um sich ein neues Wort besser merken zu können, hilft es, das Wort mehrmals laut vor sich hinzusagen und es in ein Vokabelheft einzutragen. Einige Wörter werden Ihr Interesse besonders wecken, weil Sie sie oft benutzen werden. Andere sind vielleicht weniger wichtig für Sie, schreiben Sie diese nicht erst in Ihr Vokabelheft.

Wenn Sie sich ein kleines Vokabelheft anlegen, sollten Sie sich auch für ein Ordnungssystem entscheiden. Entweder schreiben Sie die Wörter in der Reihenfolge, in der sie Ihnen begegnen, auf, oder aber alphabetisch sortiert. Letzteres hat den Vorteil, dass Sie Wörter schneller wiederfinden. Ein Notizbuch für Telefonnummern bietet zum Beispiel so eine alphabetische Ordnung. Nehmen Sie Ihr Vokabelheft immer mit und nutzen Sie jede freie Minuten, um darin zu blättern, zum Beispiel während Sie im Zug sitzen oder irgendwo warten müssen.

Die Verben im Taschenformat

Verben sind wichtige Bausteine einer Sprache. Wer eine neue Sprache erlernt, benutzt die Verben der ersten selbst formulierten Sätze oft als unkonjugierte Infinitive nach dem Muster **ik spreken een beetje Nederlands** (Ich sprechen ein bisschen Niederländisch). Auch damit können Sie sich verständlich machen, aber viel besser klingt es, wenn Sie mit einem konjugierten Verb sagen: **ik spreek een beetje Nederlands** (*ick ßpreek èn <u>bee</u>-tjè <u>nee</u>-dèr-lanntß*). Es wird Sie vielleicht etwas Mühe kosten, das von Anfang an konsequent zu tun, aber es lohnt sich. Es ist immer einfacher, sich etwas von vornherein richtig einzuprägen als später eingeschliffene Fehler zu berichtigen.

Fangen Sie am besten mit dem Lernen der regelmäßigen Verben an und kontrollieren Sie sich mit einem Spickzettel, auf den Sie die Konjugation eines neuen Verbs schreiben. Wenn Sie diesen Zettel immer bei sich haben, können Sie, wann immer Sie wollen, einen Blick darauf werfen: im Flugzeug, im Zug oder im Wartezimmer. Machen Sie sich jede Woche einen neuen Spickzettel und setzen Sie das Ganze mit unregelmäßigen Verben wie **hebben** (*<u>häbb</u>-bèn*, haben) und **zijn** (*säijn*, sein) fort. Das können Sie so lange machen, wie Sie selbst wollen.

Die CD dieses Buches benutzen

Auf der Audio-CD, die diesem Buch beiliegt, finden Sie eigens für dieses Buch eingesprochene Dialoge zu alltäglichen Themen. Hören Sie sich diese Dialoge so oft wie möglich an, zum Beispiel im Auto oder beim Kochen. Da die CD als Ergänzung zu diesem Buch gedacht ist, empfiehlt es sich, beide Lehrmittel parallel zu verwenden. Im Gegensatz zu anderen Lehrbüchern sind die Texte nicht als Hörübung zu vorgegebenen Schreibübungen zu verstehen. Sie können die Gespräche beliebig oft hören und wenn Sie die Inhalte der Gespräche schon kennen, auch verstärkter auf die Aussprache achten. Versuchen Sie die Betonung nachzuahmen.

Radio und Fernsehen

Wenn Sie zu Hause oder mit dem Auto unterwegs sind, können Sie versuchen, niederländisches Radio zu hören. Auch wenn Sie lieber Musiksender hören, werden Sie zwischen den Titeln gesprochenes Niederländisch hören. Es wird eine ganze Weile dauern, bis Sie wirklich alles mitbekommen. Das kann sehr frustrierend sein, versuchen Sie daher am Anfang gar nicht erst, jedes Wort zu verstehen. Wenn Sie jedoch täglich fünf bis zehn Minuten Radio hören, kann Ihnen das helfen, sich an die Sprachmelodie und Betonung zu gewöhnen und sie nachzuahmen. Zuerst werden Sie nur einzelne Wörter erkennen, später hier und da einen ganzen Satz verstehen. Das ist ganz normal. Es ist immer viel einfacher, eine Fremdsprache zu verstehen, wenn man dem Sprecher von Angesicht zu Angesicht gegenübersteht und weniger Fremdgeräusche das Hörverständnis beeinträchtigen.

Niederländisches Fernsehen zu schauen ist daher vielleicht lohnender als Radio zu hören. Am besten fangen Sie mit Filmen und Fernsehserien an, die aus Deutschland stammen, wie *Tatort*, und die auf Deutsch ausgestrahlt und Niederländisch untertitelt werden. Da es in den Niederlanden unüblich ist, ausländische Produktionen zu synchronisieren, können Sie mit dem Lesen der niederländischen Untertitel Ihren Wortschatz auf angenehme Art erweitern.

Für Fortgeschrittene ist auch **het Jeugdjournaal** (*hätt jöhcht-zschur-naal*, Nachrichten für Jugendliche), das am frühen Abend ausgestrahlt wird, empfehlenswert. Diese Sendung informiert Sie in einer einfachen, klaren Sprache sehr gut über Ereignisse in den Niederlanden.

Sollten Sie noch nicht in den Niederlanden wohnen, empfiehlt sich ein Blick auf die Website des **Radio Nederland Wereldomroep** (*raa-die-joo nee-dèr-lannt wee-rèlt-omm-rupp*) unter `www.rnw.nl`. Dort finden Sie Nachrichten und Sendungen zu verschiedenen Themen, die Sie sich auch zu Hause anhören können, entweder übers Internet oder im Radio.

Die Niederländisch-Stunde

Sie können auch eine »Niederländisch-Stunde« mit Ihrer Familie organisieren. Legen Sie gemeinsam fest, dass zu einer bestimmten Zeit eine Stunde lang alles, was geschieht, auf Niederländisch kommuniziert wird. Sie können dann zum Beispiel Sätze bilden wie **Ik ga naar de keuken** (*ick chaa naar dè köh-kèn*, Ich gehe in die Küche) und **Ik doe de glazen in de afwasmachine** (*ick du dè chlaa-sèn inn dè aff-wass-ma-schie-nè*, Ich stelle die Gläser in den Geschirrspüler).

Eine »Niederländisch-Stunde« bietet sich auch an, wenn Ihr Partner Niederländer ist. Seien Sie nicht zu streng mit sich und beginnen Sie zunächst mit einer Viertelstunde am Tag. Sprechen Sie dann auch selbst Niederländisch, zu Anfang benennen Sie beispielsweise die Dinge um sich herum auf dem Tisch, im Zimmer, im Haus und so weiter. In der zweiten Phase bilden Sie einfache Sätze, in denen Sie beschreiben, was Sie beide gerade machen: **Ik drink water** (*ick drink waa-tèr,* Ich trinke Wasser), **jij drinkt wijn** (*jäij drinkt wäijn,* du trinkst Wein). Wenn Sie solche Aussagen im Präsens geschafft haben, bitten Sie Ihren Partner zu beschreiben, wie sein Tag war, indem er das Perfekt benutzt. Sie brauchen aber nicht unbedingt so systematisch vorzugehen, Hauptsache Sie haben dabei Spaß.

Sich etwas erklären lassen

Suchen Sie Kontakt zu Niederländern. Das ist schließlich der Grund, warum Sie Niederländisch lernen. Man wird es durchaus zu schätzen wissen, dass Sie versuchen, Niederländisch zu sprechen, auch wenn man Ihnen mitunter auf Deutsch oder Englisch antworten wird. Niederländer wenden ihre Sprachkenntnisse gern an, lassen Sie sich davon nicht entmutigen. Wenn Sie mit Menschen häufiger Kontakt haben, können Sie auch darum bitten, dass man Niederländisch mit Ihnen spricht, zumindest einen Teil der Zeit. Bitten Sie auch ruhig um Erklärungen oder Umschreibungen, wenn Sie etwas nicht verstehen. Am Anfang wird das alles noch sehr mühevoll für Sie und Ihre Zuhörer sein, beginnen Sie deshalb erst einmal mit einer halben Stunde. Wenn es gut läuft, kann man die Zeit immer noch verlängern.

Haben Sie geschäftlich in den Niederlanden zu tun? Dann können Sie Ihre geschäftlichen Kontakte besser auf Englisch abwickeln und Ihr Niederländisch zunächst auf die Begrüßung und Verabschiedung Ihrer Geschäftspartner beschränken.

Haben Sie niederländischsprachige Kollegen? Es wird Ihnen am Anfang leichter fallen, in einer entspannten Umgebung eine Unterhaltung zu verstehen, zum Beispiel am Kaffee-Automaten oder beim Kommen und Nachhausegehen. Fragen Sie nach, wenn Sie etwas nicht richtig verstanden haben oder unsicher sind, und legen Sie Ihre eigene Messlatte nicht zu hoch. Erwarten Sie zum Beispiel nicht, dass Sie Ihre Kollegen verstehen, wenn herumgealbert und gewitzelt wird.

Gratis-Zeitschriften lesen

Sind Sie oft mit Bus oder Bahn unterwegs? Blättern Sie einfach in Fahrgastzeitschriften. Einige Überschriften oder Bildunterschriften zu internationalen Meldungen können Sie sicherlich auch ohne Wörterbuch verstehen, wenn Sie die Nachrichten regelmäßig auch in Ihrer eigenen Sprache verfolgen. Die Zeitschriften bieten Ihnen außerdem ausreichend Stoff für kleine Unterhaltungen mit Ihren Kollegen und Freunden. Fragen Sie sie ruhig, wenn Sie etwas nicht verstanden haben, das hilft Ihnen, sich in der niederländischen Gesellschaft zurechtzufinden. Und wenn Sie noch nicht in den Niederlanden sind und trotzdem jeden Tag Ihr Leseverständnis erweitern möchten, können Sie täglich einen kurzen niederländischen Text zu aktuellen Meldungen kostenlos per E-Mail empfangen. Registrieren Sie sich einfach auf der Website der Niederlandistik der Freien Universität Berlin unter `www.niederlandistik.fu-berlin.de/woordvandedag/`.

Im Internet surfen

Viele niederländische Websites bieten als Sprachauswahl auch Deutsch und Englisch an. Da die meisten Texte fürs Internet kurz und bündig formuliert sind, können Sie neben den gesuchten Informationen auch jede Menge neuer Vokabeln lernen. Versuchen Sie immer, zuerst den niederländischen Text zu lesen und schauen Sie erst dann in der deutschen Übersetzung nach, ob Sie alles richtig verstanden haben.

Eine gute Ergänzung beim Erlernen der niederländischen Sprache bietet die Website `www.2bdutch.nl`, auf der Sie mit untertitelten Videos nicht nur Ihr Hörverständnis verbessern können, sondern auch Einblicke in die niederländische Kultur gewinnen.

Fünf Dinge, über die man nicht spricht

16

Dieses Kapitel soll Sie davor schützen, in bestimmte Fettnäpfchen zu treten. Sicherlich haben Sie schon einmal erlebt, dass Ihnen die Äußerung eines ausländischen Gastes die Sprache verschlagen hat. Damit Sie sich nicht im Nachhinein am liebsten die Zunge abbeißen würden, haben wir hier die fünf wichtigsten Punkte zusammengefasst und erläutert.

Schöner Wagen, wie viel hat er gekostet?

Obwohl einige Niederländer oft übers Geld sprechen und stolz sind, wenn sie ein gutes Geschäft gemacht haben, mögen es die meisten doch nicht, wenn man sie danach fragt, wie viel sie für etwas bezahlt haben. Wenn man Ihnen den Preis sagen möchte, wird man das auch von sich aus tun, falls nicht, sollten Sie auch nicht danach fragen.

Bringen Sie mir einen Kaffee

Im Umgang mit Personal oder anderen Dienstleistern sollten Sie sich davor hüten, Ihre Wünsche und Vorstellungen im Befehlston zu äußern. Das Prinzip der Gleichheit ist tief in der niederländischen Gesellschaft verwurzelt und deshalb wird es allgemein auch nicht akzeptiert, wenn jemand sich für etwas Besseres hält oder sich herablassend gegenüber anderen verhält. Wer sich in seinem Auftreten über die anderen stellt, kann damit bei Niederländern die heftigsten Reaktionen hervorrufen. Vergessen Sie deshalb nie, Ihren Wünschen ein **alsjeblieft** oder **graag** hinzuzufügen.

Ich habe die ganze Nacht kein Auge zugetan

Niederländer mögen es nicht besonders, über alle Details Ihres Gesundheitszustands informiert zu werden, sofern man nicht sehr eng befreundet ist. Fangen Sie nicht an, von Verdauungsproblemen, Schlaflosigkeit, Übergewicht oder Hitzewallungen gegenüber Menschen zu erzählen, mit denen Sie keinen persönlichen, sehr vertrauten Umgang pflegen. Sie würden Ihren Gesprächspartner damit in eine unangenehme Lage bringen oder einfach nur langweilen. Halten Sie diese persönlichen Dinge von Ihrem beruflichen Umfeld getrennt, es sei denn, Sie fühlen sich tatsächlich nicht wohl.

Wie viel verdienst du?

Ihre Bezahlung ist eine Frage, die Sie nur mit Ihrem Vorgesetzten klären sollten. Er ist auch derjenige, der Ihnen die Verdienstmöglichkeiten in Ihrem Arbeitsbereich erklären kann. Fragen Sie also lieber nicht Ihre Kollegen, Nachbarn oder Freunde, wie viel sie verdienen, und behalten Sie auch Ihr eigenes Einkommen für sich.

Niederländer mögen es nicht, zu protzen und zu prahlen; man gibt sich eher bescheiden nach außen. Vermeiden Sie daher auch Vergleiche mit Deutschland, bei denen unterschwellig »bei uns ist alles besser und größer« mitschwingt. Das Verhältnis zwischen Niederländern und Deutschen ist seit dem Zweiten Weltkrieg ohnehin kompliziert und Bemerkungen dieser Art können leicht zu Irritationen führen.

Niederländer sind geizig

Sobald Sie ein paar Niederländer kennen, werden Sie anfangen, Stereotypen zu übernehmen wie: **Nederlanders zijn saai** (*nee-dèr-lann-dèrß säijn ßaaij*, Niederländer sind langweilig), **Nederlanders zijn gierig** (*nee-dèr-lann-dèrß säijn chie-rèch*, Niederländer sind geizig), **Nederlanders kunnen geen feest vieren** (*nee-dèr-lann-dèrß könn-nèn cheen feeßt vie-rèn*, Niederländer können nicht feiern) oder aber auch die Auffassung, dass alle Niederländer mit einem Wohnwagen unterwegs sind. Seien Sie dabei vorsichtig: Ungeachtet ihrer toleranten Art, haben Niederländer großen Nationalstolz. Fragen Sie einfach nach, wenn Sie sich über bestimmte Dinge wundern. Mit Freunden können Sie sicher über Ihre Beobachtungen sprechen, ohne dabei beleidigend zu wirken. Niederländer sind durchaus in der Lage, auch über sich selbst zu lachen.

Natürlich gibt es unter den Niederländern auch viele Vorurteile gegenüber Deutschland und den Deutschen. Vielleicht können Sie einige davon durch Ihr Auftreten und Ihre Art entkräften. Sollten Sie sich dennoch einmal von einer Bemerkung gekränkt fühlen, können Sie sich vielleicht mit der Redewendung: **Ledereen is anders, zelfs mensen uit hetzelfde land** (*ie-dèr-een iss ann-dèrß sällfß männ-ßèn èüjt èt-sällf-dè lannt*, Jeder ist anders, sogar Menschen aus demselben Land) höflich Luft machen.

Zehn beliebte niederländische Redewendungen

17

Irgendwann werden Sie mit der niederländischen Sprache vertraut sein und vielleicht fallen Ihnen dann plötzlich einige sehr häufig verwendete Redensarten auf. Im Umgang mit Freunden, Bekannten und Kollegen haben Sie die meisten bestimmt schon einmal gehört, jetzt ist es an der Zeit, sie auch selbst einzusetzen.

We bellen hè?

wè bäll-lèn hä

Wörtlich übersetzt heißt es: »Wir telefonieren, ja?« Man kann es beim Abschied von Freunden oder Bekannten benutzen. Letztlich bedeutet es nur, dass man sich wiedersieht, man weiß nur noch nicht wo und wann.

Ik ga het niet redden

ick chaa èt niet rädd-dèn

Dieser Ausdruck bedeutet: »Ich schaffe es nicht.« Sie können ihn immer dann verwenden, wenn es Ihnen nicht gelingt, eine Sache zu Ende zu bringen, oder wenn Sie sich bei einer privaten oder beruflichen Verabredung verspäten werden.

Niet te geloven

niet tè chè-loo-vèn

Wenn Ihnen jemand etwas Überraschendes erzählt und Sie nicht gleich wissen, wie Sie darauf reagieren sollen, können Sie mit diesem Ausruf Zeit gewinnen. Übersetzen kann man diesen Ausdruck mit: »Kaum zu glauben« oder »Unglaublich«. Die Frage **Echt waar?** (*ächt waar*) drückt auch Verwunderung und Unglauben aus. Es bedeutet: »Wirklich?«

Der Ausdruck **Nee toch** (*nee toch*) bedeutet ebenfalls so etwas wie »Nein, nicht wirklich, oder?« und kann ebenfalls als Reaktion auf eine unglaubliche Geschichte oder Aussage verwendet werden. **Niet te geloven**, **echt waar** und **nee toch** kommen vor allem dann zum Einsatz, wenn etwas Negatives erzählt wird.

Tjonge jonge

tschjong-è jong-è

Das kann man ganz einfach mit »Junge, Junge« oder »Mein lieber Mann« oder auch »Mann, Mann« übersetzen. Diese Reaktion auf eine unglaubliche Geschichte kann leicht zynisch klingen, lässt sich aber mit dem Zusatz **Wie had dat ooit gedacht** (*wie hatt datt ooijt chè-dacht*, Wer hätte das gedacht?) etwas neutralisieren.

Mij niet gezien

mäij niet chè-sien

Diese Redewendung wird oft eingesetzt, wenn man ausdrücken möchte, dass etwas für einen selbst nicht infrage kommt. Sie könnten es verwenden, wenn Ihnen ein Freund erzählen würde: **Ik heb vanmorgen om zes uur gezwommen.** (*ick häpp vann-morr-chèn omm säss üür chè-swomm-mèn*, Ich war heute Morgen um sechs Uhr schwimmen).

Echt niet!

ächt niet

Sie können diesen Ausdruck, der »absolut nicht« bedeutet, als Verstärkung von **mij niet gezien** benutzen. Beide Redewendungen zeigen, dass Sie das soeben Besprochene auf gar keinen Fall tun würden. Sowohl **echt niet** als auch **mij niet gezien** werden nur im weniger förmlichen Kontext verwendet.

Maakt niet uit

maakt niet èüjt

Übersetzt heißt dies: »Macht nichts«. Wenn ein Freund gerade eines Ihrer Lieblingsweingläser hat fallen lassen, können Sie diese Redewendung anbringen. Falls Sie das aber doch nicht kaltlässt, können Sie auch ausrufen: **Wat doe je nou**! (*watt du jè nau*, Was machst du denn da!).

Niet verkeerd

niet vèr-keert

Im Niederländischen wird **niet** (*niet*) sehr häufig verwendet. Da man nicht so schnell enthusiastisch auf etwas reagiert, passt es ganz gut zum Understatement der Niederländer. **Niet verkeerd** ist so eine typische Redewendung, die wörtlich übersetzt »nicht falsch« oder »nicht verkehrt« bedeutet, man kann es aber am besten vergleichen mit der deutschen Wendung »gar nicht so schlecht«. Abhängig von der Intonation kann darin schon eine gewisse Begeisterung für etwas mitschwingen.

Wat leuk!

watt löhk

Wenn Ihnen jemand etwas Optimistisches erzählt, können Sie mit diesem Ausruf darauf reagieren; er bedeutet: »Wie toll!« Achten Sie bei der Aussprache darauf, dass es wirklich begeistert klingt, denn sonst ist es eher zynischen gemeint wie das deutsche »Na toll!«, das keinesfalls Begeisterung ausdrückt.

Ik ga ervoor

ick chaa ärr-voor

Dieser Satz bedeutet: »Ich will es unbedingt erreichen«. Das sagt jemand, der sich für das Erreichen seines Ziels anstrengen will.

Zehn Feiertage, die man kennen sollte

18

Einige der hier aufgezählten Feiertage sind Ihnen vielleicht noch nicht bekannt oder zumindest unterscheidet sich die Art, wie sie in den Niederlanden gefeiert werden, von dem, was Sie kennen.

Oudejaarsavond en nieuwjaarsdag

Wenn **Oudejaarsavond** (*au-dè-jaarß-aa-vonnt,* Silvester) auf einen Wochentag fällt, bleiben die Geschäfte und Banken bis 16 Uhr geöffnet. Danach geht jeder nach Hause oder zu Freunden und Verwandten, um den Abend mit ihnen gemeinsam zu verbringen.

Der Ablauf eines Silvesterabends in den Niederlanden gleicht dem in Deutschland, nur die kulinarischen Spezialitäten unterscheiden sich. Traditionell werden in den Niederlanden an diesem Abend **oliebollen** (*oo-lie-boll-lèn,* Krapfen mit Puderzucker) oder **appelflappen** (*app-pèl-flapp-pèn,* eine Art Apfelbeignets) gegessen. Im Fernsehen gibt es Silvestershows und kurz vor Mitternacht öffnet man eine Flasche Sekt, um auf das neue Jahr anzustoßen. Gleichzeitig beginnt das Feuerwerk, zu dem sich alle im Freien versammeln. Man wünscht den Nachbarn ein **Gelukkig Nieuwjaar!** (*gè-löck-kèch niju-jaar,* Gesundes neues Jahr!), von denen man vielleicht auch noch auf ein Gläschen eingeladen wird. Junge Leute ziehen am Silvesterabend oft bis in den frühen Morgen von einer Party zur nächsten. Der **Nieuwjaarsdag** (*niju-jaarß-dach,* Neujahrstag, beginnt oft etwas verkatert: Man schläft erst lange aus und besucht später die Eltern oder Schwiegereltern.

Im Geschäftsleben beginnen nach den ersten Tagen des Januars die Neujahrsempfänge und -essen, bis der Alltag Ende Januar wieder in die Büros zurückkehrt.

Carnaval

Der Norden der Niederlande ist überwiegend **protestant** (*proo-täss-tannt,* protestantisch) und der Süden **katholiek** (*ka-too-liek,* katholisch). In den 1960er-Jahren trennten sich jedoch viele von der Kirche. Zudem gab es einen starken Einwanderungsstrom, der auch Menschen mit anderen Religionen ins Land brachte. In den südlichen Niederlanden **onder de rivieren** (*onn-dèr dè rie-vie-rèn,* unter den Flüssen) blieb die Tradition des **Carnaval** (*karr-nè-vall,* Karneval), der seinen Ursprung im Katholizismus hat, bis heute erhalten.

Die Vorbereitungen für die Karnevalszeit beginnen bereits im November und am 11.11. wird in jedem Ort ein **Prins Carnaval** (*prinnß karr-nè-vall,* Prinz Karneval) gewählt. Ende Februar oder Anfang März beginnen am Rosenmontag auch in den Niederlanden die Umzüge und Feiern, bei denen sich die Zuschauer verkleiden. Am **Aswoensdag** (*ass-wunnß-dach,* Aschermittwoch) ist dann alles vorbei und es beginnt für die Gläubigen die 40 Tage dauernde **Vastentijd** (*vass-tèn-täijt,* Fastenzeit), bis es schließlich Ostern ist.

Obwohl Karneval nicht mehr in allen Teilen des Landes gefeiert wird, sind während dieser Woche die Schulen im ganzen Land wegen **krokusvakantie** (*kroo-köss-va-kann-zie,* Krokusferien, da die Krokusse zu dieser Zeit anfangen zu blühen) geschlossen. Viele nutzen diese Woche für **op wintersport gaan** (*opp winn-tèr-ßporrt chaan,* in den Wintersport fahren) nach Deutschland, Österreich oder in die Schweiz.

Pasen

Pasen (*paa-ßèn,* Ostern ist ebenfalls ein christliches Fest und für diejenigen, die nicht gläubig sind oder einer anderen Religion angehören, bedeutet es einfach nur ein verlängertes Wochenende im April. **Goede Vrijdag** (*chu-dè vräij-dach,* Karfreitag) ist noch kein freier Tag, Banken Geschäfte und andere Dienstleister schließen jedoch an diesem Tag um 17 Uhr. Dem Frühstück am Ostersonntag kommt besondere Bedeutung zu: Der Tisch wird schön gedeckt und mit gelben Seidenbändern oder Blumen dekoriert. Traditionellerweise darf zu Ostern neben den bunten Eiern und Osterhasen auch Rosinenbrot zum Frühstück nicht fehlen. Am Ostermontag kann man Bekannte besuchen oder shoppen gehen.

Koninginnedag

Koninginnedag (*koo-ning-inn-nè-dach,* Königinnengeburtstag) ist der niederländische Nationalfeiertag, der am 30. April gefeiert wird. Obwohl es nicht wirklich der Geburtstag von Königin Beatrix ist, sondern der ihrer inzwischen verstorbenen Mutter, hat man das Datum beibehalten. Meistens fangen dann auch die ein- oder zweiwöchigen **meivakantie** (*dè mäij-va-kann-zie,* Maiferien) an den Schulen an. Weil das Wetter in dieser Zeit meistens ausgesprochen gut ist, wird **de meivakantie** oft für allerlei Aktivitäten im Freien genutzt, auch wenn es nachts mitunter noch Frost geben kann. Die Vorbereitungen für **Koninginnedag** beginnen schon lange vor dem Tag: Viele Menschen holen alles, was sie nicht mehr brauchen können, vom Dachboden oder aus den Schränken, um es auf **de vrijmarkt** (*dè vräij-marrkt,* Flohmarkt in den Straßen) zu verkaufen. 24 Stunden lang, beginnend in der Nacht vor dem **Koninginnedag**, darf jeder, auch die Kinder, seinen Ramsch, Bücher, Zimmerpflanzen und Ähnliches auf Straßen und Plätzen verkaufen. Außerdem ist es vor allem bei Kindern beliebt, für einen kleinen Obolus Kunststücke vorzuführen oder Musik zu machen. Amsterdam ist am 30. April völlig überfüllt, trotzdem sollte man das Spektakel am Tag selbst und in der Nacht davor einmal erlebt haben. Am Ende der Feierlichkeiten ähnelt die Stadt einem Schlachtfeld, auch weil viele Menschen ihren Müll beziehungsweise die Dinge, die sie nicht verkauft haben, einfach liegen lassen.

Die Königin besucht zusammen mit der königlichen Familie jedes Jahr eine andere Provinz an diesem Tag, um einer Show beizuwohnen, Blumen entgegenzunehmen, sich während einer Parade feiern zu lassen und sich möglichst viel unter **het gewone volk** (*hätt chè-woo-nè vollk*, das gewöhnlichen Volk) zu mischen.

Dodenherdenking en Bevrijdingsdag

Dodenherdenking (*doo-dèn-härr-däng-king*, Gedenktag für die Opfer des Zweiten Weltkriegs) und **Bevrijdingsdag** (*bè-vräij-dingß-dach*, Befreiungstag) finden hintereinander am 4. und 5. Mai statt.

Am Abend des 4. Mai legt die Königin **een krans** (*èn krannß*, einen Kranz) vor **het Nationale Monument op de Dam** (*hätt na-ßioo-naa-lè moo-nü-männt opp dè damm*, dem Nationalmonument auf dem Dam) in Amsterdam nieder. Danach, Punkt 20 Uhr, wird im ganzen Land mit einer Schweigeminute den Opfern des Zweiten Weltkriegs gedacht. Am folgenden Tag, **Bevrijdingsdag** (*bè-vräij-dingß-dach*, Befreiungstag) finden Feierlichkeiten in vielen Städten der Niederlande statt. Als offizieller freier Tag wird der 5. Mai jedoch nur alle fünf Jahre gewährt.

Hemelvaartsdag

Hemelvaartsdag (*hee-mèl-vaartß-dach*, Himmelfahrt) findet 40 Tage nach Ostern statt, immer an einem Donnerstag im Mai oder Juni. Die meisten Menschen nehmen am Freitag Urlaub und gönnen sich somit ein langes Wochenende.

Pinksteren

Pinksteren (*pink-ßtè-rèn*, Pfingsten) beschert das nächste lange Wochenende. Es beginnt am Samstagmorgen mit **Luilak** (*lèüj-lack*, Faulpelz). Einem alten Brauch zufolge stehen die Kinder sehr früh am Morgen auf, um **luilakken** (*lèüj-lack-kèn*, Faulpelze) mit lautem Geklapper zu wecken. Dafür wurden Dosen, Deckel und Töpfe ans Fahrrad gebunden. Inzwischen ist dieser Brauch jedoch nahezu verschwunden. Dafür gibt es noch das **belletje trekken** (*bäll-lè-tjè träck-kèn*, Klingelputzen, das heißt anklingeln und dann schnell wegrennen), das in manchen Gegenden mit dem Bemalen von Fenstern mit Kerzenwachs einherging. Nachdem dieser Scherz jedoch vandalistische Ausmaße angenommen hatte, entschieden sich einige Kommunen, den Kindern ein organisiertes Fest am Vorabend anzubieten.

Sint-Maarten

Sint-Maarten (*ßinnt maar-tèn*, Martinstag) ist am 11. November und geht auf die Geschichte des Heiligen Martin zurück, der seinen Mantel geteilt hat, um einem armen Frierenden zu helfen. In den nördlichen Gebieten der Niederlande wird der Tag wie in weiten Teilen von Deutschland auch begangen: Kinder im Alter von sechs bis neun Jahren gehen mit ihren selbst gebastelten Laternen nach Einbruch der Dunkelheit durch die Straßen und singen Lieder vor geöffneten Türen. Am Ende steht immer die Bitte um etwas Süßes. Für Erwachsene, die im dunklen Haus warten, bis die Kinder vorbeigezogen sind, weil sie nichts geben wollen, gibt es ein ganz besonderes, nicht sehr schmeichelhaftes Lied.

Sinterklaas

Sinterklaas (*ßinn-tèr-klaaß*, Nikolaus) ist auch ein Fest für die Kinder. Obwohl die Figur des **Sint Nikolaus** auf den gleichen Ursprung, den Bischof von Myra, zurückgeht, wird dieser Brauch in den Niederlanden und Deutschland ganz unterschiedlich gefeiert. Das beginnt schon beim Datum des Festes.

Schon einige Wochen vor dem 5. Dezember kommt **Sinterklaas** mit seinem weißen Pferd der Legende zufolge auf einem Dampfschiff aus Spanien mit seinem schwarzen Knecht **Zwarte Piet** (*swarr-tè piet*, Schwarzer Piet) in den Niederlanden an. Seine Ankunft im Hafen wird von Kindern und Eltern gefeiert und im Fernsehen live übertragen. In den Nächten zwischen Ende November und dem 5. Dezember reiten **Sint en Piet** (*ßinnt änn piet*, Nikolaus und Piet) nachts von Dach zu Dach und verteilen kleine Geschenke und Süßigkeiten, die der Knecht durch den Schornstein in die bereitgestellten Schuhe steckt. Am 5. Dezember feiert die ganze Familie den **Sinterklaasavond** (*ßinn-tèr-klaaß-aa-vonnt*, Nikolausabend), an dem sich auch die Erwachsenen gegenseitig beschenken. Das Geschenk sollte eine Überraschung sein und von einem eigens für den Empfänger geschriebenen witzigen Gedicht begleitet werden.

Viele Niederländer betrachten **Sinterklaas** als das typischste und bedeutendste niederländische Familienfest. Und obwohl der Weihnachtsmann inzwischen auch in den Niederlanden bekannt ist und kommerziell verwertet wird, behalten viele Familien das traditionelle **Sinterklaasfeest** bei und lehnen den Weihnachtsmann mit seinen Geschenken als »zu amerikanisch« ab.

Kerstmis

Kerstmis (*kärrßt-miss*, Weihnachten) ist der wichtigste christliche Feiertag des Jahres. Am **Eerste Kerstdag** (*eer-ßte kärrßt-dach*, ersten Weihnachtsfeiertag) und **Tweede Kerstdag** (*twee-dè kärrßt-dach*, zweiten Weihnachtsfeiertag) haben alle frei. Die Schulen haben zweiwöchige Weihnachtsferien und viele große Unternehmen bleiben ebenfalls bis zum 2. Januar geschlossen.

Die Vorbereitungen für das Fest fangen nach Sinterklaas an: Am 6. Dezember kann man schon die erste **kerstkaart** (*kärrßt-kaart*, Weihnachtskarte) bekommen. Privat und geschäftlich werden Weihnachtskarten verschickt, um einander **prettige feestdagen** (*prätt-tè-chè feeßt-daa-chèn*, Schöne Feiertage) zu wünschen. Bevor die **kerstviering** (*kärrßt-vie-ring*, Weihnachtsfeiertage) anfangen können, muss noch viel organisiert werden. Zum Beispiel die Gästeliste und Speisenfolge für das **kerstdiner** (*kärrßt-die-nee*, Weihnachtsessen) und das traditionelle **kerstpakket** (*kärrßt-pa-kätt*, Weihnachtspaket) – ein Paket mit verschiedenen Köstlichkeiten, das der Chef oder die Geschäftsleitung den Mitarbeitern als Anerkennung für die geleistete Arbeit vor Weihnachten zukommen lässt.

Auch in den Niederlanden ist der 24. Dezember kein Feiertag, das heißt, bis 16 Uhr wird noch gearbeitet. Danach eilt jeder nach Hause, um **Kerstavond** (*kärrßt-aa-vonnt*, Heiliger Abend) mit der Familie zu verbringen. Einige gehen am Abend in die Kirche, andere sind zu Hause oder treffen Vorbereitungen für den nächsten und für viele Niederländer bedeutendsten Abend: den ersten Weihnachtstag. Geschenke beziehungsweise eine Bescherung gibt es Heiligabend nicht. Der Höhepunkt der Weihnachtsfeierlichkeiten, das **kerstdiner,** findet am Abend des 25. Dezembers im Kreise der Familie oder zusammen mit guten Freunden statt. Am 26. Dezember geht man dann oft ein wenig spazieren, stattet Besuche ab oder unternimmt etwas mit der Familie.

19 Zehn Redewendungen, mit denen Sie noch professioneller wirken

In diesem Kapitel lernen Sie ein paar Redewendungen kennen, die Ihr Niederländisch im Umgang mit Kollegen und Vorgesetzten noch professioneller und geübter klingen lassen. Im Alltag werden Sie diese Ausdrücke oft hören und wenn Sie sie selbst anwenden, werden Sie Ihr Umfeld damit bestimmt überraschen.

Komt het gelegen?

kommt èt chè-lee-chèn

Diese Frage bedeutet: »Kommt es gelegen?« oder »Passt es gerade?«. Sie ermöglicht einen freundlichen Einstieg in ein Gespräch mit jemandem, der gerade beschäftigt ist. Eine Variante davon wäre: **Komt het uit?** (*kommt èt èüjt*) Die andere Person könnte darauf erwidern: **Waar gaat het over?** (*waar chaat èt oo-vèr,* Worum geht es?) und dann entscheiden, die Angelegenheit entweder sofort zu besprechen oder auf einen passenderen Zeitpunkt zu verschieben.

Stoor ik?

ßtoor ick

Wenn Sie jemandem diese Frage stellen, bevor Sie ihn in einem Gespräch unterbrechen müssen, ist das sehr höflich. Sie können auch sagen: **Mag ik even storen?** (*mach ick ee-vèn ßtoo-rèn,* Darf ich kurz stören?) Man wird Ihnen antworten: **Zeg het maar** (*säch èt maar,* Ja, was gibt's?) oder: **We zijn bijna klaar.** (*wè säijn bäij-naa klaar,* Wir sind gleich fertig.)

Je hebt gelijk!

jè häppt chè-läijk

Um jemanden in seiner Meinung zu bekräftigen und seine Zustimmung auszudrücken, kann man ganz formlos **Je hebt gelijk!** (*jè häppt chè-läijk,* Du hast recht!) sagen oder in der Höflichkeitsform **U heeft gelijk!** (*ü heeft chè-läijk,* Sie haben recht!). Dies zugebend, kann man den Satz aber auch als Einleitung für die eigene, vielleicht abweichende Argumentation benutzen, im Sinne von: **Je hebt gelijk, maar …** (*jè häppt chè-läijk maar,* Du hast recht, aber …)

Afgesproken

aff-chè-ßproo-kèn

Das ist der niederländische Ausdruck für »Abgemacht!«. Im Geschäftsleben wird er verwendet, wenn sich beide Seiten einig geworden sind. Dieser mündlichen Vereinbarung folgt natürlich ein schriftlicher Vertrag, aber der Ausdruck **afgesproken** oder **ik ga akkoord** (*ick chaa ack-koort*, ich stimme zu) hat durchaus einen verbindlichen Charakter.

Ik hoor het graag

ick hoor èt chraach

Dieser Satz, der wörtlich übersetzt »Ich höre es gern« bedeutet, wird oft am Ende einer E-Mail verwendet, um deutlich zu machen, dass man gern eine Antwort beziehungsweise Reaktion auf die unterbreiteten Vorschläge hätte. Er kann aber auch in einem Gespräch auftauchen, wenn man dem Gesprächspartner noch etwas Bedenkzeit einräumen möchte.

Klopt dat?

kloppt datt

Diese Frage bedeutet: »Stimmt das?« und sie könnte am Ende einer Vermutung oder Erkundigung wie zum Beispiel **Ik hoor dat je een andere baan zoekt, klopt dat?** (*ick hoor datt jè èn ann-dè-rè baan suckt, kloppt datt*, Ich hörte, dass du einen anderen Job suchst. Stimmt das?) stehen. Man verwendet diesen Zusatz häufig am Ende einer Frage, um sein Gegenüber im Falle einer falschen Mutmaßung nicht zu beleidigen oder zu verletzen.

Wat is er aan de hand?

watt iss ärr aan dè hannt

Diese offene und neutrale Frage bedeutet einfach: »Was ist los?«

Daar word ik niet blij van

daar worrt ick niet bläij vann

Personen in Leitungspositionen, die es gewöhnt sind, sich sehr diplomatisch auszudrücken, um niemanden vor den Kopf zu stoßen, verwenden diesen Ausdruck gern, um deutlich zu machen, dass sie mit einer Situation oder dem soeben Gesagten nicht zufrieden beziehungsweise einverstanden sind. Es bedeutet so viel wie: »Ich kann dem Ganzen nichts abgewinnen.«

Daar zitten wij niet op te wachten

daar sitt-tèn wäij niet opp tè wach-tèn

Wenn Sie mit diesem Satz auf etwas antworten, was Ihnen eine andere Person gerade erzählt hat, wird diese sich wahrscheinlich um eine andere Lösung des Problems bemühen. Sinngemäß bedeutet diese Redewendung: »Das ist das Letzte, was wir jetzt brauchen«, was zum Ausdruck bringt, dass Sie überhaupt nicht zufrieden sind mit der gegenwärtigen Lage. Die beiden letztgenannten Redewendungen sind übrigens sehr ähnlich.

Dat is koffiedik kijken

datt iss koff-fie-dick käij-kèn

Diese Redewendung kann Ihnen helfen, einen Vorschlag oder ein Projekt auf den Weg zu bringen, über dessen Ausgang sich alle Beteiligten noch unsicher sind. Es heißt wörtlich übersetzt: »Das ist Kaffeesatz lesen« und bedeutet so viel wie: »Keiner kann in die Zukunft schauen«, man muss abwarten, was passiert.

Teil V

Anhänge

In diesem Teil ...

Im letzten Teil dieses Buches finden Sie Anhänge, die für den Gebrauch des Buches nützlich sind. Die Verbtabellen zeigen die Konjugation regelmäßiger und unregelmäßiger Verben. Im Miniwörterbuch finden Sie schnell die Bedeutung der im Lehrbuch verwendeten Begriffe. Außerdem gibt es eine Übersicht der auf der Audio-CD befindlichen Dialoge mit den dazugehörigen Kapitelangaben; so können Sie die betreffenden Dialoge schnell im Buch ausfindig machen und beim Hören mitlesen.

Anhang A: Niederländische Verben

Regelmäßige Verben (zum Beispiel werken – arbeiten)

Partizip Perfekt: *gewerkt* (gearbeitet)

	Präsens	Imperfekt	Partizip Perfekt
ik (ich)	werk	werkte	
jij (du)	werkt	werkte	gewerkt
u (Sie)	werkt	werkte	(hebben)
hij/zij/het (er/sie/es)	werkt	werkte	
wij (wir)	werken	werkten	
jullie (ihr)	werken	werkten	
zij (sie)	werken	werkten	

Trennbare Verben (wie afhalen – abholen)

	Präsens	Imperfekt	Partizip Perfekt
ik (ich)	haal af	haalde af	
jij (du)	haalt af	haalde af	afgehaald
u (Sie)	haalt af	haalde af	(hebben)
hij/zij/het (er/sie/es)	haalt af	haalde af	
wij (wir)	halen af	haalden af	
jullie (ihr)	halen af	haalden af	
zij (sie)	halen af	haalden af	

Reflexive Verben (wie zich vergissen – sich irren)

	Präsens	Imperfekt	Partizip Perfekt
ik (ich)	vergis me	vergiste me	
jij (du)	vergist je	vergiste je	vergist
u (Sie)	vergist u/zich	vergiste u/zich	(hebben)
hij/zij/het (er/sie/es)	vergist zich	vergiste zich	
wij (wir)	vergissen ons	vergisten ons	
jullie (ihr)	vergissen je	vergisten je	
zij (sie)	vergissen zich	vergisten zich	

Unregelmäßige Verben

hebben (haben) – Partizip Perfekt: gehad (gehabt)

	Präsens	Imperfekt	Partizip Perfekt
ik (ich)	heb	had	
jij (du)	hebt	had	gehad
u (Sie)	hebt/heeft	had	(hebben)
hij/zij/het (er/sie/es)	heeft	had	
wij (wir)	hebben	hadden	
jullie (ihr)	hebben	hadden	
zij (sie)	hebben	hadden	

zijn (sein) – Partizip Perfekt: geweest (gewesen)

	Präsens	Imperfekt	Partizip Perfekt
ik (ich)	ben	was	
jij (du)	bent	was	geweest
u (Sie)	bent	was	(zijn)
hij/zij/het (er/sie/es)	is	was	
wij (wir)	zijn	waren	
jullie (ihr)	zijn	waren	
zij (sie)	zijn	waren	

beginnen (anfangen)

	Präsens	Imperfekt	Partizip Perfekt
ik	begin	begon	
jij	begint	begon	begonnen
u	begint	begon	(zijn)
hij/zij/het	begint	begon	
wij	beginnen	begonnen	
jullie	beginnen	begonnen	
zij	beginnen	begonnen	

begrijpen (verstehen)

	Präsens	Imperfekt	Partizip Perfekt
ik	begrijp	begreep	
jij	begrijpt	begreep	begrepen
u	begrijpt	begreep	(hebben)
hij/zij/het	begrijpt	begreep	
wij	begrijpen	begrepen	
jullie	begrijpen	begrepen	
zij	begrijpen	begrepen	

blijven (bleiben)

	Präsens	Imperfekt	Partizip Perfekt
ik	blijf	bleef	
jij	blijft	bleef	gebleven
u	blijft	bleef	(zijn)
hij/zij/het	blijft	bleef	
wij	blijven	bleven	
jullie	blijven	bleven	
zij	blijven	bleven	

brengen (bringen)

	Präsens	Imperfekt	Partizip Perfekt
ik	breng	bracht	
jij	brengt	bracht	gebracht
u	brengt	bracht	(hebben)
hij/zij/het	brengt	bracht	
wij	brengen	brachten	
jullie	brengen	brachten	
zij	brengen	brachten	

denken (denken)

	Präsens	Imperfekt	Partizip Perfekt
ik	denk	dacht	
jij	denkt	dacht	gedacht
u	denkt	dacht	(hebben)
hij/zij/het	denkt	dacht	
wij	denken	dachten	
jullie	denken	dachten	
zij	denken	dachten	

doen (tun)

	Präsens	Imperfekt	Partizip Perfekt
ik	doe	deed	
jij	doet	deed	gedaan
u	doet	deed	(hebben)
hij/zij/het	doet	deed	
wij	doen	deden	
jullie	doen	deden	
zij	doen	deden	

drinken (trinken)

	Präsens	Imperfekt	Partizip Perfekt
ik	drink	dronk	
jij	drinkt	dronk	gedronken
u	drinkt	dronk	(hebben)
hij/zij/het	drinkt	dronk	
wij	drinken	dronken	
jullie	drinken	dronken	
zij	drinken	dronken	

eten (essen)

	Präsens	Imperfekt	Partizip Perfekt
ik	eet	at	
jij	eet	at	gegeten
u	eet	at	(hebben)
hij/zij/het	eet	at	
wij	eten	aten	
jullie	eten	aten	
zij	eten	aten	

gaan (gehen)

	Präsens	Imperfekt	Partizip Perfekt
ik	ga	ging	
jij	gaat	ging	gegaan
u	gaat	ging	(zijn)
hij/zij/het	gaat	ging	
wij	gaan	gingen	
jullie	gaan	gingen	
zij	gaan	gingen	

geven (geben)

	Präsens	Imperfekt	Partizip Perfekt
ik	geef	gaf	
jij	geeft	gaf	gegeven
u	geeft	gaf	(hebben)
hij/zij/het	geeft	gaf	
wij	geven	gaven	
jullie	geven	gaven	
zij	geven	gaven	

helpen (helfen)

	Präsens	Imperfekt	Partizip Perfekt
ik	help	hielp	
jij	helpt	hielp	geholpen
u	helpt	hielp	(hebben)
hij/zij/het	helpt	hielp	
wij	helpen	hielpen	
jullie	helpen	hielpen	
zij	helpen	hielpen	

kijken (schauen)

	Präsens	Imperfekt	Partizip Perfekt
ik	kijk	keek	
jij	kijkt	keek	gekeken
u	kijkt	keek	(hebben)
hij/zij/het	kijkt	keek	
wij	kijken	keken	
jullie	kijken	keken	
zij	kijken	keken	

komen (kommen)

	Präsens	Imperfekt	Partizip Perfekt
ik	kom	kwam	
jij	komt	kwam	gekomen
u	komt	kwam	(zijn)
hij/zij/het	komt	kwam	
wij	komen	kwamen	
jullie	komen	kwamen	
zij	komen	kwamen	

kopen (kaufen)

	Präsens	Imperfekt	Partizip Perfekt
ik	koop	kocht	
jij	koopt	kocht	gekocht
u	koopt	kocht	(hebben)
hij/zij/het	koopt	kocht	
wij	kopen	kochten	
jullie	kopen	kochten	
zij	kopen	kochten	

krijgen (bekommen)

	Präsens	Imperfekt	Partizip Perfekt
ik	krijg	kreeg	
jij	krijgt	kreeg	gekregen
u	krijgt	kreeg	(hebben)
hij/zij/het	krijgt	kreeg	
wij	krijgen	kregen	
jullie	krijgen	kregen	
zij	krijgen	kregen	

kunnen (können)

	Präsens	Imperfekt	Partizip Perfekt
ik	kan	kon	
jij	kunt/kan	kon	gekund
u	kunt/kan	kon	(hebben)
hij/zij/het	kan	kon	
wij	kunnen	konden	
jullie	kunnen	konden	
zij	kunnen	konden	

laten (lassen)

	Präsens	Imperfekt	Partizip Perfekt
ik	laat	liet	
jij	laat	liet	gelaten
u	laat	liet	(hebben)
hij/zij/het	laat	liet	
wij	laten	lieten	
jullie	laten	lieten	
zij	laten	lieten	

lezen (lesen)

	Präsens	Imperfekt	Partizip Perfekt
ik	lees	las	
jij	leest	las	gelezen
u	leest	las	(hebben)
hij/zij/het	leest	las	
wij	lezen	lazen	
jullie	lezen	lazen	
zij	lezen	lazen	

liggen (liegen)

	Präsens	Imperfekt	Partizip Perfekt
ik	lig	lag	
jij	ligt	lag	gelegen
u	ligt	lag	(hebben)
hij/zij/het	ligt	lag	
wij	liggen	lagen	
jullie	liggen	lagen	
zij	liggen	lagen	

lopen (laufen)

	Präsens	Imperfekt	Partizip Perfekt
ik	loop	liep	
jij	loopt	liep	gelopen
u	loopt	liep	(hebben/zijn)
hij/zij/het	loopt	liep	
wij	lopen	liepen	
jullie	lopen	liepen	
zij	lopen	liepen	

moeten (müssen)

	Präsens	Imperfekt	Partizip Perfekt
ik	moet	moest	
jij	moet	moest	gemoeten
u	moet	moest	(hebben)
hij/zij/het	moet	moest	
wij	moeten	moesten	
jullie	moeten	moesten	
zij	moeten	moesten	

mogen (dürfen, mögen)

	Präsens	Imperfekt	Partizip Perfekt
ik	mag	mocht	
jij	mag	mocht	gemogen
u	mag	mocht	(hebben)
hij/zij/het	mag	mocht	
wij	mogen	mochten	
jullie	mogen	mochten	
zij	mogen	mochten	

nemen (nehmen)

	Präsens	Imperfekt	Partizip Perfekt
ik	neem	nam	
jij	neemt	nam	genomen
u	neemt	nam	(hebben)
hij/zij/het	neemt	nam	
wij	nemen	namen	
jullie	nemen	namen	
zij	nemen	namen	

rijden (fahren, reiten)

	Präsens	Imperfekt	Partizip Perfekt
ik	rijd	reed	
jij	rijdt	reed	gereden
u	rijdt	reed	(hebben/zijn)
hij/zij/het	rijdt	reed	
wij	rijden	reden	
jullie	rijden	reden	
zij	rijden	reden	

slapen (schlafen)

	Präsens	Imperfekt	Partizip Perfekt
ik	slaap	sliep	
jij	slaapt	sliep	geslapen
u	slaapt	sliep	(hebben)
hij/zij/het	slaapt	sliep	
wij	slapen	sliepen	
jullie	slapen	sliepen	
zij	slapen	sliepen	

spreken (sprechen)

	Präsens	Imperfekt	Partizip Perfekt
ik	spreek	sprak	
jij	spreekt	sprak	gesproken
u	spreekt	sprak	(hebben)
hij/zij/het	spreekt	sprak	
wij	spreken	spraken	
jullie	spreken	spraken	
zij	spreken	spraken	

staan (stehen)

	Präsens	Imperfekt	Partizip Perfekt
ik	sta	stond	
jij	staat	stond	gestaan
u	staat	stond	(hebben)
hij/zij/het	staat	stond	
wij	staan	stonden	
jullie	staan	stonden	
zij	staan	stonden	

vergeten (vergessen)

	Präsens	Imperfekt	Partizip Perfekt
ik	vergeet	vergat	
jij	vergeet	vergat	vergeten
u	vergeet	vergat	(zijn/hebben)
hij/zij/het	vergeet	vergat	
wij	vergeten	vergaten	
jullie	vergeten	vergaten	
zij	vergeten	vergaten	

vinden (finden)

	Präsens	Imperfekt	Partizip Perfekt
ik	vind	vond	
jij	vindt	vond	gevonden
u	vindt	vond	(hebben)
hij/zij/het	vindt	vond	
wij	vinden	vonden	
jullie	vinden	vonden	
zij	vinden	vonden	

weten (wissen)

	Präsens	Imperfekt	Partizip Perfekt
ik	weet	wist	
jij	weet	wist	geweten
u	weet	wist	(hebben)
hij/zij/het	weet	wist	
wij	weten	wisten	
jullie	weten	wisten	
zij	weten	wisten	

willen (wollen, möchten)

	Präsens	Imperfekt	Partizip Perfekt
ik	wil	wilde	
jij	wilt/wil	wilde	gewild
u	wilt	wilde	(hebben)
hij/zij/het	wil	wilde	
wij	willen	wilden	
jullie	willen	wilden	
zij	willen	wilden	

zeggen (sagen)

	Präsens	Imperfekt	Partizip Perfekt
ik	zeg	zei	
jij	zegt	zei	gezegd
u	zegt	zei	(hebben)
hij/zij/het	zegt	zei	
wij	zeggen	zeiden	
jullie	zeggen	zeiden	
zij	zeggen	zeiden	

zien (sehen)

	Präsens	Imperfekt	Partizip Perfekt
ik	zie	zag	
jij	ziet	zag	gezien
u	ziet	zag	(hebben)
hij/zij/het	ziet	zag	
wij	zien	zagen	
jullie	zien	zagen	
zij	zien	zagen	

zitten (sitzen)

	Präsens	Imperfekt	Partizip Perfekt
ik	zit	zat	
jij	zit	zat	gezeten
u	zit	zat	(hebben)
hij/zij/het	zit	zat	
wij	zitten	zaten	
jullie	zitten	zaten	
zij	zitten	zaten	

zoeken (suchen)

	Präsens	Imperfekt	Partizip Perfekt
ik	zoek	zocht	
jij	zoekt	zocht	gezocht
u	zoekt	zocht	(hebben)
hij/zij/het	zoekt	zocht	
wij	zoeken	zochten	
jullie	zoeken	zochten	
zij	zoeken	zochten	

zullen (werden, wollen, sollen)

	Präsens	Imperfekt	Partizip Perfekt
ik	zal	zou	
jij	zult/zal	zou	gibt es nicht
u	zult	zou	
hij/zij/het	zal	zou	
wij	zullen	zouden	
jullie	zullen	zouden	
zij	zullen	zouden	

Anhang B: Miniwörterbuch

Niederländisch – Deutsch

A

aangifte doen, *aan-chiff-tè dunn,* Anzeige erstatten
aankomst (de), *aan-kommßt (dè),* Ankunft (die)
achterlaten, *ach-tèr-laa-tèn,* hinterlassen
advocaat (de), *att-voo-kaat (dè),* Rechtsanwalt (der)
afslag (de), *aff-ßlach (dè),* Ausfahrt (die)
afspraak (de), *aff-ßpraak (dè),* Übereinkunft (die), Termin (der)
airco (de), *ärr-koo (dè),* Klimaanlage (die)
allergisch, *a-lärr-chieß,* allergisch
alles, *all-lèß,* alles
ambassade (de), *amm-bass-ßaa-dè (dè),* Botschaft (die)
ambulance (de), *amm-bü-lann-ßè (dè),* Krankenwagen (der)
antibiotica (de), *ann-tie-bie-joo-tie-kaa (dè),* Antibiotika (die)
antwoord (het), *annt-woort (hätt),* Antwort (die)
april, *app-prill,* April
architectuur (de), *arr-chie-täck-tüür (dè),* Architektur (die)
augustus, *au-chöss-töss,* August
auto (de), *oo-too (dè),* Auto (das)
autosnelweg (de), *oo-too-ßnäll-wäch (dè),* Autobahn (die)
avond (de), *aa-vonnt (dè),* Abend (der)

B

baan (de), *baan (dè),* Job (der), Anstellung (die)
baas (de), *baaß (dè),* Chef (der)
bagage (de), *ba-chaa-zschè (dè),* Gepäck (das)
bakker (de), *back-kèr (dè),* Bäcker (der)
balpen (de), *ball-pänn (dè),* Kugelschreiber (der)
bank (de), *bank (dè),* Sofa (das), Bank (die)
bankrekening (de), *bank-ree-kè-ning (dè),* Bankkonto (das)
banktransactie (de), *bank-trann-ßack-ksie (dè),* Überweisung (die)
bebouwde kom (de), *bè-bau-dè komm (dè),* geschlossene Ortschaft (die)
bedrijf (het), *bè-dräijf (hätt),* Firma (die), Betrieb (der)
beeldhouwkunst (de), *beelt-hau-könnßt (dè),* Bildhauerei (die)
begin (het), *bè-chinn (hätt),* Anfang (der)
bellen, *bäll-lèn,* telefonieren, anrufen
bericht (het), *bè-richt (hätt),* Nachricht (die)
beroep (het), *bè-rupp (hätt),* Beruf (der)
bespreking (de), *bè-ßpree-king (dè),* Besprechung (die)
bier (het), *bier (hätt),* Bier (das)
bij, *bäij,* bei
bikini (de), *bie-kie-nie (dè),* Bikini (der)
bioscoop (de), *bie-joss-koop (dè),* Kino (das)
boek (het), *buck (hätt),* Buch (das)

bord (het), *borrt (hätt),* Teller (der)
bos (het), *boss (hätt),* Wald (der)
boter (de), *boo-tèr (dè),* Butter (die)
brand (de), *brannt (dè),* Brand (der)
brandweer (de), *brannt-weer (dè),* Feuerwehr (die)
brief (de), *brief (dè),* Brief (der)
brievenbus (de), *brie-vèn-böss (dè),* Briefkasten (der)
brood (het), *broot (hätt),* Brot (das)
buiten gebruik, *bèüj-tèn gè-brèüjk,* außer Betrieb
bureau (het), *bü-roo (hätt),* Schreibtisch (der)
bus (de), *böss (dè),* Bus (der)
bushalte (de), *böss-hall-tè (dè),* Bushaltestelle (die)

C

cadeau (het), *ka-doo (hätt),* Geschenk (das)
café (het), *ka-fee (hätt),* Café (das)
centrum (het), *ßänn-trömm (hätt),* Zentrum (das)
collega (de), *koll-lee-chaa (dè),* Kollege (der)
computer (de), *komm-pju-tèr (dè),* Computer (der)
concerthal (de), *konn-ßärrt-hall (dè),* Konzerthalle (die)
contant, *konn-tannt,* bar (bezahlen)

D

daar, *daar,* dort
dag (de), *dach (dè),* Tag (der)
dagkoers (de), *dach-kurs (dè),* Tageswechselkurs (der)
dans (de), *dannß (dè),* Tanz (der)
das (de), *dass (dè),* Krawatte (die)
december, *dee-ßämm-bèr,* Dezember
denken, *däng-kèn,* denken
deur (de), *döhr (dè),* Tür (die)
diagnose (de), *die-jach-noo-sè (dè),* Diagnose (die)
dichtbij, *dicht-bäij,* nahe
dichtstbijzijnd, *dichßt-bäij-säijnt,* nächstgelegen
diefstal (de), *dieff-ßtall (dè),* Diebstahl (der)
digitale camera (de), *die-chie-taa-lè kaa-mè-(dè),* Digitalkamera (die)
dinsdag, *dinnß-dach,* Dienstag
directeur (de), *die-räck-töhr (dè),* Direktor (der)
docent (de), *doo-ßännt (dè),* Dozent (der)
document/bestand (het), *doo-kü-männt/bè-ßtannt (hätt),* Dokument (das), Bestand (der)
doelpunt (het), *dull-pönnt (hätt),* Treffer (der), Tor (das)
doen, *dunn,* tun
dokter (de), *dock-tèr (dè),* Dokter (der)
donderdag, *donn-dèr-dach (dè),* Donnerstag
douane (de), *du-waa-nè (de),* Zoll (der)
douche (de), *dusch (dè),* Dusche (die)
drinken, *dring-kèn,* trinken
drogisterij (de), *droo-chiss-tè-räij (dè),* Drogerie (die)

E

eergisteren, *eer-chiss-tè-rèn,* vorgestern
eerste klas (de), *eer-ßtè klass (dè),* Erste Klasse (die)
enkeltje (het), *äng-kèl-tjè (hätt),* Einfache Fahrt (die)
eten, *ee-tèn,* essen
euro (de), *öh-roo (dè),* Euro (der)
Europese Unie (de), *öh-roo-pee-ßè ü-nie (dè),* Europäische Union (die)
evenement (het), *ee-vè-nè-männt (hätt),* Veranstaltung (die)
excuus (het), *äckß-küß (hätt),* Entschuldigung (die)

F

familie (de), *fa-mie-lie (dè),* Familie (die)
fantastisch, *fann-tass-tieß,* fantastisch
februari, *fee-brü-waa-rie,* Februar
feest (het), *feeßt (hätt),* Fest (das), Feier (die)

festival (het), *fäss-tie-vall (hätt),* Festival (das)
fiets (de), *fietß (dè),* Fahrrad (das)
fietsen, *fie-zèn,* Fahrrad fahren
fietspaden (de), *fietß-paa-dèn (dè),* Radwege (die)
film (de), *fillm (dè),* Film (der)
finale (de), *fie-naa-lè (dè),* Finale (das)
fooi (de), *fooij (dè),* Trinkgeld (das)
formulier (het), *forr-mü-lier (hätt),* Formular (das)
foto (de), *foo-too (dè),* Foto (das)

G

gaan, *chaan,* gehen
gebruiken, *chè-brèüj-kèn,* gebrauchen, benutzen
geld (het), *chällt (hätt),* Geld (das)
geldautomaat (de), *chällt-au-too-maat (dè),* Geldautomat (der)
gesloten, *chè-ßloo-tèn,* geschlossen
geven, *chee-vèn,* geben
gewond, *chè-wonnt,* verwundet
gezin (het), *chè-sinn (hätt),* Familie (die; Kleinfamilie: Eltern und Kinder)
girorekening (de), *chie-roo-ree-kè-ning (dè),* Girokonto (das)
gisteren, *chiss-tè-rèn,* gestern
glas (het), *chlass (hätt),* Glas (das)
goed, *chutt,* gut
goedemiddag, *chu-dè-midd-dach,* Guten Tag (am Nachmittag)
goedemorgen, *chu-dè-morr-chèn,* Guten Morgen
goedenavond, *chu-dè-naa-vonnt,* Guten Abend
golf (de), *chollf (dè),* Welle (die)
groenteboer (de), *chrunn-tè-buur (dè),* Gemüsehändler (der)
groeten, *chru-tèn,* grüßen
groot, *chroot,* gross

H

halfpension, *hallf-pänn-schonn,* Halbpension
hallo, *hall-loo,* Hallo
handtekening (de), *hannt-tee-kè-ning (dè),* Unterschrift (die)
haven (de), *haa-vèn (dè),* Hafen (der)
hebben, *häbb-bèn,* haben
heer (de), *heer (dè),* Herr
helpen, *häll-pèn,* helfen
herhalen, *härr-haa-lèn,* wiederholen
hier, *hier,* hier
hoe, *hu,* wie
hotel (het), *hoo-täll (hätt),* Hotel (das)
huren, *hü-rèn,* mieten

I

identiteitsbewijs (het), *ie-dänn-tie-täijtß-bè-wäijß (hätt),* Personalausweis (der)
iets, *ietß,* etwas
in, *inn,* in
industrieterrein (het), *inn-döss-trie-tärr-räijn (hätt),* Industriegebiet (das)
infectie (de), *inn-fäck-kßie (dè),* Infektion (die)
instapkaart (de), *inn-ßtapp-kaart (dè),* Bordkarte (die)
interessant, *inn-tè-rè-ßannt,* interessant
internet (het), *inn-tèr-nätt (hätt),* Internet (das)
inzicht (het), *inn-sicht (hätt),* Einsicht (die)

J

ja, *jaa,* ja
jaar (het), *jaar (hätt),* Jahr (das)
januari, *ja-nü-waa-rie,* Januar
jas (de), *jass (dè),* Jacke (die)
joggen, *djogg-gèn,* joggen
jongen (de), *jong-èn,* Junge (der)
juli, *jü-lie,* Juli
juni, *jü-nie,* Juni

K

kaartjes (de), *kaar-tjèß (dè),* Tickets (die)
kantoor (het), *kann-toor (hätt),* Büro (das)

kassa (de), *kass-ßaa (dè),* Kasse (die)
kennis (de), *känn-niss (dè),* Kenntnis (die), Bekannter (der)
kerk (de), *kärrk (dè),* Kirche (die)
kinderen (de), *kinn-dè-rèn (dè),* Kinder (die)
klacht (de), *klacht (dè),* Klage (die), Beschwerde (die)
klein, *kläijn,* klein
knooppunt (het), *knoop-pönnt (hätt),* Verkehrsknotenpunkt (der)
koffer (de), *koff-fèr (dè),* Koffer (der)
koffie (de), *koff-fie (dè),* Kaffee (der)
koken, *koo-kèn,* kochen
komen, *koo-mèn,* kommen
kopje (het), *kopp-pjè (hätt),* (kleine) Tasse (die)
koud, *kaut,* kalt
kruispunt (het), *krèüjß-pönnt (hätt),* Straßenkreuzung (die)
kunnen, *könn-nèn,* können
kunst (de), *könnßt (dè),* Kunst (die)

L

land (het), *lannt (hätt),* Land (das)
lepel (de), *lee-pèl (dè),* Löffel (der)
leren, *lee-rèn,* lernen
leuk, *löhk,* schön, toll
lift (de), *lifft (dè),* Lift, Aufzug (der)
links, *linkß,* links
luchtpost (de), *löcht-posst (dè),* Luftpost (die)
luisteren, *lèüj-ßtè-rèn,* (an)hören

M

maand (de), *maant (dè),* Monat (der)
maandag, *maan-dach,* Montag
maart, *maart,* März
maat (de), *maat (dè),* Größe (die)
maken, *maa-kèn,* machen
makkelijk, *mack-kè-lèk,* einfach
man (de), *mann (dè),* Mann (der)
map (de), *mapp (dè),* Mappe (die), Ordner (der)
markt (de), *marrkt (dè),* Markt (der)
maximumsnelheid (de), *mack-ßie-mömm-ßnäll-häijt (dè),* Höchstgeschwindigkeit (die)
medicijnen (de), *mee-die-ßäij-nèn (dè),* Medikamente (die)
mei, *mäij,* Mai
meisje (het), *mäij-schè (hätt),* Mädchen (das)
melk (de), *mällk (dè),* Milch (die)
meneer/mijnheer (de), *mè-neer/mäijn-heer (dè),* Herr (der)
mes (het), *mäss (hätt),* Messer (das)
met, *mätt,* mit
metrostation (het), *mee-troo-ßta-schon (hätt),* U-Bahnhof (der)
mevrouw, *mè-vrau,* Frau
middag (de), *midd-dach (dè),* (Nach-)Mittag (der)
mobieltje (het), *moo-biel-tjè (hätt),* Handy (das)
moeilijk, *muij-lèk,* schwierig
mooi, *mooij,* schön
morgen, *morr-chèn,* morgen
museum (het), *mü-see-jömm (hätt),* Museum (das)
musical (de), *mju-sick-kèl (dè),* Musical (das)
muziek (de), *mü-sieck (dè),* Musik (die)

N

na, *naa,* nach (zeitlich)
naam (de), *naam (dè),* Name (der)
naar, *naar,* nach (örtlich), in, zu
naast, *naaßt,* neben
nationaliteit (de), *na-ßjoo-naa-lie-täijt (dè),* Nationalität (die)
natuurlijk, *na-tüür-lèk,* natürlich
navigatiesysteem (het), *na-vie-chaa-zie-ßie-ßteem (hätt),* Navigationssystem (das)
nee, *nee,* nein
nemen, *nee-mèn,* nehmen
niet storen, *niet ßtoo-rèn,* nicht stören
nietmachine (de), *niet-ma-schie-nè (dè),* Heftmaschine (die)

niets, *nietß,* nichts
noorden (het), *noor-dèn (hätt),* Norden (der)
november, *noo-vämm-bèr,* November

O

ochtend (de), *och-tènt (dè),* Morgen (der)
oktober, *ock-too-bèr,* Oktober
omleiding (de), *omm-läij-ding (dè),* Umleitung (die)
ondertekenen, *onn-dèr-tee-kè-nèn,* unterschreiben
ongeluk (het), *onn-chè-löck (hätt),* Unglück (das)
ontbijt (het), *onnt-bäijt (hätt),* Frühstück (das)
ontsteking (de), *onnt-ßtee-king (dè),* Entzündung (die)
ontwerper (de), *onnt-wärr-pèr (dè),* Designer (der)
oosten (het), *oo-ßtèn (hätt),* Osten (der)
op, *opp,* auf
open, *oo-pèn,* offen
openbaar vervoer (het), *oo-pèn-baar vèr-vuur (hätt),* öffentliche Verkehrsmittel (die)
openbaar, *oo-pèn-baar,* öffentlich
opera (de), *oo-pè-raa (dè),* Oper (die)
ouders (de), *au-dèrß (dè),* Eltern (die)
overeenkomst (de), *oo-vè-reen-kommßt (dè),* Übereinkunft (die)
overhemd (het), *oo-vèr-hämmt (hätt),* Oberhemd (das)
overmorgen, *oo-vèr-morr-chèn,* übermorgen
oversteken, *oo-vèr-ßtee-kèn,* überqueren

P

pak, mantelpak (het), *pack, mann-tèl-pack (hätt),* Anzug (der), Kostüm (das)
pakje (het), *pack-kjè (hätt),* Päckchen (das)
park (het), *parrk (hätt),* Park (der)
parkeerautomaat (de), *parr-keer-au-too-maat (dè),* Parkgebührenautomat (der)
parkeerplaats (de), *parr-keer-plaatß (dè),* Parkplatz (der)
parterre (de), *parr-tärr-rè (dè),* Parterre (das)
partner (de), *parrt-nèr (dè),* Partner (der)
paspoort (het), *pass-poort (hätt),* Reisepass (der)
perron/spoor (het), *pärr-ronn/ßpoor (hätt),* Bahnsteig (der)
persoon (de), *pèr-ßoon (dè),* Person (die)
pinpas/betaalpas (de), *pinn-pass/bè-taal-pass (dè),* EC-Karte (die)
politie (de), *poo-lie-zie (dè),* Polizei (die)
portemonnee (de), *porr-tè-moo-nee (dè),* Portemonnaie (das)
postkantoor (het), *posst-kann-toor (hätt),* Postfiliale (die)
postzegel (de), *posst-see-chèl (dè),* Briefmarke (die)
potlood (het), *pott-loot (hätt),* Bleistift (der)
praten, *praa-tèn,* reden, sich unterhalten
pretpark (het), *prätt-parrk (hätt),* Freizeitpark (der)
printer (de), *prinn-tèr (dè),* Drucker (der)
proces verbaal (het), *proo-ßäss värr-baal (hätt),* polizeiliche Anzeige (die)
publiek (het), *pü-blieck (hätt),* Publikum (das)

R

receptie (de), *rè-ßäpp-ßie (dè),* Empfang (der)
rechtdoor, *rächt-door,* geradeaus
rechts, *rächtß,* rechts
reddingsbrigade (de), *rädd-dingß-brie-chaa-dè (dè),* Rettungsmannschaft (die)
reisdocument (het), *räijß-doo-kü-männt (hätt),* Reiseunterlage (die)
reizen, *räij-sèn,* reisen
rekening (de), *ree-kè-ning (dè),* Rechnung (die)
reserveren, *ree-sèr-vee-rèn,* reservieren
restaurant (het), *räss-too-rannt (hätt),* Restaurant (das)
retourticket/retourtje (het), *rè-tuur-tick-kèt/rè-tuur-tjè (hätt),* Hin- und Rückfahrkarte (die)

richting (de), *rich-ting (dè),* Richtung (die)
rijbewijs (het), *räij-bè-wäijß (hätt),* Führerschein (der)
roken, *roo-kèn,* rauchen
roltrap (de), *roll-trapp (dè),* Rolltreppe (die)
rotonde (de), *roo-tonn-dè (dè),* Kreisverkehr (der)
routeplanner (de), *ru-tè-plänn-nèr (dè),* Streckenplaner (der)

S

saai, *ßaaij,* langweilig
sap (het), *ßapp (hätt),* Saft (der)
sauna (de), *ßau-naa (dè),* Sauna (die)
schaatsen, *ßchaa-zèn,* eislaufen
schip (het), *ßchipp (hätt),* Schiff (das)
schoenenzaak (de), *ßchu-nèn-saak (dè),* Schuhladen (der)
schouwburg (de), *ßchau-börrch (dè),* Theater (das)
secretaris (de), *ßee-krè-taa-riss (dè),* Sekretär (der)
september, *ßäpp-tämm-bèr,* September
slager (de), *ßlaa-chèr (dè),* Fleischer (der)
slapen, *ßlaa-pèn,* schlafen
slecht, *ßlächt,* schlecht
sleutel (de), *ßlöh-tèl (dè),* Schlüssel (der)
slijterij (de), *ßläij-tè-räij (dè),* Spirituosenfachgeschäft (das)
snel, *ßnäll,* schnell
soep (de), *ßupp (dè),* Suppe (die)
souterrain (het), *ßu-tè-ränn (hätt),* Souterrain (das)
spaarrekening (de), *ßpaar-ree-kè-ning (dè),* Sparkonto (das)
sparen/verzamelen, *ßpaa-rèn/vèr-saa-mèlèn,* sparen, sammeln
spitsuur (het), *ßpitt-ßuur (hätt),* Hauptverkehrszeit (die)
sportschool (de), *ßporrt-ßchool (dè),* Sportverein (der)
spreekuur (het), *ßpreek-üür (hätt),* Sprechstunde (die)
spreken, *ßpree-kèn,* sprechen
staan, *ßtaan,* stehen
stad (de), *ßtatt (dè),* Stadt (die)
stadhuis (het), *ßtatt-hèüjß (hätt),* Rathaus (das)
station (het), *ßta-schon (hätt),* Bahnhof (der)
sterkte, *ßtärrk-tè,* Stärke, Viel Kraft!
strand (het), *ßtrannt (hätt),* Strand (der)
strippenkaart (de), *ßtripp-pèn-kaart (dè),* Fahrschein (der)
student (de), *ßtü-dännt (dè),* Student (der)
studie (de), *ßtü-die (dè),* Studium (das)
supermarket (de), *ßü-pèr-marrkt (dè),* Supermarkt (der)
surfen, *ßörr-fèn,* surfen

T

tandarts (de), *tannt-arrtß (dè),* Zahnarzt (der)
tankstation (het), *tänk-ßta-schon (hätt),* Tankstelle (die)
taxi (de), *tack-ßie (dè),* Taxi (das)
taxistandplaats (de), *tack-ßie-ßtannt-plaatß (dè),* Taxistand (der)
tegenliggers (de), *tee-chèn-lich-chèrß (dè),* Gegenverkehr (der)
telefoon (de), *tee-lè-foon (dè),* Telefon (das)
telefoonwinkel (de), *tee-lè-foon-wing-kèl (dè),* Telefongeschäft (das)
teleurstellend, *tè-löhr-ßtäll-lènt,* enttäuschend
tennis (het), *tänn-niss (hätt),* Tennis (das)
theater (het), *tee-jaa-tèr (hätt),* Theater (das)
thee (de), *tee (dè),* Tee (der)
ticket (het), *tick-kèt (hätt),* Eintrittskarte (die)
toast (de), *tooßt (dè),* Toast (der)
toerist (de), *tu-risst (dè),* Tourist (der)
toeslag (de), *tu-ßlach (dè),* Zuschlag (der)
toilet (het), *twa-lätt (hätt),* Toilette (die)
toneelstuk (het), *too-neel-ßtöck (hätt),* Theaterstück (das)
tot horens, *tott hoo-rènß,* Auf Wiederhören
tot ziens, *tott sienß,* Auf Wiedersehen
tramhalte (de), *trämm-hall-tè (dè),* Straßenbahnhaltestelle (die)
trein (de), *träijn (dè),* Zug (der)

tweeverdieners (de), *twee-vèr-die-nèrß (dè),* Doppelverdiener (die)

U

uitchecken, *èüjt-tschäck-kèn,* auschecken
uitgaan, *èüjt-chaan,* ausgehen
uitnodiging (de), *èüjt-noo-di-ging (dè),* Einladung (die)
uitstekend, *èüjt-ßtee-kènt,* ausgezeichnet
uitverkocht, *èüjt-vèr-kocht,* ausverkauft

V

vakantie (de), *va-kann-zie (dè),* Ferien (die)
vakantiehuis (het), *va-kann-zie-hèüjß (hätt),* Ferienhaus (das)
vandaag, *vann-daach,* heute
varen, *vaa-rèn,* fahren auf dem Wasser, beispielsweise mit dem Schiff
veel, *veel,* viel
verboden toegang, *vèr-boo-dèn tu-chang,* Zugang verboten
vergadering (de), *vèr-chaa-dè-ring (dè),* Sitzung (die)
verjaardag (de), *vèr-jaar-dach (dè),* Geburtstag (der)
verkeer (het), *vèr-keer (hätt),* Verkehr (der)
verkeersopstopping (de), *vèr-keer-ßopp-ßtopp-ping (dè),* Stau (der)
verkopen, *vèr-koo-pèn,* verkaufen
verleden tijd (de), *vèr-lee-dèn täijt (dè),* Vergangenheit (die)
verliezen, *vèr-lie-sèn,* verlieren
vermoeiend, *vèr-mui-jènt,* ermüdend
verpleegkundige (de), *vèr-pleech-könn-dè-chè (dè),* Krankenpfleger/-pflegerin (der/die)
vertraging (de), *vèr-traa-ching (dè),* Verspätung (die)
vertrek (het), *vèr-träck (hätt),* Abfahrt (die)
vertrekken, *vèr-träck-kèn,* abfahren, losgehen
verzekering (de), *vèr-see-kè-ring (dè),* Versicherung (die)
verzekeringsmaatschappij (de), *vèr-see-kè-ringß-maat-ßchapp-päij (dè),* Versicherungsgesellschaft (die)
videocamera (de), *vie-dee-joo-kaa-mè-raa (dè),* Videokamera (die)
vliegen, *vlie-chèn,* fliegen
vliegtuig (het), *vliech-tèüjch (hätt),* Flugzeug (das)
vliegveld (het), *vliech-vällt (hätt),* Flughafen (der)
vlucht (de), *vlöcht (dè),* Flug (der)
voetbalstadion (het), *vutt-ball-ßtaa-die-jonn (hätt),* Fußballstadion (das)
volpension, *voll-pänn-schonn,* Vollpension
voltooide tijd (de), *voll-tooij-dè täijt (dè),* Perfekt (das)
voor, *voor,* vor, für
voornaam (de), *voor-naam (dè),* Vorname (der)
voorschrijven, *voor-ßchräij-vèn,* (ärztlich) aufschreiben, verschreiben
voorstellen, *voor-ßtäll-lèn,* vorstellen
voorstelling (de), *voor-ßtäll-ling (dè),* Vorstellung (die)
vork (de), *vorrk (dè),* Gabel (die)
vragen, *vraa-chèn,* fragen
vreemde valuta (de), *vreem-dè va-lü-taa (dè),* Fremdwährung (die)
vriend (de), *vrient (dè),* Freund (der)
vrijdag, *vräij-dach,* Freitag
vrouw (de), *vrau (dè),* Frau (die)

W

waar, *waar,* wo
waarom, *waa-romm,* warum
wachten, *wach-tèn,* warten
wanneer, *wann-neer,* wann
warm, *warm,* warm
wat, *watt,* was
wedstrijd (de), *wätt-ßträijt (dè),* Wettkampf (der)
week (de), *week (dè),* Woche (die)
weekend (het), *wie-kännt (hätt),* Wochenende (das)
wegenkaart (de), *wee-chèn-kaart (dè),* Straßenkarte (die)
wegwerkzaamheden (de), *wäch-wärrk-saam-hee-dèn (dè),* Straßenarbeiten (die)
werken, *wärr-kèn,* arbeiten

westen (het), *wäss-tèn (hätt),* Westen (der)
wie, *wie,* wer
wijn (de), *wäijn (dè),* Wein (der)
winnen, *winn-nèn,* gewinnen
wisselkantoor (het), *wiss-ßèl-kann-toor (hätt),* Wechselstube (die)
wisselkoers (de), *wiss-ßèl-kurß (dè),* Wechselkurs (der)
woensdag, *wunnß-dach,* Mittwoch

Z

zaken (de), *saa-kèn (dè),* Geschäfte (die)
zakenreis (de), *saa-kèn-räijß (dè),* Dienstreise (die)
zaterdag, *saa-tèr-dach,* Samstag
zee (de), *see (dè),* Meer (das)
zeilen, *säij-lèn,* segeln
zelfbediening (de), *sällf-bè-die-ning (dè),* Selbstbedienung (die)
zich bemoeien met, *sich bè-mui-jèn mätt,* sich in etwas einmischen
zich gedragen, *sich gè-draa-chèn,* sich benehmen
zich herinneren, *sich härr-rinn-nè-rèn,* sich erinnern
zich vergissen, *sich vèr-chiss-ßèn,* sich irren
zich vervelen, *sich vèr-vee-lèn,* sich langweilen
ziek, *sieck,* krank
ziekenhuis (het), *sieck-kèn-hèüjß (hätt),* Krankenhaus (das)
zijn, *säijn,* sein
zondag, *sonn-dach,* Sonntag
zonnebaden, *sonn-nè-baa-dèn,* sich sonnen
zonnebrandcreme (de), *sonn-nè-brannt-krähm (dè),* Sonnencreme (die)
zuiden (het), *sèüj-dèn (hätt),* Süden (der)
zullen, *söll-lèn,* wollen, sollen, werden
zwembad (het), *swämm-batt (hätt),* Schwimmbad (das)
zwembroek (de), *swämm-bruck,* Badehose (die)
zwemmen, *swämm-mèn,* schwimmen

Deutsch – Niederländisch

A

Abend (der), **avond (de)**, *aa-vonnt (dè)*
abfahren, **vertrekken**, *vèr-träck-kèn*
Abfahrt (die), **vertrek (het)**, *vèr-träck (hätt)*
allergisch, **allergisch**, *a-lärr-chieß*
alles, **alles**, *all-lèß*
Anfang (der), **begin (het)**, *bè-chinn (hätt)*
anhören, **luisteren**, *lèüj-ßtè-rèn*
Ankunft (die), **aankomst (de)**, *aan-kommßt (dè)*
anrufen, **bellen**, *bäll-lèn*
Anstellung (die), **baan (de)**, *baan (dè)*
Antibiotika (die), **antibiotica (de)**, *ann-tie-bie-joo-tie-kaa (dè)*
Antwort (die), **antwoord (het)**, *annt-woort (hätt)*
Anzeige, polizeiliche (die), **proces verbaal (het)**, *proo-ßäss värr-baal (hätt)*
Anzeige erstatten, **aangifte doen**, *aan-chiff-tè dunn*
Anzug (der), **pak, mantelpak (het)**, *pack, mann-tèl-pack (hätt)*
April, **april**, *app-prill*
arbeiten, **werken**, *wärr-kèn*
Architektur (die), **architectuur (de)**, *arr-chie-täck-tüür (dè)*
Auf Wiederhören, **tot horens**, *tott hoo-rènß*
Auf Wiedersehen, **tot ziens**, *tott sienß*
auf, **op**, *opp*
Aufzug (der), **lift (de)**, *lifft (dè)*, Lift
August, **augustus**, *au-chöss-töss*
auschecken, **uitchecken**, *èüjt-tschäck-kèn*
Ausfahrt (die), **afslag (de)**, *aff-ßlach (dè)*
ausgehen, **uitgaan**, *èüjt-chaan*
ausgezeichnet, **uitstekend**, *èüjt-ßtee-kènt*
außer Betrieb, **buiten gebruik**, *bèüj-tèn gè-brèüjk*
ausverkauft, **uitverkocht**, *èüjt-vèr-kocht*
Auto (das), **auto (de)**, *oo-too (dè)*
Autobahn (die), **autosnelweg (de)**, *oo-too-ßnäll-wäch (dè)*

B

Bäcker (der), **bakker (de)**, *back-kèr (dè)*
Badehose (die), **zwembroek (de)**, *swämm-bruck*
Bahnhof (der), **station (het)**, *ßta-schon (hätt)*
Bahnsteig (der), **perron/spoor (het)**, *pärr-ronn/ßpoor (hätt)*
Bank (die), **bank (de)**, *bank (dè)*
Bankkonto (das), **bankrekening (de)**, *bank-ree-kè-ning (dè)*
bar (bezahlen), **contant**, *konn-tannt*
bei, **bij**, *bäij*
Bekannter (der), **kennis (de)**, *känn-niss (dè)*
benehmen, sich, **zich gedragen**, *sich gè-draa-chèn*
benutzen, **gebruiken**, *chè-brèüj-kèn*
Beruf (der), **beroep (het)**, *bè-rupp (hätt)*
Beschwerde (die), **klacht (de)**, *klacht (dè)*
Besprechung (die), **bespreking (de)**, *bè-ßpree-king (dè)*
Bier (das), **bier (het)**, *bier (hätt)*
Bikini (der), **bikini (de)**, *bie-kie-nie (dè)*
Bildhauerei (die), **beeldhouwkunst (de)**, *beelt-hau-könnßt (dè)*
Bleistift (der), **potlood (het)**, *pott-loot (hätt)*
Bordkarte (die), **instapkaart (de)**, *inn-ßtapp-kaart (dè)*
Botschaft (die), **ambassade (de)**, *amm-bass-ßaa-dè (dè)*
Brand (der), **brand (de)**, *brannt (dè)*
Brief (der), **brief (de)**, *brief (dè)*
Briefkasten (der), **brievenbus (de)**, *brie-vèn-böss (dè)*
Briefmarke (die), **postzegel (de)**, *posst-see-chèl (dè)*
Brot (das), **brood (het)**, *broot (hätt)*
Buch (das), **boek (het)**, *buck (hätt)*
Büro (das), **kantoor (het)**, *kann-toor (hätt)*
Bus (der), **bus (de)**, *böss (dè)*
Bushaltestelle (die), **bushalte (de)**, *böss-hall-tè (dè)*
Butter (die), **boter (de)**, *boo-tèr (dè)*

C

Café (das), **café (het)**, *ka-fee (hätt)*
Chef (der), **baas (de)**, *baaß (dè)*
Computer (der), **computer (de)**, *komm-pju-tèr (dè)*

D

denken, **denken**, *däng-kèn*
Designer (der), **ontwerper (de)**, *onnt-wärr-pèr (dè)*
Dezember, **december**, *dee-ßämm-bèr*
Diagnose (die), **diagnose (de)**, *die-jach-noo-sè (dè)*
Diebstahl (der), **diefstal (de)**, *dieff-ßtall (dè)*
Dienstag, **dinsdag**, *dinnß-dach*
Dienstreise (die), **zakenreis (de)**, *saa-kèn-räijß (dè)*
Digitalkamera (die), **digitale camera (de)**, *die-chie-taa-lè kaa-mè-(dè)*
Direktor (der), **directeur (de)**, *die-räck-töhr (dè)*
Doktor (der), **dokter (de)**, *dock-tèr (dè)*
Dokument (das), **document/bestand (het)**, *doo-kü-männt/bè-ßtannt (hätt)*
Donnerstag, **donderdag**, *donn-dèr-dach (dè)*
Doppelverdiener (die), **tweeverdieners (de)**, *twee-vèr-die-nèrß (dè)*
dort, **daar**, *daar*
Dozent (der), **docent (de)**, *doo-ßännt (dè)*
Drogerie (die), **drogisterij (de)**, *droo-chiss-tè-räij (dè)*
Drucker (der), **printer (de)**, *prinn-tèr (dè)*
Dusche (die), **douche (de)**, *dusch (dè)*

E

EC-Karte (die), **pinpas/betaalpas (de)**, *pinn-pass/bè-taal-pass (dè)*
einfach, **makkelijk**, *mack-kè-lèk*
Einfache Fahrt (die), **enkeltje (het)**, *äng-kèl-tjè (hätt)*
Einladung (die), **uitnodiging (de)**, *èüjt-noo-di-ging (dè)*
einmischen, sich in etwas, **zich bemoeien met**, *sich bè-mui-jèn mätt*
Einsicht (die), **inzicht (het)**, *inn-sicht (hätt)*
Eintrittskarte (die), **ticket (het)**, *tick-kèt (hätt)*
eislaufen, **schaatsen**, *ßchaa-zèn*
Eltern (die), **ouders (de)**, *au-dèrß (dè)*
Empfang (der), **receptie (de)**, *rè-ßäpp-ßie (dè)*
Entschuldigung (die), **excuus (het)**, *äckß-küß (hätt)*
enttäuschend, **teleurstellend**, *tè-löhr-ßtäll-lènt*
Entzündung (die), **ontsteking (de)**, *onnt-ßtee-king (dè)*
erinnern, sich, **zich herinneren**, *sich härr-rinn-nè-rèn*
ermüdend, **vermoeiend**, *vèr-mui-jènt*
Erste Klasse (die), **eerste klas (de)**, *eer-ßtè klass (dè)*
essen, **eten**, *ee-tèn*
etwas, **iets**, *ietß*
Euro (der), **euro (de)**, *öh-roo (dè)*
Europäische Union (die), **Europese Unie (de)**, *öh-roo-pee-ßè ü-nie (dè)*

F

fahren auf dem Wasser, beispielsweise mit dem Schiff, **varen**, *vaa-rèn*
Fahrrad (das), **fiets (de)**, *fietß (dè)*
Fahrrad fahren, **fietsen**, *fie-zèn*
Fahrschein (der), **strippenkaart (de)**, *ßtripp-pèn-kaart (dè)*
Familie (die), **familie (de)**, *fa-mie-lie (dè)*
Familie (die; Kleinfamilie: Eltern und Kinder), **gezin (het)**, *chè-sinn (hätt)*
fantastisch, **fantastisch**, *fann-tass-tieß*
Februar, **februari**, *fee-brü-waa-rie*
Feier (die), **feest (het)**, *feeßt (hätt)*
Ferien (die), **vakantie (de)**, *va-kann-zie (dè)*
Ferienhaus (das), **vakantiehuis (het)**, *va-kann-zie-hèüjß (hätt)*
Fest (das), **feest (het)**, *feeßt (hätt)*
Festival (das), **festival (het)**, *fäss-tie-vall (hätt)*
Feuerwehr (die), **brandweer (de)**, *brannt-weer (dè)*
Film (der), **film (de)**, *fillm (dè)*

Finale (das), **finale (de)**, *fie-naa-lè (dè)*
Firma (die), **bedrijf (het)**, *bè-dräijf (hätt)*
Fleischer (der), **slager (de)**, *ßlaa-chèr (dè)*
fliegen, **vliegen**, *vlie-chèn*
Flug (der), **vlucht (de)**, *vlöcht (dè)*
Flughafen (der), **vliegveld (het)**, *vliech-vällt (hätt)*
Flugzeug (das), **vliegtuig (het)**, *vliech-tèüjch (hätt)*
Formular (das), **formulier (het)**, *forr-mü-lier (hätt)*
Foto (das), **foto (de)**, *foo-too (dè)*
fragen, **vragen**, *vraa-chèn*
Frau (die), **vrouw (de)**, *vrau (dè)*
Frau, **mevrouw**, *mè-vrau*
Freitag, **vrijdag**, *vräij-dach*
Freizeitpark (der), **pretpark (het)**, *prätt-parrk (hätt)*
Fremdwährung (die), **vreemde valuta (de)**, *vreem-dè va-lü-taa (dè)*
Freund (der), **vriend (de)**, *vrient (dè)*
Frühstück (das), **ontbijt (het)**, *onnt-bäijt (hätt)*
Führerschein (der), **rijbewijs (het)**, *räij-bè-wäijß (hätt)*
für, **voor**, *voor*
Fußballstadion (das), **voetbalstadion (het)**, *vutt-ball-ßtaa-die-jonn (hätt)*

G

Gabel (die), **vork (de)**, *vorrk (dè)*
geben, **geven**, *chee-vèn*
gebrauchen, **gebruiken**, *chè-brèüj-kèn*
Geburtstag (der), **verjaardag (de)**, *vèr-jaar-dach (dè)*
Gegenverkehr (der), **tegenliggers (de)**, *tee-chèn-lich-chèrß (dè)*
gehen, **gaan**, *chaan*
Geld (das), **geld (het)**, *chällt (hätt)*
Geldautomat (der), **geldautomaat (de)**, *chällt-au-too-maat (dè)*
Gemüsehändler (der), **groenteboer (de)**, *chrunn-tè-buur (dè)*
Gepäck (das), **bagage (de)**, *ba-chaa-zschè (dè)*
geradeaus, **rechtdoor**, *rächt-door*
Geschäfte (die), **zaken (de)**, *saa-kèn (dè)*
Geschenk (das), **cadeau (het)**, *ka-doo (hätt)*
geschlossen, **gesloten**, *chè-ßloo-tèn*
geschlossene Ortschaft (die), **bebouwde kom (de)**, *bè-bau-dè komm (dè)*
gestern, **gisteren**, *chiss-tè-rèn*
gewinnen, **winnen**, *winn-nèn*
Girokonto (das), **girorekening (de)**, *chie-roo-ree-kè-ning (dè)*
Glas (das), **glas (het)**, *chlass (hätt)*
groß, **groot**, *chroot*
Größe (die), **maat (de)**, *maat (dè)*
grüßen, **groeten**, *chru-tèn*
gut, **goed**, *chutt*
Guten Abend, **goedenavond**, *chu-dè-naa-vonnt*
Guten Morgen, **goedemorgen**, *chu-dè-morr-chèn*
Guten Tag (am Nachmittag), **goedemiddag**, *chu-dè-midd-dach*

H

haben, **hebben**, *häbb-bèn*
Hafen (der), **haven (de)**, *haa-vèn (dè)*
Halbpension, **halfpension**, *hallf-pänn-schonn*
Hallo, **hallo**, *hall-loo*
Handy (das), **mobieltje (het)**, *moo-biel-tjè (hätt)*
Hauptverkehrszeit (die), **spitsuur (het)**, *ßpitt-ßuur (hätt)*
Heftmaschine (die), **nietmachine (de)**, *niet-ma-schie-nè (dè)*
helfen, **helpen**, *häll-pèn*
Herr (der), **meneer/mijnheer (de)**, *mè-neer/mäijn-heer (dè)*
Herr, **heer (de)**, *heer (dè)*
heute, **vandaag**, *vann-daach*
hier, **hier**, *hier*
Hin- und Rückfahrkarte (die), **retourticket/retourtje (het)**, *rè-tuur-tick-kèt/rè-tuur-tjè (hätt)*
hinterlassen, **achterlaten**, *ach-tèr-laa-tèn*
Höchstgeschwindigkeit (die), **maximumsnelheid (de)**, *mack-ßie-mömm-ßnäll-häijt (dè)*

hören, **luisteren**, *lèüj-ßtè-rèn*
Hotel (das), **hotel (het)**, *hoo-täll (hätt)*

I

in, **in**, *inn*
Industriegebiet (das), **industrieterrein (het)**, *inn-döss-trie-tärr-räijn (hätt)*
Infektion (die), **infectie (de)**, *inn-fäck-kßie (dè)*
interessant, **interessant**, *inn-tè-rè-ßannt*
Internet (das), **internet (het)**, *inn-tèr-nätt (hätt)*
irren, sich, **zich vergissen**, *sich vèr-chiss-ßèn*

J

ja, **ja**, *jaa*
Jacke (die), **jas (de)**, *jass (dè)*
Jahr (das), **jaar (het)**, *jaar (hätt)*
Januar, **januari**, *ja-nü-waa-rie*
Job (der), **baan (de)**, *baan (dè)*
joggen, **joggen**, *djogg-gèn*
Juli, **juli**, *jü-lie*
Junge (der), **jongen (de)**, *jong-èn*
Juni, **juni**, *jü-nie*

K

Kaffee (der), **koffie (de)**, *koff-fie (dè)*
kalt, **koud**, *kaut*
Kasse (die), **kassa (de)**, *kass-ßaa (dè)*
Kenntnis (die), **kennis (de)**, *känn-niss (dè)*
Kinder (die), **kinderen (de)**, *kinn-dè-rèn (dè)*
Kino (das), **bioscoop (de)**, *bie-joss-koop (dè)*
Kirche (die), **kerk (de)**, *kärrk (dè)*
Klage (die), **klacht (de)**, *klacht (dè)*
klein, **klein**, *kläijn*
Klimaanlage (die), **airco (de)**, *ärr-koo (dè)*
kochen, **koken**, *koo-kèn*
Koffer (der), **koffer (de)**, *koff-fèr (dè)*
Kollege (der), **collega (de)**, *koll-lee-chaa (dè)*
kommen, **komen**, *koo-mèn*
können, **kunnen**, *könn-nèn*
Konzerthalle (die), **concerthal (de)**, *konn-ßärrt-hall (dè)*
Kostüm (das), **pak, mantelpak (het)**, *pack, mann-tèl-pack (hätt)*
krank, **ziek**, *sieck*
Krankenhaus (das), **ziekenhuis (het)**, *sieck-kèn-hèüjß (hätt)*
Krankenpfleger/-pflegerin (der/die), **verpleegkundige (de)**, *vèr-pleech-könn-dè-chè (dè)*
Krankenwagen (der), **ambulance (de)**, *amm-bü-lann-ßè (dè)*
Krawatte (die), **das (de)**, *dass (dè)*
Kreisverkehr (der), **rotonde (de)**, *roo-tonn-dè (dè)*
Kugelschreiber (der), **balpen (de)**, *ball-pänn (dè)*
Kunst (die), **kunst (de)**, *könnßt (dè)*

L

Land (das), **land (het)**, *lannt (hätt)*
langweilen, sich, **zich vervelen**, *sich vèr-vee-lèn*
langweilig, **saai**, *ßaaij*
lernen, **leren**, *lee-rèn*
links, **links**, *linkß*
Löffel (der), **lepel (de)**, *lee-pèl (dè)*
losgehen, **vertrekken**, *vèr-träck-kèn*
Luftpost (die), **luchtpost (de)**, *löcht-posst (dè)*

M

machen, **maken**, *maa-kèn*
Mädchen (das), **meisje (het)**, *mäij-schè (hätt)*
Mai, **mei**, *mäij*
Mann (der), **man (de)**, *mann (dè)*
Mappe (die), **map (de)**, *mapp (dè)*
Markt (der), **markt (de)**, *marrkt (dè)*
März, **maart**, *maart*
Medikamente (die), **medicijnen (de)**, *mee-die-ßäij-nèn (dè)*
Meer (das), **zee (de)**, *see (dè)*
Messer (das), **mes (het)**, *mäss (hätt)*
mieten, **huren**, *hü-rèn*

Milch (die), **melk (de)**, *mällk (dè)*
mit, **met**, *mätt*
Mittag (der), **middag (de)**, *midd-dach (dè)*
Mittwoch, **woensdag**, *wunnß-dach*
Monat (der), **maand (de)**, *maant (dè)*
Montag, **maandag**, *maan-dach*
Morgen (der), **ochtend (de)**, *och-tènt (dè)*
morgen, **morgen**, *morr-chèn*
Museum (das), **museum (het)**, *mü-see-jömm (hätt)*
Musical (das), **musical (de)**, *mju-sick-kèl (dè)*
Musik (die), **muziek (de)**, *mü-sieck (dè)*

N

nach (örtlich), in, zu, **naar**, *naar*
nach (zeitlich), **na**, *naa*
Nachmittag (der), **middag (de)**, *midd-dach (dè)*
Nachricht (die), **bericht (het)**, *bè-richt (hätt)*
nächstgelegen, **dichtstbijzijnd**, *dichßt-bäij-säijnt*
nahe, **dichtbij**, *dicht-bäij*
Name (der), **naam (de)**, *naam (dè)*
Nationalität (die), **nationaliteit (de)**, *na-ßjoo-naa-lie-täijt (dè)*
natürlich, **natuurlijk**, *na-tüür-lèk*
Navigationssystem (das), **navigatiesysteem (het)**, *na-vie-chaa-zie-ßie-ßteem (hätt)*
neben, **naast**, *naaßt*
nehmen, **nemen**, *nee-mèn*
nein, **nee**, *nee*
nicht stören, **niet storen**, *niet ßtoo-rèn*
nichts, **niets**, *nietß*
Norden (der), **noorden (het)**, *noor-dèn (hätt)*
November, **november**, *noo-vämm-bèr*

O

Oberhemd (das), **overhemd (het)**, *oo-vèr-hämmt (hätt)*
offen, **open**, *oo-pèn*
öffentlich, **openbaar**, *oo-pèn-baar*
öffentliche Verkehrsmittel (die), **openbaar vervoer (het)**, *oo-pèn-baar vèr-vuur (hätt)*
Oktober, **oktober**, *ock-too-bèr*
Oper (die), **opera (de)**, *oo-pè-raa (dè)*
Ordner (der), **map (de)**, *mapp (dè)*
Osten (der), **oosten (het)**, *oo-ßtèn (hätt)*

P

Päckchen (das), **pakje (het)**, *pack-kjè (hätt)*
Park (der), **park (het)**, *parrk (hätt)*
Parkgebührenautomat (der), **parkeerautomaat (de)**, *parr-keer-au-too-maat (dè)*
Parkplatz (der), **parkeerplaats (de)**, *parr-keer-plaatß (dè)*
Parterre (das), **parterre (de)**, *parr-tärr-rè (dè)*
Partner (der), **partner (de)**, *parrt-nèr (dè)*
Perfekt (das), **voltooide tijd (de)**, *voll-tooij-dè täijt (dè)*
Person (die), **persoon (de)**, *pèr-ßoon (dè)*
Personalausweis (der), **identiteitsbewijs (het)**, *ie-dänn-tie-täijtß-bè-wäijß (hätt)*
Polizei (die), **politie (de)**, *poo-lie-zie (dè)*
Portemonnaie (das), **portemonnee (de)**, *porr-tè-moo-nee (dè)*
Postfiliale (die), **postkantoor (het)**, *posst-kann-toor (hätt)*
Publikum (das), **publiek (het)**, *pü-blieck (hätt)*

R

Radwege (die), **fietspaden (de)**, *fietß-paa-dèn (dè)*
Rathaus (das), **stadhuis (het)**, *ßtatt-hèüjß (hätt)*
rauchen, **roken**, *roo-kèn*
Rechnung (die), **rekening (de)**, *ree-kè-ning (dè)*
rechts, **rechts**, *rächtß*
Rechtsanwalt (der), **advocaat (de)**, *att-voo-kaat (dè)*
reden, **praten**, *praa tèn*
reisen, **reizen**, *räij-sèn*
Reisepass (der), **paspoort (het)**, *pass-poort (hätt)*

Reiseunterlage (die), **reisdocument (het)**, *räijß-doo-kü-männt (hätt)*
reservieren, **reserveren**, *ree-sèr-vee-rèn*
Restaurant (das), **restaurant (het)**, *räss-too-rannt (hätt)*
Rettungsmannschaft (die), **reddingsbrigade (de)**, *rädd-dingß-brie-chaa-dè (dè)*
Richtung (die), **richting (de)**, *rich-ting (dè)*
Rolltreppe (die), **roltrap (de)**, *roll-trapp (dè)*

S

Saft (der), **sap (het)**, *ßapp (hätt)*
sammeln, **sparen/verzamelen**, *ßpaa-rèn/vèr-saa-mè-lèn*
Samstag, **zaterdag**, *saa-tèr-dach*
Sauna (die), **sauna (de)**, *ßau-naa (dè)*
Schiff (das), **schip (het)**, *ßchipp (hätt)*
schlafen, **slapen**, *ßlaa-pèn*
schlecht, **slecht**, *ßlächt*
Schlüssel (der), **sleutel (de)**, *ßlöh-tèl (dè)*
schnell, **snel**, *ßnäll*
schön, **mooi**, *mooij*
Schreibtisch (der), **bureau (het)**, *bü-roo (hätt)*
Schuhladen (der), **schoenenzaak (de)**, *ßchu-nèn-saak (dè)*
schwierig, **moeilijk**, *muij-lèk*
Schwimmbad (das), **zwembad (het)**, *swämm-batt (hätt)*
schwimmen, **zwemmen**, *swämm-mèn*
segeln, **zeilen**, *säij-lèn*
sein, **zijn**, *säijn*
Sekretär (der), **secretaris (de)**, *ßee-krè-taa-riss (dè)*
Selbstbedienung (die), **zelfbediening (de)**, *sällf-bè-die-ning (dè)*
September, **september**, *ßäpp-tämm-bèr*
sich benehmen, **zich gedragen**, *sich gè-draa-chèn*
sich erinnern, **zich herinneren**, *sich härr-rinn-nè-rèn*
sich in etwas einmischen, **zich bemoeien met**, *sich bè-mui-jèn mätt*
sich irren, **zich vergissen**, *sich vèr-chiss-ßèn*
sich langweilen, **zich vervelen**, *sich vèr-vee-lèn*
sich sonnen, **zonnebaden**, *sonn-nè-baa-dèn*
sich unterhalten, **praten**, *praa-tèn*
Sitzung (die), **vergadering (de)**, *vèr-chaa-dè-ring (dè)*
Sofa (das), **bank (de)**, *bank (dè)*
sollen, **zullen**, *söll-lèn*
sonnen, sich, **zonnebaden**, *sonn-nè-baa-dèn*
Sonnencreme (die), **zonnebrandcreme (de)**, *sonn-nè-brannt-krähm (dè)*
Sonntag, **zondag**, *sonn-dach*
Souterrain (das), **souterrain (het)**, *ßu-tè-ränn (hätt)*
Sparkonto (das), **spaarrekening (de)**, *ßpaar-ree-kè-ning (dè)*
Spirituosenfachgeschäft (das), **slijterij (de)**, *ßläij-tè-räij (dè)*
Sportverein (der), **sportschool (de)**, *ßporrt-ßchool (dè)*
sprechen, **spreken**, *ßpree-kèn*
Sprechstunde (die), **spreekuur (het)**, *ßpreek-üür (hätt)*
Stadt (die), **stad (de)**, *ßtatt (dè)*
Stärke, Viel Kraft!, **sterkte**, *ßtärrk-tè*
Stau (der), **verkeersopstopping (de)**, *vèr-keer-ßopp-ßtopp-ping (dè)*
stehen, **staan**, *ßtaan*
Strand (der), **strand (het)**, *ßtrannt (hätt)*
Straßenarbeiten (die), **wegwerkzaamheden (de)**, *wäch-wärrk-saam-hee-dèn (dè)*
Straßenbahnhaltestelle (die), **tramhalte (de)**, *trämm-hall-tè (dè*
Straßenkarte (die), **wegenkaart (de)**, *wee-chèn-kaart (dè)*
Straßenkreuzung (die), **kruispunt (het)**, *krèüjß-pönnt (hätt)*
Streckenplaner (der), **routeplanner (de)**, *ru-tè-plänn-nèr (dè)*
Student (der), **student (de)**, *ßtü-dännt (dè)*
Studium (das), **studie (de)**, *ßtü-die (dè)*
Süden (der), **zuiden (het)**, *sèüj-dèn (hätt)*
Supermarkt (der), **supermarket (de)**, *ßü-pèr-marrkt (dè)*
Suppe (die), **soep (de)**, *ßupp (dè)*
surfen, **surfen**, *ßörr-fèn*

T

Tag (der), **dag (de)**, *dach (dè)*
Tageswechselkurs (der), **dagkoers (de)**, *dach-kurs (dè)*
Tankstelle (die), **tankstation (het)**, *tänk-ßta-schon (hätt)*
Tanz (der), **dans (de)**, *dannß (dè)*
Tasse, kleine (die), **kopje (het)**, *kopp-pjè (hätt)*
Taxi (das), **taxi (de)**, *tack-ßie (dè)*
Taxistand (der), **taxistandplaats (de)**, *tack-ßie-ßtannt-plaatß (dè)*
Tee (der), **thee (de)**, *tee (dè)*
Telefon (das), **telefoon (de)**, *tee-lè-foon (dè)*
Telefongeschäft (das), **telefoonwinkel (de)**, *tee-lè-foon-wing-kèl (dè)*
telefonieren, **bellen**, *bäll-lèn*
Teller (der), **bord (het)**, *borrt (hätt)*
Tennis (das), **tennis (het)**, *tänn-niss (hätt)*
Termin (der)/Übereinkunkft (die), **afspraak (de)**, *aff-ßpraak (dè)*
Theater (das), **schouwburg (de)**, *ßchau-börrch (dè)*
Theater (das), **theater (het)**, *tee-jaa-tèr (hätt)*
Theaterstück (das), **toneelstuk (het)**, *too-neel-ßtöck (hätt)*
Tickets (die), **kaartjes (de)**, *kaar-tjèß (dè)*
Toast (der), **toast (de)**, *tooßt (dè)*
Toilette (die), **toilet (het)**, *twa-lätt (hätt)*
toll, **leuk**, *löhk*
Tor (das), **doelpunt (het)**, *dull-pönnt (hätt)*
Tourist (der), **toerist (de)**, *tu-risst (dè)*
Treffer (der), **doelpunt (het)**, *dull-pönnt (hätt)*
trinken, **drinken**, *dring-kèn*
Trinkgeld (das), **fooi (de)**, *fooij (dè)*
tun, **doen**, *dunn*
Tür (die), **deur (de)**, *döhr (dè)*

U

U Bahnhof (der), **metrostation (het)**, *mee-troo-ßta-schon (hätt)*
Übereinkunft (die), **afspraak (de)**, *aff-ßpraak (dè)*
übermorgen, **overmorgen**, *oo-vèr-morr-chèn*
überqueren, **oversteken**, *oo-vèr-ßtee-kèn*
Überweisung (die), **banktransactie (de)**, *bank-trann-ßack-ksie (dè)*
Umleitung (die), **omleiding (de)**, *omm-läij-ding (dè)*
Unglück (das), **ongeluk (het)**, *onn-chè-löck (hätt)*
unterhalten, sich, **praten**, *praa-tèn*
unterschreiben, **ondertekenen**, *onn-dèr-tee-kè-nèn*
Unterschrift (die), **handtekening (de)**, *hannt-tee-kè-ning (dè)*

V

Veranstaltung (die), **evenement (het)**, *ee-vè-nè-männt (hätt)*
Vergangenheit (die), **verleden tijd (de)**, *vèr-lee-dèn täijt (dè)*
verkaufen, **verkopen**, *vèr-koo-pèn*
Verkehr (der), **verkeer (het)**, *vèr-keer (hätt)*
Verkehrsknotenpunkt (der), **knooppunt (het)**, *knoop-pönnt (hätt)*
verlieren, **verliezen**, *vèr-lie-sè*
Versicherung (die), **verzekering (de)**, *vèr-see-kè-ring (dè)*
Versicherungsgesellschaft (die), **verzekeringsmaatschappij (de)**, *vèr-see-kè-ringß-maat-ßchapp-päij (dè)*
Verspätung (die), **vertraging (de)**, *vèr-traa-ching (dè)*
verwundet, **gewond**, *chè-wonnt*
Videokamera (die), **videocamera (de)**, *vie-dee-joo-kaa-mè-raa (dè)*
viel, **veel**, *veel*
Vollpension, **volpension**, *voll-pänn-schonn*
vor, **voor**, *voor*
vorgestern, **eergisteren**, *eer-chiss-tè-rèn*
Vorname (der), **voornaam (de)**, *voor-naam (dè)*
vorschreiben, **voorschrijven**, *voor-ßchräij-vèn*
vorstellen, **voorstellen**, *voor-ßtäll-lèn*
Vorstellung (die), **voorstelling (de)**, *voor-ßtäll-ling (dè)*

W

Wald (der), **bos (het)**, *boss (hätt)*
wann, **wanneer**, *wann-neer*
warm, **warm**, *warm*
warten, **wachten**, *wach-tèn*
warum, **waarom**, *waa-romm*
was, **wat**, *watt*
Wechselkurs (der), **wisselkoers (de)**, *wiss-ßèl-kurß (dè)*
Wechselstube (die), **wisselkantoor (het)**, *wiss-ßèl-kann-toor (hätt)*
Wein (der), **wijn (de)**, *wäijn (dè)*
Welle (die), **golf (de)**, *chollf (dè)*
wer, **wie**, *wie*
werden, **zullen**, *söll-lèn*
Westen (der), **westen (het)**, *wäss-tèn (hätt)*
Wettkampf (der), **wedstrijd (de)**, *wätt-ßträ-ijt (dè)*
wie, **hoe**, *hu*
wiederholen, **herhalen**, *härr-haa-lèn*
wo, **waar**, *waar*
Woche (die), **week (de)**, *week (dè)*
Wochenende (das), **weekend (het)**, *wie-kännt (hätt)*
wollen, **zullen**, *söll-lèn*

Z

Zahnarzt (der), **tandarts (de)**, *tannt-arrtß (dè)*
Zentrum (das), **centrum (het)**, *ßänn-trömm (hätt)*
Zoll (der), **douane (de)**, *du-waa-nè (de)*
zu, nach (örtlich), in, **naar**, *naar*
Zug (der), **trein (de)**, *träijn (dè)*
Zugang verboten, **verboden toegang**, *vèr-boo-dèn tu-chang*
Zuschlag (der), **toeslag (de)**, *tu-ßlach (dè)*

Anhang C: Über die CD

Sie finden hier eine Übersicht der Dialoge, die sich auf der zum Buch gehörenden CD befinden. Beachten Sie bitte, dass es sich dabei ausschließlich um Audio-Aufnahmen handelt, die Sie mit einem CD-Player abspielen können. Die CD finden Sie am Ende des Buches, an der inneren Rückenklappe befestigt.

Track	Kapitel	Titel
Track 1	Kapitel 1	Das Alphabet auf Niederländisch
Track 2	Kapitel 4	Eine förmliche Begrüßung
Track 3	Kapitel 4	Ein Wiedersehen unter Kollegen
Track 4	Kapitel 4	Zum ersten Mal unter neuen Kollegen
Track 5	Kapitel 4	Jemanden begrüßen und einander vorstellen
Track 6	Kapitel 4	Sich verabschieden
Track 7	Kapitel 4	Sich erkundigen, woher der Gesprächspartner kommt
Track 8	Kapitel 4	Welche Sprachen spricht der andere?
Track 9	Kapitel 5	Im Gespräch von der Familie erzählen
Track 10	Kapitel 6	Telefonisch einen Tisch reservieren
Track 11	Kapitel 6	Im Restaurant ankommen
Track 12	Kapitel 6	Etwas auswählen und die Bestellung aufgeben
Track 13	Kapitel 6	Nach der Rechnung fragen und bezahlen
Track 14	Kapitel 6	Lebensmittel auf dem Markt einkaufen
Track 15	Kapitel 7	In einem Geschäft ein Kleidungsstück kaufen
Track 16	Kapitel 7	Verschiedene Kleidungsstücke anprobieren
Track 17	Kapitel 7	Zur Kasse gehen und bezahlen
Track 18	Kapitel 8	Eine Verabredung fürs Kino
Track 19	Kapitel 9	Einen Termin für eine Behandlung vereinbaren
Track 20	Kapitel 9	Telefonisch eine Nachricht hinterlassen – 1
Track 21	Kapitel 9	Telefonisch eine Nachricht hinterlassen – 2
Track 22	Kapitel 9	Die anstehenden Aufgaben im Büro besprechen
Track 23	Kapitel 10	In der Wechselstube Geld wechseln

Track	Kapitel	Titel
Track 24	Kapitel 11	Können Sie mir ein Restaurant empfehlen?
Track 25	Kapitel 11	Sich nach dem Weg erkundigen, wenn man zu Fuß unterwegs ist
Track 26	Kapitel 11	Sich nach dem Weg erkundigen, wenn man sich verfahren hat
Track 27	Kapitel 12	Telefonisch ein Hotelzimmer reservieren
Track 28	Kapitel 12	Im Hotel ankommen und sich an der Rezeption melden
Track 29	Kapitel 12	An der Rezeption bezahlen und abreisen
Track 30	Kapitel 13	Ein hinterlegtes Ticket am Flughafen abholen und einchecken
Track 31	Kapitel 13	Der tägliche Stau und andere Verkehrsprobleme
Track 32	Kapitel 13	Wieder einmal zu spät zur Arbeit gekommen
Track 33	Kapitel 13	Bahntickets für eine längere Reise kaufen
Track 34	Kapitel 13	Ein Gespräch an der Bushaltestelle
Track 35	Kapitel 13	Der Polizei einen Diebstahl melden

Stichwortverzeichnis

A

Abbuchung
  automatische 218
Abendessen 115, 127
Abkürzung 70
Ablaut siehe Vokalwechsel 56
Abschied 34, 206, 319
Absender 200
Adjektiv 45, 49, 108, 148, 155, 170
  Grundform 154
Allergie 294
Alphabet 34, 197
Altersangabe 72
Anruf 195
Arbeitsort 101
Arbeitsplatz 200
Arbeitszeit
  flexible 201
Artikel 46, 100, 151, 161, 216
  bestimmter 46, 49
  unbestimmter 47, 49
Arzt 289, 291 f., 296 f., 300 f.
Aussagesatz 61
Aussprache 29, 34 ff., 41, 43, 47, 65, 247, 321
Ausspracheregel 54
Auto 223, 235, 257, 262 f., 267 f., 276, 303, 313
Autobahn 262, 271, 290
Autopanne 291

B

Bahnhof 73, 224, 279 ff., 285, 288
Bank 211, 213, 217 f.
Bankkonto 213
Befehlsform 234
Befehlston 317
Beglückwünschen 85
Begrüßung 34, 81 f., 84, 206
  formelle 82
  informelle 82
Begrüßungsformel 85
Bekannte 108
Beruf 100
Berufsbezeichnung 100, 101
  englische 101
  männliche 100
Bestellung 129
  höflich 125
Besuch 108
Betonung 43, 252, 313
Bezahlen 137
Beziehungswort 215, 217
Bindewort 60, 215
Bruchzahl 69
Büro 187, 201, 205
Bus 257, 285, 314

C

Chipkarte 215
Coffeeshop 121

D

Demonstrativpronomen 151 f.
Diagnose 297
Diminutiv siehe Verkleinerungsform 48, 116, 202
Diphthong 35, 39 f.
Dokument 198
Doppellaut siehe Diphthong 39
Duzen 81 f., 93

E

E-Mail 187, 190, 198 ff., 218
EC-Karte 213, 215
Ehefrau 105
Einkaufen 34, 135, 143 f.
Einkommen 318
Einladung 174
  förmliche 172

mündliche 173
schriftliche 172
Einzahl siehe Singular 46
Empfänger 200
Endung
unbetont 116
Englisch 29 ff., 257, 281
Entfernung 70
Essen
zum Mitnehmen 134
Essen gehen 113
Essgewohnheit 113, 127

F

Fahrplan 281, 284, 286
Familie 99, 104, 106
Familienname 188
Farbe 148
Fax 198
Feiertag 323
Festival 167 f.
Fettnäpfchen 317
Feuerwehr 291
Flughafen 211, 257 f., 260, 280, 311
Flugzeug 258, 312
Form
unbetonte 83
Formell 82, 85
Frage 93, 100
Entscheidungsfrage 100
geschlossene 100
offene 100
Fragen
nach dem Weg 223 f., 227
Fragesatz 45
Fragewort 62, 100, 224
Freizeit 161, 176
Freizeitaktivität 80
Fremdwort 43
Frühstück 114, 126 f.
Fürwort
rückbezügliches 177
Futur 59

G

Geburtstag 72, 85, 173 f.
Geburtstagsfeier 72, 84
Geheimnummer 215
Geheimzahl 214
Geld 211, 317
wechseln 211
Geldautomat 211, 213 f., 216
Gericht 113, 115, 119
niederländisches 113
Geschäft 145 f.
Geschäftsabschluss 198
Geschäftsessen 114, 120, 122
Geschäftskontakte 198
Geschäftsleben 90
Geschäftspartner 85, 198, 204, 314
Gespräch 99 f., 109, 176
Getränk 129
Girokonto 217
Gleitzeit 201
Grammatik 30, 45
Größe 69, 148 f.
Gruß 194

H

Händeschütteln 84 f.
Handy 187 f., 290
Hilfsverb 55, 59, 193
Himmelsrichtung 223
Hobby 176
Höflichkeitsform 53, 83, 93, 247
Hörübung 313
Hörverständnis 313, 315
Hotel 126, 239, 245 f., 248 f., 253, 288

I

Imperfekt 53, 55, 57, 59, 135, 183, 187, 252 f., 273 f., 295
Infinitiv 53, 118, 193, 234
unkonjugierter 312
Internet-Banking 218
Inversion siehe Umkehrung 61

J

Jahreszahl 67
Jahreszeit 65, 75 f.

K

Kaufhaus 143, 145
Kino 164 f.
Klangwert 54
Kleidung 147
Kommunikation 205
Komparativ siehe Steigerungsform 154
Konjugation 31, 53, 134 f., 178, 205 f., 226, 234, 312
  abweichende 54
Konjunktion siehe Bindewort 60, 215
Konsonant 35 ff., 41, 117 f., 274
  Endkonsonant 274
Kontakt
  körperlicher 84
Kontostand 218
Konzert 167 f.
Korrespondenz
  geschäftliche 199
Krankenhaus 291
Krankenversicherung 292
  Krankenversicherungsgesellschaft 292
Krankenwagen 291
Kreditkarte 215 f.
Kultur 113, 161

L

Längenmaß 69
Lagebeschreibung 227
Land 81, 91, 94
Landkarte 266 f.
Lautumschrift
  phonetische 35
Lebenspartner 106
Lehnwort 43
Leseverständnis 314

M

Mahlzeit 114
Markt 113, 138 f., 143, 158 f.
Medikament 300 f.
Mehrzahl siehe Plural 46
Menge 138
Mittagessen 114, 120, 127
Monat 65, 75, 161
Muttersprache 94

N

Nachbar 108
Nachfragen
  höflich 131
Nachname 82
Nachricht
  hinterlassen 195
Nationalfeiertag 324
Nationalität 81, 94
Notarzt 289
Notaufnahme 291
Notfall 289, 291
Notfalltelefon 290 f.
Notrufnummer 289
Numerale 47
Nummer 69

O

Objekt 188
Öffnungszeiten 144
Ortsangabe 62

P

Partizip 55 f., 253
  Perfekt 253
  unregelmäßiges 56
Partizip Perfekt 295
Partizipform 56
Partnerschaft 105
Party 161, 172, 175
Pass 217
Perfekt 53, 55, 57, 59, 135, 183, 252 f., 314
Personalausweis 211, 217
Personalpronomen 83, 188, 248
PIN 215
Plural 46 f., 57, 70, 83, 93, 115 ff., 145, 151, 216

Pluralbildung
Regel 116
Pluralendung 116 ff.
Pluralform 47, 53, 118
Plusquamperfekt 53
Polizei 289, 291, 302 f.
Possessivpronomen 246 f.
Post 219
Postamt 211, 218
Präfix siehe Vorsilbe 43, 134, 252, 295
betont 134
unbetont 295
Präposition 45, 47, 50, 52, 83, 134, 188, 226 f., 230, 252 f., 295
betont 295
Ort 50
Zeit 51
Präsens 53 ff., 59, 125, 135, 187, 231, 234, 252, 295, 314
Pronomen 83, 157
unveränderliches 84
Prozent 69
Pünktlichkeit 75

R

Rechnen 68
addieren 68
multiplizieren 69
subtrahieren 68
teilen 69
Rechnung 132
Recht
im Ausland 304
Rechtschreibung 117
Redensart siehe Redewendung 320
Redewendung 30, 34, 80, 108, 176, 225, 257, 280, 289, 291, 300, 312, 319 f., 329
Reflexivpronomen siehe Fürwort
rückbezügliches 177
Reisepass 218
Relativpronomen 215 ff.
Reservierung
Tisch 122
Zimmer 240 ff., 245
Restaurant 113 ff., 119, 121 ff., 126 f., 129, 132, 134
Rezeption 188

S

Satz 45, 53, 109
Satzanfang 188
Satzende 188
Satzkonstruktion 60
einfache 60
Scheckkarte 218
Schmerz 293
Schreibweise 29, 36 f., 39 f., 53, 70, 118, 154
Schriftsprache 247
Schwa-Laut 37
Sekretariat 188
Servicegebühr 214
Siezen 81, 93
Silbe 38, 117
betonte 40
geschlossene 36 f.
offen 117
unbetonte 37
Silbentrennung 36, 117, 154
Singular 46, 57, 70, 83, 93, 117 f., 145
Singularform 131, 184, 274
Small Talk 76, 99
Sport 72, 110, 161, 182, 184
Sprachmelodie 313
Stadt 81, 91, 163 f., 167 f., 178
Stadtplan 268
Stamm siehe Wortstamm 53
Stammvokal 58, 117, 154
Steigerungsform 154
reguläre 154
unregelmäßige 155
Stereotype 318
Strand 180 f.
Straßenbahn 257, 285
Straßenkarte 266, 311
Straßenschild 311
Straßenschild siehe Verkehrsschild 270
Subjekt 53, 61, 83, 188
Subjektform 83
Substantiv 29, 45 ff., 49, 108, 115, 148, 157, 185, 247

männliches 46
sächliches 46
weibliches 46
Superlativ 154
Supermarkt 80, 113, 136 ff., 144, 311

T

Tag 65, 75, 122, 161
Taxi 257, 285, 288
Teilzeit 204
Teilzeitkraft 201
Telefon 197
Telefongespräch 188
Telefonieren 187
Telefonnummer 102
Temperatur 110
Termin 190
Terminkalender 198
Tisch
am 113
decken 115
Trinkgeld 133

U

Überweisung 218
Uhr 73
Uhrzeit 65, 73, 122
digitales System 73
umgangssprachliches System 73
Umgang
geschäftlicher 85
privater 85
vertrauter 317
Umgangsform 81
formelle 81
informelle 81
Umgangssprache 55, 73, 84, 164, 247
Umgangsstil 198
Umkehrung 61 f.
Umschrift 37
Unfall 289
Unterhaltung 169
Urlaub 176, 204, 239

V

Verabredung 108, 319
Verabschieden 90
formell 90
informell 90
Verabschiedung 194
Verb 30, 44 f., 52 ff., 107, 125, 131, 164, 184 f., 188, 206
konjugiertes 312
Präsens 45
reflexives 177
regelmäßiges 55 ff., 118, 184, 274, 312
starkes 56
trennbares 134 f., 163, 187, 231, 252 f., 295 f.
unregelmäßiges 54 ff., 58, 193, 273 f.
Vergangenheitsform 273
Verbindung
feste 50, 52
Vergangenheit 53, 55, 59, 135
Vergangenheitsform 57
Verhältniswort siehe Präposition 50
Verkehrsschild 260, 271
Verkleinerungsform 46, 116, 202
Verneinung 107
Vertrag 198
Vokal 35 f., 38, 54, 117 f., 154
lang gezogener 37
langer 38, 53
Vokalklang 117
Vokalwechsel 56, 131
Vollverb 193
Vorname 81 f., 198
Vorsilbe siehe Präfix 55 f., 295
unbetonte 43
Vorstellen 81, 88
formell 88
offiziell 89
Vorurteil 318

W

Wechselkurs 211, 217
Wechselstube 211
Wegbeschreibung 72, 225 f., 230, 234

Wetter 76 f., 99, 108 ff., 183
Wochentag 75, 161 f.
Wörterbuch 311 f., 314
Wohnort 91
Wort
  einsilbiges 36
Wortfolge 60
Wortschatz 311
  aktiver 34
Wortstamm 53, 55 ff., 274

Z

Zählen 65
Zahl 65, 68 ff.
  Bruchzahl 69
  Grundzahl 65, 69 f., 72
  Ordnungszahl 65, 69 ff., 234
  Prozentzahl 69
Zahnarzt 289, 292, 301 f.
Zeitangabe 51, 61, 65, 285
Zeitansage
  offizielle 73
Zeitform 45, 53 f., 135, 183, 252, 295
  vollendete 183
Zug 257, 276, 279 ff., 285, 312

FÜR DUMMIES

MIT KLEINEM FÜHRER DURCH DIE GROSSE WELT

Sprachführer Arabisch für Dummies
ISBN 978-3-527-70668-6

Sprachführer Brasilianisches Portugiesisch für Dummies
ISBN 978-3-527-70904-5

Sprachführer Chinesisch für Dummies
ISBN 978-3-527-70582-5

Sprachführer Englisch für Dummies
ISBN 978-3-527-70526-9

Sprachführer Französisch für Dummies
ISBN 978-3-527-70525-2

Sprachführer Italienisch für Dummies
ISBN 978-3-527-70524-5

Sprachführer Japanisch für Dummies
ISBN 978-3-527-70846-8

Sprachführer Niederländisch für Dummies
ISBN 978-3-527-70757-7

Sprachführer Russisch für Dummies
ISBN 978-3-527-70580-1

Sprachführer Spanisch für Dummies
ISBN 978-3-527-70581-8

Sprachführer Türkisch für Dummies
ISBN 978-3-527-70758-4

Oh Grammatik, mir graut vor dir

ISBN 978-3-527-70971-7

Latein ist ein unbeliebtes Schulfach, gesprochen wird es auch nicht mehr, wichtig ist es dennoch. Zwischen Konjugationen und Deklinationen erfahren die Leser in diesem Buch viel über die römische Gesellschaft, Literatur und über den ganzen Rest, der Latein auch noch heute interessant macht. Dies ist der ideale Einsteiger- und Auffrischungskurs für die Lateiner von morgen.

ISBN 978-3-527-70747-8

Dies ist die Waffe für den Kampf mit der englischen Grammatik. Lars M. Blöhdorn und Denise Hodgson-Möckel helfen all jenen, die sie jetzt pauken müssen und deren Schulenglisch schon ein wenig eingerostet ist. Locker, witzig und leicht verständlich erklärt sie auch die kompliziertesten Regeln der englischen Sprache. Und auf einmal macht Grammatik lernen Spaß!

ISBN 978-3-527-70857-4

Sie möchten Ihre Französischkenntnisse auffrischen oder Einblick in die französische Grammatik erhalten? Dieses Buch motiviert und unterstützt Sie durch verständlich erklärte Regeln und eine lockere Darstellung beim Lernen. Mit vielen Übungsaufgaben samt Lösungen.